感谢国家自然科学基金委员会国际（地区）合作与交流项目（71661147001）、国家社会科学基金重大项目（16ZDA021、21&ZD091）、中央级公益性科研院所基本科研业务费专项（2021JKY011）、中国农业科学院科技创新工程（CAAS-ASTIP-2016-AII、ASTIP-IAED-2021-RY-01）、浙大国际食物政策研究所国际发展联合研究中心启动经费（126000-541902）的支持。

陈志钢　毕洁颖　等 著

迈向 2035

共同富裕与城乡统筹贫困治理体系

Towards 2035

INTEGRATED URBAN AND RURAL POVERTY GOVERNANCE
SYSTEM FOR COMMON PROSPERITY

Common
prosper

社会科学文献出版社
SOCIAL SCIENCES ACADEMIC PRESS(CHINA)

本书作者

第一章　陈志钢　毕洁颖　何文炯
第二章　陈志钢　张玉梅
第三章　向　晶　陈志钢
第四章　李　实　詹　鹏　沈扬扬
第五章　杨　穗　毕洁颖
第六章　何文炯　杨一心
第七章　何文炯　刘晓婷
第八章　白云丽　张林秀
第九章　章　莉　毕洁颖
第十章　刘冬文　岳希明
第十一章　刘冬文　赖丹妮
第十二章　何晓军　陈志钢　毕洁颖

目 录

第一章
绪　论

第一节　背　景

在经历了 40 多年的改革开放与高速增长后，当前中国经济正处于转型发展的关键时期，面临更为复杂的发展环境和严峻挑战：一方面，要在实现党的十八大提出的宏伟战略目标——彻底消除绝对贫困，全面建成小康社会后积极谋划解决相对贫困问题，实现乡村振兴；另一方面，要坚持可持续发展战略，成功跨越中等收入陷阱，为下一步顺利实现建设社会主义现代化强国的目标做准备。在这期间，中国在减贫方面取得了举世瞩目的成就。2015 年，《中共中央　国务院关于打赢脱贫攻坚战的决定》指出：确保到 2020 年农村贫困人口实现脱贫。虽然 2020 年新冠肺炎疫情给中国的脱贫攻坚带来一定影响，但随着更多的资金、人员、社会及政治资源的及时投入，截至 2020 年 12 月，中国如期完成新时代脱贫攻坚目标任务，现行标准下农村贫困人口全部脱贫，832 个贫困县全部摘帽，消除了绝对贫困和区域性整体贫困，近 1 亿贫困人口实现脱贫，取得了令全世界刮目相看的重大胜利。但 2020 年后的贫困问题仍值得关注：一是中国目前实施的扶贫政策导致农民工和部分建档立卡范围外的贫困人口不能被纳入减贫行动的目标人群范围；二是城市化和人口老龄化导致的社会结构快速变化以及经济转型可能会造成新的城乡贫困问题；三是当前政府主导的反贫困战略在一定程度上忽视了城镇贫困人口；四是现有脱贫标准依然处于低水平，未来随着居民收入的增加，现行贫困标准需进行调整，城乡贫困群体将相应发生变化；五是中国的脱贫还存在不少短板，如城乡一体的社会保障和公共服务体系还没有完全建成，脱贫和发展衔接得还不够，对中国低收入人口长效脱贫仍存在很大影响。本书基于 2020 年后中国的经济、社会、政策发展趋势，提出 2020 年后基于公共服务均等化的新的扶贫战略与行动计划。

一 改革开放以来的减贫进展与现状

改革开放 40 多年来的高速经济增长使中国在消除极端贫困方面成效显著，并对全球减贫做出了重要贡献。按照世界银行每人每天 3.2 美元（经 2011 年购买力平价调整后）的中等收入国家绝对贫困标准，中国的贫困发生率从 1978 年的 99.71% 降到 2017 年的 5%。按照世界银行每人每天 1.9 美元的绝对贫困标准，1978 年，中国高达 93.11% 的人口生活在绝对贫困中，但这个比例到 2017 年已经降到 0.5% 以下。按照年人均纯收入 2300 元（以 2010 年价格计算）的中国官方绝对贫困标准，中国农村的贫困发生率从 1978 年的 92.09% 降到 2019 年的 0.6%。2012 年以来，中国连续 7 年每年脱贫 1000 万人以上，2019 年底，剩余农村贫困人口为 551 万人，截至 2020 年 12 月底，全国 832 个贫困县全部宣布摘帽，区域性整体贫困问题基本解决。精准扶贫政策实施后，贫困人口的收入水平大幅提高。2013～2019 年，832 个贫困县的农民人均可支配收入由 6079 元增至 11567 元，较同期全国农民人均可支配收入增幅高 2.2 个百分点。全国建档立卡贫困户人均纯收入由 2015 年的 3416 元增至 2019 年的 9808 元。

同时，贫困人口的营养状况、预期寿命、受教育程度及其他福利指标也得到了全面提升。目前，贫困地区的基本生产生活条件明显改善。具备条件的建制村全部通硬化路，村村都有卫生室和村医，10.8 万所义务教育薄弱学校的办学条件得到改善，农网供电可靠率达到 99%，深度贫困地区贫困村的通宽带比例达到 98%，960 多万名贫困人口通过易地扶贫搬迁摆脱了"一方水土养活不了一方人"的困境。贫困地区群众出行难、用电难、上学难、看病难、通信难等长期没有解决的老大难问题普遍解决，义务教育、基本医疗、住房安全有了保障①。

中国改革开放 40 多年来对全球脱贫的贡献，主要体现为初次分配脱贫对全球脱贫的贡献，即大规模释放农业劳动力进入第二、第三产业就业，

---

① 《"十三五"易地扶贫搬迁任务全面完成》，中华人民共和国中央人民政府网，http://www.gov.cn/xinwen/2020-10/15/content_5551391.htm。

实现就业脱贫。但由于农村社会保障和公共服务体系的长期不完备，再次分配脱贫的贡献并不显著，这意味着中国持续减贫的任务极其艰巨。2020年后，中国全面建成小康社会，相对贫困和多维贫困问题逐渐凸显，主要表现为收入、社会公共服务获得上的不平等以及健康、教育等社会保障方面的不足。此外，中国社会与经济还将面临一系列新变化，中国已经进入老龄化社会，2019 年，60 周岁以上的人口有 25388 万人，占总人口的18.1%，同时，中国的老龄化在加速发展，出现"未富先老"的情况，贫困问题呈现新特征。

在农村贫困治理还存在一系列短板时，城镇贫困治理也面临一系列挑战。中国虽设有城镇最低生活保障标准，但未明确设立城镇贫困线，因此，缺乏对城镇贫困问题的系统考量，目前，学界主要采用城镇最低生活保障标准来测算城镇贫困人口。2019 年底，全国城镇平均最低生活保障标准为 624 元／（人·月）［即 7488 元／（人·年）］，在此标准下，中国城镇低保人口为 860.9 万人，占城镇户籍人口的 1.4%；全国农村平均最低生活保障标准为 5335.5 元／（人·年），在此标准下，中国农村低保人口为3455.4 万人，占农村户籍人口的 4.4%。[①] 按照世界银行每人每天 3.2 美元的中等收入国家绝对贫困标准，城镇贫困发生率为 0.5%，农村贫困发生率为 4.9%。若按照城镇居民人均可支配收入中位数的一半作为城镇相对贫困线来测算，那么 2015 年中国城镇相对贫困发生率为 11.8%。因此，城镇贫困问题不容忽视，需通过社会保障等再分配手段调整收入格局，使更多低收入城镇居民共享社会经济发展成果（陈志钢等，2019）。同时，在贫困治理方面，有关中国扶贫政策和资金投入的城乡及地区差异明显。不同于农村扶贫，中国没有系统的城镇扶贫体系与政策，自 20 世纪 90 年代末开始，中国政府积极构建城镇公共服务和社会救助体系，包括医疗、教育、就业、住房、灾害救济等多个方面。目前，最大的政策短板仍在于对进城农民工的扶持，中国针对农民工的扶贫工作处于相对空白状态，未来需要解决与户籍制度相关的农民工市民化等一系列问题。

---

① 《2019 年民政部建议提案办理工作情况》，中华人民共和国民政部网站，http://xxgk.mca.gov.cn：8011/gdnps/pc/content.jsp? id = 12513&mtype = 1。

二 中等收入陷阱背后的贫困问题

从发展阶段来看，一个经济体从中等收入阶段跃升至高收入阶段（目前标准为人均 GDP 达到 12535 美元）经常面临各种挑战，这被称作中等收入陷阱。导致发展中国家陷入中等收入陷阱的因素众多，政治不稳定、市场转型失败导致的经济低效等都会制约发展中国家的发展，但收入不平等和低收入人口多是主要因素。20 世纪 60 年代挑战中等收入陷阱失败的 14 个国家在 1965 年之前的基尼系数高达 0.498，而挑战成功的国家或地区的基尼系数不到 0.4。根据国家统计局的统计，中国的基尼系数从 2008 年的 0.491（最高）一度降至 2015 年的 0.462，但 2016 年以来出现回升。根据国家统计局的统计，2017 年，中国的基尼系数为 0.467；根据联合国开发计划署的统计数据，2018 年，中国的基尼系数大约为 0.474。2019 年，国家统计局公布的数据显示，全国居民人均可支配收入为 30733 元，其中，城镇居民人均可支配收入为 42359 元，农村居民人均可支配收入为 16021 元，城镇居民的人均可支配收入是农村居民的 2.64 倍。同时，农村内部的基尼系数也有拉大的趋势，如果考虑社会保障等公共服务的差距，中国的实际社会不平等状况更为严峻。社会不平等加上社会保障不足，尤其是对贫困人口的养老、医疗、教育和营养领域投入的不足，将影响中国从中等收入国家迈向高收入国家。

中国制定了促进基本公共服务均等化的工作目标，并将教育、卫生、文化、就业服务、社会保障等列入基本公共服务范畴，社会保障制度扮演社会"安全网"和"稳定器"的角色。但是，在目前的实践中，中国基本公共服务的供给仍然处于不平衡不充分的状态。长期以来，我国存在城乡二元社会结构，资源多向城市集中，农村社会保障整体水平较低。以养老为例，中国的养老保险分为城镇职工基本养老保险和城乡居民基本养老保险两类。2018 年，中国享受城镇职工基本养老保险的离退休人员为 1.18 亿人，2019 年，他们的月均养老金为 3330 元。2018 年，中国享受城乡居民基本养老保险的 60 岁及以上的城乡居民共有 1.6 亿人，2019 年，他们的月均养老金仅有 162 元。2019 年，上海基础养老金为 1010 元/月，北京为 800 元/月，河南、云南、湖北、湖南和吉林五省均为 103 元/月，仅为享受城镇职工基本养老保险的离退休人员的月均养老金（3330 元）的 3%。

随着老龄人口的不断增加，未被纳入城镇职工基本养老保险范畴的老年人的基本生活和医疗保障将面临严重威胁。他们如果失去子女的帮助，就将成为绝对贫困人口。从这个意义上讲，社会保障的基础作用就是减贫，尤其是在实现最脆弱群体、低收入群体摆脱贫困方面发挥了基础性、兜底性作用。

对于城市中庞大的低收入群体和农民工而言，基本公共服务供给更是严重不足，并且医疗、养老、住房、就业和子女教育等多个领域还存在严重的机会不平等问题。在 2020 年"两会"记者会上，李克强总理指出有 6 亿人平均每个月的收入在 1000 元左右①，这部分人主要是农村居民、农民工和城市里的部分低收入群体，集中在中西部地区，集中在工作机会较少的地方。李实通过调查测算得出，2019 年，中国家庭人均月收入在 500 元以下的约为 1 亿人，家庭人均月收入在 1000 元以下的约为 3.1 亿人，家庭人均月收入在 2000 元以下的约为 7.1 亿人。② 尽管不同口径下低收入群体的规模有差异，但中国收入不平等问题突出且低收入群体规模巨大的基本事实是毋庸置疑的，低收入群体的收入及社会保障状况将影响中国整体经济及社会发展进程。未来需要加强制度设计，解决收入不平等问题，重点实现社会保障均等化。

低收入群体受到资源存量有限、掌握新技术和新知识较少、保险意识缺乏等的限制，比一般群体面临更大的突发事件风险，应对能力更弱，因此，低收入群体面临的风险波动性更大，受到的冲击更严重。农民工是城市中的低收入群体，是一类特殊的脆弱群体，城乡二元结构使其在很长时间内处于城乡社会保障的"夹层"。2018 年底，中国城镇职工基本养老保险参保人数为 3.01 亿人，扣除参保的离退休职工（1.18 亿人）后，参加城镇职工基本养老保险的人数只有 1.83 亿人，在 4.34 亿城镇就业人员中至少有 2.5 亿人未被纳入城镇职工基本养老保险的"保障网"之内，这部分人主要是农民工。根据国家统计局公布的数据，2017 年，农民工参

---

① 《怎么看"6 亿人每月收入 1000 元"》，新华网，http://www.xiuhuanet.com/polifics/2020 - 06/22/c - 1126144559.htm。

② 《李实：中国约 9 ~ 10 亿人属低收入人群，其中 5 ~ 6 亿人是"没钱消费"》，新浪网，https://k.sina.com.cn/article_2662090253_9eac460d01900p21v.html。

加城镇职工基本养老保险的比例仅为 21.7%，除工伤保险外，其他保险的覆盖率更低。目前，大部分农民工没有被社会保障体系覆盖的情况仍然存在。

在新经济发展趋势下，社会发展对人力资本提出了更高的要求，而中国目前低收入居民对健康与教育投资不足阻碍了人力资本积累，尤其是新生代农民工的人力资本积累存在严重不足。中国存在膳食能量摄入不足、微量元素缺乏（隐性饥饿）以及膳食能量和营养摄入过剩（超重和肥胖）三大营养问题。中国拥有营养问题的人口数量位居世界第二，仅次于印度。其中，儿童营养不良是落后国家常见的疾病，也是发展中国家持续贫困的重要原因之一。世界银行的研究表明，发展中国家由营养不良导致的智力发育障碍、劳动能力丧失、免疫力下降以及其他疾病造成的直接经济损失占 GDP 的 3%～5%（石光、邹君，2008）。儿童在幼年时期的营养健康状况对人力资本的影响是持续性的，并且随着年龄的增长，这种影响越发明显。同时，中国营养不良发生率在人口分布上存在差异，1989～2006年，城市儿童发育迟缓或体重过轻的发生率比农村儿童要低 40 个百分点（Liu et al.，2013）。作为弱势群体，儿童的营养状况应受到更多关注，研究表明，儿童时期的健康状况影响成年后的健康状况、认知能力与非认知能力，进而影响劳动供给和劳动生产率，并最终影响社会经济状况。不合理的饮食会导致诸如缺铁性贫血等一系列营养问题，从而对学生的学习造成不利影响。与此同时，由于摄入过多的脂肪、热量、糖分和久坐的生活方式，超重和肥胖率一直在上升。如果缺乏有效的预防措施，超重和肥胖率上升将导致出现更多慢性病及医疗费用增长，这些慢性病会损害劳动能力，一些缺少社会保障的低收入群体会因病致贫、因病返贫。在健康方面，近年来，中国逐步加大对贫困地区以及贫困人口的医疗卫生投入力度，但农村医疗体系、医疗服务水平、健康观念、保健意识等诸多方面与城市的差距显著，包括新生代农民工在内的低收入群体在健康方面的投入往往不足且普遍缺乏长远规划。

在教育方面，对低收入群体来说，基础教育存在先天性投资不足的问题。一方面，我国农村的基础教育在经费与师资投入上存在很大的短板；另一方面，人力资本存量不足，农村家庭的人力资本投入意识弱及收入不足等诸多因素，导致农民自身的人力资本积累不足。这种初始投资的不足，制约了低收入群体尤其是新生代农民工在市民化进程中的适应力与发展能力。在职业培训方面，相当一部分新生代农民工意识到有一技之长的重要性，以极为低廉的工资进入雇佣单位，通过"干中学"有限提高劳动技能与工作素质，或者通过借债等方式获得后续接受教育的机会，但是由于人力资本投入的收益带有不确定性且回收期长，在经济和心理压力下，农民工要么选择放弃，要么选择降低投资成本，不能达到原有的投资效果，并可能导致出现贫困陷阱，形成新生代农民工前期人力资本投入匮乏的不良循环。未来缓解相对贫困需要加强人力资本开发，同时将社会保障从生存型向发展型转变，加强对健康、教育、就业等方面的支持。

在社会不平等加剧的背景下，作为社会发展缓冲器的社会保障的作用将更为突出，尤其是针对低收入群体和弱势群体的以提升人力资本为目标的社会保障措施对缓解社会不平等、支持跨越中等收入陷阱具有重要作用。因此，本书提出基于权利的社会保障体系，并对最低生活保障、养老、健康、教育与营养进行专题研究，对农民工的特殊脆弱性进行系统梳理。

三　2020 年后中国扶贫愿景与战略重点

在全面建成小康社会的决胜阶段，中国政府做出了到 2020 年消除绝对贫困的承诺。2016 年底，国务院印发《国家人口发展规划（2016—2030年）》，提出探索建立符合国情的贫困人口治理体系，推动扶贫开发由主要解决绝对贫困问题向缓解相对贫困转变，由主要解决农村贫困问题向统筹解决城乡贫困问题转变。党的十九大报告明确了中国未来 30 年的"两阶段"发展目标，2020～2035 年，在全面建成小康社会的基础上，基本实现社会主义现代化，这一目标为新阶段扶贫政策的制定提供了依据。2018 年中央"一号文件"提出实施乡村振兴战略，到 2035 年，乡村振兴取得决定性进展，农业农村现代化基本实现，贫困治理仍是乡村振兴的重要任务。党的十九届四中全会提出坚决打赢脱贫攻坚战，巩固脱贫攻坚成果，建立解决相对贫困问题的长效机制。脱贫攻坚任务完成后，中国贫困状况发生变化，扶贫工作重心转向解决相对贫困问题，扶贫工作方式由集中作战调整为常态推进，因此要研究建立解决相对贫困问题的长效机制，推动减贫战略和工作体系平稳转型，加强解决相对贫困问题的顶层设计。

基于上述宏观战略和贫困变动新背景，2020年后中国扶贫愿景为：以城乡基本公共服务均等化为减贫战略方向，到2035年，建立城乡统筹的贫困治理体系（陈志钢等，2019）。基于2020年后中国贫困治理的新特征和中国扶贫新愿景，2020年后中国扶贫战略重点如下。

第一，建立解决相对贫困问题的长效机制，确定相对贫困标准。截至2020年底，中国已全面消除现行贫困标准下的绝对贫困人口，达到小康社会的最低门槛和基本要求。2020年后，随着经济社会的持续发展和贫困治理的深入，首先，将建立解决相对贫困问题的长效机制，缩小城乡收入差距、持续稳定增加贫困人口收入作为贫困治理目标。到2035年，解决相对贫困问题取得明显进展，相对贫困人口的收入与社会平均收入的差距有一定程度的缩小，相对贫困人口中的困难人群获得接近平均发展水平的生活保障（檀学文，2020）。其次，合理确定相对贫困标准。在相对共享繁荣理念支撑下，研究制定城乡统筹的、由多元标准组成的相对贫困标准体系，注重提升相对贫困群体的发展能力，缩小收入差距与阻断贫困代际传递（李莹等，2021）。同时，考虑到城市化水平提升的需要，在有效避免农民工转化为城镇贫困人口的前提下，用常住人口替换户籍人口。最后，重视对特殊群体的相对贫困治理。人口老龄化和城市化带来的老年人贫困、农民工贫困等问题将在城镇地区凸显，因而需统筹城乡贫困治理体系。新的相对贫困标准应以城乡统一为目标，但在具体实施时，也应客观考虑城乡生活成本、社会保障水平和覆盖面的差异。

第二，构建基于权利公平的社会保障体系。基于国际经验，在贫困发生率降至3%及以下之后，采用利贫性的社会保障措施将成为贫困治理的主要手段，这也是实现农民工市民化和乡村振兴需要重点关注的方面。普惠性、利贫性社会保障将成为未来社会保障的一个趋势。虽然低保支出在中央财政支出中的比重逐年上升，但中央财政应该在社会救助领域发挥更积极的作用，减少乃至取消地方政府的低保支出，通过财政支出责任上移，城乡贫困家庭获得救助资格且救助水平不因地方财力的制约而受影响。在农村养老、医疗和教育等重点领域，应完善针对贫困人群特别是特殊人群（老年人、儿童和残疾人等）的保障和救助措施。同时，由于户籍制度改革仍未完成，目前，社会保障尤其是农民工社会保障是贫困治理中的短板，需进行合理的制度设计，实现社会保障对农民工的全面覆盖，农民工社会保障问题的有效解决需与农民工市民化有机结合起来。

第三，建立城乡统筹的贫困治理体系。按照《国家人口发展规划（2016—2030 年）》提出的城乡扶贫一体化目标，需要探讨如何在国家层面建立城乡统筹、部门协调的贫困治理体系。参照国际经验，可能的构想包括由新成立的国家乡村振兴局或国家社会保障部门牵头统筹城乡扶贫，其他部门协同参与，在城乡统筹的目标下，它们同时管理农村和城市的扶贫和社会保障工作。同时，要明确扶贫体制中的责任分工，特别是政府、市场和社会组织的分工，重视社会创新的作用，加强地方政府的能力建设，以及对金融资源和社会资源进行动员等。

第四，进行财政体系改革和金融机制创新。减贫目标的实现离不开财政和金融的支持，需要进行财政体系改革和金融机制创新。在财政体系改革方面，首先，城乡统筹的贫困治理体系要求打破城乡分割、部门分割的财政分配格局。其次，改革财政支出方式以与贫困人口的需求转变相适应。最后，优化财政支出结构，提高财政扶贫支出中教育、养老、医疗等基本公共服务支出的比例，同时，要支持针对贫困地区、脆弱人群的公共服务改善，以体现公共服务的均等化。在金融机制创新方面，中国政府长期以来在鼓励金融机构服务城乡弱势群体和小微企业方面制定了很多政策，近年来，政策性金融、开发性金融、商业金融和合作金融在精准扶贫战略实施过程中发挥各自优势，使金融服务的可及性和效率大大提升。未来，普惠金融，特别是主要服务于中低收入和贫困群体创业就业的小微金融的发展仍然需要更多的政策支持。

四　目标、方法与内容

本书的研究目标包括四个方面：一是分析 2020 年后中国经济、社会、政策的发展趋势，从而提出更合理的贫困标准与瞄准机制；二是研究中国社会保障体系的现状、面临的挑战和将来的选择，提出基于权利公平的社会保障体系及行动计划；三是梳理和分析中国在减贫和消除不平等方面的政府治理、财政和金融体系支持及改革机制，提出支撑未来发展需求的贫困治理体系、财政和金融体制改革及创新；四是提出 2020 年后的减贫战略及行动计划。

为此，本书综合采用文献研究、宏观模型模拟与测算、微观模型模拟与测算、专家访谈、实地调研等研究方法。

第一，组织各专题领域的资深学者和专家，对相关领域国内外专家、机构、组织有关经济社会人口发展、贫困、社会保障、财政和金融机制以及贫困治理的论文、著作和报告进行系统梳理，总结各方面的现状及存在的问题，为建立研究框架奠定理论和方法基础。

第二，基于研究面向2035年的减贫战略需要，采用多个宏观、微观模型模拟经济、社会、人口、社会保障等的发展趋势并进行成本测算。具体来说，构建中国动态可计算的一般均衡模型（CGE模型）模拟预测中国2020年后的社会、经济、人口发展趋势，分析政策转变、经济结构调整、人口结构变化对劳动力就业及收入等的影响；根据中国贫困研究微观模拟模型，考虑性别、年龄、受教育程度、从业人员分布的变化趋势以及地区生活成本差异，对2020~2035年的相对贫困状况以及贫困的地理和人群分布情况进行预测；按照生命表技术对人口及贫困人口的预测，测算2035年城乡社会保障一体化目标下的养老、医疗保障支出，并对社会救助、教育和营养改善以及农民工市民化的相关成本进行测算。

第三，为深入研究各专题领域的未来发展方向、政策走向及工作重点，对各专题领域的权威专家、政策制定者进行广泛深入的访谈，在综合各专题的研究结果后，组织国内外专家进行研讨，提出中国的减贫与社会保障战略和行动计划。

第四，根据项目需要开展多轮实地调研。首先，选取浙江、湖南、四川以分别代表东、中、西部不同发展程度的典型地区，组织专家进行调研，了解2020年后减贫战略的设计思路和工作重点，其中，浙江作为东部发达地区的代表，在贫困治理、脱贫攻坚与乡村振兴衔接等方面的经验值得借鉴。其次，针对"三区三州"深度贫困地区仍将是2020年后相对贫困地区的现实，开展对深度贫困地区未来减贫战略及工作重点的调研，探讨2020年后对深度贫困地区的减贫投入、贫困治理的可持续性以及与乡村振兴衔接等问题。最后，根据专题研究的需要，开展社会保障、金融扶贫、财政支持、贫困治理等调研，了解典型案例的做法及经验，以用于对相应机制的设计研究。

在研究内容上，本书主要包括四个部分十二章。第一章为第一部分，是本书的绪论，对研究背景、方法和主要观点进行概述。第二部分包括第

二、三、四章，分别建立模型对 2020 年后中国社会经济变化趋势、人口趋势、贫困标准和瞄准机制进行研究。第三部分包括第五、六、七、八、九章，在乡村振兴战略背景及城乡协同发展的战略趋势下，针对未来相对贫困的特征和缓解相对贫困的需要，提出基于权利的社会保障体系设计理念和原则，并分别对社会救助、养老保障、医疗保障、教育与营养以及农民工社会保障五个专题展开分析。第四部分包括第十、十一、十二章，分别对实施扶贫战略需要的财政、金融、贫困治理体系进行分析，并提出 2020 年后的减贫战略及行动计划。

本书的创新点和主要学术贡献体现在以下几个方面。第一，将城乡统筹发展与乡村振兴衔接、乡村振兴与社会保障衔接落脚到城乡基本公共服务一体化发展这一核心问题上，并进行系统研究，为城乡统筹发展以及乡村振兴提供现实抓手。第二，提出构建基于权利的社会保障体系，明确社会保障的利贫作用，提出基于权利的社会保障体系如何设计、社会保障体系中各个方面如何衔接、财政和金融及贫困治理体系如何满足社会保障发展需要等，为从开发式扶贫向保障式扶贫转变提供理论依据和现实指导。第三，明确提出 2020 年后减贫战略应与经济社会发展相适应并分阶段实施，按照 2020～2025 年、2025～2030 年、2030～2035 年三个阶段，对经济、社会、人口等进行预测，对相应社会保障发展需要进行分析，为相关研究和政策制定提供决策参考。第四，明确提出全国统一的相对贫困标准并进行分城乡、分区域、分群体测算，为未来扶贫工作重点提供基于数据的判断依据。第五，对不同社会保障制度的减贫效果进行评估和比较分析，对构建基于权利的社会保障体系的财政需求进行测算，为进行财政体制改革和金融机制创新、提出多元化资金投入方案奠定基础。

第二节 对 2020 年后中国经济、人口和贫困的判断

一 中国经济发展历程及 2020 年后发展趋势

改革开放以来，中国经济快速增长，1978～2010 年，GDP 年均增长率超过 10%，2010 年，GDP 达到 412119 亿元，人均 GDP 超过 3 万元，达到

30808 元。2010 年之后，中国经济增速开始放缓，GDP 年均增长率低于10%，2019 年，GDP 增长率放缓至 6.1%，人均 GDP 达到 70328 元。按照世界银行 2020 年修订的标准，2019 年人均国民收入为 3996～12375 美元的国家属于中高收入国家，人均国民收入超过 12375 美元的国家属于高收入国家。2019 年，中国人均国民收入为 10410 美元，中国处于中高收入国家行列，并且接近中高收入国家标准的上限。中国经济结构不断调整，从产业增长速度来看，2013 年，服务业增加值所占比重首次超过第二产业，农业增加值所占比重已降至 10% 以内。2019 年，第一产业 GDP 所占比重仅为 7.1%，第二产业 GDP 所占比重下降为 39%，第三产业 GDP 所占比重提高至 53.9%。① 上述指标表明，中国正在向工业化后期过渡。

为定量模拟预测 2020 年后中国经济发展状况，本书基于国际食物政策研究所（IFPRI）的标准动态可计算的一般均衡模型（CGE 模型），利用中国数据，构建了以 2017 年为基准年的中国动态 CGE 模型（详见第二章），模拟预测未来经济增长、经济结构变化和居民收入。

模拟结果显示，2020 年后中国经济仍将处于转型期，经济增长速度将放缓。受劳动力供给水平下降、投资增速放缓和全球经济增长疲软乏力等因素影响，2020 年后中国经济增长速度有所放缓，但未来 15 年中国经济仍将保持 5.6% 左右的中高速增长，GDP 实际年均增长率将从 2019 年的6.1% 降至 2030 年的 5.3%，2030～2035 年 GDP 平均增长率将过渡到 5%左右。随着经济的发展，人均 GDP 水平不断提高。按照 2017 年实际价格计算，预计 2027 年人均 GDP 为 10 万元左右，2030 年为 12 万元左右，2035 年为 17 万元左右。这一结果与刘伟、陈彦斌（2020）预测的 2020～2035 年中国实际 GDP 年均增长率在 5.3% 左右的结果较为接近，按照这一预测，中国能够实现 2035 年人均 GDP 翻一番的目标，此时，中国人均 GDP 为发达经济体平均水平的 50%～60%。当然，未来经济增长会受到不确定因素的影响，学者对未来经济增长的预测结果存在差异。白重恩认为"十四五"期间年均经济增长率约为 5.8%，2026～2030 年约为5%，2031～2035 年约为 4%，未来 15 年，GDP 将增长 106%，人均 GDP

---

① 《中华人民共和国 2019 年国民经济和社会发展统计公报》，中华人民共和国国家统计局网站，http://www.stats.gov.cn/tjsj/zxfb/202002/t20200228_1728913.html。

将增长 102%。① 刘元春（2020）认为可以将 2020～2035 年的年均经济增长率目标量化为 4.8% 左右，2020～2025 年的年均经济增长率为 5.5%～6%。

总体来看，华东地区经济发达，经济基础好，2019～2035 年仍将保持稳定的中高速增长，年均经济增长率为 5.8%。中南地区与华东地区近似，2019～2035 年的年均经济增长率为 5.7%。华北地区和西北地区的年均经济增长率分别为 5.4% 和 5.2%。西南地区经济基础相对薄弱，具有较大的增长潜力，2019～2035 年的年均经济增长率接近 6%。在新一轮东北振兴计划下，东北老工业基地的经济增长率将维持在 5% 的水平。

2019～2035 年，中国仍处于经济结构转型升级时期，农业和工业产值占 GDP 的比重继续下降，服务业产值的比重继续上升，其是对经济增长贡献最大的产业。其中，农业 GDP 年均增长率降至 2.9%，增速明显低于工业和服务业。农业产值占 GDP 比重由 2017 年的 7.9% 降至 2025 年的 6.2% 左右，并将进一步降至 2035 年的 4.9%。工业产值占 GDP 的比重从 2017 年的 33.7% 降至 2035 年的 29.5%。服务业产值占 GDP 的比重由 2017 年的 52% 升至 2035 年的 59.4%。2019～2035 年，服务业产值的年均增长率为 7% 左右。

二 2020 年后中国人口变化趋势

研究表明，即将到来的中国人口负增长时代不可避免。根据总和生育率和人口流动率低、中、高三种方案的设定（见第三章），据预测，2015～2035 年，全国人口峰值为 14.2 亿～14.5 亿人，且人口峰值在 2025～2030 年达到，之后开始下滑。在人口分布方面，过去 40 多年，中国人口的地理流动加剧了"胡焕庸线"② 现象，且"胡焕庸线"以西地区的贵州、四川、河南等省份③已经成为人口净流出省份，而京津冀、长三角和珠三角

---

① 《白重恩：未来 15 年中国经济应该保持怎样的增速？》，新华网，http://www. xinhua-net.com/finance/2020－12/08/c_1126834317. htm。

② 又称瑷珲—腾冲线，是一条贯穿中国版图的假想直线段，是我国著名地理学家胡焕庸（1901～1998 年）在 1935 年提出的划分我国人口密度的对比线。该线从中国东北边境的黑龙江省黑河市（原名"瑷珲"）一直延伸到中国西南边境的云南省腾冲市，大致区分了中国人口在区域分布上的特点，体现了中国东南和西北地区人口分布的差异。

③ 本书中用"省份"指代省区市。

地区人口集聚势头依然强劲，各地的城镇化发展水平差异显著。结合户籍和常住地，可以将全国人口分为城镇/农村户籍人口、城镇/农村常住人口，以及从农村流向城镇的农村户籍人口和城镇间的城镇户籍流动人口四类。本书从户籍和常住地两个口径对中国未来城乡以及各省份的人口进行预测分析。研究发现：无论是按户籍还是常住地口径，中国城镇化率的增速均在下降。按照当前中国常住人口结构以及人口流动模式，中国城镇常住人口将持续增长，预计到2035年城镇常住人口总量为9.6亿~10.7亿人，占全国总人口的72.7%~73.8%。从户籍统计情况来看，落户城镇的人口规模从2017年的5.9亿人增至2035年的8.1亿人，户籍城镇化率在2035年为55.97%~61.13%。据估计，按人口流动率高、中、低三种方案，2020~2025年常住人口城镇化率的年均增速分别为0.89%、0.82%和0.81%；2030~2035年，分别降至0.79%、0.75%和0.74%。按户籍测算，在现有户籍制度下，2018~2022年，城镇户籍人口年均增速在2%以上，之后开始下滑，2028年左右增速将下滑至1.5%以下。

全国老龄化正在加速发展，在农村年轻人流向城市的现状下，农村老龄化程度更高。2017年，全国65岁及以上老年人的比重达到11.4%，65岁及以上老年人在城镇和农村的比重分别为5.6%和19.3%。2035年，65岁及以上老年人的规模将达到2.65亿人，全国65岁及以上老年人的比重将提高到19.0%，农村65岁及以上老年人的比重为33%~35%，而城镇为14%~15%。

未来农民工总量将持续下滑。据估计，到2035年，农民工总量仅为17433.84万人，且外出农民工和本地农民工均因农村人口结构的大幅调整双双下降。据预测，本地农民工从2018年的10989.3万人降至2035年的6030.6万人；外出农民工从2018年的17156.09万人降至2035年的11403.26万人。农村户籍进城劳动力年龄结构的老化，加上人力资本水平较低，弱化了其落户城镇的能力。

农村常住未成年人规模将持续缩小。据预测，农村常住未成年人从2017年的11459.91万人降至2035年的6450.43万人，其中超过一半的未成年人有父母陪伴，但是仍有26.35%的未成年人在祖父母或其他亲戚的监护下，成为所谓的留守儿童。据估计，0~14岁留守的未成年人的规模从2017年的3038.36万人降至2035年的1769.64万人。

三 相对贫困标准及分阶段的贫困瞄准机制

中国现行的官方贫困标准以绝对贫困标准为主,当收入水平发展到一定程度时,相对贫困逐渐进入政策制定者的考虑范围,相对贫困是高收入国家面临的主要贫困形式。相对贫困的侧重点不在于关注绝对收入水平,而更多地考虑相对收入水平和社会不平等,能更好地瞄准社会上需要帮扶的群体。因而,随着中国收入相对较快增长,逐步引入相对贫困标准成为一种趋势。在相对贫困、共享繁荣理念下,研究构建城乡统筹的、由多元标准组成的相对贫困标准过渡体系是2020年后减贫领域的首要问题。国际上的相对贫困标准主要包括世界银行的扩展贫困线、高收入经济体广泛采用的收入比例法相对贫困线和少数高收入经济体基于基本需求设定的贫困线(李莹等,2021)。在中国学者的探讨以及各地实践中,相对贫困标准的确定可以分为以下三种:①兜底型相对贫困标准,贫困标准与最低生活保障标准并轨;②数值型相对贫困标准,即用收入衡量、分阶段逐步提高的贫困标准;③比例型相对贫困标准,将居民可支配收入中位数的一定比例作为相对贫困标准。

本书借鉴国际上常用的相对贫困标准界定方式,即取可支配收入中位数的50%作为相对贫困标准,同时,在绝对贫困人口大幅下降的背景下,20%最低收入人口的收入增长率仍然较低,如何让现行贫困标准以上人群进一步增收是迫切需要解决的现实问题。在确定相对贫困标准时,有针对城乡分别制定相对贫困线的"城乡两条线"和不分城乡的"全国一条线"两种做法,考虑到本书坚持的城乡统筹发展理念,采用"全国一条线"的做法。同时,若将可支配收入中位数的50%作为相对贫困标准,则相对贫困发生率为20%左右。以此为对象设计对应的扶贫攻坚战略,对缩小收入差距、提高低收入群体福利水平具有较大的积极意义。根据中国贫困研究微观模拟模型的预测,本书获得考虑地区生活水平差异和不考虑地区生活水平差异两种情境下2020年后的城乡贫困标准与贫困群体情况(见第四章)。同时,考虑到贫困标准应当与经济发展阶段和水平相适应并动态调整,在不同相对贫困标准下,识别和瞄准的相对贫困群体分布也有差异,因此,本书采用分阶段确定相对贫困标准的理念,按照每五年一个阶段,预测相对贫困标准,并在各阶段相对贫困标准下,识别和瞄准贫困人口的区域和群体分布情况。

（一） 2020～2025年中国相对贫困标准及贫困群体分布

1. 2020～2025年中国相对贫困标准

采用城乡统一的相对贫困标准，在调整城乡物价差异和不调整城乡物价差异两种情境下，分别设定仅人口结构变化以及收入增速低、中和高四种方案，据此估计所得的2020～2025年全国相对贫困标准（全国一条线）如表1－1所示。

表1－1 2020～2025年全国相对贫困标准（全国一条线）

单位：元

年份	不调整城乡物价差异				调整城乡物价差异			
	仅人口结构变化	收入增速低方案	收入增速中方案	收入增速高方案	仅人口结构变化	收入增速低方案	收入增速中方案	收入增速高方案
2020	6419	9935	10344	10758	6776	10462	10881	11321
2021	6539	10647	11232	11827	6845	11193	11810	12444
2022	6636	11409	12189	13004	6951	11936	12740	13596
2023	6764	12257	13269	14347	7066	12757	13785	14870
2024	6881	13185	14434	15794	7154	13575	14846	16231
2025	7029	14108	15644	17313	7247	14491	16052	17777

资料来源：根据第四章模型估计得到。

2. 2020～2025年相对贫困群体分布

除西部地区的相对贫困发生率下降外，其余地区均上升，尤其是东北地区。在相对贫困标准下，考虑地区生活水平差异，西部地区相对贫困发生率下降，由2020年的28.3%降至2025年的27.7%，这与脱贫攻坚阶段扶贫政策与投入重点在西部深度贫困地区有关，考虑到"四不摘"等巩固脱贫成效政策的延续性，西部地区在乡村振兴阶段仍将是政策投入的重点地区；中部地区和东部地区的相对贫困发生率略微上升，中部地区的相对贫困发生率由2020年的24.03%升至2025年的24.57%，东部地区的相对贫困发生率由2020年的12.40%升至2025年的13.02%。东北地区的相对贫困发生率上升显著，由2020年的18.4%升至2025年的20.3%。目前，我国的经济发展重点在东部地区，中部地区实际上并没有得到政策的特别倾斜，收入增速相对较慢，由于产业发展问题，东北地区的经济增速缓慢。在未来一段时间，为了缩小地区之间的差异，既需要兼顾中部地区的发展，也需要加大力度支持东北地区恢复经济增长能力。

这一阶段相对贫困群体仍主要分布在西部和中部地区，但西部地区的占比下降，东部和东北地区的占比上升。基于中西部地区相对落后的经济社会发展水平，中部和西部地区仍然是相对贫困人口的主要分布区域，其中，西部地区的相对贫困人口占全国的比重保持在36.6%~36.7%，西部地区相对贫困人口的占比由2020年的35.7%降至2025年的33.1%，与相对贫困发生率的变化趋势一致。东部和东北地区的相对贫困人口所占比重上升，其中，东部地区的占比从2020年的22.9%升至2025年的24.7%，东北地区的占比从4.7%升至5.4%。

相对贫困人口仍主要分布在农村。按照人口户籍和常住地区分相对贫困群体，2020~2025年，相对贫困人口仍主要分布在农村地区。在不考虑城乡物价差异的情况下，2020年，70.5%的相对贫困人口分布在农村，到2025年，这一比例降为66.3%。在考虑城乡物价差异的情况下，2020年，62.5%的相对贫困人口分布在农村，到2025年，这一比例降至58.1%。33%~34%的农村人口为相对贫困人口，而城镇地区的这一比例仅为13%左右。此外，包括农民工在内的居住在城镇的农业户籍人口的相对贫困发生率为城镇户籍人口的两倍左右，维持在18%~19%。调整物价之后，城乡之间的收入差距缩小，相对贫困发生率略微下降。

老年人和儿童的相对贫困发生率高。人口老龄化问题在2020年后变得更为严峻，与此伴随的是老年人贫困和儿童贫困问题。在相对贫困标准下，未考虑地区生活水平差异，2020~2025年，46%~50%的农村儿童处于相对贫困状态，农村老年人的这一比例为41%~44%。

对女性贫困问题的专题研究有限。基于文献研究，学者发现目前的女性贫困问题的专题研究有限且主要运用地方数据进行测量（赖力，2017；黄森慰等，2019）。在已有相关研究中，张颖莉和游士兵（2018）运用中国健康与营养调查（CHNS）数据，论证了与男性户主家庭相比，女性户主家庭持有更少资产，更易受到风险冲击，且在面对冲击时更易选择加剧贫困风险的应对策略。王青和刘烁（2020）发现女性农民工较男性农民工的多维贫困发生率高。

（二）2025~2030年中国相对贫困标准及贫困群体分布

1. 2025~2030年中国相对贫困标准

采用城乡统一的相对贫困标准，在调整城乡物价差异和不调整城乡物价差异两种情境下，分别设定仅人口结构变化以及收入增速低、中和高四种方案，据此估计所得的2025~2030年全国相对贫困标准（全国一条线）如表1-2所示。

表1-2 2025~2030年全国相对贫困标准（全国一条线）

单位：元

年份	不调整城乡物价差异				调整城乡物价差异			
	仅人口结构变化	收入增速低方案	收入增速中方案	收入增速高方案	仅人口结构变化	收入增速低方案	收入增速中方案	收入增速高方案
2025	7029	14108	15644	17313	7247	14491	16052	17777
2026	7149	15083	16889	18935	7340	15483	17392	19452
2027	7273	16093	18275	20766	7457	16501	18739	21242
2028	7385	17219	19794	22704	7557	17595	20211	23179
2029	7505	18390	21417	24908	7656	18716	21751	25273
2030	7642	19653	23121	27108	7747	19905	23473	27583

资料来源：根据李实等（2018）模型估计得到。

2. 2025~2030年相对贫困群体分布

这一阶段相对贫困发生率继续保持西部地区下降、其余地区上升的趋势。2025~2030年，西部地区相对贫困发生率由27.72%降至27.57%，其余地区呈不同程度的上升趋势，其中，东北地区上升最快，由2025年的20.83%升至2030年的23.95%。东部和中部地区的相对贫困发生率略微上升，东部地区由13.0%升至13.8%，中部地区由24.6%升至25.4%。

中部和西部地区仍是相对贫困群体的主要聚集区，但东部和东北地区的相对贫困人口占比上升显著。中部地区的相对贫困人口占比保持稳定，西部地区的相对贫困人口占比由2025年的33.1%降至2030年的30.8%，东部地区和东北地区的相对贫困人口占比上升显著，东部地区的相对贫困人口占比由2025年的24.7%升至2030年的26.3%，东北地区的相对贫困人口占比由2025年的5.4%升至2030年的6.3%，考虑到东北地区的人口基数及人口占比，这意味着东北地区与全国的收入差距进一步拉大。

相对贫困群体在农村的比例仍高于城镇，但呈持续下降趋势。把可支配收入中位数的50%作为相对贫困标准，考虑地区生活水平差异，全国每年的扶贫对象占比维持在20.6%~21.2%。按照人口户籍和常住地区分相对贫困群体，2025~2030年，相对贫困人口在农村的比例降为53.3%，仍高于在城镇的比例（46.6%），但差距已逐渐缩小。同时，农村内部的相对贫困发生率由2025年的34.3%升至2030年的36.4%，城镇内部的相对贫困发生率由2025年的13.3%升至2030年14.3%。此外，居住在城镇的农业户籍人口的相对贫困发生率维持在19.4%~20.7%。

儿童和老年人的相对贫困发生率上升显著。在相对贫困标准下，未考虑地区生活水平差异，2025~2030年有50.3%~53.8%的农村儿童处于相对贫困状态，农村老年人的这一比例为43.6%~46.2%，均呈现逐年上升的趋势。

（三） 2030~2035年中国相对贫困标准及贫困群体分布

1. 2030~2035年中国相对贫困标准

采用城乡统一的相对贫困标准，在调整城乡物价差异和不调整城乡物价差异两种情境下，分别设定仅人口结构变化以及收入增速低、中和高四种方案，据此估计所得的2030~2035年全国相对贫困标准（全国一条线）如表1-3所示。

表1-3 2030~2035年全国相对贫困标准（全国一条线）

单位：元

年份	不调整城乡物价差异				调整城乡物价差异			
	仅人口结构变化	收入增速低方案	收入增速中方案	收入增速高方案	仅人口结构变化	收入增速低方案	收入增速中方案	收入增速高方案
2030	7642	19653	23121	27108	7747	19905	23473	27583
2031	7794	20855	24830	29475	7863	21169	25138	29910
2032	7894	22164	26679	31989	7965	22444	27079	32533
2033	8023	23588	28758	34913	8079	23797	29058	35298
2034	8130	25128	31033	38182	8143	25249	31106	38246
2035	8280	26757	33394	41527	8252	26706	33280	41409

资料来源：根据李实等（2018）模型估计得到。

2. 2030～2035 年相对贫困群体分布

在这一阶段，东北地区的相对贫困发生率开始趋近西部地区。随着西部地区相对贫困发生率持续下降，中部地区的相对贫困发生率趋于稳定，东部地区的相对贫困发生率缓慢上升，到 2035 年，东北地区的相对贫困发生率与西部地区趋近，达到 26.53%，西部地区为 26.85%，中部地区为 25.48%，东部地区为 14.12%。

东部地区的相对贫困人口所占比重开始趋近西部地区。与相对贫困发生率变动趋势一致，东部和东北地区相对贫困人口占全国人口的比重继续上升，到 2035 年，东部地区的相对贫困人口占比将达到 27.5%，与西部地区的 28.9%趋近，中部地区的相对贫困人口占比稳定在 36.5%左右，东北地区的相对贫困人口占比由 2030 年的 6.3%升至 2035 年的 7.2%。

相对贫困群体将呈现主要分布在城镇的趋势。按照人口户籍和常住地区分相对贫困群体，2030～2035 年，相对贫困人口将由主要聚集在农村地区转变为城乡基本持平，预计到 2035 年，相对贫困人口在城镇的比例达到 51.6%，高于农村的 48.4%。同时，农村、城镇的相对贫困发生率继续上升，农村的相对贫困发生率由 2030 年的 36.4%升至 2035 年的 37.6%，城镇的相对贫困发生率由 2030 年的 14.3%升至 2035 年的 15.0%。此外，居住在城镇的农业户籍人口的相对贫困发生率维持在 20.7%～21.7%。

儿童和老年人仍是相对贫困的主要群体，相对贫困发生率上升。在相对贫困标准下，未考虑地区生活水平差异，2030～2035 年，53.8%～56.8%的农村儿童处于相对贫困状态，农村老年人的这一比例为 46.2%～48.7%，都呈现逐年上升的趋势。

第三节　基于国民基本权利的社会保障体系构建与设计

一　基于国民基本权利的社会保障体系的理念与背景

"每个人作为社会的一员有权享受社会保障，并有权享受他的个人尊严和人格的自由发展所必需的经济、社会和文化方面各种权利的实现"[①]，

———————————

① 《世界人权宣言》，1948。

"平等发展的机会是各个国家的天赋权利，也是个人的天赋权利"①，公民获得社会保障是公民的一项权利，从这个角度讲，人人应当享有公平统一的社会保障权利。世界各国普遍通过发展经济、增加人民收入、提高人民生活水平，同时通过建立健全社会保障制度，降低社会成员的贫困风险，社会保障制度是国家反贫困的基础性制度安排，也是实现共同富裕的基本手段之一（何文炯，2021）。党的十九大报告指出，中国当前的主要矛盾是人民日益增长的美好生活需要和不平衡不充分的发展之间的矛盾。人民日益增长的美好生活需要与物质生活、自然环境、社会环境以及社会保障权利等息息相关，而当前不平衡不充分的发展制约了人民生活的改善。发展的不平衡体现在城乡发展的不平衡、区域间发展的不平衡、群体间发展的不平衡等方面。发展的不充分主要体现在教育、医疗、养老等社会保障领域，尤其是在农村，不能充分满足全面建成小康社会和经济社会转型发展的要求。

针对城乡之间的不均等、城市内部的不均等、农村内部的不均等问题，中国在发展战略上适时做出了一系列重大调整，党的十六大提出统筹城乡发展和新农村建设方针，党的十八大提出城乡发展一体化方略，党的十八届三中全会明确指出城乡二元结构是制约城乡发展一体化的主要障碍，党的十九大对社会主要矛盾的变化做出新判断，提出实施乡村振兴战略、建立健全城乡融合发展体制机制和政策体系，体现了中国在新时期新阶段对解决发展不平衡不充分问题的高度重视。解决这一问题重要的是转变发展理念和进行体制改革，走尊重和保障公民基本权利的新型城镇化之路，将农业户籍人口和非农业户籍外来人口纳入社会保障和基本公共服务供给框架，分阶段逐步实现城乡基本公共服务均等化。在体制改革上，浙江省目前已基本建立城乡协调的公共保障体系，在突破城乡二元体制方面取得重大进展，并通过增加投入、城乡联通、空间优化等途径，进一步解决城乡居民在最低收入、医疗、养老、基础教育等方面的不平衡与不充分问题，争取建成城乡一体、水平上乘、共建共享的民生保障制度（黄祖辉，2019）。

2020 年，党的十九届五中全会审议通过了《中共中央关于制定国民经济和社会发展第十四个五年规划和二〇三五年远景目标的建议》（以下简

---

① 第三十四届联合国大会第 34/46 号决议，1979。

称《建议》），提出"人民平等参与、平等发展权利得到充分保障……基本公共服务实现均等化，城乡区域发展差距和居民生活水平差距显著缩小"，并首次把全体人民共同富裕取得更为明显的实质性进展作为远景目标提出来。《建议》提出"健全多层次社会保障体系。健全覆盖全民、统筹城乡、公平统一、可持续的多层次社会保障体系。推进社保转移接续，健全基本养老、基本医疗保险筹资和待遇调整机制。实现基本养老保险全国统筹，实施渐进式延迟法定退休年龄。发展多层次、多支柱养老保险体系。推动基本医疗保险、失业保险、工伤保险省级统筹，健全重大疾病医疗保险和救助制度，落实异地就医结算，稳步建立长期护理保险制度，积极发展商业医疗保险。健全灵活就业人员社保制度。健全退役军人工作体系和保障制度。健全分层分类的社会救助体系"。

由政府主导实施、具有再分配性质的社会保障制度，可以为那些处于不利环境的个人和家庭提供有效保障，因而成为重要的基础性民生保障制度。事实上，社会保障的基础功能正是扶贫，满足低收入群体的基本需求。

随着2020年后绝对贫困全面消除，相对贫困和特殊困难群体的贫困问题对贫困治理提出更高要求，即社会保障体系在全面覆盖的基础上，根据未来经济发展需要，提升脆弱群体的发展能力，并根据实际需要提供相应保障，不但包括现有的社会救助、社会保险、社会福利等制度安排，还提供更具针对性的风险防范保障、基本公共服务等综合性保障，进行制度创新，增强脆弱群体的风险应对能力。因此，加强社会保障制度设计，解决社会不平等问题，重点是实现社会保障的均等化。同时，随着相对贫困逐步缓解，应加强人力资本开发，实现社会保障逐步从生存型向发展型转变，增加对就业保障的支持，实现相对贫困人口可持续发展。

二 当前社会保障体系存在的问题

社会保障作为保障居民基本生活和调节分配的制度安排，是减贫工作的重要组成部分。经过40多年的改革和实践，中国已形成了由社会救助、社会保险和社会福利组成的社会保障体系，2020年基本实现应保尽保、制度全覆盖。但是，在推进新型城镇化建设和城乡统筹发展的背景下，城乡社会保障在制度设计、保障水平、覆盖范围、资金投入和管理体系方面依然面临诸多障碍，人们实际获得的社会保障并不平等，对收入分配存在一定程度的逆向调节。

（一） 中国社会保障体系存在的共性问题

第一，社会保障制度碎片化。不同群体间面临社保制度差异且待遇悬殊的问题，不同社保制度之间、城乡之间、地区之间、部门之间衔接不畅。2014年试点新型农村社会养老保险和城镇居民社会养老保险合并为全国统一的城乡居民基本养老保险，在统筹城乡社会保障制度上迈出了第一步。目前，最低生活保障制度尚未实现城乡统筹，城乡居民和企业职工参加的保险仍无法对接，且待遇差距显著。低保与扶贫系统不衔接导致信息无法共享，部门间缺乏协调性。此外，越是在落后地区、贫困地区，管理人才与技术约束越大。从业人员缺乏相关培训、工作积极性不高及软硬件基础设施不到位等影响政策落地的效率与公平，间接导致不同社会保障制度难以有效衔接。

第二，社会保障水平仍在低位徘徊，城乡和地区差异显著，保障不足与保障过度并存。中国的社会建设严重滞后于经济建设，市场化导向的经济社会体制改革，使政府的社会保障供给功能弱化，家庭承担了大部分社会保障支出（包括教育、医疗、养老等支出）。以社会救助为例，中国的社会救助主要依靠政府财政投入，虽然救助资金总量逐年增加，但是社会救助资金占财政支出的比重非常低并且呈下降趋势，从2013年的1.5%降至2016年的1.3%，其中，城乡低保资金总量从2016年开始有所下降，占全国财政支出的比重从2013年的1.2%降至2018年的0.7%。[①] 同时，由于中国实行属地化管理，各项社保标准存在较大的地区差异，经济发达的沿海省份的标准普遍高于中部、西部和东北地区。根据民政部的统计数据，2019年第二季度，全国城市平均低保标准（每人每年7224元）是农村平均低保标准（每人每年5079元）的1.4倍，西部省份的城乡低保标准比普遍在1.5以上，西藏更是高达2.4。对于城市低保，最高的上海（每人每年13920元）是最低的新疆（每人每年5323元）的2.6倍，而农村低保最高的上海（每人每年13920元）是最低的云南（每人每年3812

---

① 《2013年民政事业发展统计公报》，中华人民共和国民政部网站，http://www.mca.gov.cn/article/sj/tjgb/201406/201406156561679.shtml。

元）的 3.7 倍。① 与保障不足并存，一些领域存在保障过度的情况，比如，由于政府财政对医疗机构的投入不断减少，"以药养医"、过度医疗等现象层出不穷，医疗费用增长迅速，公众"看病难""看病贵"问题日益突出，卫生事业的公平性下降。

第三，社会保障制度的覆盖范围有限。一方面，目前的社会保障制度没有将农民工和失地农民完全纳入。中国农村扶贫体系和社会保障体系没有赋予农民工专门的应有地位，农民工在以户籍为基础的扶贫体系中被划归为农村居民，但是他们多数时间生活在城镇，户籍所在地不能清楚掌握其收入和支出情况，因此很难将其作为农村贫困对象。同时，多数农民工实际上是城镇常住人口，长期以来，在国家和城镇扶贫工作中他们很少被视为城镇居民，因此农民工难以享受城镇的"扶贫待遇"，处于社会的"夹层"。受全国统一的社保信息系统建设滞后和具体操作政策不够细化的影响，农民工面临社会保障制度的排斥：城镇与农村的低保政策基本将农民工排除在外，新农合异地结算困难、报销比例偏低，随迁子女难以进入城镇正规教育体系。失地农民往往面临务农无地、上班无岗、社保无份的窘境，难以抵御经济风险。这两大群体的社保缺失是下一步制度设计需要关注的重点问题。另一方面，一些社保制度的瞄准效果欠佳，比如农村低保，只有 36.6% 的农村低保户处于收入最低的 20% 的家庭，21% 处于收入最低的 10% 的家庭（吴国宝，2018）。此外，在农村不少地区尤其是贫困地区，由于人口分布过于分散，因此存在教育、医疗等公共服务效率低下以及难以持续的问题，如农村小学消失、医疗服务水平低下甚至缺失等。

（二）　中国各项社会保障制度存在的个性问题

社会救助是社会保障体系的最后一道防线，旨在帮助贫困家庭和弱势群体应对长期贫困和生存困难。改革开放以来，为适应社会主义市场经济体制的变迁，我国传统社会救助体系逐步发展为以最低生活保障、特困人员供养为核心，以医疗救助、住房救助、教育救助等专项救助为辅助，以临时救助、社会帮扶为补充的覆盖城乡的新型社会救助体系。但目前中国的社会救助制度仍存在一些问题。首先，社会救助仍以生存型救助为主，

---

① 《2018 年民政事业发展统计公报》，中华人民共和国民政部网站，http://images3.mca. gov.cn/www2017/file/201908/1565920301578.pdf。

覆盖范围狭窄。中国的社会救助定位为生存型社会救助，救助手段主要是提供现金或实物，覆盖范围狭窄，受益人群比例不高，且近年来出现下降的趋势。生存型社会救助的目标不仅落后于社会发展，也难以解决由机会缺乏、能力缺乏等因素导致的相对贫困问题。其次，救助资金来源单一，资金分配结构不平衡。社会救助资金主要来源于财政投入，社会力量参与不足，在财政投入中，采用中央政府与地方政府分担的形式，这种非制度化的形式对中央和地方都缺乏有效的约束，一方面不利于中央将社会救助投入作为一项重要的长期性和经常性财政支出，另一方面会导致地方政府不断增加对中央财政的需求。与此同时，社会救助资金的分配结构不平衡，城乡低保资金仍是社会救助的核心支出，其他支出的比例较低，在一定程度上影响了社会救助的瞄准效率。现实中，相当一部分中低收入家庭会因为医疗、教育等方面的支出而出现支出型贫困问题，与此同时，未来中国的贫困问题会变得更加复杂，慢性贫困、能力低下型贫困会变成贫困的主要类型，而随着人口结构的改变和城镇化的推进，老年人贫困、儿童贫困、流动人口贫困等特殊人群的贫困问题会更加突出。

养老保障制度自 20 世纪 80 年代以来不断完善，覆盖面逐步扩大，保障待遇水平较快提升，其在保障贫困老年人基本生活方面发挥了重要作用。然而，随着人口老龄化程度的不断加深，到 2035 年，老年人贫困将成为主要的社会问题，养老金体系不平衡不充分的矛盾亟待解决。一是城镇职工基本养老保险覆盖率不高，尚未做到"应保尽保"，特别是农民工群体；二是待遇正常调整机制尚未建立，制度可持续运行遭到挑战；三是制度设计存在缺陷，可能存在穷人补贴富人的情况。城乡居民基本养老保险在 2014 年试点合并实施后，统一的"城居保"制度初步建立，但目前"城居保"待遇水平偏低，与"保基本"目标相比尚有较大差距。

医疗保障制度建设成为扶贫和减贫的有力举措，提高了贫困群体的医疗服务利用水平，降低了低收入群体因病返贫的比例，在一定程度上保障了贫困群体的健康权利。张玉梅、陈志钢（2017）的研究显示，新型农村合作医疗（简称"新农合"）使贵州省样本农户的贫困发生率降低了 3 个百分点，贫困差距降低了 15%，缓解了医疗支出导致的不平等，尤其是 2009 年新农合改革以来，随着新农合覆盖面的扩大和保障程度的提升，新农合对减少贫困和不平等的作用更为明显。但是，中国的医疗保障制度仍然面临严峻挑战，尤其是在面对人口老龄化所带来的疾病谱转变、医疗费用上涨带来的疾病负担增加、快速城镇化和经济转型带来的流动人口和城镇贫困人口健康医疗权利保障不足等问题时，现行制度还存在诸多不足。第一，健康扶贫的理念需要转变，健康扶贫不仅在于降低贫困人口就医的经济负担，还在于减少健康风险，提高贫困人口预防疾病的能力。当前贫困地区的健康扶贫政策更多强调事后补偿（消极救助手段），忽视提高贫困人口预防疾病的能力（远期规划）。第二，健康扶贫未覆盖相对贫困人口。政府承担了低保户、"五保户"等绝对贫困人口的基本医疗保险费用，但相对贫困人口的需求被忽视。第三，对重大疾病的保障不足。因病致贫主要是指重大疾病的高额支出导致家庭陷入贫困，现有医疗保障主要针对基本医疗，对重大疾病的医疗救助有限，因此需要多方投入，创新机制，加大对重大疾病的保障力度。第四，医疗保险的弱可携带性无法满足农民工群体的医疗需求。实施属地管理的医疗保险对包括农民工在内的流动人口的健康权益保障不足，制度设计缺陷导致农民工参保率低，对农民工的待遇与其他职业参保者的待遇差距扩大。

改善儿童、青少年的教育和营养健康状况，提高贫困人群的人力资本水平是国际公认的阻断贫困代际传递、促进经济可持续发展的根本手段。2020年前，中央提出的教育扶贫的总体目标是"义务教育有保障"（指保障贫困家庭子女接受九年义务教育）。"义务教育有保障"不仅要求保障学生享有接受义务教育的权利，还要求学生能公平享有高质量的教育。但农村中小学布局调整带来一系列负面影响，导致学生上学距离变远，辍学现象增加，尤其是女童辍学现象严重。寄宿学生低龄化、情感缺失和心理问题成为隐患。家庭支付的义务教育成本上涨，农村义务教育出现新的不平等，即为了让子女获得同等水平的教育，低经济水平家庭要付出更高的成本（如租房陪读）。师资不足影响农村义务教育质量，也影响边远民族地区的双语教育。学龄前儿童教育服务供给不足，儿童营养改善计划亟待"扩面提质"。

农民工群体的社会保障权利是中国社会保障制度亟待完善的重要方面。农民工社会保障的主要问题反映在公平权利、公平服务以及社会保障三个方面。公平权利方面的问题包括不公平的就业机会、"同工不同酬"、"同城不同保"以及劳动条件恶劣等。公平服务方面的问题包括没有基本住房保障，流动儿童缺失平等的受教育机会等。社会保障方面的问题主要有覆盖率低、保障水平低、缴费负担重、城乡不衔接以及不可携带等。同时，养老、医疗、工伤保障赋权不足增加了农民工老年贫困和因病致贫、因伤致贫的风险，而在城市无住房保障、子女上学困难等问题直接成为将农民工推回农村的力量。保障赋权不足导致农民工在落户决策上迟疑观望，不敢轻易放弃能够获得农村宅基地、承包地的农村户籍，间接阻碍了我国的城镇化进程。农民工参加城镇职工基本养老保险的比例从 2008 年的 10.7% 升至 2017 年的 21.7%。对比城乡情况可以发现，城镇职工社会保障项目与农民工社会保障项目的参与率的差距正在逐步拉大，从 2007 年的 29.3 个百分点扩大到 2013 年的 38 个百分点，由此可见，农民工的社保权益和地位仍然处在底层。

三 基于权利的社会保障体系设计

基于对面向 2035 年的中国经济、人口、贫困人群的预测，按照基于权利的社会保障体系的构建理念，同时体现"公平优先，效率增进"，综合考虑社会保障体系存在的问题，本书对未来社会保障体系的设计提出四点基本原则。

一是社会保障体系的完善需要与经济社会发展阶段相适应，制定分阶段的社会保障体系完善目标，逐步提升社会保障水平。根据到 2035 年中国仍处于经济结构转型升级时期、经济增长速度放缓、人口增速放缓、人口在 2025～2030 年出现拐点、老龄化提速等趋势，结合 2020～2035 年每 5 年为一个阶段的贫困人口的数量、区域分布、群体分布，制定 2020～2035 年每 5 年为一个阶段的分阶段社会保障体系完善目标，考虑财政和金融支持水平，完善多元化投入机制，逐步提升社会保障水平。

二是基于权利公平，围绕城乡基本公共服务均等化的核心目标，逐步统筹城乡社会保障体系。考虑到未来农业 GDP 增长率继续下降且明显低于工业和服务业、相对贫困人口在 2030 年以前仍主要分布在农村、农民工总量下滑、农村老龄化程度更高等趋势，以城乡标准统筹、人群全覆盖、弥补农村基本公共服务短板为目标，逐步提高社会保障中中央财政的统筹支付能力，完善普惠型城乡统筹的社会保障体系。

三是针对贫困人口、脆弱人口的需求，完善符合保障群体尤其是老年人、儿童、妇女、农民工等群体需求特点的社会保障体系。根据到 2035 年贫困群体的分布特征和不同群体的实际社会保障需要，制定有针对性的社会保障完善策略。

四是统筹设计社会保险、社会救助、社会福利的保障人群和作用机制，加强各社会保障制度间的衔接。继续扩大社会保险的覆盖范围，探索参与式社会保险的投入和受益机制，发挥社会保险的风险分担功能，基于城乡统筹的社会救助标准，完善社会救助保基本、兜底线的功能，基于贫困人口生活质量改善和人力资本提升，逐步提高社会福利水平。通过社会保障制度化、建立以社会保障为目标的综合治理体系、取消与户籍挂钩的属地化管理等方式加强各社会保障制度间的衔接。

根据分阶段完善社会保障体系的原则，2020～2035 年，与经济社会发展阶段相适应，每 5 年作为一个阶段，分别设计 2020～2025 年、2025～2030 年、2030～2035 年三个阶段的社会保障体系工作重点并估算所需要的相应财政投入。

（一）2020～2025 年社会保障体系的工作重点

2020～2025 年是脱贫攻坚与乡村振兴衔接过渡的 5 年，是新的社会保障政策的设计、规划、探索期，是社会救助、社会保险、社会福利体系制度衔接的试点期，这一阶段乡村振兴的工作重点仍然是稳固脱贫攻坚成果，补短板。根据对 2020～2025 年经济、社会、人口和贫困状况的预测，2020～2025 年，相对贫困人口仍主要分布在农村，考虑到农村的基本社会保障覆盖情况和社会公共服务存在明显短板，这一阶段社会保障的工作重点仍然在农村，同时，农民工的贫困发生率约为城镇户籍人口的两倍，但农民工的社会保障覆盖率较低，对农民工这一群体的社会保障需要予以特别重视。

在社会救助方面，首先，与绝对贫困到相对贫困的转变相对应，社会救助也将从生存型救助向发展型救助转变。随着贫困群体温饱问题的基本解决，低保家庭更倾向于将收入用于教育或健康等领域，这是我国经济转型时期提升人力资本水平与扩大内需的需要，有助于切断贫困的代际传递，并将在风险预防上发挥更加积极的作用，因此，在稳定投入的前提下，需要加大对医疗救助、教育救助和临时救助的投入力度。其次，针对低保城乡分割、区域分割的问题，应根据各地经济发展水平、财政支出能力和保障人数等予以解决，这一阶段城乡社会救助统筹的工作重点是改进救助标准与加强对救助资源的使用。改革目前把户籍身份作为享受社会救助待遇依据的做法，弱化户籍因素，建立居民居住证制度，把实际生活和居住需要作为享受社会救助待遇的重要依据。再次，为了在城乡一体化的情况下实现"应保尽保"，不仅需要加大低保资金投入力度，制定地级市内城乡统一的社会救助标准，也需要核定流动的低保人口，覆盖所有需要覆盖的人群，对流动人口的社会保障的工作重点是住房救助。最后，在将救助资源向农村贫困地区合理倾斜时，还要切实兜住城市贫困家庭和发生灾难性支出的低收入家庭的基本生活底线，特别要关注城市中的贫困老人、单亲家庭人员、失独家庭人员、流动人口等群体。

在养老保障方面，坚持"公平共享、平稳过渡、综合施策"的原则，把保障老年人享有基本收入的权利作为政府的重要职责，把"基本社会保险"和"基本社会服务"列入基本公共服务项目。这一阶段社会保障的工作重点是实现"人人享有养老金"和"人人获取养老服务"的目标，一方面，实现农村和城镇居民基本养老金全覆盖；另一方面，降低城镇职工基本养老保险的准入门槛，同时增加城镇职工基本养老保险缴费的档次，可按照"低门槛准入，低标准享受"的思路，吸引农民工等未参保群体，为农民工等群体提供更多缴费选择，以提高农民工参加城镇职工基本养老保险的比例。在养老公共服务方面，增加对农村养老机构的投入，逐步弥补农村养老设施和服务的短板。

在医疗保障方面，第一，提高医保治理水平，城乡一体的制度型医疗保障体系建设成为重点内容，对城乡之间、区域之间的公共卫生资源进行战略性调整，促使公共卫生资源合理分布；第二，着力解决疾病负担造成的"支出型贫困"问题；第三，弥补特殊弱势群体特别是农民工群体公平享有医疗资源的短板；第四，面对人口老龄化以及经济发展新常态，坚持"基本医保保基本"；第五，坚持协同推进原则，加快医疗服务体系和药品生产流通体系供给侧改革，着力加强对基层专业卫生人才的培养，提高公共卫生人员的专业水平。

在教育与营养方面，教育与营养在孩子成长的最初 1000 天尤为重要，对 4~6 岁阶段的教育（养育）与营养健康投资的回报水平也远高于学龄阶段和成年阶段，但目前我国对 0~6 岁儿童教育（养育）与营养健康投资不足，2020～2025年应重点探索提高儿童教育（养育）参与率与营养健康水平的有效途径。对于义务教育阶段的青少年，应探索有效的绩效工资方案以提高农村义务教育质量，尝试教育经费与户籍脱钩，提高流动儿童获取城市公立学校教育的可能性，因地制宜地探索农村义务教育学生营养改善计划"扩面提质"的有效模式。对于高中阶段的青少年，应扩大普高教育资助对贫困农村学生的覆盖范围。

在农民工社会保障方面，对农民工的社会保障普遍不足，考虑到农民工社会保障有效覆盖及合理负担的现实需求，应对农民工的社会保障需求进行优先顺序分析。在短期内，需要将重点放在解决农民工工伤保障不足这一突出问题上，依法将农民工纳入工伤保险范围，简化工伤认定程序，工伤医疗费用由工伤保险基金先行支付，提高弱势群体的医疗服务利用率，完善和落实异地医疗报销制度，提高基本医疗保险的可携带性和流动性，保障流动人口的健康权益。

（二）2025～2030年社会保障体系的工作重点

2025～2030年是城乡统筹的社会保障体系逐步建立的时期，基于对社会、经济、人口和贫困的预测，2025～2030年东北地区贫困人口占比持续上升，东北地区的养老金缺口比例继续提高，中央统筹社会保障的力度继续加大，从而促进地区社会保障平衡发展。随着相对贫困人口在农村的比例持续下降，在城镇的比例持续上升，城乡统筹尤其是农民工的市民化进程加快，鉴于这一时期儿童相对贫困比例上升显著，应加大对儿童的教育与营养投入力度。

在社会救助方面，进一步扩大低保救助城乡统筹的范围；建立健全覆盖常住人口的救助制度，逐步提高保障待遇水平；探索发展社会救助服务，促进由传统单一的物质和现金救助转向物质保障、生活照料、心理疏导、能力提升和社会融入相结合的综合援助。补足社会救助服务的短板，增强社会救助制度的风险预防功能。

在养老保障方面，实现从"人人享有养老金"到"人人公平享有养老金"的转变，进一步提高基础养老金水平，以实现保障人民基本生活的目标，测算提高待遇后财政的可承受能力，完善缴费补贴机制，以解决贫困老年人的"支出型贫困"问题为目标，重点是解决医疗、照护需求不能得到有效满足的问题，发展补充性养老保险，以发挥其改善退休生活的功能，通过发展医疗保障、照护保障减轻养老金负担。在长期护理保险条件还不够成熟的情况下，可以先向需要照护帮助的困难失能老年人发放照护补贴，以供其在市场上自主购买服务。此外，这一阶段中国人口数量将达到峰值，人口预期寿命持续提高，高龄津贴应当被逐步纳入基本养老保险范畴。

在医疗保障方面，按照中共中央、国务院发布的《关于深化医疗保障制度改革的意见》，"到2030年，全面建成以基本医疗保险为主体，医疗救助为托底，补充医疗保险、商业健康保险、慈善捐赠、医疗互助共同发展的医疗保障制度体系"。在城乡一体化的制度型医疗保障体系上，需要完善筹资机制，有序提高筹资水平，提高群体之间保障程度的公平性。在城镇职工基本医疗保险方面，积极应对老龄化，建立基金精算平衡机制，将改革个人账户与扩大门诊统筹范围相结合，建立健全门诊共济保障机制。拓宽医疗救助筹资渠道，采用多样化的救助方式，建立完善的法律法规体系，调动社会力量参与医疗救助的积极性。

在教育与营养方面，对于0~6岁学龄前儿童，2025~2030年继续加大教育（养育）与营养健康投入力度。对于义务教育阶段的青少年，探索通过县域内统筹师资的方式增强农村师资力量，提高农村教育质量，扩大教育经费与户籍脱钩试点范围，提高流动儿童在城市公立学校的入学率，将营养改善计划推广到所有农村地区。对于高中阶段的青少年，加大对贫困农村学生接受普高教育的资助力度。

在农民工社会保障方面，一是逐步破除户籍壁垒带来的社会保险障碍；二是改革职工社会保险制度设计，促进农民工和非正规就业人员参加社会保险；三是把基本公共服务对象由户籍人口扩展到非户籍常住人口。具体来说，降低医疗救助和社会福利项目的户籍关联度，逐步消除户籍壁垒带来的农民工养老保险障碍，完善养老保险的转移衔接机制，简化农民工跨地区转移接续养老保险的手续，降低流动性强的农民工管理养老保险的成本，进一步完善养老保险跨制度转移的渠道，降低农民工在就业转换期间的断保风险，通过土地财产资本化方式，促进农民的养老保障从土地养老保障向社会养老保险转变，增加农民工养老账户的资金来源，充实农民工养老账户，提高对农民工的老年保障水平。

（三） 2030～2035年社会保障体系的工作重点

按照到2035年基本实现社会保障城乡统筹发展的目标，继续推进城乡基本公共服务均等化，具体来说，针对东北地区相对贫困发生率接近西部地区的趋势，继续加大中央对社会保障资金的统筹力度，实现中央层面对社保资金的整体分配，针对相对贫困群体主要分布在城镇的新趋势，在做好流动人口市民化工作的同时，为城镇相对贫困人口提供有针对性的涵盖社会救助、社会保险和社会福利的综合保障。

在社会救助方面，进一步完善分层分类、城乡统筹的社会救助体系，消除制度分割，提升兜底保障的公平性，构建多层次的"物质+服务"的综合救助格局。

在养老保障方面，发展全国统筹的城乡居民基础养老金，根据经济发展水平按规定比例缴纳，实现基金统收统支。发展长期护理保险，提升市场化服务水平，加强政府监管。

在医疗保障方面，通过提高统筹层次、缩小城乡医保待遇差距以及采取相关配套措施解决流动人口参加医疗保险异地转接不顺的问题。在实现制度可持续目标的基础上，通过制度优化设计和科学测算提高保障水平，增强制度的风险分担功能。加强商业保险主体参与社会医疗保险的法律法规体系建设，确保基金安全并保护商业保险公司的合法权益，创造良好的政策环境以鼓励商业保险公司开发健康扶贫系列商业保险。

在教育与营养方面，对于0～6岁学龄前儿童，2030～2035年继续加大教育（养育）与营养健康投入力度，完善旨在提高婴幼儿早期发展水平的公共设施与服务，力争将农村学前教育纳入义务教育范围。对于义务教育阶段的青少年，推广县域内通过统筹师资增强农村师资力量的有效模式，全面取消教育经费与户籍挂钩制度，保障流动儿童和农村学生选择学校的权利。将营养改善计划推广到全国层面，并与国民健康计划相衔接。对于高中阶段的青少年，在更多地区实行贫困农村学生免费接受普高教育的政策。

在农民工社会保障方面，建立以公共租赁住房为主的城市住房保障体系，以租金补贴形式保障居民的住房权利；统一保障性住房补贴的申请条件，取消户籍、就业等方面的申请条件；建立以居住地学龄人口为基准的教育管理与服务机制，构建农民工就业和培训保障体系，建立政府、用人单位和个人共同承担以及社会力量参与的多元化投入机制，通过税收优惠等方式引导商业机构开发更多符合农民工群体需求的商业保险。

第四节 2020年后财政、金融扶贫和城乡统筹的贫困治理体系建设

一 2020年后相对贫困治理财政支持机制和行动方案设计

2020年后的贫困治理体系构建要基于未来经济、社会、人口的发展趋势和贫困群体的新特征、新需求，要有财政支持机制做保障，但目前我国财政支持机制还存在一些问题，尤其是财政投入不足，2020年后减贫与乡村振兴战略的投入情况及投向重点具有不确定性，未来需要解决财政投入不足等核心问题，进行财政体系改革，有效利用金融支持以及多元化投入机制，完善社会保障体系。

（一）财政支持扶贫的现有问题

我国财政支持扶贫存在的主要问题包括中央财政专项扶贫资金支出不足且未来存在不确定性、资金支出结构不合理、扶贫开发项目的投向领域不合理、扶贫资金对贫困人口的瞄准性较差等。

中央财政专项扶贫资金支出不足且未来存在不确定性。中央财政专项扶贫资金，是中央财政通过一般公共预算安排支持各省（自治区、直辖市）及新疆生产建设兵团的资金，2000年以来，中央财政专项扶贫资金实际支出虽一直保持增长，但在大部分年份的增长率低于财政实际支出增长率，中央财政专项扶贫资金支出的增长与整体财政支出的增长不匹配，精准扶贫政策实施以来，中央财政专项扶贫资金的投入力度显著加大，但主要集中在消除绝对贫困方面，与未来的投入需求差距巨大，同时，随着2020年中国宣布打赢脱贫攻坚战，2020年后，中央财政资金对扶贫的投入存在不确定性，这也是未来减贫战略面临的一大风险。

资金支出结构不合理，扶贫贴息贷款占比偏高。对1986～2015年中国政府支持扶贫开发项目的主要资金支出结构进行测算后发现，扶贫贴息贷款占比在50%左右，普遍偏高，远高于发展资金和以工代赈资金。研究表明，由于扶贫贴息贷款的瞄准性较差（岳希明、李实，2003；李小云、张

雪梅、唐丽霞，2005），同时扶贫贴息贷款往往在审批、放贷、担保方面存在较多限制条件，金融机构的风险控制和贫困户的还款能力之间存在矛盾，因此，扶贫贴息贷款并不能更好地让贫困户真正受益。

扶贫开发项目的投向领域不合理。扶贫资金投向农业及基础设施领域的比例较高，投向科教卫生领域的比例太低。从扶贫资金投向结构看，1998~2010年投向农业及基础设施领域的资金的平均占比为62.6%，而同期投向科教卫生领域的平均占比保持在5%左右，且未出现明显增长。曾福生等（2015）研究发现，科教文卫投入的产出弹性最高，对农民人均纯收入增长的贡献率也较高，而基础设施投入的产出弹性为负数，对农民人均纯收入增长的贡献率也为负数。从贫困户对扶贫资金投向的实际需求来看，主要集中在子女教育和减少看病费用方面，因此，应增加社会服务领域的扶贫投入。

扶贫资金对贫困人口的瞄准性较差，且扶贫资金下沉的层级越低，瞄准性越差。李小云等（2015）从扶贫资源瞄准与传递背后的治理机制角度揭示了扶贫资源的使用与贫困人口的实际需求相脱离的问题，并指出社会阶层分化和基层社会治理结构导致的"精英捕获"现象使我国的扶贫瞄准机制面临治理困境。殷浩栋等（2017）指出，扶贫资金的分项投入、多头管理使资金管理成本增加、效果降低，同时因缺乏有效的协调机制和沟通机制，财政扶贫资金管理混乱，在使用中存在"低命中率"和"高漏出量"现象，扶贫资金并没有瞄准贫困人口。程晓宇等（Cheng et al.，2021）利用贵州数据进行研究发现，2015年精准扶贫"回头看"政策实施以来，由于"六个精准"逐级责任的落实，贫困瞄准性和扶贫资金的使用效果提升。未来还需进一步完善政策设计，提高扶贫资金对贫困人口的瞄准性。

（二）财政支持机制设计

2020年后，随着扶贫工作进入缓解相对贫困阶段，对财政投入的力度和结构需进行全面筹划。目前，在农村贫困中，因老致贫、因病致贫和因学致贫是主要情况。养老、治病和就学属于基本公共服务范畴，应通过增加保障性财政扶贫投入、完善基本公共服务的方式加以解决。因而，农村地区老年人、学生和身体健康状况欠佳者应该成为2020年后财政扶贫的主要对象。此外，将年龄以及身体健康状况等指标作为扶贫资金的识别变量，在一定程度上规避了当前将收入作为贫困指标出现的识别不精准的问题，扶贫资金的瞄准性有所提高。同时，农民工的社会保障缺失，弥补该群体的社会保障短板所需财政投入规模巨大。

完善财政资金支持机制，最重要的是解决财政资金的规模、结构、投向领域、瞄准性等问题，其中，财政扶贫资金的规模尤为重要。研究发现，我国贫困人口具有老、弱、病等特征，扶贫开发项目的减贫效应减弱，保障性扶贫政策的作用凸显，对此，中国应在 2020 年后进一步增加养老、医疗、教育等保障的财政支出。同时，加强对贫困人口的监控，建立贫困人口退出机制；提高扶贫资金的瞄准性，真正瞄准贫困群体，提高扶贫绩效。

新农保的减贫效果明显，教育、医疗的瞄准性补贴的减贫效果明显。测算结果显示，政府补贴可以使农村贫困发生率从 12.90% 降至 8.90%。不同类型政府转移支付工具的减贫力度具有明显差异，养老金收入对减贫的贡献最大，能使贫困发生率下降 2.05 个百分点，贡献了政府补贴收入减贫效果的 51.25%。本书以 2013 年中国家庭收入调查（CHIP）数据中新农保养老金收入为初始标准并扩大不同倍数（1.2、1.5、2、2.5 和 3 倍），对于家庭中 0～15 岁的学生，每人每年增加 1000 元的教育补贴；对于身体健康状况欠佳者每人每年增加 1000 元的医疗补贴。通过这种方式测算新农保养老金补贴、教育补贴和医疗补贴的减贫效果发现，即使按照新农保养老金扩大为期初的 3 倍加教育补贴和医疗补贴方案，农村贫困发生率也只能从 8.90% 降至 7.54%，降幅为 1.36 个百分点。虽然整体效果有限，但农村老年人、学生和身体健康状况欠佳者的贫困发生率显著下降。当新农保养老金扩大为期初的 3 倍后，农村老年人的贫困发生率显著下降，尤其是 70 岁及以上老年人：70～74 岁老年人的贫困发生率从 10.92% 降至 6.23%，75～79 岁老年人的贫困发生率从 12.23% 降至 7.46%，80 岁及以上老年人的贫困发生率从 12.31% 降至 6.53%。当新农保养老金扩大为期初的 3 倍并辅以教育补贴后，各年龄组的贫困发生率均有不同程度的下降，其中对年龄在 0～15 岁的学生群体的作用更加明显：0～5 岁年龄组的贫困发生率从 12.01% 降至 8.80%，6～15 岁年龄组的贫困发生率从 10.42% 降至 7.72%。当新农保养老金扩大为期初的 3 倍并辅以教育补贴和医疗补贴后，健康状况"不好"和"非常不好"的群体的贫困发生率明显下降，健康状况

"不好"的群体的贫困发生率从11.40%降至6.27%，健康状况"非常不好"的群体的贫困发生率从10.70%降至4.13%。

提高新农保养老金标准增加了农村老年人的可支配收入，可以显著降低老年人的贫困发生率。针对农村地区0~15岁的学生群体，主要通过增加农村教育经费等途径降低农村家庭的教育支出。撤点并校后年幼子女的陪读和住宿支出、偏远地区的交通支出和其他开支等仍然是贫困家庭子女上学的沉重负担。这些问题是"因学致贫"的主要表现。同样，对于大病患者、慢性病患者和其他有健康问题的个人，应适当提高农村医疗保险的报销比例，减少对报销药品和治疗范围的限制，从而降低农民在医疗消费中的自费支出比例（张玉梅、陈志钢，2017）。在减贫模拟测试分析中，统一采取增加目标群体收入的形式，结果发现，无论是增加家庭可支配收入，还是减轻家庭消费支出负担，对贫困地区农户的脱贫都具有同等的效果。

（三）基于权利的社会保障体系构建的财政需求测算

构建基于权利的社会保障体系需要与经济社会发展阶段相适应的财政投入，中国目前用于社会保障的财政投入水平较低，未来按照城乡统筹的社会保障发展需求，需要创新多元化投入机制，但社会保障体系仍将主要依赖财政投入。针对各项社会保障制度的完善方向和工作重点，本书对各项社会保障制度所需的财政投入进行测算。

在社会救助方面，最低保障是占比最大的支出。按照到2035年实现低保标准城乡统筹的目标，城乡低保标准比要按照年下降幅度为2%推进。假定2020~2035年，城乡收入中位数的平均增长率分别为7%和9%，为实现城乡统筹，2020~2025年，城镇低保标准占收入中位数的比重应维持在20%，到2030年逐步提高至25%，2030~2035年维持在25%；农村低保标准占收入中位数的比重应逐步提高，2020年达到40%，2030年达到50%，2030~2035年维持在50%。按照这一变化趋势，城乡低保标准在2035年可实现统筹。

在养老保障方面，完善城乡居民基本养老保险制度是最主要的资金投入去向。基于对2035年人口规模及结构的测算，60岁及以上人口将达到4.27亿人，随着城镇职工基本养老保险参保覆盖面的扩大，未来，城乡居民基本养老保险缴费人数将在稳定后呈现逐步下降的趋势。综合城乡居民收入增长、物价变动和城镇职工基本养老保险等社会保障待遇标准调整情况，未来城乡居民最低基础养老金有低、中、高三个方案。低方案为参考农村最低生活保障实际补差标准调整最低基础养老金，到2035年，城乡居民基本养老保险基础养老金将以年均12.5%的增幅逐渐增至994.62元；中方案为参考农村最低生活保障标准调整最低基础养老金，城乡居民基本养老保险基础养老金将以年均15.7%的增幅逐渐增至1600.67元；高方案为逐步缩小与城镇职工基本养老保险最低基础养老金的倍数差距，城乡居民基本养老保险基础养老金将以年均16.8%的增幅逐渐增至1866.53元。在这三个方案下，到2035年，基础养老金的财政投入分别需要达到37098.75亿元、59703.67亿元和69620.19亿元。

在医疗保障方面，主要支出包括城镇职工基本医疗保险基金和医疗救助资金两部分。在城镇职工基本医疗保险基金方面，本书通过生命表技术，采取分年龄、分性别的方法，在对各组缴费基数、人均工资增长率、医疗费用和人均医疗保险基金支出增长率、参保扩面情况进行假设的基础上，预测未来医疗保险基金收支结余情况。在人口参数上，城镇职工基本医疗保险的覆盖对象包括城镇企业职工、个体工商户和灵活就业人员等，在经济年均增长率为6.5%的条件下，按照职工医保参保率达到65%的假设，到2035年，城镇职工基本医疗保险基金收入将达到22089.52亿元，基金支出为19564.33亿元，当年基金收支结余为2525.19亿元，累计结余为55200.71亿元。在医疗救助资金方面，随着扶贫目标的转型，未来医疗救助对象的范围也将进一步扩大，从低保对象转为低收入对象和因病致贫家庭。本书采用世界卫生组织灾难性医疗支出标准测算支出型贫困家庭所需的医疗救助资金，按照个人灾难性医疗支出标准的40%计算发生率，假设超过灾难性医疗支出部分的医疗费用报销率为70%，按照低保的1.5倍界定低收入群体，城镇和农村所需的医疗救助资金分别为1523亿元、1364亿元。考虑到2016年实际投入医疗救助方面的资金为332.3亿元，这远远无法满足低收入群体的医疗救助需求，按照低保的1.5倍界定的低收入群体需要的医疗救助资金占当年财政支出的1.5%。

在教育与营养方面，据预测，到2035年，0~3岁、4~6岁、7~15岁、16~19岁的儿童规模分别为1191万人、1191万人、3577万人、1588万人，相对应的各年龄段贫困儿童规模分别为677万人、677万人、2033

万人、903 万人。基于 2035 年所有 0～3 岁农村婴幼儿早期养育服务、4～6 岁农村贫困家庭学龄前儿童学前教育资助 [1600 元/（人·年），约为学费]、4～6 岁农村贫困家庭学龄前儿童营养改善 [按照 5 元/（人·天）×22 天/月×12 个月/年计算，共 1320 元/（人·年）]、4～6 岁农村非贫困家庭学龄前儿童营养改善 [按照 2.5 元/（人·天）×22 天/月×12 个月/年计算，共 660 元/（人·年）]、农村义务教育教师工资提升（教师工资现在约为 6000 元/月，新增 1.5 倍，即 15000 元/月，每年按照 13 个月计算，义务教育法定师生比为 1：23）、农村义务教育营养改善补助标准提高 [新增 2.5 元/（人·天），提高到 7.5 元/（人·天），按照每年 9 个月，每个月 22 天计算] 等，各级政府的财政支出约增加 2930.51 亿元（2019 年现值），约为 2018 年 GDP 的 0.33%。其中，0～3 岁新增 600 亿元，4～6 岁新增 231.38 亿元，义务教育新增 1977.45 亿元，普高资助新增 121.68 亿元。

在农民工社会保障方面，农民工养老和住房两项保障是农民工市民化面临的核心问题。农民工养老保障问题主要为城镇职工基本养老保险参与率过低、城乡居民基本养老保险覆盖范围不足、农民工老年贫困风险大。可以将 2018 年城镇在岗职工平均工资的 60% 作为农民工参加城镇职工基本养老保险的缴费基数，北京、天津、石家庄、上海、苏州、杭州、广州、深圳、东莞九大城市农民工参加城镇职工基本养老保险的人均月总成本为 1288 元，其中，企业承担 859 元，个人承担 429 元。目前，该成本由企业和农民工个人承担，企业支出压力大，而农民工参保动力不足，因此，需要完善、落实中央调节金制度，在抚养比低、基金结余少的地区，加大财政转移支付力度，中小企业为农民工参保缴费的，可以增加专项财政补贴或实施税收返还政策以减轻企业的负担，激励企业积极为农民工参保缴费。在农民工参加城乡居民基本养老保险方面，九大城市农民工的人均月总成本为 768 元，远高于全国城乡居民基本养老保险人均月总成本 120 元的水平，因此，需要探索解决农民工在打工地参加城乡居民基本养老保险面临的成本分担问题。在农民工住房方面，考虑到区域及城市间住房价格差异，各地保障的成本差异显著，按照租赁型补贴方式，对于九大城市廉租房租赁补贴，除石家庄较低外，其余均在 400 元/（人·月）以上，其中，上海达到 1088 元/（人·月）。考虑到农民工养老和住房支出是主要支出部分，可以估算两者之和以作为农民工市民化的成本，九大城市"双保障"的农民工市民化平均成本为 35.8 万元，其中，养老保障成本为 18.4 万元，住房保障成本为 17.3 万元。

（四） 未来财政扶贫的政策设计

2020 年后，需要特别关注四种情况。一是被忽视的农民工群体，构建针对这一群体的养老、医疗、住房等保障机制需要贯彻城乡统筹理念。二是老年人贫困。老年人劳动能力下降及农村社会保障机制不健全，导致农村老年人收入不稳定，老年人又存在健康隐患，因此贫困可能性增加。三是因学致贫。教育投入的差距扩大，导致人力资本水平下降，因此贫困可能性增加。四是因病致贫。健康状况不好时，家庭医疗支出增加，照料时间增加，家庭劳动力减少，因此贫困可能性增加。2020 年后财政扶贫有必要给予农民工群体、农村老年人、学生和不健康人群等容易贫困的群体更多的关注。根据基于权利的社会保障体系的分阶段工作重点和对投入的测算，进行财政机制改革，增加投入，提高财政补贴效率。

第一，完善多级财政分担机制，以制度化的方式明确各级责任，增强财政对社会保障的支持能力，确保地方财政切实支持社会保障项目。第二，优化中央财政的补贴结构，避免陷入财力增长速度放缓的困境。第三，通过公私合作等形式吸引更多民间资本与社会力量参与社会保障项目，进一步发挥市场机制的作用，夯实社会救助的物质基础。第四，完善农村的基础设施，增加农村基本公共服务支出，实现基本公共服务均等化。

二 2020 年后相对贫困治理金融支持机制和行动方案设计

未来进入相对贫困阶段后，财政扶贫资金投入不足的问题将日益突出，需要更多元的资金来源、更有效的资金管理方式，以及更有效的贫困治理体系。在扶贫方面，除财政投入外，金融支持也发挥了重要作用，随着市场化改革的深入，其作用日益凸显。金融扶贫是指政府和金融机构通过一定的制度安排和业务操作，以市场化的运作方式为贫困地区及贫困人口提供金融服务，满足其对金融资源的需求，帮助其实现脱贫致富。在过去的 40 多年，国家在信贷、保险、证券等领域出台了一系列金融扶贫政策。各级政府和金融机构对金融产品、扶贫方式和资金管理等进行了探索与革新。在信贷扶贫方面，试点推广扶贫专项贷款（低息贷款、贴息贷款及奖补资金）、小额贷款、贫困村村级互助资金以及扶贫再贷款等财政扶贫资金使用管理机制；在保险扶贫方面，发展农业保险、新农合、小额人身保险和小额贷款保证保险等；在证券扶贫方面，发行扶贫专项金融债，允许贫困地区的企业发行股票进行融资，实施扶贫资产证券化政策等。此外，开发性金融、影响力投资等在中国也不断兴起，在金融扶贫中的作用开始显现。

2020年后，中国的扶贫工作进入新的阶段，会面临一系列新问题和新矛盾，势必要重新认识扶贫对象和扶贫目标，解决金融扶贫面临的政府与市场的边界、资金价格、市场细分等问题，从而制定更有效的金融扶贫策略。

（一）金融扶贫的现有问题

为更好地实现2020年后的新扶贫目标，发挥金融扶贫的作用，需要妥善解决下述难题。

政府与市场的边界问题。要确定金融扶贫主体的角色，必须先确定金融扶贫服务的性质是纯公共服务、准公共服务，还是可由市场提供的服务，从而界定提供金融扶贫服务过程中政府与市场的边界。从全球市场发展情况来看，商业性金融的信贷扶贫服务、保险扶贫服务和证券融资扶贫服务主要具有商品属性，而不具有公益属性，目前已有相对成熟的市场机制与案例。因而，对政府扶贫资金的使用宜采用政府购买公共服务的形式，充分发挥市场在公共服务资源配置中的作用，通过转变政府职能和创新经济社会治理体系、推进政社良性互动，更好地服务贫困地区和贫困人口。同时，金融扶贫服务（尤其是政策性金融扶贫服务）涉及贫困人口的公共利益。因此，政府应加强监管，确保金融扶贫公共利益目标实现。

资金价格问题。针对贫困人口贷款难的问题，一直存在"贴息、免息，还是利率市场化"的争论。有些学者认为，穷人付不起高利息，主张用贴息或免息形式进行价格控制；也有学者认为，考虑到精英攫取和寻租问题，不应人为控制扶贫资金价格。因此，如何在最大限度调动社会资本的条件下用好政策性扶贫资金，是2020年后中国金融扶贫仍需面对的重要问题。

市场细分问题。金融机构提供的扶贫服务需要尊重市场行为的决策逻辑，兼顾财务可持续目标和社会扶贫目标，满足贫困人口的发展需求。对金融机构而言，为细分市场提供专业的金融服务可以更好地实现盈利目标与可持续发展，而实现盈利目标与可持续发展又是为贫困人口提供金融服务的必要条件。2020 年后的相对贫困治理，应更加重视社会保障的作用。因而，政府主导的政策性金融扶贫服务应更偏向于社会安全网和金融基础设施建设，通过加强社会保障体系的兜底作用和扩大金融服务的覆盖面，满足相对贫困人口的生产发展需求。

（二）　2020 年前后金融扶贫的差异

从供给与需求两个角度来看，2020 年前后金融扶贫的差异主要体现在市场条件和服务对象两个方面。

市场条件的差异。中国已经进入金融全行业协力发展普惠金融事业的时代，这就意味着提供普惠金融服务和金融扶贫服务的供应商会越来越多，竞争也将越来越激烈。从服务方式角度来看，对于数字普惠金融的运用和发展，各类市场主体从线下到线上的转移路径已渐明朗，而且向线上转型成为众多供应商的迫切之选。

服务对象的差异。2020 年后，金融扶贫的服务对象主要为相对贫困人口、刚脱贫但仍处于脆弱状态的低收入人口，以及走出贫困需要进一步改善生产生活条件的人口。以上这些人的金融需求与 2020 年前绝对贫困人口的金融需求存在明显差异，具体表现为：①通过政府或社会救助，他们已经积累了维持生产生活的必要资料，并非"一穷二白"，有效金融需求将不断增加；②对于通过生产经营改变贫困状态的群体来说，他们需要的金融服务更多的是生产经营类的贷款、保险等，而不是支付、汇兑等基础金融服务；③对于通过就业获得薪酬而改变贫困状态的群体来说，他们需要的金融服务更多的是保障性和增值性保险、理财产品等。

（三）　金融支持机制设计

2020 年后，扶贫策略应转向综合救助和防止贫困（李小云，2018），即为"中小微弱"群体建立全方位的防护体系和支持体系。防护体系由社会保障提供的社会安全网提供，支持体系对应相对贫困家庭的发展与致富，金融扶贫特别是普惠金融体系的建立应支持这一目标。

首先，明确 2020 年后金融扶贫的目标群体和主要方向。2020 年后，金融扶贫的主要目标群体是相对贫困人口或中低收入群体。我国普惠金融体系的薄弱环节始终是为"中小微弱"群体提供微型金融服务（主要是信贷、保险和理财服务等）。根据贫困人口的金融需求，第一，以储蓄、支付、汇兑等为主的基础金融服务符合广大贫困人口最基本的金融需求。第二，以信贷为主的生产金融与消费金融服务符合贫困人口在生产生活中对增加生产资本、降低生产成本、提高生产效率、平滑消费、改善财务状况等的金融需求。具体而言，一是要加大为中小微企业提供信贷支持的力度，中小微企业是贫困人口就业的主要载体；二是要支持农业产业链金融，着力解决产业链中各环节经营主体的融资难题，促进当地产业发展，解决农村劳动力就业和初级农产品销售等问题；三是要为中低收入群体提供小额信贷服务，从而发展相关产业，增加收入。第三，以保险为主的保障性金融服务符合贫困人口在生产、生活中合理规避与缓解风险、减少损失的金融需求。在强化和完善农业保险的基础上，鼓励保险机构开发适合中低收入群体的小额保险产品，特别是小规模经济作物保险、重大疾病保险和人身意外伤害保险等特色险种，以减少自然灾害、重大疾病或突发意外带来的财产损失。第四，以理财为主的增值性金融服务符合贫困人口或初步脱贫人口进一步提高家庭收入水平和生产、生活质量等的金融需求。

其次，明确政府与市场的边界。由政府主导构建并完善社会保障体系，提供社会安全网，在政府进行政策鼓励的同时，由市场主体提供金融扶贫服务。政府部门应鼓励金融机构加大对普惠金融业务的支持力度，并出台相应的财政和税收优惠政策。金融机构应通过机制和工具创新，开发适合中低收入群体或相对贫困人口的金融产品与服务，并坚持保本、微利、可持续发展的基本原则。

再次，倡导进行普惠金融的双重目标管理。就金融扶贫服务而言，财务绩效要求为贫困人口提供更广、更深、更高效的金融服务，社会绩效则要求为贫困人口提供减贫、家庭生计管理、社区发展等一揽子服务。应当重视微型金融的减贫效应，利用小额贷款、小额保险等金融工具，着力满足贫困地区与贫困人口的资金融通与风险保障需求。在此基础上，依托中国人民银行和银保监会于2021年发布的《金融机构服务乡村振兴考核评估办法》，引入财务绩效与社会绩效指标，使监管部门引导金融机构进行双重目标管理。

最后，建立多层次、广覆盖的普惠金融供给体系。完善农村金融供给体系是构建中国普惠金融体系的重点和难点。目前，我国农村金融体系的主力军是中国农业发展银行、中国农业银行、农村信用合作社、农村商业银行、中国邮政储蓄银行等组成的"国家队"。这些机构的设立初衷、经营特点和所处的发展阶段各不相同，宜采取不同的政策导向和经营策略，从而更好地满足农村客户多样化的金融需求。中国农业发展银行应重点支持农村基本建设，为农村小型农田水利建设、农村企业重大设备购置和农民住房建设等提供中长期贷款支持。除中国农业银行、农村信用合作社、农村商业银行、中国邮政储蓄银行等金融机构直接开展涉农贷款业务外，可引导、鼓励它们为从事农村小贷业务的非银行类金融机构（如小贷公司）提供批发贷款，并将此类业务纳入涉农贷款考核范畴。此外，国内外的实践表明，应鼓励建立适合农村特点、专为中低收入农户服务的农村小额贷款机构，并为它们持续提供定制化的信贷产品和服务。

三 2020 年后构建基于社会保障的城乡统筹贫困治理体系

长期以来，我国绝对贫困人口主要集中在农村地区，扶贫开发和脱贫攻坚主要围绕农村地区开展，缺乏系统的城镇扶贫体系与政策，农民工的扶贫工作更是处于相对空白的状态。2020 年后，城乡统筹扶贫将成为我国扶贫开发工作和民政济贫的战略选择，需要加大推进城乡一体化和扶贫开发与社会公共服务一体化改革的力度，着力构建和完善以社会保障为基础的城乡统筹的贫困治理体系。

（一） 2020 年后中国城乡统筹相对贫困治理的趋势

第一，贫困治理区域由农村扩大到城市。伴随人口流动，贫困从农村向城市转移的趋势加强，以城镇传统的"三无"人员、失业工人以及进城农民工为主体的城市贫困问题将日益凸显。因此，全面建成小康社会后，需要重塑减贫政策体系，建立城乡贫困治理长效机制。

第二，贫困治理由战役式治理转向常规性治理。在精准扶贫时期，多种应急式政策集中叠加并向专项长效性发展政策转变。2020 年后扶贫工作在保障相对贫困群体和低收入群体生产生活的同时，应注重保障贫困人口的平等发展机会和权利以及进行多维贫困治理，发挥贫困治理政策的长效作用。

第三，贫困治理由以开发式扶贫为主逐步转向以保障式扶贫为主。

2020 年之后，减贫将从以农村为重点转向城乡一体化。巩固已有扶贫攻坚成果，减缓相对贫困，重视特殊贫困群体的脆弱性和返贫问题，提高人力资本积累水平，建立长效脱贫机制，需实现由以开发式扶贫为主向以保障式扶贫为主的综合性长效扶贫机制转变。

第四，贫困治理目标由解决物质贫困问题转向人的全面发展。2020 年后，贫困治理目标是人的全面发展，需针对特殊地区、特殊群体的多维发展需求提供及时且有针对性的帮扶或救助，有效保障人的全面发展权利，实现贫困人口生活质量提升。

（二） 2020 年后中国城乡统筹相对贫困治理的挑战

在了解 2020 年后贫困治理新趋势的背景下，构建城乡统筹的相对贫困治理体系面临一系列挑战。

第一，脱贫存在不充分、不平衡的现象。在"三保障"方面，一些深度贫困地区和边远地区的公共卫生、医疗服务和教育水平比较低，局部地区仍存在脱贫后返贫的隐患。同时，我国农村区域经济发展不平衡、城乡发展不平衡的问题长期存在，将对城乡统筹贫困治理造成一定冲击。

第二，城乡分割造成中国的贫困状况复杂。目前以户籍为基础的城乡分立的扶贫体制不利于 2020 年后进行统筹城乡的相对贫困治理。此外，针对进城农民工的扶贫存在制度性缺失，社会保障覆盖率低，克服制度约束难度大。在设计针对农村转移人口的社会保障制度时，成本如何在中央政府、地方政府、企业和个人之间分担并不明确。

第三，扶贫机构需进一步优化整合。目前，城乡分立的扶贫机构设置不利于 2020 年后构建基于社会保障的城乡统筹贫困治理体系，需对贫困治理体系进行调整。

（三） 贫困治理体系的脆弱性

2020 年，新冠肺炎疫情突袭而至，给经济增长及脱贫攻坚带来新的挑战。

第一，疫情对脱贫攻坚的影响具有局部性，深度贫困地区受到的影响相对较小。疫情对重灾区湖北省的脱贫攻坚以及湖北省外出务工人员造成影响，但受地理位置、经济联系程度及人口流动差异等因素影响，贫困发生率高的地区尤其是深度贫困地区受到疫情的影响小于全国农村地区以及其他贫困地区。

第二，疫情对"两不愁三保障"的影响有限，但显著暴露出农村地区社会保障的短板。由于前期基础设施的改善，疫情对农村地区安全饮水以及包括食物在内的基本生活物资的供应影响有限，但部分地区消费品价格出现一定程度的上涨。学校延迟开学，对不具备网络教学能力的广大贫困地区的农村中小学可能造成影响。此次疫情也暴露出农村地区尤其是贫困地区的医疗条件与人员严重不足。

第三，疫情对就业和第三产业的影响较大。一是由于外出务工人员不能外出，这对有劳动能力的贫困群众的务工收入有一定影响。二是第三产业的很多部门停业，对就近就地就业中从事第三产业活动的贫困群众的务工收入有一定影响。三是由于餐饮、住宿、乡村旅游、农家乐等服务性行业大面积停业，拥有经营性产业的农户尤其是边缘户受到的影响显著。

党中央及各省份采取一系列措施积极应对新冠肺炎疫情对脱贫攻坚的影响，持续推进脱贫攻坚任务，体现了中国特有的基于政府强力支持的贫困治理的优越性，主要经验做法包括以下几个方面。

一是部门协同健全扶贫政策体系，强化组织保障。疫情突袭而至后，中央及各地方、各部门迅速出台多项政策措施，形成合力，落实常态化疫情防控机制并保障脱贫攻坚任务如期完成。例如，《云南省人民政府关于应对新冠肺炎疫情稳定经济运行22条措施的意见》《云南省消费扶贫行动实施方案》等15个政策文件的出台，极大地促进了云南省贫困劳动力务工难、扶贫产品销售难等问题的解决。同时，强化组织领导，针对疫情对脱贫攻坚的影响，全面安排重点工作并强力推进。各级扶贫部门和驻村工作队充分发动群众、组织群众，做到驻村工作队就是防疫工作队，指导开展疫情摸底、排查与防控工作，夯实了基层疫情防控工作。

二是优化扶贫资金的使用结构，强化资金保障。在疫情影响下，各省份优化财政专项扶贫资金、东西部扶贫协作资金、财政涉农整合资金、社会帮扶资金等，按照"应下尽下"的要求，优先保障脱贫攻坚的资金需要，加大对受疫情影响较大的产业项目的支持力度，加大对龙头企业、合作社等带头脱贫主体的金融支持力度。同时，维持扶贫小额信贷政策稳定，对有产业发展需求的做到应贷尽贷，提供资金保障。

三是社会保障发挥兜底作用，脱贫攻坚成效得到巩固。各省份民政部门落实社会救助和保障标准与物价上涨挂钩联动机制，确保按时足额发放价格临时补贴，有效减轻了物价上涨和疫情防控对困难群众基本生活造成的影响。在医疗方面，各地卫生部门采取多种措施积极应对疫情并实现公共卫生服务能力提升，尤其是县级疾控中心、县（市）重大公共卫生救助中心的设施得到改善，贫困地区的疾病救治能力有所提升，助推了对下一步脱贫攻坚成效的巩固。

四是城乡人、财、物流动受限，城乡统筹发展的重要性凸显。疫情带来的劳动力外出务工受阻、农产品运输不畅等问题，使发达地区劳动力短缺、农村地区劳动力过剩和农产品滞销等问题凸显。各省份开辟绿色通道，加强劳动力转移就业，借助东西协作对口帮扶等促进劳动力跨省份以及城乡转移。针对疫情防控带来的各地农产品尤其是农特产品滞销问题，借助电商快速发展的契机，通过消费扶贫等方式助推农产品进行城乡流动。此外，由于新冠肺炎具有高传染性，人员流动会带来传染的风险，这在一定程度上倒逼人们对包括医疗在内的基本公共服务予以重视，这有助于推动实现城乡基本公共服务均等化。

（四） 构建基于社会保障的城乡统筹的贫困治理体系的建议

构建基于社会保障的城乡统筹的扶贫组织和管理体系是国家在2020年后相对贫困治理期间实现城乡居民全面发展的根本出路。因此，应在完善现有贫困治理体系的基础上，构建由政策体系、组织体系、财政体系、金融体系与监督和评估体系组成的城乡统筹的贫困治理体系，进一步明确政府、市场和社会组织在相对贫困治理时期的权利和义务，推进贫困治理现代化。

第一，建立和完善以权利公平为基础的社会保障体系。有步骤、分阶段地推动城乡基本公共服务内容和标准统一、衔接，不断提高基本公共服务的供给水平，逐步实现城乡就业、基本养老保险制度、最低生活保障制度、基本医疗卫生制度的统筹，补齐共同富裕的短板。具体而言，一是推动城乡基本公共服务均等化，加大力度推进乡村公益事业"一事一议"奖补试点工作，有效改善农民的生产生活环境。二是积极探索实现城乡养老保障制度有效衔接，大力发展老龄产业和家政服务行业，建立健全养老服务体系，支持有条件的乡镇建设养老院。三是统筹城乡社会救助体系，全面实施特困人员救助供养制度，健全社会福利制度，支持发展慈善事业，保障农村留守儿童、妇女、老年人的合法权益。四是实施农村危房改造和城镇保障性安居工程，全面落实卫生惠民政策。五是加强乡村卫生基础设施建设和医疗改革，健全基层卫生服务网络，加快推进县、乡（镇）、村三级医药卫生部门的标准化建设，积极引入社会资本，助推我国贫困地区医疗卫生服务体系建设。六是扩大社会保障覆盖面，建立农民工社会保障制度，包括建立符合农民工需求特点的社会福利与救助体系，提高农民工参与社会保险的能力，提高养老保险的保障水平等，重点解决农民工的就业保障、住房保障和子女教育问题，促进社会保障全民覆盖和共享。

第二，建立和完善城乡统筹、多部门协调参与的贫困治理组织体系。根据2020年后相对贫困的特点，可考虑成立新的领导小组统筹城乡扶贫工作，其中包括进城农民工问题。加强国家层面的反贫困战略和政策协调，将乡村振兴战略等国家战略和西部大开发、中部崛起、振兴东北老工业基地等区域发展规划与针对贫困群体的具体政策有效衔接，避免管理碎片化。可能的构想包括由国家乡村振兴局或社会保障部门等机构牵头统筹城乡扶贫，其他部门协同参与，也可以由国家发展和改革委牵头，其他部门协同参与，推进城乡融合发展，推动城乡基本公共服务均等化并缩小发展差距。在国家领导小组的协调下，各部门把解决相对贫困问题与部门发展规划相结合，并根据规划进行具体实施。同时建立大数据平台，整合目前低保、扶贫、农民工、养老、留守儿童等相关数据，实现信息共享共用。

第三，完善多元主体参与及社会创新的贫困治理体系。一是对于政府而言，在法律框架下，促进经济、社会、环境全面发展；通过财政、金融手段和各项改革措施，缩小区域发展差距；实施面向全民的教育、卫生健康、养老等普惠性社会政策；建立完善的支持市场和社会力量参与扶贫的政策体系和环境，以鼓励、动员社会资源参与扶贫，包括向市场主体采购服务，向市场主体参与扶贫提供补贴、税收优惠等；有针对性地为特定弱势群体提供保障性社会服务和社会救助；对相关资金项目进行监督、评估和效果评价，并建立定期向社会公开的机制。二是继续完善东西地区协作机制，鼓励国营、民营企业等市场主体以符合市场规律的互利共赢方式参与扶贫，特别是参与产业发展，以为欠发达地区和弱势群体提供各项服务。三是大力发展扶贫领域的社会组织和志愿服务，如生产性服务、社会性服务，并充分发挥城乡基层党组织、村民委员会（居民委员会）的作用。

　　第四，借鉴已有经验和转化推广方式。浙江省的扶贫理念和扶贫工作对全国具有引领性。在相对贫困标准下，浙江省加强和拓展省、市、县三级扶贫办的职能，同时管理农村和城市的扶贫和社会保障工作；在乡村振兴背景下，将减缓相对贫困、统筹城乡社会保障标准转变为常态性的扶贫政策并将其纳入乡村振兴的架构中；开发式扶贫政策下的开发增收职能可与现有产业部门的职能相结合，由农业农村厅牵头管理相关工作；将社会保障职能集中起来，由人力资源和社会保障厅集中力量解决城乡统筹的社会保障问题。可借鉴浙江省城乡统筹贫困治理组织体系构建和运行中积累的有益经验和具体做法，并逐步在全国推广，直至建立起国家层面的城乡统筹贫困治理组织体系。

　　第五，建立并完善城乡统筹的贫困治理财政和金融投入体系。首先，城乡统筹的贫困治理体系要求在国家层面打破城乡分割、部门分割的财政分配格局。在中央层面加大资金统筹力度，将具有普惠性的财政专项资金合并至一般性转移支付中，给予基层政府更多自主权。其次，改革财政支出方式，以使其与贫困人口的需求由生产领域向生活和社会保障领域转变相适应。再次，优化财政支出结构，改变目前财政扶贫支出中科教文卫、养老、医疗等基本公共服务支出不足的状况，并提高贫困地区尤其是农村贫困地区的公共服务水平，实现公共服务均等化。最后，确保财政转移支付与对地方常住人口的服务和社会保障挂钩。在金融机制创新方面，加强对中低收入群体和贫困群体创业就业的小微金融等的包容性政策支持。

　　第六，建立并完善易地搬迁与城镇化协同的贫困空间治理体系。考虑到城乡发展差距，短时间内实现城镇化尤其是推动人口城镇化进程缓慢，近年来，对易地搬迁的大规模投入及取得的成效在一定程度上促进了城镇以及乡村人口的聚集，未来可以考虑通过乡村人口的空间相对聚集，提高农村社会保障覆盖效率和进城农村人口的市民化水平。

　　第七，建立并完善城乡贫困治理的考核、监督和评估机制。在相对贫困治理时期，在总结精准扶贫、脱贫攻坚考核评估机制和经验的基础上，进一步明确和规范考核、评估、监督机制，使之具有可操作性和可持续性。城乡贫困统筹治理的一个关键问题是城市政府缺乏积极性，其更关注经济增长但对户籍改革、普及公共服务等的积极性不大。因此，需要考虑把对政府官员的政绩考核与户籍改革以及普及公共服务等联系起来。

第五节　减贫战略与行动

改革开放 40 多年以来的高速经济增长使中国在消除极端贫困方面成效显著。中国农村的贫困发生率由 1978 年的 92.09% 降至 2019 年的 0.6%。2020 年，全国 832 个贫困县全部宣布摘帽，区域性贫困问题基本解决，贫困人口的收入、营养状况、预期寿命、受教育程度及其他福利指标全面改善。2020 年后中国绝对贫困基本消除，相对贫困和多维贫困问题逐渐凸显，主要表现为收入、社会公共服务获得上的不平等以及健康、教育等社会保障方面的不足，老年人贫困、城镇贫困、农民工贫困成为新的减贫挑战。在新经济发展趋势下，经济和社会发展对人力资本提出了更高的要求，而中国目前针对低收入居民的健康与教育投资不足阻碍人力资本积累，在社会不平等程度加剧的背景下，针对低收入群体和弱势群体的社会保障措施将对降低社会不平等程度、支持跨越中等收入陷阱具有重要作用，这也成为 2020 年后减贫的重点。根据乡村振兴战略规划以及党的十九届四中全会提出的建立解决相对贫困长效机制的目标，2020 年后中国扶贫愿景为：以城乡基本公共服务均等化为减贫战略方向，到 2035 年，建立城乡统筹的贫困治理体系。

制定 2020 年后的减贫战略需要采用分阶段的战略理念。2020～2035 年，中国仍将处于发展转型期，不同阶段的经济、社会、人口发展趋势影响贫困的特征与分布，减贫战略实施所依靠的财政支持也需要与经济发展阶段相适应，因此，按照五年发展规划的惯例，针对 2020 年后的减贫战略，本书制定分阶段减贫目标和行动计划。到 2035 年，农业和工业产值占GDP 的比重继续下降，服务业产值的比重继续上升，经济保持 5% 左右的中高速增长，但区域差距继续扩大，人口在 2025～2030 年达到峰值后开始下滑，城镇常住人口持续增长但城镇化增速下降，农民工总量持续下滑，老龄化提速，农村老龄化程度更高，农村常住未成年人口规模持续下滑，这些经济、社会、人口发展趋势均将影响未来贫困人口的规模与区域分布。

建立解决相对贫困的长效机制，需要将缩小城乡收入差距、增加贫困人口收入作为贫困治理目标。相对贫困更多地考虑相对收入水平和社会不平等，能更好地瞄准社会上需要帮扶的群体。在相对贫困、共享繁荣理念支撑下，研究制定城乡统筹的、由多元标准组成的相对贫困标准过渡体系将是 2020 年后减贫方面的重要内容。本书借鉴国际常用的相对贫困标准界定方式，即采用城乡统一的相对贫困标准，将可支配收入中位数的 50% 作为相对贫困标准。比较 2020～2025 年、2025～2030 年、2030～2035 年三个阶段贫困人口的分布特点可以发现，相对贫困群体仍主要分布在西部和中部地区，但东北地区相对贫困群体的比例逐步上升，相对贫困群体的分布逐渐从以农村为主转变为以城镇为主，老年人和儿童始终是相对贫困发生率较高的脆弱群体，农民工群体的相对贫困发生率显著高于城镇人口并将持续上升，这些地区和人群应成为缓解相对贫困的重点。

构建基于权利的社会保障体系是 2020 年后减贫方面的重点。在贫困发生率下降至 3% 及以下之后，采取利贫性的社会保障措施将成为贫困治理的主要手段，这也是实现农民工市民化和乡村振兴的重要途径。制定分阶段完善社会保障体系的目标，围绕实现城乡基本公共服务均等化，针对贫困人口和脆弱人口的需求，统筹做好社会保障体系及各项制度的衔接。2020～2025 年是新的社会保障政策设计和规划期，重点是做好社会保障顶层规划和制度设计，将城乡统筹、实现对包括农民工在内的人群全覆盖等理念纳入设计范畴，同时弥补农村社会保障和基本公共服务的短板，力争实现"人人享有"各项社会保障和社会服务。2025～2030 年是城乡统筹的社会保障体系逐步建立的时期，实现从"人人享有"到"人人公平享有"各项社会保障和公共服务，城乡居民基本养老保险、医疗保险逐步实现全覆盖，农民工群体的养老、医疗、子女教育、住房保障得到显著改善，同时考虑到区域发展差异，这一阶段需要加大社会保障的中央统筹力度，促进地区社会保障平衡发展及社会保障全国统筹。2030～2035 年是城乡统筹的社会保障体系的巩固时期，各项社会保障制度的城乡统筹逐步从省级层面跨越到区域及国家层面，各项社会保障制度根据瞄准人群的需求"提质增效"，在加大对中央社会保障资金统筹力度的同时，实现资金投入多元化，逐步增加私营部门的市场化投入以满足不同群体的差异性需求。

完善财政资金支持机制，最重要的是解决财政资金的规模、结构、投向领域和瞄准性问题。建立基于权利的普惠型社会保障体系需要的财政投入巨大，应完善多级财政分担机制，同时提高中央统筹社会保障资金的能力，财政支持的投向重点将转向养老、医疗、教育领域，瞄准的人群为农民工群体、老年人、儿童，根据各项社会保障制度在不同阶段的重点提供瞄准性投入，使基于权利的社会保障体系不断完善和发展。

金融扶贫在 2020 年后发挥更为重要的作用，金融扶贫的服务对象从绝对贫困人口转向相对贫困人口及有发展需求的低收入群体和中小企业，金融有效需求规模扩大，金融服务从生存型服务转向保障性和增值性服务。相应地，需要建立多层次、广覆盖的普惠金融供给体系，满足贫困人口的金融需求。

构建基于社会保障的城乡统筹的扶贫组织和管理体系是国家在 2020 年后相对贫困治理期间实现城乡居民全面发展的根本出路。以建立和完善以公平权利为基础的社会保障体系为工作核心，建立和完善城乡统筹、多部门协调参与的贫困治理组织体系，在国家层面打破城乡分割、部门分割的财政分配格局，加大中央统筹力度，并将城乡统筹的社会保障成效指标（如户籍改革以及普及公共服务等）作为重要的评估考核指标纳入贫困治理、政府政绩考核范围。

打赢脱贫攻坚战后，乡村振兴成为新时代解决"三农"问题和城乡发展不平衡不充分问题的又一重大战略部署，这一部署将稳固脱贫攻坚成果的工作与乡村振兴的工作有机地整合到全面建成小康社会和实现"两个一百年"奋斗目标中（李小云，2021）。2020 年，习近平总书记在决战决胜脱贫攻坚座谈会上提出，"要针对主要矛盾的变化，理清工作思路，推动减贫战略和工作体系平稳转型，统筹纳入乡村振兴战略，建立长短结合、标本兼治的体制机制"[①]，这一论述为脱贫攻坚与乡村振兴衔接指明了方向。中央经济工作会议、中央农村工作会议、深入落实全国巩固拓展脱贫攻坚成果同乡村振兴有效衔接工作会议等指出，要把巩固拓展脱贫攻坚成果摆在头等重要位置来抓，推动脱贫攻坚政策举措和工作体系逐步与乡村振兴有效衔接，帮扶政策保持总体稳定，分类调整优化，留足政策过渡期，这为脱贫攻坚与乡村振兴有效衔接提供了具体方针。2020 年后实施扶贫战略与乡村振兴战略需要注意以下内容。

[①] 《推进精准扶贫与乡村振兴有效衔接》，中共中央党校网站，https://www.ccps.gov.cn/zl/ldl/202005/t20200520_140412.shtml。

第一，脱贫攻坚与乡村振兴需要实现发展目标的提升。脱贫攻坚和乡村振兴本质上都是为了消除贫困、改善民生，逐步实现共同富裕，二者统一于"两个一百年"奋斗目标、建成社会主义现代化强国、实现中华民族伟大复兴的历史进程。在目标任务上，脱贫攻坚针对农村绝对贫困人口，瞄准"第一个一百年"奋斗目标——2020年全面建成小康社会。脱贫攻坚通过"五个一批"举措，使贫困户实现"一超过""两不愁""三保障"，完成农村贫困人口全部脱贫、贫困县全部摘帽的任务。乡村振兴指向农业农村现代化与乡村治理体系和治理能力现代化，总要求是产业兴旺、生态宜居、乡风文明、治理有效、生活富裕，瞄准的是"第二个一百年"奋斗目标——2050年全面建成社会主义现代化强国。因此，乡村振兴战略是对脱贫攻坚战略的向前推进，是更高层次的继续与延伸，即从解决绝对贫困问题、全面建成小康社会向解决相对贫困问题、实现共同富裕跃进；从消除农村贫困问题、解决人的生存问题向统筹城乡发展、解决人的发展问题转变（姜正君，2020）。

第二，脱贫攻坚与乡村振兴的衔接要重视顶层设计和规划。从脱贫攻坚到乡村振兴，面临覆盖主体从个体到全体、聚焦空间从区域到全域、目标跨越从绝对贫困到相对贫困、任务时限从短期到长期、政策力度从特惠到普惠等挑战（姜正君，2020）。习近平总书记深刻指出："全面实施乡村振兴战略的深度、广度、难度都不亚于脱贫攻坚，必须加强顶层设计，以更有力的举措、汇聚更强大的力量来推进。"[①] 加强顶层设计要强化统筹布局，进行长远规划，立足可持续发展。无论是发展产业，还是补足贫困人口的教育、卫生、养老等社会保障和公共服务短板及加强基础设施建设，都是乡村振兴工作的内容。考虑到未来经济社会发展对人类发展的新要求，以及新形势下贫困的新特征，在乡村振兴阶段需要用战略性、系统性、全局性视角在国家层面做好政策的顶层设计和规划，从城乡统筹发展的角度，打破部门间、城乡间、省份间的制度衔接障碍，改革制约乡村发展的土地制度和户籍制度，并将减贫纳入"十四五"规划和乡村振兴战略中。

---

① 《全面实施乡村振兴战略——三论贯彻落实中央农村工作会议精神》，中共中央党校网站，https://www.ccps.gov.cn/llwx/202101/t20210101_146939.shtml。

第三，脱贫攻坚与乡村振兴的衔接需要分阶段、分梯次推进。分阶段是指设置 5 年过渡期，过渡期内严格落实"四个不摘"要求，保持现有帮扶政策、资金支持、帮扶力量总体稳定，做好各项政策、规划和体制机制衔接，过渡期后把脱贫攻坚纳入乡村振兴战略，实现减贫战略和工作体系的平稳转型。分梯次是指根据全国农村发展格局，有差别性、针对性地推进乡村振兴。在受城镇化和工业化影响较大的相对发达的农村地区，重点在于应对相对贫困以及防止新经济社会条件下新贫困的发生；在以农业为主的农村地区，产业振兴是重点；在以脱贫县为代表的贫困地区，稳固脱贫攻坚成果的任务依然艰巨，脱贫攻坚与乡村振兴的有效衔接将是这些地区的发展重点，这类地区也应成为乡村振兴支持的重点（胡祎，2020；李小云，2021）。

第四，脱贫攻坚与乡村振兴有效衔接的重要基础是产业振兴。产业扶贫是脱贫攻坚的根本之策，也是推进乡村振兴的重要基础。在乡村振兴阶段实现产业兴旺，要抓好产业帮扶衔接，支持农村地区尤其是脱贫地区产业发展，实现产业扶贫由以到村到户为主向以到乡到村带户为主转变，以实现相对贫困小农户与现代农业发展有机衔接，建立长效脱贫与发展的体制机制。抓好就业帮扶衔接，继续做好东西部劳务协作工作，积极拓宽就地就近就业渠道，促进脱贫人口稳定就业。

第五，脱贫攻坚与乡村振兴有效衔接的核心内容是缩小城乡公共社会服务差距。脱贫攻坚实现了全面建成小康社会的基础目标，但仍需继续补齐短板。农村的发展短板在于社会保障和公共服务，实现城乡社会公共服务均等化成为稳固脱贫攻坚成果与全面推进乡村振兴工作的核心连接点。因此，在落实脱贫攻坚与乡村振兴有机衔接的工作中，应把缩小城乡社会公共服务差距作为乡村振兴的核心内容，并把人才培育作为脱贫攻坚与乡村振兴有机衔接的关键，稳定基层人才队伍。

第二章
2020～2035年经济、社会、政策发展趋势预测

客观分析和判断中国未来经济、社会、政策发展趋势是分析和研究未来减贫战略的基础。本章通过构建中国动态CGE模型模拟预测未来经济发展趋势，涉及经济增长、经济结构变化和居民收入。本章首先介绍经济发展和社会保障状况，然后对未来经济预测进行系统的文献综述，在对中国动态CGE模型进行详细介绍后采用该模型预测未来经济发展趋势。

第一节　经济发展状况

一　中国经济快速增长

改革开放以来，中国经济快速增长，2010年左右，中国进入中等收入国家行列，之后，经济增速开始放缓，已经从前三十年平均10%以上放缓至2019年的6.1%，但经济增长下降速度较为平缓。经济结构不断调整，从产业增长速度来看，第三产业的增长速度已经超过第二产业；2013年，服务业增加值所占比重首次超过第二产业，农业增加值所占比重已经降至10%以下；2019年，第一产业GDP所占比重仅为7.1%，第二产业GDP所占比重降至39%，第三产业GDP所占比重提高至53.9%。1978～2018年中国GDP增长率见图2-1。

二　就业和工资增长

从劳动力就业情况来看，中国就业人员数量持续稳定增加。随着经济结构的调整，就业结构开始调整。随着城镇化进程的加快和农业生产中先进技术的应用，农业劳动力开始向非农产业转移。由于技术的快速进步和

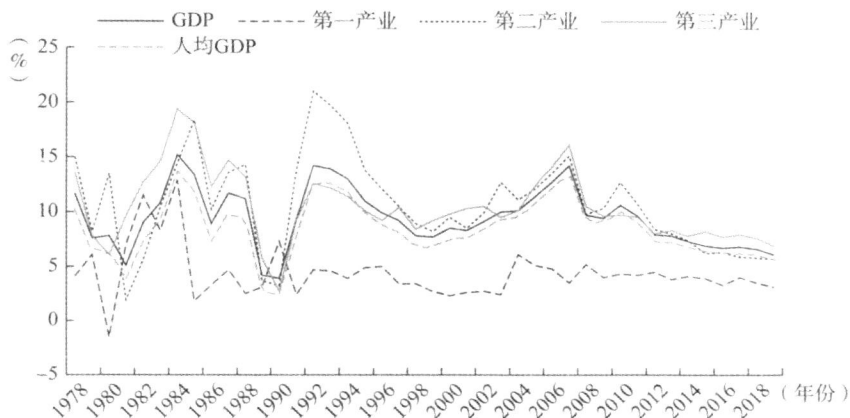

图 2 - 1 1978～2018 年中国 GDP 增长率
资料来源：中华人民共和国国家统计局。

资本的不断深化，加之第二产业增长速度放缓，越来越多的人开始从事服务业相关工作。2008～2018年中国就业情况见图2-2。1978年，中国第一、二、三产业就业人数占比分别为70.5%、17.3%和12.2%。2017年，第三产业的就业比重为44.9%，第一产业和第二产业的就业比重分别为27.0%和28.1%（见图2-3）。劳动者工资增长速度较快，城镇单位就业人员年均工资从615元涨到2017年的74318元，扣除物价因素，实际增长16.7倍，年均实际增长率为7.7%。

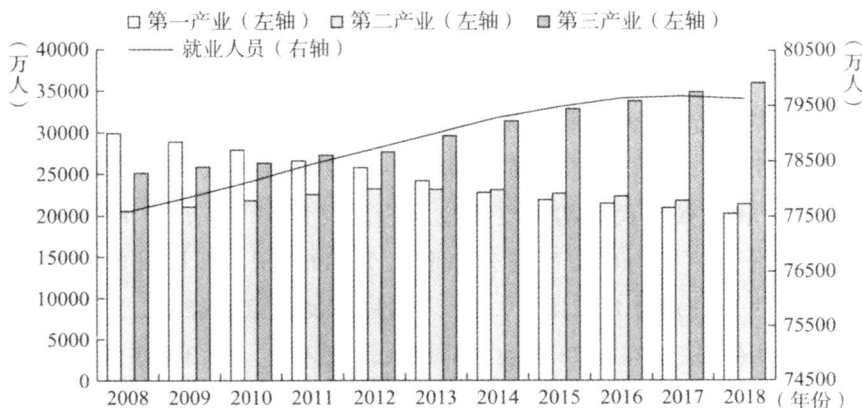

图 2 - 2 2008～2018 年中国就业情况
资料来源：中华人民共和国国家统计局。

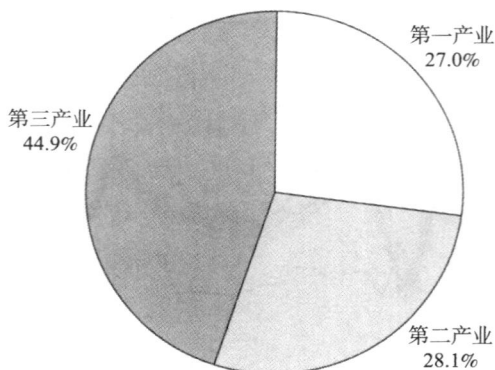

图 2 - 3 2017 年中国就业分布情况
资料来源：中华人民共和国国家统计局。

由于城镇化快速发展和经济结构调整，大量农民到城镇就业。农民工就业数量不断增加，2018 年，农民工总量为 28836 万人，其中，在乡镇就地就近就业的农民工为 11570 万人，到乡镇外就业的农民工为 17266 万人。在到乡镇外就业的农民工中，进城农民工为 13506 万人。

三 城乡居民收入增长

改革开放 40 多年来，城乡居民生活得到极大改善，人均收入显著增加。2018 年，全国城乡居民人均可支配收入达到 28228 元，比上年增长8.7%，扣除价格因素后，实际增长 6.5%，其中，城镇居民人均可支配收入为 39250 元，农村居民人均可支配收入为 14617 元（见图 2 - 4）。居民收入来源多元化的格局已经形成。城镇居民工资收入所占比重下降，经营性、财产性收入所占比重提高。2017 年，城镇居民人均工资性收入为22201 元，占城镇居民人均可支配收入的比重为 61.0%，比 1978 年下降32.8 个百分点；人均可支配经营净收入为 4065 元，人均财产净收入为3607 元，占比分别为 11.2%、9.9%。农村居民的家庭经营、工资、转移收入"多头并进"。在 1978 年农村居民人均收入中，66.3% 来源于集体统一经营收入。家庭联产承包责任制实行后，家庭经营收入逐渐成为农村居民收入的重要来源。2017 年，农村居民人均可支配经营净收入为 5028 元，占农村居民人均可支配收入的比重为 37.4%。随着农民工数量大规模增长，工资性收入逐渐成为农村居民收入的主要来源。2017 年，农村居民人均工资性收入为 5498 元，占比为 40.9%。各级政府的转移支付力度不断加大，特别是党的十八大以来，国家加大了对社会保障和改善民生的投入力度，转移收入逐渐成为农村居民收入的重要来源之一。2017 年，农村居民人均转移净收入为 2603 元，占比为 19.4%。城乡居民收入差距自 2008 年起持续缩小。2018 年，城乡居民人均可支配收入比值为 2.68，比 2007 年最高的 3.14 下降了 0.46。2018 年，全国居民人均可支配收入中位数为 24336 元，增长 8.6%。

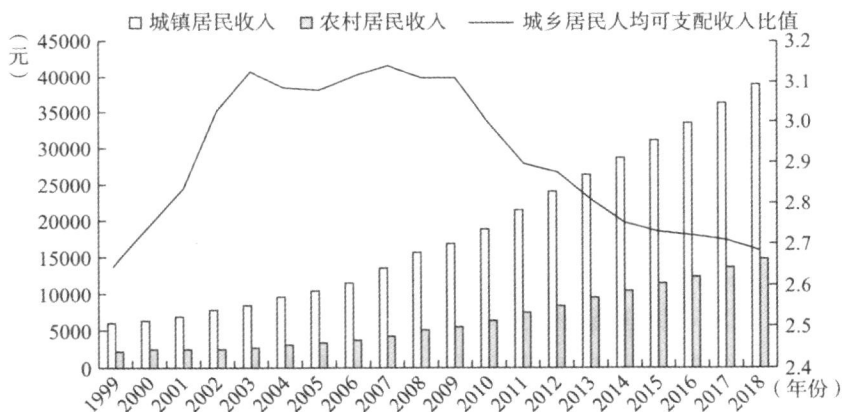

图 2-4　1999～2018 年中国城镇和农村居民收入情况
资料来源：中华人民共和国国家统计局。

第二节　未来经济发展文献综述

国际上的预测研究普遍认为，在中国经济重新平衡和全球不确定因素影响下，中国的经济增速将放缓。OECD 预计，2021 年，中国的经济增长速度将降至 5.5%，2019 年，美国宣布对中国进口产品增加关税将导致 2020 年 GDP 增速下滑 0.3～0.4 个百分点。尽管经济增速放缓，中国仍将继续成为世界经济增长的主要动力，在今明两年保持 6% 以上的经济增速，持续追赶发达经济体。2019 年，中国大规模的出口支持了经济活动，但面对贸易摩擦和全球经济疲软的影响，出口额势必会减少，并将伴随着新的不确定性。随着中国对进口产品需求程度下降，进口货物和原材料的增速将进一步放缓，这将增加中国经常账户盈余。尽管制造业投资疲软，但政府部门主导的基础设施项目和强劲的房地产投资等没有使总体投资增速放缓。另外，商业投资特别是服务业的投资增速将保持稳定。在私人住房需求旺盛和棚户区持续大规模改造的背景下，房地产投资会保持稳定。由于可支配收入增长势头相对强劲，私人消费将保持增长势头。

世界银行在2019年发布的《全球经济展望》中指出，中国的经济将面临持续放缓和重新平衡的局面。工业生产增速放缓，但服务业更具活力。宽松的财政政策和货币政策为经济增长提供支持，有助于中国平衡国内与国外的风险因素。中国的消费物价通胀率一直在上升，但仍然低于3%的水平，而生产者物价指数已经降到最低点，这部分反映了工业部门的稳定。由于制造业产出疲软、与美国的贸易关系紧张以及全球经济增长乏力，中国出口较为疲软。由于货币和财政政策的支持，银行信贷和债券发行规模有所回升，但由于监管收紧，其他非银行贷款的增长速度已经放缓。总体来看，2019年，中国的经济增速将放缓至6.2%。2019年的《全球经济展望》称美国贸易关税的提高将对中国2020年的经济增长带来压力，预计2020年增速将放缓至6.1%，2021年，经济增速将放缓至6.0%。

世界银行在2019年10月的《东亚与太平洋地区经济半年报》中称，全球需求（包括来自中国的需求）疲软，美中贸易持续紧张造成不确定性升高，导致出口和投资增速下滑，这考验包括中国在内的东亚地区的韧性。该报告预测中国2020年和2021年的实际GDP增速分别为6.1%和5.8%，到2024年将下滑至5.5%，这主要是因为受到出口额和制造业活动普遍下滑的影响。

从国内的预测来看，国务院发展研究中心"中长期增长"课题组利用可计算的一般均衡模型对"十三五"时期及2030年中国经济的增长前景进行了模拟。该模型涵盖供给侧和需求侧经济增长的影响因素。供给方面的因素包括劳动力、资本和技术进步的变化；需求方面的因素包括消费、投资和出口的变化，反映国内和国际需求对中国经济的影响。模型选取城镇居民新建住房的增速、城镇居民人口增速、出口增速、汽车保有量增速以及人均GDP等指标并将它们作为影响投资需求的主要因素，同时利用后发追赶国家（日本、韩国和中国）的面板数据将这些指标与相应投资的增速进行回归，以寻找影响投资变化的定量规律。另外，课题组在此基础上通过对需求侧的设定来分析未来的投资变化。根据投资变化来确定资本存量变化，然后再综合其他供给侧变化，最终确定经济增长的趋势。该预测结果显示，"十三五"期间，中国经济的潜在增长速度将降至 6%~7%；2016~2020 年经济平均潜在增长速度将保持在 6.5% 左右；2020~2030 年将过渡至 5.15% 左右。经济增长的动力机制将由过去"出口导向、工业优先、投资驱动"向"更多依靠消费、更多依靠服务业、更多依靠技术进步"转变，"十三五"时期成为中国迈向高收入国家的关键冲刺阶段，预期中国在 2021 年前后进入高收入国家行列。

第三节 中国动态 CGE 模型方法

为了定量模拟预测 2020 年后的经济发展与人民生活状况，分析社会保障制度改革对居民和宏观经济的影响，本书基于国际食物政策研究所的标准动态 CGE 模型，利用中国的数据，构建了以 2017 年为基准年的中国动态可计算的一般均衡模型（简称中国动态 CGE 模型）。

一 社会核算矩阵（SAM 表）

社会核算矩阵（Social Accounting Matrix，SAM 表）是一般均衡模型最主要的基础数据。SAM 表以矩阵形式表示国民经济核算账户间的交易，反映了一定时期内社会经济主体之间的各种经济联系。SAM 表的行和列分别代表不同的部门、经济主体和机构，行表示账户收入，列表示账户支出，行和列的名称相同，即都代表同一组账户。SAM 表的数据主要来源于投入产出表（以下简称 IO 表），是在国民经济核算框架内对 IO 表的扩展。构建 SAM 表需要收集和整理大量宏观和微观基础数据。在本书中，宏观数据涉及投入产出表、财政收支决算、进出口贸易、居民收入和支出等；微观数据主要来自北京师范大学中国家庭收入调查数据，以分析不同类型居民的收入和支出状况。本书建立 2017 年中国的社会核算矩阵，首先以 2017 年 149 个部门的投入产出表为基础，按照国民经济分类，将其合并为 46 个部门的 IO 表。同时，收集财政部发布的全国财政收支决算数据以核算政府的各项支出和收入，政府收入部分包括个人所得税、企业所得税、进口货物增值税和消费税、出口货物退税和消费税、关税、国内消费税以及国内增值税；政府支出部分包括对居民的支付转移以及与国外的收支平衡等数据，结合 IO 表，构建 2017 年宏观 SAM 表和 46 个部门的微观 SAM 表。由于 SAM 表中包括不同来源的数据，数据不平衡，本书采用最大交叉熵法平衡 SAM 表。本书构建的中国 SAM 表共涉及 46 个生产部门，其中包括 5 个农业部门，即种植业、林业、畜牧业、渔业和农业服务业；采掘业、工业和建筑业部门共 27 个；服务业部门共 14 个。为了便于分析不同社会保障对不同居民群体的影响，本书对社会核算矩阵进行进一步细化，将居民账户按照城镇、农村、农民工分类并分别按收入分布情况将每类均分为 20 组，得到了 60 组居民账户。从总体收入分布情况来看，城镇居民收入水平最高，接着是农民工，农村居民收入水平最低。另外，本书也对投入要素进行细分，分为劳动、资本和土地，将劳动力按照受教育水平分为低、中、高技能三种类型，其中，将受教育程度为初中及以下的劳动力划为低技能类型，将受教育程度为高中或相当于高中的劳动力划为中技能类型，将受教育程度为大专以上的劳动力划为高技能类型。这里利用北京师范大学中国家庭收入调查数据中关于居民收入来源和支出项目等信息将居民拆分为不同类别。

二 CGE 模型

CGE 模型具有深厚的经济学基础，并从理论模型开始，寻找符合理论结构的数据，是经济系统的机理模型。基本原理是经济系统中各种要素与商品的供给、需求通过价格来实现均衡和市场出清。CGE 模型由多个部门、多种要素和多个经济主体以及多个市场组成，建立了不同生产部门之间、宏观与微观层次之间的连接，涵盖生产、供给和贸易等各个方面。CGE 模型采用一组方程描述经济系统中的供给、需求和市场关系，这些方程代表了经济主体的优化决策，生产者根据利润最大化或成本最小化原则，在资源约束条件下进行最优投入决策和确定最优的供给量；消费者根据效用最大化原则，在预算约束下做出最优支出决策和确定最优需求量，以实现最大满足；当供给和需求相当时，实现了市场均衡，确定了均衡价格，以最合理地使用资源。与投入产出模型或线性模型相比，CGE 模型考虑了价格对各个产业的影响和要素间的替代关系，引入了经济主体的优化决策，用非线性函数代替了线性函数，以将生产、消费和贸易有机结合起来，对经济系统进行全面的分析。CGE模型充分运用部门和经济主体之间的交易信息来捕捉经济系统中各部门、各经济主体的复杂联系和相互作用的传导和反馈机制，将生产、消费和贸易有机结合起来，为政策模拟分析提供了一个很好的"实验室"，从而可以对经济系统进行全面分析，减少了局布均衡方法或计量经济方法可能带来的一些误差。目前，CGE模型作为强大的政策工具，被广泛用于贸易、税收、社会保障、人口流动、劳动力市场、资源环境领域的政策模拟分析。CGE模型具有很多优点：①建立在经济理论基础之上，是从理论到数据的经济模型；②可以模拟与对比不同政策的效果；③能够分析单个政策对经济的影响，并能解释具体的原因机制；④能更细致地分析部门政策和机构政策；⑤从系统经济的角度评价政策的各种影响，如生产、就业、贫困与不平等方面；⑥CGE模型不需要计量经济学所要求的大量时间序列数据。

　　本书利用构建的中国SAM表，依据国际食物政策研究所的标准动态CGE模型框架，调试了相关参数，构建了中国动态CGE模型。CGE模型的经济主体和联系见图2-5，其描述了不同经济主体间的相互联系。企业生产者从居民手中购买生产要素、资本和技术生产产品，以投入生产，并将生产的产品销售给居民；居民由于提供劳动、土地和其他资产等生产要素而获得相应的报酬，并利用所得报酬购买商品和服务，居民用收支盈余即储蓄进行私人投资；政府通过收取居民的直接税和各种间接税获得收入，并通过公共投资和宏观经济政策影响生产率和投资从而影响各部门的生产；政府通过产业政策影响产业经济发展，并通过居民政策影响居民收入及分配；在开放经济体系下，经济主体通过进出口贸易与国外市场交换产品；国外市场不仅可以通过进出口贸易与国内市场发生联系，而且可以通过国外援助或贷款、国外直接投资与国内市场和政府发生联系。国际食物政策研究所的标准动态CGE模型是单个国家的CGE模型，理论基础主要是瓦尔拉斯一般均衡理论和新古典经济学的最优行为理论。生产者和消费者的决策分别基于利润最大化和效用最大化原则，生产和消费方程由非线性的一阶优化条件得出。模型还包括一系列约束条件，如要素和商品市场均衡、储蓄—投资均衡、政府收支均衡和国际收支均衡。CGE模型用一组线性和非线性方程反映社会核算矩阵中的活动、商品、要素和机构。递归动态CGE模型通过选择一些参数并使其随着时间而变化（模型中的动态特性来源于生产要素的积累和一些参数的变化），在进行动态模拟时，通过模型得出从基准年至未来某个年份的所有均衡解，一些参数在联结各时期的动态模块中被更新，要么基于给定的外生趋势，要么由前一时期的解推导出来。这些主体的行为建立在适应性反应基础上，而不是向前预期。递归动态 CGE 模型能够模拟政策的动态调整情况，当与政策相关的外生参数发生变化时，可通过模型求得一系列新的均衡解，模拟结果可以说明政策的影响。中国动态 CGE 模型不仅可以用于预测未来的社会经济状况，模拟在通常情况下 2020 年后的经济增长情况及对不同居民收入的影响，而且可以模拟相关政策的变化情况，如社会保障政策改革对不同收入居民群体的影响，以为决策提供依据。

递归动态 CGE 模型主要包括价格、生产和贸易方程、机构收入和国内需求方程、系统约束和宏观闭合方程、动态模块方程。生产部分利用嵌套生产要素函数充分体现不同生产部门的不同替代弹性的特征：第一层为劳动和资本，通过 CES 方程合成增加值；第二层为中间投入，通过列昂剔夫函数得到总的中间投入；第三层为增加值与总中间投入，通过 CES 函数得到总产出。贸易部分将国内总产出通过 CES 函数分解为国内需求与出口，国内总需求通过 CET 函数分解为国内生产与进口，进口与出口分别进入国际市场，国内需求与国内生产相等。机构模块包含居民、企业、政府、投资。居民的商品消费行为通过线性支出系统（LES）方程来描述。系统约束模块包含在各个市场上的数量与价格出清。将 CPI 设定为价格基准，其他价格均为相对于价格基准的比例。宏观闭合规则主要指政府平衡、经常账户平衡和储蓄—投资平衡。政府平衡指政府的所有收入等于政府消费和政府储蓄。如果政府财政为赤字，则政府储蓄为负值。经常账户的外汇流出为进口商品支出和对世界其他国家的转移支付，这些均用外币来表示。外汇的流入指出口产品所得和从国外得到的转移收入，二者之差即为外汇储蓄或外汇借款。外汇储蓄与汇率之中需要固定一个。储蓄—投资平衡指投资等于储蓄，总储蓄等于私人储蓄、政府储蓄与国外储蓄之和，总投资等于固定投资与存货之和。储蓄—投资的宏观闭合规则是储蓄决定投资，即边际储蓄倾向于固定。

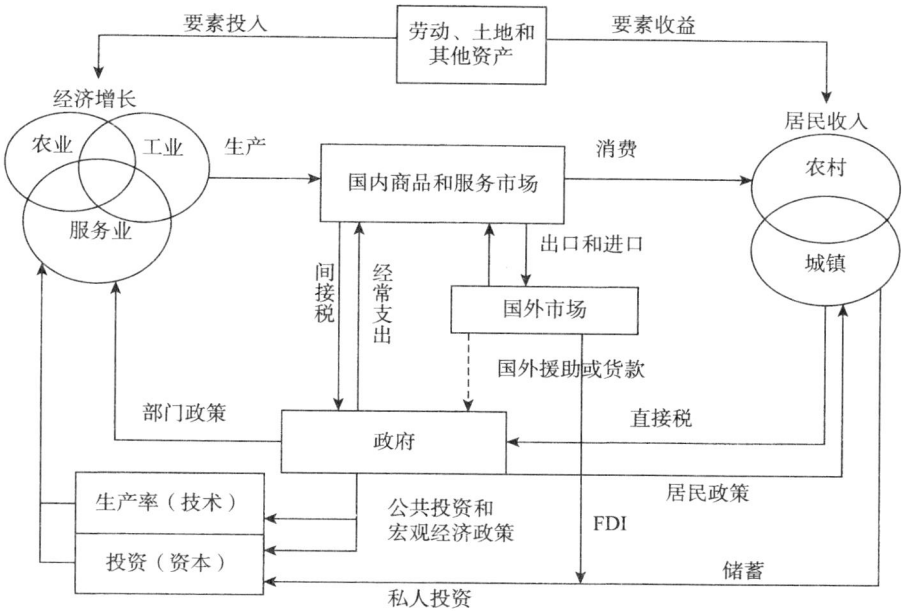

图 2 - 5 CGE 模型的经济主体和联系

资料来源：笔者自制。

第四节 未来经济发展趋势预测

依据 2017 年中国 SAM 表校准 CGE 模型，运用中国动态 CGE 模型模拟运行基准方案，以用于预测未来经济发展趋势。基准方案主要是模拟正常情况，即在没有政策变化和外界冲击的背景下，按照历史趋势运行的情况。基准方案的设计主要基于各个行业的历史增加值增长率、进出口增长率、与科技进步相关的全要素生产率（TFP）增长率、劳动力等要素供给增长率、生产率增长率、人口增长率、政府投资增长率等因素。其中人口增长率参考本书对未来人口的预测结果（见第三章）。根据人口预测结果，到 2026 年，中国人口将达到 14.16 亿人，2035 年，中国人口将回落到 13.91 亿人。城镇化率持续提升，到 2035 年将达到 73.81%。在基准方案中，假设中国经济沿着最近的增长趋势增长。中国动态 CGE 模型是年度递归动态模拟模型，逐年求解，基准模型模拟方案的时间跨度为 2018～2035

年。宏观闭合设定分别为：储蓄驱动投资，政府储蓄灵活，直接税率固定，汇率灵活，国外储蓄固定，劳动力充分就业，工资发生变动。

本节首先介绍基准年中国的经济结构，然后分析基准模拟方案中2019～2035年中国的宏观经济增长情况、产业结构变化情况、城乡居民收入增长情况等。

一　基准年中国的经济结构

在2017年基准年的增加值中，中国农业增加值所占比重仅为7.9%，工业占33.7%，建筑业占6.7%，服务业成为第一大产业，占51.7%。在第三产业中，商业和餐饮业占11%，交通运输业占9.3%，公共服务业占13.2%，金融保险行业占13.6%。从就业来看，农业仍然是主要部门，占27.0%，工业占21.0%，建筑业占7.1%，服务业占44.9%。从出口来看，工业出口占总出口的80.6%，服务业占18.2%，农业仅占0.7%。从出口占总产出的比重来看，全部行业平均为7.3%，其中，工业出口占总产出的比重高达11.7%，农业和服务业分别占1.1%和3.8%。从进口来看，农业进口占4.0%，工业为80.7%，服务业为14.9%。从进口占总需求的比重来看，全部行业平均为6.7%，其中，农业、工业和服务业分别占5.9%、11.0%和2.5%（见表2-1）。可见，进出口贸易在国民经济中非常重要。

表2-1　2017年中国经济结构

单位：%

	增加值	就业	出口	进口	出口/总产出	进口/总需求
全部行业	100.0	100.0	100.0	100.0	7.3	6.7
农业	7.9	27.0	0.7	4.0	1.1	5.9
工业	33.7	21.0	80.6	80.7	11.7	11.0
采掘业	3.5	2.0	0.3	16.1	0.9	28.5
制造业	27.8	17.8	80.3	64.6	13.1	10.4
其他制造业	21.8	13.4	63.6	57.9	13.4	11.6

	增加值	就业	出口	进口	出口/ 总产出	进口/ 总需求
建筑业	6.7	7.1	0.5	0.4	0.4	0.2
服务业	51.7	44.9	18.2	14.9	3.8	2.5
商业和餐饮业	11.0	10.3	8.7	2.8	9.2	2.5
交通运输业	9.3	6.0	6.2	5.3	6.3	4.5
金融保险行业	13.6	5.7	0.4	0.9	0.3	0.7
公共服务业	13.2	16.1	1.2	4.2	1.0	2.6
其他服务业	7.1	7.9	1.8	1.6	1.8	1.3

资料来源：根据国家统计局国民经济核算司编《2017年中国投入产出表》（中国统计出版社，2019）计算得到。

二 宏观经济增长情况

模拟结果显示，2020年后，中国经济仍处于转型期，劳动力供给水平下降，在投资增速放缓和全球经济增长疲软等因素的影响下，2020年后，中国经济增长速度有所放缓，如图2-6所示，2021~2035年，中国经济仍将保持6%左右的中高速增长。GDP实际增长率从2019年的6.4%降至2025年的5.9%；2020~2030年，GDP平均增长速度将过渡到5.5%左右。随着经济发展，人均GDP水平不断提高。按照2017年实际价格计算，预计2021年中国人均GDP将增加到7.5万元，2026年达到10.0万元，2030年为12.6万元，2035年达到16.6万元（见图2-7）。

为进一步分析未来中国国民经济增长情况，这里计算了2019~2035年中国宏观经济指标年均增长率及其对GDP增长的贡献率（见表2-2）。从表2-2中可以看出，中国经济增长从主要依靠投资拉动转变为由消费和投资共同推动。其中，最终消费增长是驱动国内经济增长的重要因素。随着收入水平提高和互联网飞速发展，中国居民的消费观念开始更新，消费升级提质，教育、文化、旅游、娱乐等服务消费增长较快。最终消费对经济增长的贡献率自2015年以来一直保持在50%以上，尤其是2018年，最终消费对经济增长的贡献率高达76.2%，使GDP增长率提升了5个百分点，

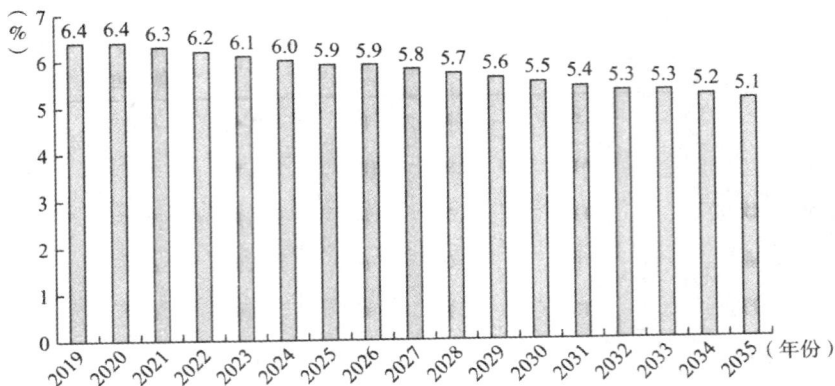

图 2－6 2019～2035 年中国 GDP 实际增长率

资料来源：中国 CGE 模型模拟结果。

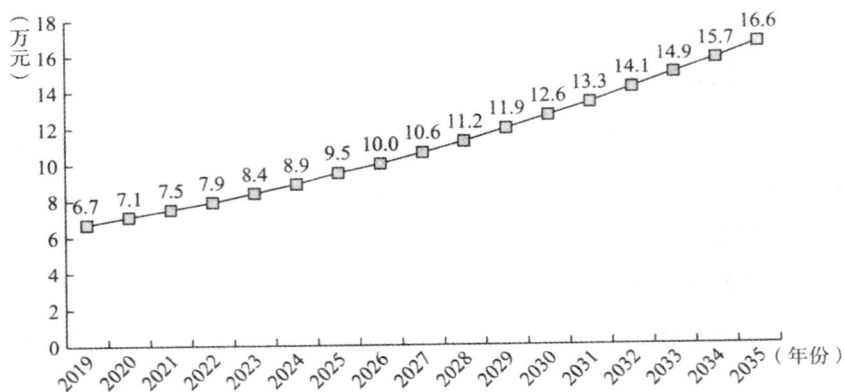

图 2－7 2019～2035 年中国人均 GDP 情况（2017 年不变价格）

资料来源：中国 CGE 模型模拟结果。

对促进经济稳定增长起到了重要作用。预计 2019～2035 年，最终消费平均实际增长率为 6.5%，对 GDP 增长的平均贡献率为 63.3%。显然，作为中国经济增长的稳定器，消费的作用非常显著。其中，从居民消费来看，农村和中低收入人群的消费升级需求强烈，而城镇和中高收入人群有从实物消费向服务消费转型的趋势，这些都是居民消费可持续增长的动力。尽管居民消费增速有所下降，但是仍然保持在较高的水平，2019～2035 年，居民消费平均实际增长率为 6.7%。与国际上和国内大多数学者的预测结果一致，国内投资对国民经济增长的贡献率有所下降。2013 年，资本对国民经济的贡献率为 55.3%，2017 年和 2018 年分别下降至 33.8% 和 32.4%。未来，随着城镇化率的不断提升、城镇人口增长速度不断放缓和人口年龄结构转变，城镇居民对新建住房的需求和汽车的需求的增速将有所放缓，房地产开发投资、制造业投资以及基建投资增速都将回落。根据模型的预测结果，2019~2035 年，私人投资平均实际增长率仅为 5.3%，对 GDP 增长的平均贡献率下降至 38.0%。受到中美贸易摩擦的影响，2018 年，货物和服务净出口对拉动国内生产总值增长产生负向作用，使 GDP 增长率下降 0.6 个百分点。2020 年后，中国难以一直保持"高出口"的局面。一方面，全球经济增速可能在未来的很长时间内维持在较低水平，国际需求不强烈；另一方面，国内要素成本不断攀升等将导致中国出口竞争力进一步下降。2019~2035 年，出口额平均实际增长率为 5.6%，对 GDP 增长的平均贡献率为 18.4%。在进口方面，随着国民经济发展，居民的进口需求仍然强烈，2019~2035 年平均实际增长率为 6.7%，高于国内生产总值的平均实际增长率。因此，净出口额呈下降趋势，2019~2035 年平均实际增长率为 -3.3%，对 GDP 增长的平均贡献率为 -1.1%。

表 2 - 2　2019~2035 年中国宏观经济指标年均增长率及其对 GDP 增长的贡献率

单位：亿元，%

	2017 年基准值	2019~2035 年平均实际增长率	2019~2035 年对 GDP 增长的平均贡献率
国内生产总值	823217	5.9	100.0
最终消费	444178	6.5	63.3
居民消费	320428	6.7	48.0
政府消费	123750	6.0	15.3
私人投资	359151	5.3	38.0
出口额	163847	5.6	18.4
进口额	130300	6.7	-19.4
净出口额	33547	-3.3	-1.1

资料来源：中国 CGE 模型模拟结果。

三 产业结构变化情况

2019～2035 年，中国仍然处于经济结构转型升级时期，各个产业的增长速度存在明显差异，农业和工业产值的比重继续下降，服务业产值的比重继续上升，其仍然是增长贡献最大的产业。其中，对于农业，产值从过去 40 多年保持的 4% 左右的高增长率下降为 2.8% 的平均增长率，这一增长率明显低于工业和服务业（见表 2－3），农业产值占 GDP 的比重将延续不断下降的趋势，增加值所占比重由 2017 年的 7.9% 下降至 2025 年的 6.2%，到 2035 年进一步下降至 4.7%。随着工业化发展，工业品供给能力与需求结构开始经历拐点。人们对传统工业品的总需求基本趋于饱和，出口增速下滑，许多大宗工业品的产量已经或者正在接近高位。同时，随着微电子、计算机、信息、生物、新材料、航空航天、环保等高新技术产业广泛应用先进制造工艺，高技术制造业、战略性新兴产业和装备制造业等较快增长，2019～2035 年，工业产值占 GDP 的比重的平均增长率为 4.9%。工业增加值所占比重从 2017 年的 33.7% 降至 2035 年的 28.7%。服务业增加值所占比重不断上升，从 2017 年的 51.7% 升至 2025 年的 55.6%，再到 2030 年的 58%。随着生活水平提高，居民对于旅游、体育、教育、物流等现代服务业的需求很大，服务需求所占比重将越来越高，社会保障等公共服务支出的增长速度开始加快，这将为第三产业的快速发展提供持续动力。2019～2035 年，服务业产值占 GDP 的比重的平均增长率为 6.8%，服务业增加值所占比重在 2035 年为 60.5%。

表 2－3　2019～2035 年中国分行业产值平均增长率和产业结构变化

单位：%

	平均增长率	产业结构				
	2019～2035 年	2017 年	2020 年	2025 年	2030 年	2035 年
GDP	5.9	100.0	100.0	100.0	100.0	100.0
农业	2.8	7.9	7.2	6.2	5.4	4.7
工业	4.9	33.7	32.9	31.6	30.2	28.7
采掘业	3.3	3.5	3.2	2.9	2.5	2.2
制造业	5.0	27.8	27.2	26.3	25.3	24.2

续表

	平均增长率	产业结构				
	2019～2035 年	2017 年	2020 年	2025 年	2030 年	2035 年
水电气供应行业	5.4	2.5	2.5	2.4	2.4	2.3
建筑业	4.2	6.7	6.7	6.6	6.4	6.1
服务业	6.8	51.7	53.1	55.6	58.0	60.5
商业和餐饮业	6.0	11.0	11.1	11.2	11.3	11.3
交通运输业	6.9	9.3	9.5	10.0	10.5	11.1
金融保险行业	7.7	13.6	14.5	15.9	17.3	18.7
公共服务业	6.5	13.2	13.4	13.7	14.2	14.7

资料来源：中国 CGE 模型模拟结果。

四 城乡居民收入增长情况

2019～2035 年，尽管中国经济增速有所放缓，但仍保持在较高水平，因此，城乡居民收入仍将保持较高的增长水平。虽然劳动力供给数量呈下降趋势，但劳动力的受教育程度明显提高，工资不断上涨。随着农业生产效率提高，城镇化持续推进，以及乡村振兴战略实施，农村劳动力继续向城镇或更高生产率行业转移，农村居民收入仍将保持较快增长，2019～2035 年平均增长率为 8.5%。随着经济结构调整，农民工的就业领域将逐步从工业和建筑业向服务业转移，另外，农民工的受教育程度明显提高，农民工工资将保持一定的增长，2019～2035 年农民工收入的平均增长率为 6.9%。随着城镇化进一步发展和城乡统筹制度进一步推进，城镇居民数量保持较快增长，另外，随着私人投资增速放缓，投资回报增速下降，城镇居民收入增速相对较慢，2019～2035 年平均增长率为 4.8%。从不同收入组来看，由于收入来源不同，不同收入组的居民的收入增长率存在较大差异（见表 2-4）。总体来看，低收入组居民的收入增长率高于高收入组，主要原因是低收入组居民的收入来源更多的是低技能的劳动工资。未来，随着受教育程度提高，低技能的劳动力供给将进一步减少，工资上涨速度相对较快。相对劳动来说，由于资本供给充足，资本的投资收益率明显下降，资本收益增速放缓（高收入人群的资本收益所占比例相对较大）。

表 2 - 4   2019～2035 年中国不同收入组居民收入增长率

单位：%

居民类型	年均增长率	居民类型	年均增长率	居民类型	年均增长率
农村居民平均	8.5	农民工平均	6.9	城镇居民平均	4.8
农村居民组 1	10.2	农民工组 1	8.1	城镇居民组 1	6.0
农村居民组 2	9.9	农民工组 2	8.1	城镇居民组 2	6.0
农村居民组 3	9.1	农民工组 3	7.0	城镇居民组 3	6.0
农村居民组 4	9.1	农民工组 4	7.3	城镇居民组 4	5.3
农村居民组 5	9.0	农民工组 5	7.5	城镇居民组 5	4.8
农村居民组 6	8.9	农民工组 6	7.0	城镇居民组 6	4.7
农村居民组 7	8.9	农民工组 7	7.3	城镇居民组 7	4.8
农村居民组 8	8.7	农民工组 8	7.3	城镇居民组 8	4.6
农村居民组 9	8.6	农民工组 9	7.1	城镇居民组 9	4.8
农村居民组 10	8.5	农民工组 10	7.2	城镇居民组 10	4.8
农村居民组 11	8.5	农民工组 11	6.8	城镇居民组 11	4.7
农村居民组 12	8.4	农民工组 12	6.7	城镇居民组 12	4.7
农村居民组 13	8.4	农民工组 13	6.9	城镇居民组 13	4.4
农村居民组 14	8.0	农民工组 14	6.5	城镇居民组 14	4.4
农村居民组 15	7.9	农民工组 15	6.5	城镇居民组 15	4.4
农村居民组 16	7.9	农民工组 16	5.9	城镇居民组 16	4.2
农村居民组 17	7.8	农民工组 17	6.4	城镇居民组 17	4.5
农村居民组 18	7.7	农民工组 18	6.4	城镇居民组 18	4.4
农村居民组 19	7.5	农民工组 19	6.3	城镇居民组 19	4.2
农村居民组 20	6.9	农民工组 20	6.2	城镇居民组 20	3.6

注：收入组 1～20 按照 5% 等份收入由低到高排列。

资料来源：中国 CGE 模型模拟结果。

第三章
中国人口预测

第一节 引 言

人口是确定生产能力、社会需求以及制定分配方式的重要指标。由于特定政策目标的需要，中国有关人口的定义非常多，统计口径也呈现多元化特征，且不同统计口径下的数据存在很大的差异。其中，最典型的就是按城乡户籍和按城乡常住人口进行测度的城镇化率①。另外，中华人民共和国成立初期确立的基于城乡二元结构的分配制度深入经济社会的各个方面，并逐渐形成依据户籍划分本地人口和非本地人口的资源分配模式。目前，各地区的社会保障标准，如最低工资、低保等，主要以户籍为统计口径。各地的经济发展规划、城市容纳量等是根据常住人口确定的。因此，户籍和常住地两大统计口径的数据成为重要的基础数据。

户籍和常住地两大口径下的数据之间的关系非常紧密。结合户籍和常住地，可以将全国人口分为城镇/农村户籍人口、城镇/农村常住人口，以及从农村流向城镇的农村户籍人口和城镇间的城镇户籍流动人口四部分。此外，过去40多年，中国人口地理流动拉大"胡焕庸线"东南和西北区域人口密度差距。"胡焕庸线"以西地区的贵州、四川、河南等已经成为人口净流出省份，京津冀、长三角和珠三角地区人口聚集势头依然强劲，各地的城镇化发展水平也千差万别。从全国到各省份，城乡二元结构的人口分布，以及未来的人口发展形势，关系到全国和地方构建的社会保障体

① 《中华人民共和国 2017 年国民经济和社会发展统计公报》显示，2017 年，户籍城镇化率为 42.35%，常住人口城镇化率达到 58.52%。《中华人民共和国 2017 年国民经济和社会发展统计公报》，中华人民共和国国家统计局网站，http://www.stats.gov.cn/tjsj/zxfb/201802/t20180228_1585631.html。

系的准确性，也影响全国和地方经济社会发展趋势。

因此，本书拟从户籍和常住地两个口径对中国未来城乡以及各省份的人口进行预测分析，这不仅有助于制定中长期发展规划，而且从学术角度来看，这能够对不同口径的人口统计数据进行梳理，以厘清各数据来源之间的关系，以便于准确使用相关人口数据。

第二节　研究方法和数据来源

国家统计局发布的城乡人口数据有两大口径：一是以常住地统计的城乡常住人口信息，《中国统计年鉴》发布的城乡分年龄性别人口信息就以此为口径；二是以户籍为统计口径，发布农业和非农业人口信息，这一口径的城乡分年龄性别人口数据，可以在第六次全国人口普查之前的《中国人口统计年鉴》中找到[①]。如果不考虑城镇内部人口流动，上述两种统计口径下的城镇人口差额基本上等同于拥有农村户籍却常居城镇的流动人口数据。因此，这两个口径的人口数据在研究农民工流动情况方面发挥重要的作用。然而，随着中国户籍管理制度大幅放松，以及刘易斯拐点到来，中国人口迁移和流动的问题已经不再局限于城乡之间，本地和非本地户籍人口之间也开始出现相关问题。在这个过程中，各种统计口径以及数据来源的差别常常影响有关人口流动情况、城乡人口迁移强度等方面的研究（杨云彦，2003；韦艳、张力，2013）。为避免概念混淆、数据多头带来的混乱，本书以分城乡、区域户籍以及常住人口进行预测，并严格依据城乡一体化分析框架。

一　统计口径

图 3-1 显示户籍人口和常住人口之间的关系。整体而言，本地城镇户籍常住城镇人口具有常住地和户籍双重属性[②]，类似地，本地农村户籍常

---

① 本书以常住地为统计口径的统计数据到 2017 年，我国以户籍为统计口径的城乡人口结构信息到 2011 年，之后没有发布以这一口径统计的数据。

② 户籍和常住地是两个完全不同的概念，户籍传承于 1958 年统购统销分配制度下的商品粮户口，常住地则根据居住地的行政地理区划确定，且年居住时间超过 6 个月。这就意味着农村常住人口也可能具有城镇户籍，早期的乡镇教师或医生都有商品粮户口，算城镇户籍，但是从常住地来说，他们都是农村常住人口。因此，本地城镇户籍常住城镇人口和本地农村户籍常住农村人口都是具有户籍身份和地域特征双重属性的人。

住农村人口也具有常住地和户籍双重属性，且二者分别是城镇常住人口和农村常住人口的核心。由于经济社会发展加速人口流动，人户分离现象非常普遍。按照人户分离特性进行划分，外地户籍城镇人口和外地农村户籍流动到城镇的人口是城镇常住人口的一部分；而外地城镇户籍常住农村以及外地农村户籍常住农村的人口也是农村常住人口的一部分。根据农民工[①]的概念，在城镇常住人口中，外地农村户籍常住城镇人口中的 15～64 岁劳动年龄人口是外出农民工。

由于我国当前还处于城镇化推进阶段，外地城镇户籍常住农村人口（P_5）以及外地农村户籍常住农村人口（P_6）的规模非常小，相对规模庞大的农村流向城镇的人口，这两类人口在数量上基本可以忽略。因此，结合图 3 - 1 中的户籍和常住地两个口径，可以大致推导出：城镇常住人口减去城镇户籍人口等于外地农村户籍常住城镇人口（P_4），外出农民工则是外地农村户籍常住城镇人口（P_4）中的劳动年龄人口。流动人口则主要是由外地城镇户籍常住城镇人口（P_3）和外地农村户籍常住城镇人口（P_4）两部分构成。

当前，国家统计局主要公布的城乡常住以及户籍人口信息[②]，即图 3 - 1 中的 $P_{u'}$、$P_{r'}$、P_u、P_r。同时，国家统计局从 2008 年开始对农民工进行抽样调查，并发布监测报告，与之相关的数据库调查的农民工包括外出农民工和本地农民工两大类。其中，外出农民工就是图 3 - 1 中的 P_4 的一部分，而本地农民工则是在户口所在乡镇从事非农工作的劳动者，属于农村常住人口。根据上述分析，城镇常住人口、城镇户籍人口、外地农村户籍常住城镇人口以及外出农民工之间的关系可以表示为：$P_u - P_{u'} = P_4 \approx P_r^{imm}$。换句话说，$(P_u - P_{u'}) \times \lambda^{③} = P_r^{imm}$。此外，国家卫生健康委（国家卫生和计划生育委员会）从 2011 年开始对全国流动人口进行调查，但调查的流动人口与本书中研究的流动人口存在巨大差别[④]，因此，本书不使用国家卫生

---

① 农民工指户籍仍在农村，在本地从事非农产业活动或外出从业 6 个月及以上的劳动者。其中，外出农民工是在户籍所在乡镇外的农民工。

② 值得注意的是，2011 年之后，国家统计局不再发布分城乡户籍人口结构的相关数据。

③ λ 表示外地农村户籍常住城镇人口中的劳动者占比。

④ 国家卫生健康委（国家卫生和计划生育委员会）的流动人口调查对象为，在本地居住 1 个月及以上、非本区（市、县）户口的 15 周岁及以上（2001 年 4 月及以前出生）的男性和女性流动人口。国家统计局在统计常住人口及农民工时均采用居住时间超过 6 个月/年这一标准。

健康委（国家卫生和计划生育委员会）调查的相关数据。

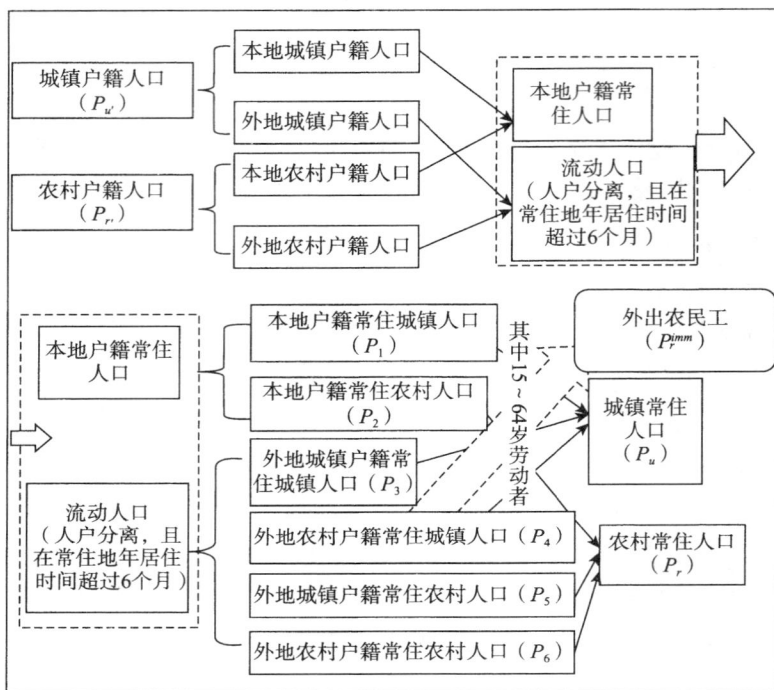

图 3-1 户籍人口和常住人口之间的关系

资料来源：笔者自制。

二 核算方法

本书主要分析、预测全国及各省份 2018～2035 年的城乡人口信息，且均以常住地和户籍两个口径进行结果汇报。在具体分析时，主要采取两个步骤：①以城乡一体化的人口预测模型进行全国预测；②用各省份的人口结构系数乘以预测的各年份的全国数据，各省份数据与全国数据的逻辑关系如下：

$$P_{全国} = P_u + P_r = P_u' + P_r'$$

$$= \sum_{j=1}^{31} P_u + \sum_{j=1}^{31} P_r = \sum_{j=1}^{31} P_u' + \sum_{j=1}^{31} P_r'$$

其中，$P_{全国}$ 表示全国总人口，P_u 表示城镇常住人口，P_r 表示农村常住人口，P_u' 表示城镇户籍人口，P_r' 表示农村户籍人口，j 表示省份。

（一）全国人口预测

全国人口预测采取的是城乡一体预测方法，即总人口由城镇人口和农村人口两部分组成，其中，农村人口除了考虑自身人口增长外，还考虑向城市流动的人口，这些流动的农村户籍人口有一部分可以获得城镇户籍，而大多数仍然具有农村户籍。把农村的分年龄性别流动率和落户率作为预测城乡常住和户籍人口的关键变量。

假定 $P_{r,t}^{存活}$、$P_{r,t}^{流动}$、$P_{r,t}^{落户}$ 分别表示在 t 年初农村户籍存活人口、农村流动人口和落户城镇的人口，那么该年末农村户籍人口（$P_{r,t}^{户籍}$）和常住人口（$P_{r,t}^{常住}$）可以分别表示为：

$$P_{r,t}^{户籍} = P_{r,t}^{存活} - P_{r,t}^{落户} \tag{3-1}$$

$$P_{r,t}^{常住} = P_{r,t}^{存活} - P_{r,t}^{落户} - P_{r,t}^{流动} \tag{3-2}$$

相应地，该年末城镇户籍人口和常住人口可以分别表示为：

$$P_{u,t}^{户籍} = P_{u,t}^{存活} + P_{r,t}^{落户} \tag{3-3}$$

$$P_{u,t}^{常住} = P_{u,t}^{存活} + P_{r,t}^{落户} + P_{r,t}^{流动} \tag{3-4}$$

其中，$P_{u,t}^{户籍}$ 表示 t 年末城镇户籍人口，$P_{u,t}^{常住}$ 表示 t 年末城镇常住人口，$P_{u,t}^{存活}$ 表示 t 年末城镇户籍存活人口。

在获得各年龄段存活率的情况下，式（3-1）、式（3-2）、式（3-3）、式（3-4）均可用分年龄段的人口数据进行表示。

农村户籍人口的预测公式为：

$$P_{r,t}^{户籍} = \sum_{age=0}^{k} p_{r,t-1}^{age,户籍} \times (r_{r,t,age-1}^{存活} - r_{r,t,age-1}^{落户}) \tag{3-5}$$

其中，$p_{r,t-1}^{age,户籍}$、$r_{r,t,age-1}^{存活}$、$r_{r,t,age-1}^{落户}$ 分别表示上一年某一年龄（age）的农村户籍人口规模、$age-1$ 年龄组到 t 年的存活率以及该年龄段中落户到城镇的人口的比率。

农村常住人口的预测公式为：

$$P_{r,t}^{常住} = \sum_{age=0}^{k} p_{r,t-1}^{age,户籍} \times (r_{r,t,age-1}^{存活} - r_{r,t,age-1}^{落户} - r_{r,t,age-1}^{流动}) \tag{3-6}$$

城镇户籍人口的预测公式为：

$$P_{u,t}^{户籍} = \sum_{age=0}^{k} p_{u,t-1}^{age,户籍} \times r_{u,t,age-1}^{存活} + \sum_{age=0}^{k} p_{r,t-1}^{age,户籍} \times r_{r,t,age-1}^{落户} \tag{3-7}$$

城镇常住人口的预测公式为：

$$P_{u,t}^{常住} = \sum_{age=0}^{k} p_{u,t-1}^{age,户籍} \times r_{u,t,age-1}^{存活} + \sum_{age=0}^{k} p_{r,t-1}^{age,户籍} \times (r_{r,t,age-1}^{落户} + r_{r,t,age-1}^{流动}) \qquad (3-8)$$

根据农村户籍和常住人口信息，利用式（3-5）和式（3-6）可以获得城镇常住农民工的预测公式，即：

$$P_{r,t}^{imm} = \lambda \times (\sum_{age=0}^{k} p_{r,t-1}^{age,户籍} \times r_{r,t,age-1}^{流动}) \qquad (3-9)$$

其中，$P_{r,t}^{imm}$ 表示 t 年时外出农民工，$r_{r,t,age-1}^{流动}$ 表示农村流动人口中的劳动者占比。

根据式（3-5）、式（3-6）、式（3-7）、式（3-8）、式（3-9），一旦初始年份城乡户籍人口年龄结构已知，农村流向城镇的分年龄性别迁移率和落户率已知，且分城乡的分性别年龄存活率（死亡率）已知，就可以根据人口学中的队列分析法（同群构成法）对分城乡常住人口进行预测。而新生儿取决于生育妇女情况和总和生育率。由于城乡生育率存在显著差异，因此，本书按照农村常住人口、城镇常住人口，以及历年农村流向城镇的净人口设置三个生育率水平。新生儿的预测公式如下：

$$P_{r,t}^{0} = \sum_{age=15}^{49} p_{r,t-1,female}^{age,常住} \times \eta_r \times \varphi_r \qquad (3-10)$$

$$P_{u,t}^{0} = \sum_{age=15}^{49} p_{u,t-1,female}^{age,常住} \times \eta_u \times \varphi_u + \sum_{age=15}^{49} p_{r,t-1}^{age,户籍} \times r_{r,t,age-1}^{流动} \times \eta_r^{流动} \times \varphi_r \qquad (3-11)$$

其中，$P_{r,t}^{0}$、$P_{u,t}^{0}$ 分别表示农村、城镇常住人口中的新生儿；$\sum_{age=15}^{49} p_{r,t-1\,female}^{age,常住}$ 表示农村常住人口的总和生育率，$\sum_{age=15}^{49} p_{u,t-1,female}^{age,常住}$ 表示城镇常住人口的总和生育率；η_r、η_u 分别表示农村、城镇人口总和生育率；φ_r、φ_u 分别表示农村、城镇新生儿的男女性别比。

（二）分省份的人口预测

分省份的人口预测基于全国人口数据。在已经获得 2018~2035 年全国总人口数据的基础上，根据各省份人口占全国人口的比重，获得 2018~2035 年分省份的人口总量：

$$P_{j,t} = j,t \times P_t \qquad (3-12)$$

其中，$P_{j,t}$、j,t、P_t 分别表示 t 年时 j 省份的人口总量、j 省份的人口比重以及全国人口总量。

本书中 2018～2035 年分省份的人口占比是通过利用队列分析法得到各省份人口数据后，再求比值得到的。其中，为了避免分省份预测时间过长导致分省份人口结构预测误差过大，在进行各省份人口推测时，仅推测到 2030 年，2031～2035 年各省份的人口结构与 2030 年保持一致。这样假设是考虑到中国人口总量将在 2030 年左右达到峰值，各省份间的人口结构将保持稳定。

在计算分户籍和常住人口分省份数据时，其与全国的数据关系如下：

$$P_{u,t}^{常住} = \sum_{j=1}^{31} P_{j,t} \times \beta_{j,t} \qquad (3-13)$$

$$P_{u,t}^{户籍} = \sum_{j=1}^{31} P_{j,t} \times \kappa_{j,t} \qquad (3-14)$$

其中，$\beta_{j,t}$ 表示 t 年 j 省份的常住人口城镇化率；$\kappa_{j,t}$ 表示 t 年 j 省份的户籍人口城镇化率。

通过进行各省份的城镇化率线性模拟，得到 2018～2035 年的城镇化水平（两个口径）。在获得全国人口总量、分城乡的常住和户籍人口信息的情况下，即可得到各省份的两个口径下的城乡人口分布数据。

三　数据来源及基本假设

根据式（3-5）至式（3-14）可知，数据根据全国和分省份标准分为两个部分。

1. 人口信息预测模拟的基本数据库，主要数据为：初始年份数据、分年龄性别的死亡率、总和生育率、预期寿命、出生儿性别比。其中，本书使用的初始年份数据是 2010 年按照户籍统计的分城乡各年龄性别人口数据。分城乡的死亡率来自 2010 年第六次全国人口普查。分城乡的生育率则根据 1990～2010 年进行的城乡人口模拟整理得到。农村出生儿性别比为 118：100（女性 = 100，下同），城镇出生儿性别比为 104：100。对于预期寿命，结合已有研究，假定到 2035 年，男性和女性的预期寿命分别为 79.00 岁和 83.00 岁，计算初始年份到预测年份的预期寿命时采用线性插值法。总和生育率根据城乡常住人口分别进行设定，为提供预测区间，本书设定高中低三个方案的人口预测数据（见表 3-1）。其中，中方案的农村和城镇生育模式是在对 1990～2015 年城乡实际常住人口进行调试后得到的。高、低方案同时提高和降低城乡常住人口生育率。

表 3 - 1   总和生育率和流动率的基本设定

三个方案	总和生育率		总和流动率
低	城市：总和生育率为 0.68	农村：总和生育率为 2.2	基于每年从农村净流向城镇人口的总和生育率保持在 1.89，总和流动率为 3.2
中	城市：总和生育率为 0.9	农村：总和生育率为 2.49	
高	城市：总和生育率为 1.26	农村：总和生育率为 2.69	

注：中方案是把 1990 年分城乡户籍人口数据作为预测初始数据，根据总和生育率，进行迁移模式调整，通过拟合 1990～2015 年实际城乡常住人口、流动人口规模等信息，确定 2015 年分城乡总和生育率；低方案是在确定中方案后，假设人们的生育意愿并没有因为"全面二孩"政策实施而显著提高，且结婚年龄进一步推迟，预计未来的城乡生育率分别只有中方案的 75.6%、88.4%。高方案是假定在未来全面放开生育政策，且逐渐有促进生育的政策出台的情况下，城乡生育同时得到释放，假定城乡总和生育率分别是中方案的 1.4 倍、1.08 倍。本书中的城乡总和生育率与传统数据存在明显差别，如郝娟和邱长溶（2011）的研究指出，2000～2010 年中国城镇总和生育率维持在超低生育率 1.3 以下（0.94～1.22）。同期，农村总和生育率为 1.43～1.73。与之相比，本书的城镇总和生育率明显更低些，农村总和生育率更高。原因在于本书和现有的其他研究存在明显的概念差异。现有的分城乡总和生育率都是基于常住人口统计的总和生育率。然而，在进行人口预测时，本书中的全国人口包括城镇户籍人口、农村户籍常住农村人口和农村户籍常住城镇人口三类，因此本书就有三个群体的总和生育率假设。根据常住人口概念，本书中的城镇户籍人口加上农村户籍常住城镇人口才是城镇常住人口，故从数理角度来说，城镇常住人口总和生育率是介于城镇户籍人口总和生育率和农村户籍常住城镇人口总和生育率之间的，这样才能保证对城镇常住人口预计的合理性。事实上，本书中城镇户籍人口的总和生育率为 0.68～1.26，农村户籍常住城镇人口的总和生育率为 1.8。这一结果既是通过对 1990～2015 年城乡户籍人口分布和迁移的模拟推导出来的，同时也符合城镇常住人口总和生育率受到估计参数的条件约束。按照同样的逻辑，在扣除居住在城镇的农村户籍人口后，剩下的农村户籍常住农村人口的总和生育率必然高于传统研究中农村人口总和生育率（基本在 1.8 左右），本书设计高中低三个方案的农村户籍常住农村人口总和生育率为 2.2～2.69 满足模拟的人口的合理性，也满足大于 1.8 的要求。综合来看，本书的总和生育率假设非常合理。

2. 分省份的城乡人口数据来自《中国人口统计年鉴》。通过利用 2005～2015 年各省份城镇化率，对未来人口进行线性模拟，同时根据全国整体城镇化水平，结合各省份总人口，进行适度调整，最终得到分省份的常住和户籍人口数据。

另外，本书中流动人口指拥有农村户籍却在城镇每年居住时间超过 6 个月的人。在具体计算时，根据常住城镇人口减去城镇户籍城镇人口得到。其中，15～64 岁年龄段的流动人口是本书中的外出农民工。

第三节   全国城乡人口结构预测

一   全国总人口

我国人口总量增速进一步放缓，据预测，中国将在"十五五"期间迎来人口总量的"拐点",人口峰值为 14.2 亿～14.5 亿人(见图 3－2)。如果在高方案下,我国实施全面放开生育的政策,城市的生育率得到释放,预计我国的人口峰值为 14.5 亿人,峰值年份在 2029 年之前。与中方案相比,生育率水平的提高仅使人口峰值出现的时间延后,人口峰值仅增加 2000 万人。中国人口减少的情况不可避免,同时老龄化形势也在加剧。据估计,2035 年,65 岁及以上老年人口的规模将达到 2.65 亿人。相较 2018 年的 1.48 亿人,增加了 1.17 亿人。高中低三个方案下 65 岁及以上老年人口占比(2015～2035 年)见图 3－3。

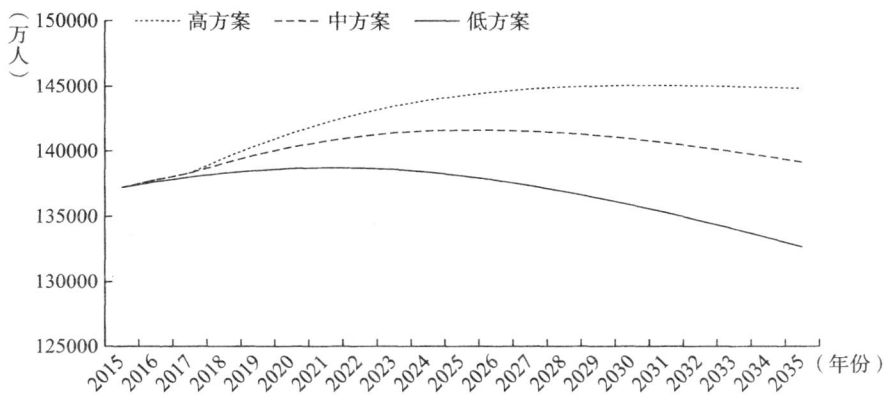

图 3－2 高中低三个方案下全国总人口预测(2015～2035 年)

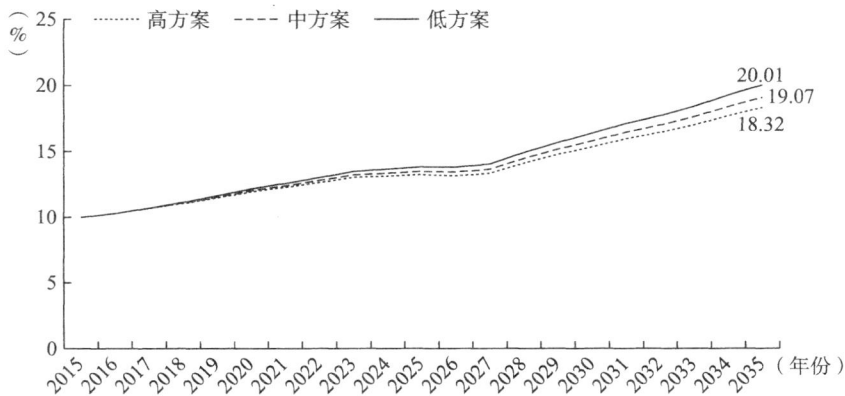

图 3－3 高中低三个方案下 65 岁及以上老年人口占比(2015～2035 年)

劳动年龄人口规模将持续缩小,其中,青壮年劳动力将持续减少。自

2012年中国劳动年龄人口达到峰值之后，"未富先老"的局面成为中国当前发展面临的现实。事实上，16～64岁劳动年龄人口内的高龄趋势也很明显。据测算，25～49岁成熟劳动力的规模在2017年达到峰值，即5.580051亿人，之后持续下滑至2035年的4.353330亿人，预计减少1.226721亿人。这一规模基本等同于65岁以上老人增加的数量。同时，该年龄组内的性别差距也成为一个重要的问题。2015年，中国25～49岁年龄组中的男性比女性多出1069.49万人，之后持续增加。预计到2025年，这一差距将扩大到1691.55万人的峰值，之后开始下滑。2035年，该年龄组的性别差距达到1519.2万人，但仍比2015年多出近500万人（见图3-4）。

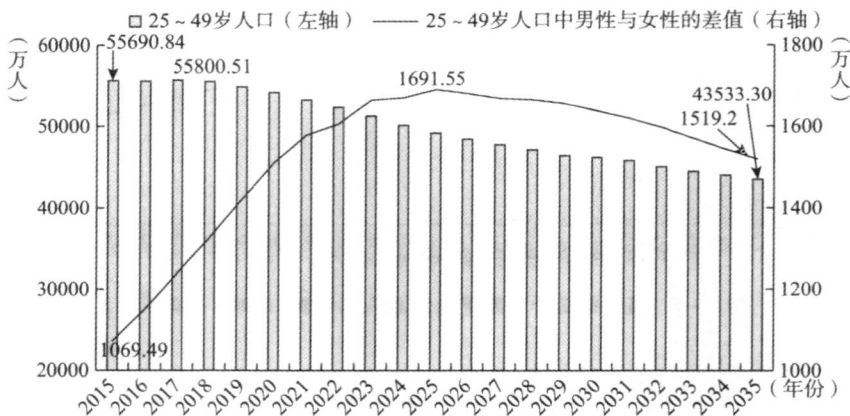

图3-4 全国25～49岁人口规模和性别差距（2015～2035年）

注：比较高中低三个方案0～14岁、15～65岁以及65岁及以上三个年龄组的年龄结构发现，三个方案下的劳动年龄人口模拟基本没有差异，造成这一情况的原因在于，预测时期是2018～2035年，这个时期比较短。不同生育假设改变的是总人口以及新生儿增速，且这个影响是随时间不断增强的，只有超过15年之后，这些不同增速下的新生儿才能成为劳动年龄人口，进而改变劳动年龄人口结构，在没有突发疾病和自然灾难的情况下，15年的劳动年龄人口推演在不同的生育假设条件下的变化并不明显，因此，本书中的劳动年龄人口在三个方案中的情况基本一致是合理的。

　　城镇化水平将持续提高，但增速预计会持续放缓。根据本书分城乡常住人口的预测方法，按照当前我国农村常住人口结构以及人口流动模式，

据估计，在高中低三个方案下，2035年，中国的常住人口城镇化率将分别
达到73.81%、72.74%、72.67%。高方案下的城镇化水平比中低方案高
出约1个百分点，而中低方案下的城镇化水平基本一致（见图3-5）。从
分阶段的城镇化增速来看，由于农村可转移适龄人口减少，未来中国常住
人口城镇化率将持续下滑（见表3-2）。高中低三个方案下，2020~2025
年常住人口城镇化率分别为89%、82%、81%；2030~2035年，分别下降
到79%、75%和74%。

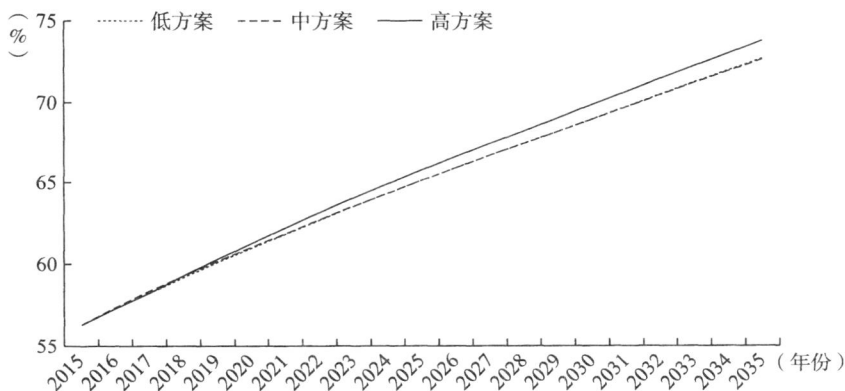

图3-5 高中低三个方案下常住人口城镇化率（2015~2035年）

表3-2 高中低三个方案下常住人口城镇化率（2020~2035年）

单位：%

时间段	高方案	中方案	低方案
2020~2025年	89	82	81
2025~2030年	83	78	77
2030~2035年	79	75	74

二 常住城乡人口

随着城镇常住人口超过10亿人，对城市功能服务的需求将大幅增加。
据预测，高方案下，2035年，城镇常住人口将达到10.693192亿人，占全
国总人口的73.8%。与此对应的是，中国农村常住人口持续减少，预计到
2035年农村常住人口为3.794706亿人。城乡常住人口的分布变化与城市
发展和户籍制度改革密不可分（见图3-6）。

城镇和农村的老龄化程度都在提高，且长期以来的城乡年龄倒置现象还将持续存在，农村地区的老龄化程度始终高于城镇。据预测，到2035年，中国农村65岁及以上年龄人口的比重为33%～35%，而城镇则为14%～15%。农村向城镇流动的人口以劳动力为主，弱化了城镇的老龄化进程，但长期居住于农村的老年人的比重提高，不仅意味着农村产业中的有效劳动减少，还意味着农村地区用于养老的服务难度提升。

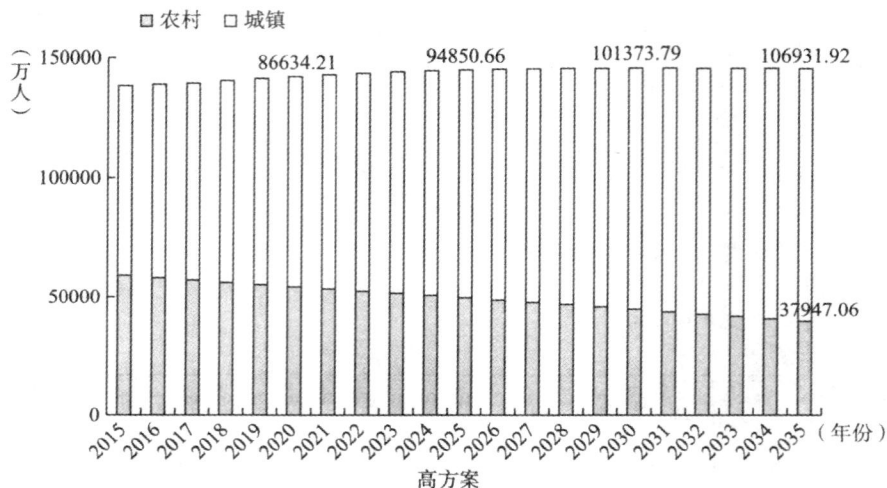

高方案

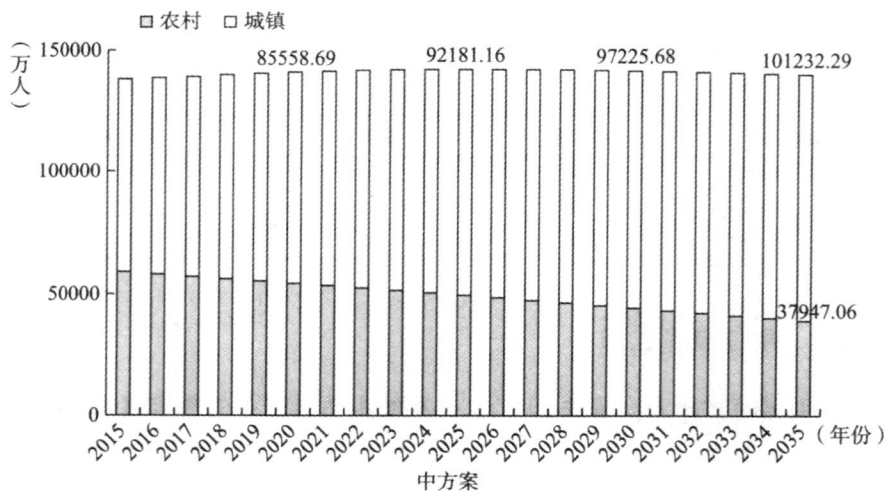

中方案

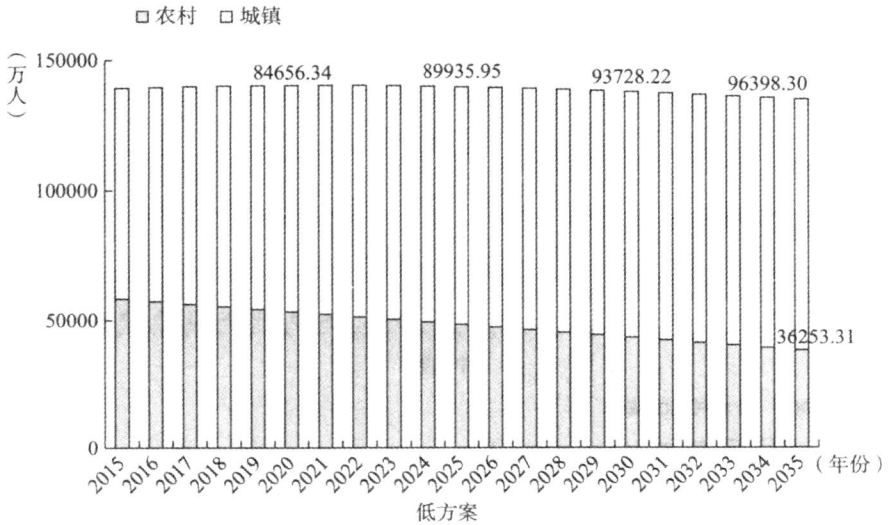

图 3 - 6　高中低三个方案下城镇与农村常住人口（2015～2035 年）

在全国劳动年龄人口规模缩减的情况下，城镇劳动力规模将继续扩大，大幅萎缩的是农村劳动力。据预测，城镇常住劳动力规模从 2017 年的 6.4 亿人扩大至 2035 年的 7.05 亿～7.25 亿人。农村常住劳动力则从 2017 年的 3.5 亿人降至 2035 年的 1.8 亿～1.85 亿人。城乡之间的劳动力规模差距将从 2017 年的 2.9 亿人扩大至 2035 年的 5.2 亿～5.5 亿人（见图 3 - 7）。

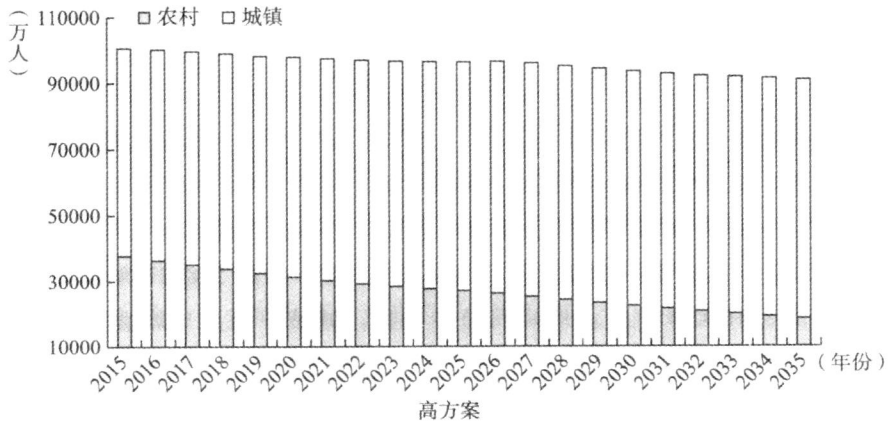

中方案

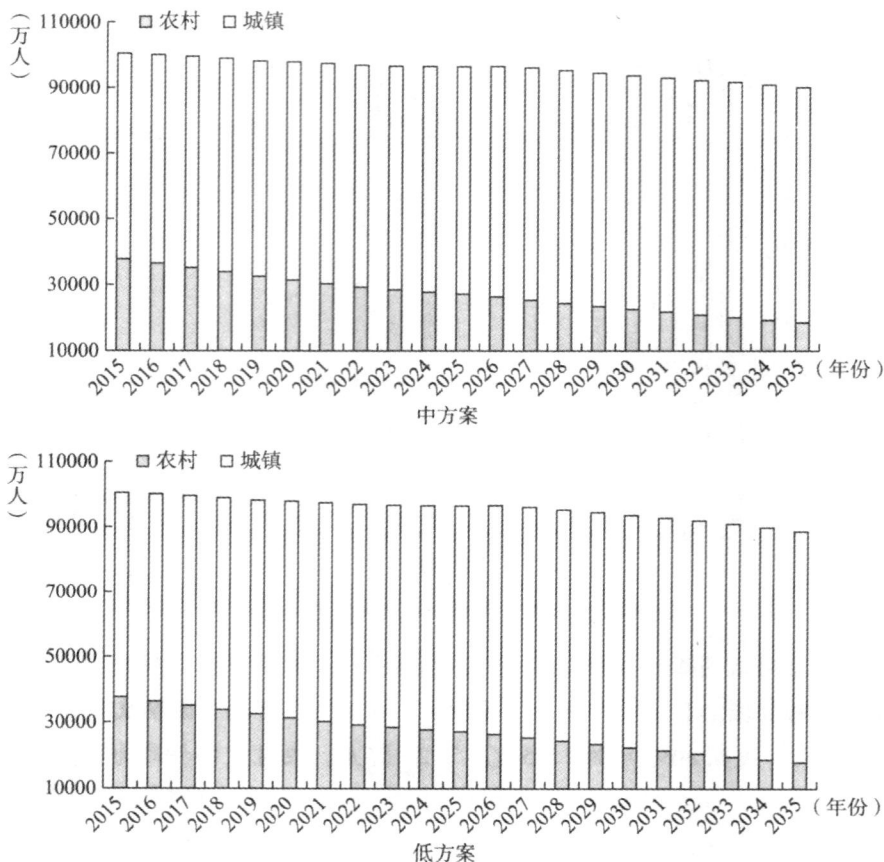

低方案

图 3-7　高中低三个方案下 15~64 岁劳动年龄人口城乡分布情况（2015~2035 年）

三　户籍城乡人口

我国城镇化发展速度较为缓慢。尤其是受到农村土地制度改革影响，农村流动人口落户城镇的意愿始终较低；年龄超过 40 岁的农民工比例接近 50%。"十四五"时期将出现大量高龄农民工群体返乡的情况。从户籍[①]统计数据来看，未来落户城镇的人口规模将从 2017 年的 5.892764 亿人增至 2035 年的 8.109034 亿人。从时间趋势来看，城镇户籍人口增速如常住人

---

① 通过延续 1990~2015 年户籍人口发展规律，推演得到 2035 年城镇户籍人口情况，因此没有设定三种不同的生育率进行人口估计。但是，可以根据已经预测的高中低三个方案下的总人口数据减去城镇户籍人口数据，得到高中低三个方案下的农村户籍人口数据。

口一样，不断下降（见图 3 - 8）。据测算，2018 ~ 2022 年，城镇户籍人口平均增速在 2% 以上，之后开始下滑，在 2028 年左右，增速将下降至 1.5% 以下。户籍城镇化率在 2035 年为 55.97% ~ 61.13%（见表 3 - 3）。随着中国城镇落户政策的放宽，未来拥有城镇户籍的劳动力规模将持续扩大。预测结果显示，15 ~ 64 岁劳动年龄人口拥有城镇户籍的规模会从 2017 年的 4.5 亿人增至 2035 年的 5.88 亿人。与城镇户籍劳动力规模进行对比可以发现，非城镇户籍劳动力规模从 2017 年的 1.93 亿人降至 2035 年的 1.27 亿人（见图 3 - 9）。

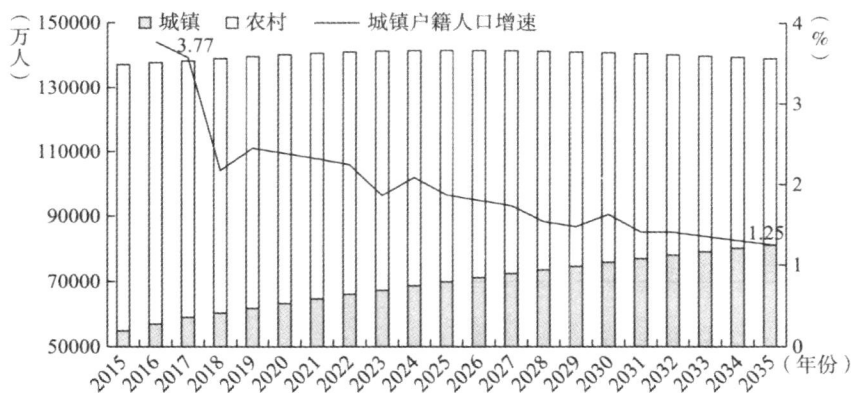

图 3 - 8　中方案下户籍人口的城乡分布情况（2015 ~ 2035 年）

表 3 - 3　城镇户籍人口总量以及三个方案下户籍城镇化率（2015 ~ 2035 年）

单位：万人，%

年份	城镇户籍人口总量	户籍城镇化率		
		低	中	高
2015	54828.57	39.94	39.94	39.94
2016	56893.03	41.27	41.27	41.32
2017	58927.64	42.59	42.59	42.69
2018	60207.42	43.17	43.28	43.52
2019	61678.07	43.91	44.14	44.51
2020	63145.41	44.66	45.01	45.53
2021	64606.54	45.44	45.90	46.56
2022	66054.07	46.23	46.80	47.61

年份	城镇户籍人口总量	户籍城镇化率		
		低	中	高
2023	67283.10	46.90	47.58	48.53
2024	68686.40	47.72	48.52	49.62
2025	69970.53	48.50	49.41	50.65
2026	71230.56	49.27	50.30	51.68
2027	72466.21	50.04	51.20	52.73
2028	73577.00	50.76	52.03	53.72
2029	74658.13	51.47	52.87	54.71
2030	75869.32	52.29	53.83	55.83
2031	76933.78	53.03	54.70	56.86
2032	78012.51	53.78	55.60	57.92
2033	79066.25	54.52	56.49	58.99
2034	80091.25	55.25	57.38	60.06
2035	81090.34	55.97	58.26	61.13

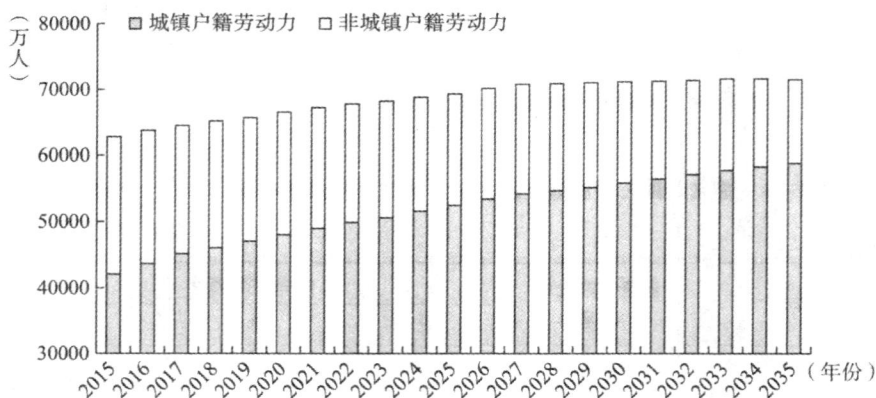

图 3-9 中方案下城镇与非城镇户籍劳动力构成情况（2015～2035 年）

通过对全国分城乡常住和户籍人口的预测分析可以得出如下主要结论。

1. 中国人口将保持低速增长，但"十五五"时期将迎来人口总量的"拐点"。本书通过设计高中低三个生育水平发现，全面放宽生育政策后，短期内城市和农村的总和生育率都有所提升，中国的人口总量将于 2029 年达到峰值的 14.5 亿人，之后开始下滑。如果按照当前中国人口增长形势推算，那么在 2029 年之后，中国人口会出现负增长。一旦中国进入低生育率阶段，那么"十五五"初期就是人口负增长的开始。

2. 未来我国城镇化水平将不断提高，但户籍和常住人口城镇化率的增速将逐渐放缓。据预测，中国城镇常住人口将持续增长，预计到 2035 年城镇常住人口总量为 9.6 亿 ~ 10.7 亿人，占全国总人口的 72.7% ~ 73.8%。落户城镇的人口规模将从 2017 年的 5.9 亿人增至 2035 年的 8.1 亿人，预计到 2035 年户籍城镇化率为 55.97% ~ 61.13%。从不同时期来看，无论是户籍人口还是常住人口口径，中国的城镇化增速均在下降。据估计，高中低三个方案下，2020 ~ 2025 年的常住人口城镇化率分别为 89%、82%、81%；2030 ~ 2035 年，分别下降至 79%、75% 和 74%。而按户籍测算，2018 ~ 2022 年，城镇户籍人口平均增速在 2% 以上，之后开始下滑，在 2028 年左右增速将下降至 1.5% 以下。

3. 农民工增速将进一步放缓，即将迎来负增长时代。从城镇常住人口和户籍人口之间的差距可以发现，没有城镇户籍的城镇常住人口（流动人口）正加速减少。据测算，流动人口规模将从 2017 年的 2.2 亿人降至 2035 年的 1.5 亿 ~ 2 亿人。

4. 劳动力向高龄化发展的趋势日益加剧。全国劳动力总量在 2013 年达到峰值之后就开始出现负增长。25 ~ 49 岁人口也从 2017 年开始下滑。据测算，25 ~ 49 岁成熟劳动力规模在 2017 年约为 5.58 亿人，之后将持续下滑至 2035 年的约 4.35 亿人，预计减少约 1.23 亿人。

5. 全国老龄化程度正在提升，城乡倒置的人口结构无法逆转，农村老龄化程度更高。2017 年，全国 65 岁及以上老年人的比重达到 11.4%，其中，有 30.6% 的人居住在城镇，剩下的老人都居住在农村。到 2035 年，全国 65 岁及以上老年人的比重提高到 19.0%，城乡老龄化比重分别提高到 14.3% 和 33.5%。

6. 分年龄组的性别比失衡问题开始凸显。虽然全国男女比为 105∶100，但是年龄组内的性别失衡问题突出。以 25 ~ 49 岁年龄组为例，2015 年，该年龄组中的男性比女性多出 1069.49 万人，之后持续增加。预计到 2025 年，这一差距将扩大到 1691.55 万人的峰值。虽然之后开始下滑，至 2035 年，该年龄组的性别差距达到 1519.2 万人，但仍比 2015 年多出近 500 万人。

第四节　各省份分城乡人口结构预测

一　各省份总人口情况

全国人口总量排序基本保持不变，但人口增速差距在扩大。中方案下，2015 年，广东省是中国人口第一大省，常住人口达到 1.09 亿人，接着是山东省，常住人口达 9859.95 万人；排第三的省份是河南，常住人口为 9492.46 万人。而人口较少的三个省份依次是西藏（324.43 万人）、青海（588.77 万人）和宁夏（666.88 万人）。据预测，未来分省份的人口总量将出现分化，人口总量即将进入零增长的发展预期。未来人口增幅最大的依然是广东省，预计人口峰值将于 2030 年左右出现，达到 11741.15 万人。东北地区自"十四五"时期开始进入人口负增长时代。到"十六五"时期，人口开始出现负增长的省份有 18 个。其中，降幅排在前三的省份依次为山东（-157.1万人）、辽宁（-131.39 万人）、江苏（-111.94 万人）（见图 3-10）。

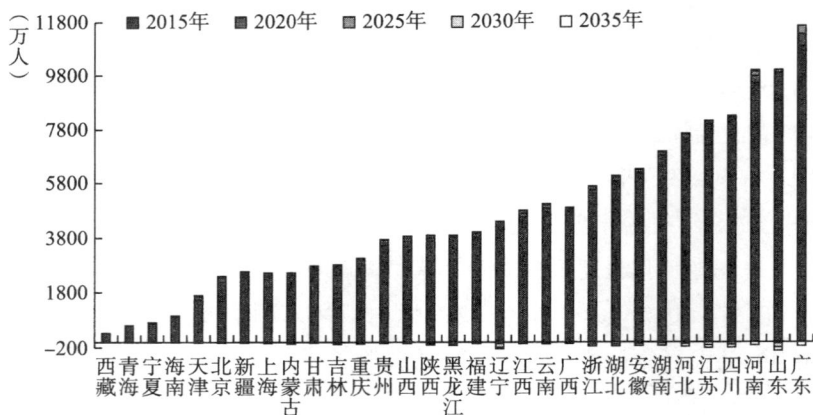

图 3-10　中方案下 2015 年、2020 年、2025 年、2030 年、2035 年各省份常住人口情况

注：本图为堆积条形图，以 2015 年各省份的常住人口为基础，把隔 5 年人口增长的净值作为堆积调整，即以条状所代表的数据合计得到的总人口数代表当年的实际人口数。

二　各省份非城镇户籍人口分布情况

地区经济发展不平衡将加速人口流动。这种流动有农村户籍人口跨城乡、跨省份的流动，也有城镇户籍人口跨地区的流动。人口流动加剧地区间人口总量和结构的差异，使各地区发展不平衡的趋势加剧。由于户籍是各地区制定福利政策的重要指标，考虑到长期存在的城乡二元结构对农村户籍群体的歧视，本部分通过扣除城镇户籍常住农村人口，得到各省份农村（非城镇）户籍常住人口规模①并进行分析。

根据 2015 年全国 1% 人口抽样调查结果中的各省份户籍和常住人口信息可以发现如下内容。①农村户籍常住城镇人口规模超过 1000 万人的省份有 11 个，分别是河南、广东、湖南、浙江、安徽、四川、湖北、河北、广西、云南和山东。这 11 个省份的流动人口规模合计占到全国的 68.28%。农村户籍常住城镇人口规模超过 500 万人的省份有 5 个，农村户籍流动人口规模合计占到全国的 17.72%。②上海市农村户籍常住城镇人口的规模为负值。这意味着在上海的流动人口中，城镇户籍流动人口的规模要超过农村户籍流动人口，而且超出的规模达到 119.95 万人。③在农村户籍流动人口规模排名前三的省份中，河南、湖南的户籍城镇化率均在 30% 以下（按照 2015 年的户籍城镇化率从高到低排名，河南和湖南分别排在倒数第六和倒数第五）。这意味着，在党中央大力推进城镇化的背景下，这两个省份比广东的农村户籍人口落户潜力大。

为观察各省份的中长期人口流动情况，本书对各省份的非城镇户籍常住人口进行测算（见图 3－11、图 3－12）。基本结论如下。

（1）中部人口输出大省的户籍城镇化程度较低。随着城镇化发展速度加快，如何缩小户籍和常住人口城镇化率之间的差距是这些省份关注的重点。统计数据显示，2015 年，河南、安徽、湖南三个省份的户籍人口城镇化率分别为 26.65%、27.37%、25.59%，而常住人口城镇化率均超过 45%。预计到 2035 年，全国户籍城镇化率约为 58.25%，与当前的常住人口城镇化率一致。这意味着户籍人口城镇化率与常住人口城镇化率之间的差距依然存在。同时，河南、安徽、湖南是农民工输出大省，到 2025 年、

---

① 非城镇户籍常住人口指的是具有农村户籍但常住地在城镇的人口。本章根据各省份常住人口减去户籍人口得到净值。这意味着这一指标存在正负两种可能。当净值为正值时，表明该地区具有农村户籍的流动人口的规模超过具有城镇户籍的流动人口规模；相反，如果为负值，则意味着该地区的城镇户籍流动人口规模超过农村户籍流动人口规模。

2035 年，这三个省的农村户籍城镇常住人口规模排在前五位。

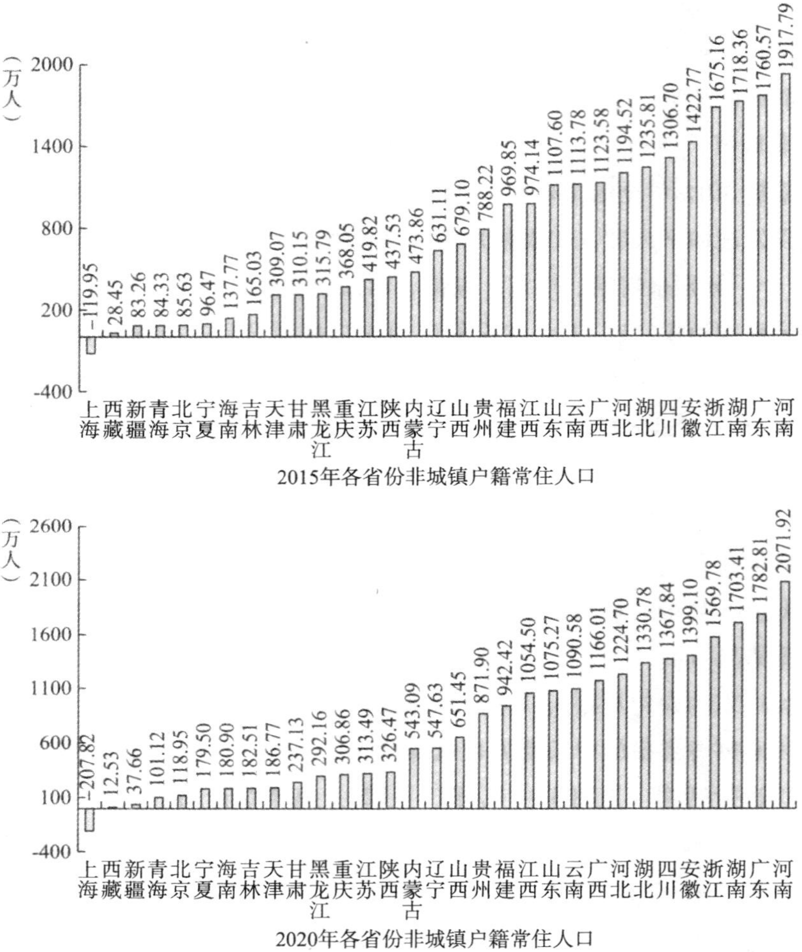
（万人）
2000
1400
800
200
-400
-119.95
28.45
83.26
84.33
85.63
96.47
137.77
165.03
309.07
310.15
315.79
368.05
419.82
437.53
473.86
631.11
679.10
788.22
969.85
974.14
1107.60
1113.78
1123.58
1194.52
1235.81
1306.70
1422.77
1675.16
1718.36
1760.57
1917.79
上海 西藏 新疆 青海 北京 宁夏 海南 吉林 天津 甘肃 黑龙江 重庆 江苏 陕西 内蒙古 辽宁 山西 贵州 福建 江西 山东 云南 广西 河北 湖北 四川 安徽 浙江 湖南 广东 河南
2015年各省份非城镇户籍常住人口
（万人）
2600
2100
1600
1100
600
100
-400
-207.82
12.53
37.66
101.12
118.95
179.50
180.90
182.51
186.77
237.13
292.16
306.86
313.49
326.47
543.09
547.63
651.45
871.90
942.42
1054.50
1075.27
1090.58
1166.01
1224.70
1330.78
1367.84
1399.10
1569.78
1703.41
1782.81
2071.92
上海 西藏 新疆 青海 北京 宁夏 海南 吉林 天津 甘肃 黑龙江 重庆 江苏 陕西 内蒙古 辽宁 山西 贵州 福建 江西 山东 云南 广西 河北 湖北 四川 安徽 浙江 湖南 广东 河南
2020年各省份非城镇户籍常住人口

图 3－11　2015 年、2020 年各省份非城镇户籍常住人口分布情况

（2）随着我国户籍改革的深入，中西部地区的户籍人口城镇化率增长较快。预计到 2035 年，有 6 个省份的户籍城镇化水平高于常住人口统计口径，且山东的农村户籍人口落户速度要快于常住人口的增长速度。户籍人口城镇化水平的提高主要源于农村户籍人口的落户。常住人口的城镇化显示的是人们的居住地选择。在城镇化建设全面提速的情况下，户籍人口城镇化率高于常住人口城镇化率，表明该地区人们在居住选择上的逆城镇化和吸引城市户籍人口流入的动力在增强。

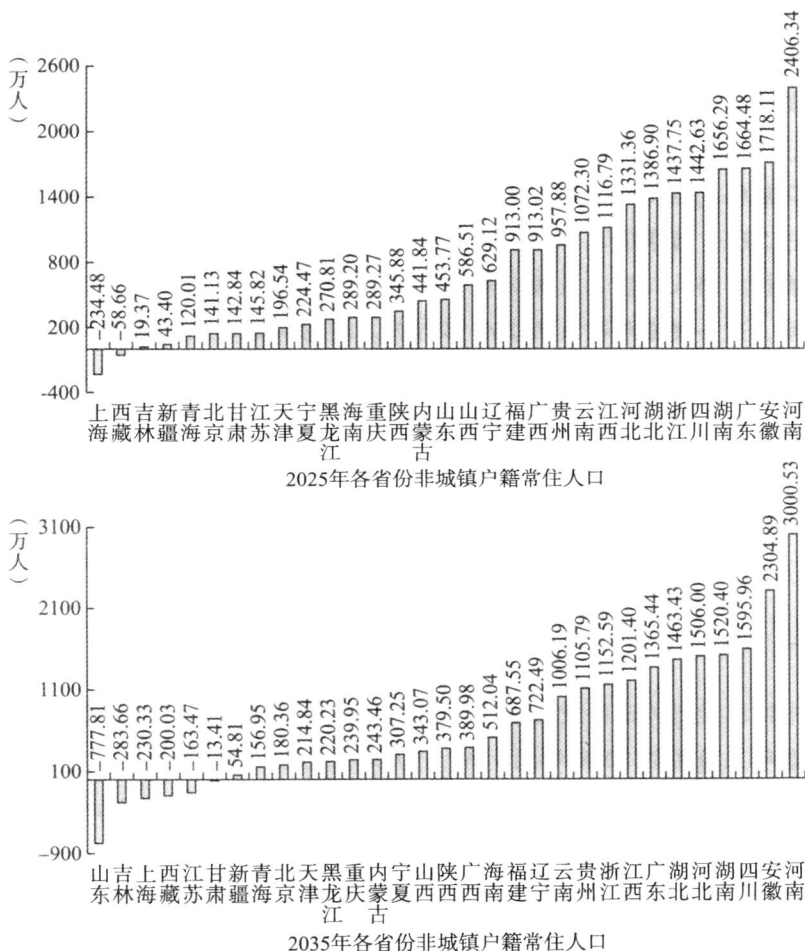

图 3－12　2025 年、2035 年各省份非城镇户籍常住人口分布情况

通过对分省份的人口分布情况进行分析，主要有以下几点发现。

（1）广东常住人口总量接近 11000 万人，且成为中国人口最多的省份。河南省未来人口总量将超过山东，成为中国人口总量排第二的省份，人口总量峰值将达到 9962.28 万人。

（2）乡村振兴战略的实施以及农村土地制度改革，将不断缩小城乡差距。在人口流出且农业占主导地位的省份，未来户籍人口城镇化率与常住人口城镇化率之间的差距将扩大。据预测，河南省农村户籍常住城镇人口规模最大，从 2015 年的 1917.7 万人扩大到 2035 年的 3000 万人以上。这意味着，随着经济发展质量提升，人们对户籍的认识将进一步放开，从国家统计的角度来看，户籍城镇化的提法将逐渐退出历史舞台。以常住人口为主要统计口径的城镇化，将是评价新型城镇化发展的主要指标。

（3）大型城市仍然是吸引人口的重要场所。比如，虽然上海市本地户籍人口规模约为1500万人，但是外地人，包含农村户籍的外地人，合计占比超过50%。据测算，2015年，针对在上海生活的外地户籍人口，在扣掉外地农村户籍人口后，上海还有119.95万外地城镇户籍人口，且随着时间的推移，这一规模将扩大到230多万人。相比其他省份，农村户籍流动人口均为正值，这意味着上海在进行城市发展的时候，更关注本地和非本地户籍人口的福利差异，而非农村和城镇户籍人口的福利差异。从这点来看，户籍退出历史舞台顺应人口发展趋势。

第五节 特殊群体预测

一 老年人

中国已经进入老龄化社会，且老龄化进程正在加快。据预测，65岁及以上老年人总量从2018年的1.67亿人增至2035年的2.65亿人左右。65岁及以上常住老年人占全国总人口的比例也从2018年的11.9%提高至2035年的18.3%~20%。

农村老年人占比始终高于城镇，但是随着城镇化进程加快，城镇老年人口规模将快速扩大，预计到"十五五"时期，城镇老年人口规模超过农村。农村老龄化程度明显高于城镇，且结构差距还将进一步扩大。据预测，到2035年，高中低三个方案下，农村常住人口中65岁及以上老年人的比重为33.47%~35.03%，比城镇13.54%~15.02%的水平，高出近20个百分点（见表3-4）。但是从老年人口规模来看，城镇65岁及以上老年人的规模将从2015年的4000多万人增至2035年的1.45亿人；农村65岁及以上老年人的规模将从2015年的1.05亿人增至2035年的1.27亿人。老年人的城乡结构比将从2015年的38:100提高到100:114（见图3-13）。这意味着将有超过50%的老年人生活在城镇。

表 3 - 4　高中低三个方案下城镇与农村 65 岁及以上常住人口比重（2015～2035 年）

单位：%

年份	高方案		中方案		低方案	
	农村	城镇	农村	城镇	农村	城镇
2015	17.51	5.17	17.51	5.17	17.51	5.17
2020	21.90	6.57	21.90	6.65	22.18	6.72
2025	24.08	8.00	24.08	8.24	24.68	8.44
2030	29.06	10.33	29.06	10.77	30.13	11.17
2035	33.47	13.54	33.47	14.30	35.03	15.02

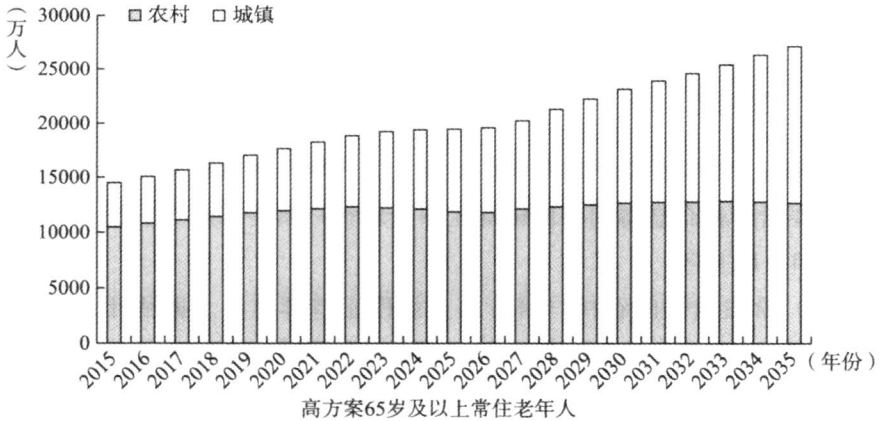

高方案65岁及以上常住老年人

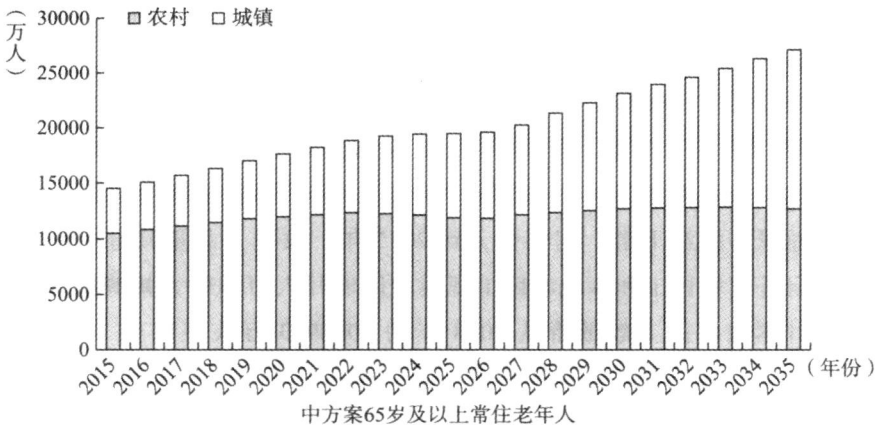

中方案65岁及以上常住老年人

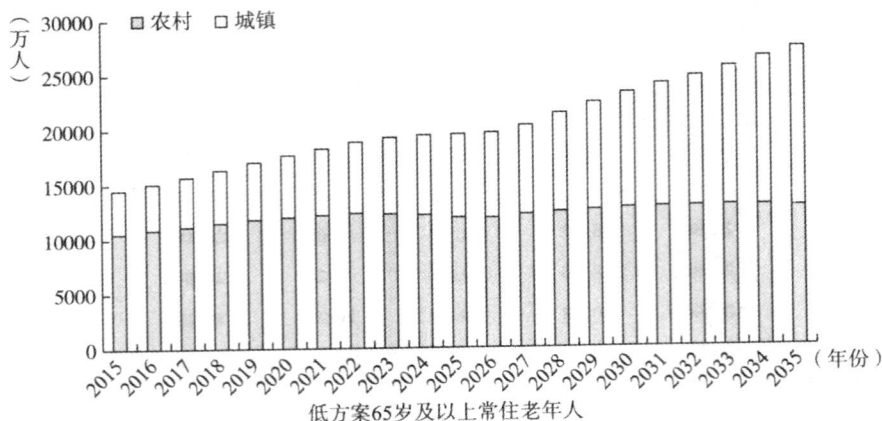

低方案65岁及以上常住老年人

图 3 - 13　高中低三个方案下 65 岁及以上常住老年人情况（2015～2035 年）

二　农民工

根据前文预测的分户籍和常住城镇人口计算出在城镇常住的农村户籍人口，结合年龄信息得到在城镇常住却是农村户籍的劳动力数据，具体结果如图 3 - 14 所示。

（1）常住城镇的农村户籍劳动力规模正持续缩小。据估计，其将从 2017 年的 19305.74 万人下降到 2035 年的 12670.29 万人。（2）常住城镇的农村户籍劳动力高龄化速度非常快。据估计，15～49 岁年龄组占比将从 2017 年的 73% 迅速下降至 2035 年的 22%；而 50～59 岁、60～64 岁年龄组的占比分别从 2017 年的 14%、3% 上升至 2035 年的 24%、17%。（3）户籍城镇化率随着时间推移不断下降，以及其与常住人口城镇化率之间的差距仍保持在 10 个百分点以上，可以看出，正是常住城镇的农村户籍劳动力年龄结构老化，加上人力资本水平较低，弱化了其落户城镇的能力。（4）未来农民工总量将持续下滑。据估计，到 2035 年，农民工总量只有 17433.84 万人。且外出农民工和本地农民工规模均因农村人口结构大幅调整双双下降。预计本地农民工数量将从 2018 年的 10989.3 万人下降到 2035 年的 6030.6 万人，年均降幅达到 2.65%；修订后外出农民工数量将从 2018 年的 17156.09 万人下降到 2035 年的 11403.26 万人，年均降幅达到 1.97%（见表 3 - 5）。

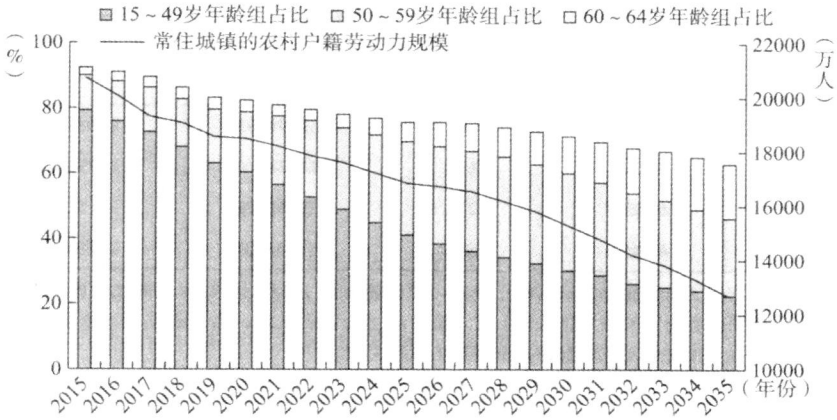

图 3-14 2015~2035 年常住城镇的农村户籍劳动力规模及相关年龄组占比

表 3-5 农民工数量（2018~2035 年）

单位：万人

年份	本地农民工数量	常住城镇农村户籍劳动力数量	修订后外出农民工数量	农民工总量
2018	10989.3	19062.32	17156.09	28145.34
2019	10654.9	18558.45	16702.60	27357.54
2020	10379.4	18478.71	16630.84	27010.26
2021	10038.3	18199.09	16379.18	26417.49
2022	9563.7	17857.11	16071.40	25635.06
2023	9146.9	17603.61	15843.24	24990.10
2024	8755.5	17212.51	15491.26	24246.72
2025	8371.0	16837.50	15153.75	23524.77
2026	8040.4	16721.47	15049.32	23089.76
2027	7720.8	16537.88	14884.10	22604.85
2028	7401.1	16179.93	14561.94	21963.02
2029	7120.1	15806.68	14226.01	21346.15
2030	6881.0	15282.44	13754.20	20635.22
2031	6677.2	14766.58	13289.92	19967.16

续表

年份	本地农民工数量	常住城镇农村户籍劳动力数量	修订后外出农民工数量	农民工总量
2032	6488.3	14198.14	12778.33	19266.60
2033	6316.1	13820.11	12438.10	18754.21
2034	6166.3	13278.95	11951.06	18117.38
2035	6030.6	12670.29	11403.26	17433.84

注：本地农民工数量是根据农村常住劳动力预测值乘以 2017 年农村非农就业的比例得到的；修订后外出农民工数量是根据常住城镇农村户籍劳动力数量乘以 2017 年的修正误差系数 0.9 得到的；农民工总量是本地农民工数量和外出农民工数量之和。

三　留守儿童

据测算，农村常住未成年人口规模将持续下滑，从 2017 年的 11459.91 万人下降到 2035 年的 6450.43 万人。其中有超过一半的未成年人都有父母陪伴。但是仍有 26.35% 的未成年人在祖父母（爷爷奶奶）或其他亲戚的监护下成为留守儿童[①]。据估计，隔代及其他亲戚监护的留守儿童的规模将从 2017 年的 3038.36 万人下降到 2035 年的 1769.64 万人（见表 3-6）。

表 3-6　农村常住儿童的监护情况预测（2017～2035 年）

单位：万人

年份	父母双方	父母一方	隔代及其他亲戚	合计
2017	5803.44	2618.10	3038.36	11459.91
2018	5771.91	2570.63	3021.85	11364.39
2019	5744.64	2527.01	3007.57	11279.22
2020	5714.88	2484.12	2992.00	11191.00
2021	5667.95	2435.09	2967.43	11070.47
2022	5595.41	2375.98	2929.45	10900.85

---

① 2018 年，民政部公布的农村留守儿童为 697 万人。这是通过地区抽样调查上报的数据。本书的留守儿童数据是利用农村常住儿童规模与农村儿童监护人情况进行估计得到的，数据来源不同导致出现差异。

续表

年份	父母双方	父母一方	隔代及其他亲戚	合计
2023	5496.63	2306.64	2877.73	10680.99
2024	5375.54	2228.67	2814.34	10418.55
2025	5234.18	2142.79	2740.32	10117.29
2026	5072.88	2049.16	2655.88	9777.91
2027	4895.11	1949.38	2562.81	9407.30
2028	4706.14	1845.85	2463.87	9015.86
2029	4512.07	1741.44	2362.27	8615.78
2030	4295.96	1658.03	2249.13	8203.11
2031	4086.58	1577.22	2139.51	7803.31
2032	3888.91	1500.48	2036.02	7425.40
2033	3704.53	1428.49	1939.49	7072.51
2034	3534.68	1361.77	1850.56	6747.02
2035	3380.11	1300.67	1769.64	6450.43

注：本表是根据中方案下 0～14 岁未成年常住人口数据计算得到的，其中，监护人为父母双方、父母一方、隔代及其他亲戚的比例根据钟甫宁和向晶（2013）进行的整村调查得到。

资料来源：钟甫宁、向晶（2013）：49～55。

在对全国和分省份的人口进行预测的基础上，进一步观察农民工数量和结构以及农村留守儿童情况可以得到如下结论。

（1）中国未来农民工规模将持续缩小。据估算，农民工总量将从 2018 年的 2.8 亿多人下降到 2035 年的 1.74 亿多人，减少 1 亿多人。且本地农民工和外出农民工规模均出现大幅下滑。

（2）对于外出农民工来说，年龄老化情况非常严重。据测算，15～49 岁年龄组占比从 2017 年的 73% 下降至 2035 年的 22%；50～59 岁、60～64 岁年龄组的占比分别从 2017 年的 14%、3% 上升至 2035 年的 24%、17%。

（3）虽然农村留守儿童规模将出现大幅下滑，但是 2035 年仍然有超过 1000 万名由隔代及其他亲戚监护的留守儿童。

第四章
2020年后贫困标准和瞄准机制

第一节　引　言

随着中国从消除绝对贫困转向解决相对贫困问题，在相对贫困、共享繁荣理念下，研究构建城乡统筹的、由多元标准组成的相对贫困标准过渡体系将是 2020 年后减贫战略的首要内容。本章根据中国贫困研究微观模拟模型对 2015～2035 年的贫困状况进行评估和预测，提出了 2020 年后"全国一条线"的相对贫困标准，并对该相对贫困标准下贫困人口的分城乡、分区域和分人群情况进行预测，对 2020 年后贫困瞄准机制进行探讨。

第二节　数据及方法介绍

一　模型概况

中国贫困研究微观模拟模型由北京师范大学中国收入分配研究院贫困研究团队在 2017 年建立。中国贫困研究微观模拟模型基础数据来源于 2013 年中国家庭收入调查数据。在推算不同时期的收入变化情况时，本书考虑到了性别、年龄、受教育程度、从业人员分布情况的变化趋势。同时，根据 2013 年中国家庭收入调查数据提供的信息，本书涉及两类城乡划分依据：一是按照地区划分；二是按照户籍类型划分。考虑到地区生活成本差异，本书根据地区物价指数调整家庭收入，得到消除物价差异之后的结果。其中，城乡之间的物价差异来自 2011 年世界银行国际比较项目（ICP），城镇和农村内部不同地区之间的物价差异来自 Brandt 和 Holz（2006），并经过地区消费者物价指数（CPI）调整为 2013 年的情况。

本书根据需要对原始数据和参数进行更新。主要基础数据来自中国家庭收入调查。模型主要包括两个部分：人口结构模拟；收入分布变化模拟。人口结构可归纳为影响家庭收入来源的几个主要指标，包括个人统计学信息、就业信息等。针对人口结构和家庭结构的变化，采用再加权（Reweighting）方法调整样本权重，并预测未来一段时间的收入分布变化，因而，基本假定是收入决定机制在未来一段时间内不发生显著变化。

对未来贫困趋势的判断主要依赖对收入分布的预测。对收入分布跨期变动的识别主要来自两个部分：经济增长引起整体收入水平提升；人口结构引起收入分布变化。

（一）　经济增长引起整体收入水平提升

整体收入水平提升主要因为整体经济环境变化，即使个人或家庭获取收入来源的方式没有发生任何变化，不同时期的收入也有可能发生变化。由于中国贫困研究微观模拟模型只是一个单纯的微观模拟模型，不包含宏观经济预测模块，因此与经济环境有关的整体收入水平变化被外生设定。

外生设定的实际收入增长率来自 2013~2017 年国家统计局公布的实际收入增长率，以及课题组对 2018~2035 年收入变化趋势的推断。后者综合考虑城乡和不同地区社会保障水平和经济发展水平等，用城乡×（东、中、西、东北）表示，并分别设定三种增速方案：高速方案、中速方案、低速方案。

（二）　人口结构引起收入分布变化

收入分布变化涉及人口结构和家庭结构变化，具体包括：性别和年龄结构变化、教育结构变化、就业人口行业分布变化等。本书假定：

（1）收入决定机制不变（收入方程的参数值不变），即具有相同属性的个人和家庭收入不变；

（2）职业分布比例不变；

（3）具有特定属性的指标在处于不同类别时收入来源不变，如特定年龄的收入水平在不同时期相同，即仅考虑不同年龄变化引起的收入变化，不考虑相同年龄变化引起的收入变化。

各种外生设定信息来自基于对政府公布的宏观数据的推算，多个变量的分布变化最终会合并为唯一的个人权重变化。Hidalgo 等（2015）介绍了两种再加权和调整方法：一种是澳大利亚国家统计局开发的 GREGWT 方法；另一种是 IPF（Iterative Proportional Fitting）方法。GREGWT 方法的具体细节可以参见 R 软件包中相关案例和相关文献。受限于使用的数据，本书主要使用 IPF 方法。IPF 方法的原理可以表达为如下公式：

$$X \cdot w = Y$$

$$\begin{bmatrix} male_1 & \cdots & male_n \\ \cdots & \cdots & \cdots \\ age_1^3 & \cdots & age_n^3 \end{bmatrix} \begin{bmatrix} w_1 \\ \cdots \\ w_n \end{bmatrix} = \begin{bmatrix} male_{total} \\ \cdots \\ age_{total}^3 \end{bmatrix}$$

其中，X 是样本调查数据，Y 是总体统计数据（统计了男性、女性的人口数）。寻找权重的过程被转化为求解上述方程的 w。R 软件包 Ipfp 可以用迭代方法求解这种方程中的未知数。

二　数据

（一）　中国家庭收入调查简介

本书所需微观数据来自 2013 年中国家庭收入调查数据。数据覆盖了从 15 个省份 126 个城市 234 个县区抽选出的 18948 个住户样本和 64777 个个体样本。本书根据课题需要对数据进行清洗，最终使用的数据包含 17966 个住户样本和 61426 个个体样本。

（二）　对 2018 年之后宏观信息的推断

1. 性别和年龄结构变化

性别与年龄组均区分为城镇和农村两种。年龄组被划分为 0 ~ 14 岁、15 ~ 49 岁、50 ~ 59 岁、60 ~ 64 岁、65 岁及以上。2015 ~ 2035 年相关数据参见第三章。

2. 教育结构变化

七类受教育程度的人数的变化根据中国家庭收入调查数据和《中国统计年鉴》中相关年份的比例推算。基础数据来自 2010 年第六次全国人口普查、2015 年全国 1% 人口抽样调查、《中国统计年鉴 2016》和向晶的估计结果。基础数据中涉及 6 岁以上各类受教育程度的人口数，其中包含在校学生数。中国家庭收入调查仅涉及 16 周岁以上人口的受教育程度。为了使两个口径的数据统一，本书在总体数据中去掉了各级受教育程度的在校学生数，得到了 6 岁以上各类受教育程度的不在校学生数，以作为 16 周岁以上不在校人口的受教育程度分布的总体信息。相关公式如下：

　　某受教育程度年末人数（高中及以上）＝前一年某受教育程度人口数＋当年毕

　　　　业人数×（1－当年升学比例）－该受教育程度死亡人数（假定为0）

　　"未上过学"和义务教育阶段人数为平衡项，以等比例下降，以使总人数一致。相关公式如下：

　　"未上过学"人数＝（推算的6岁以上人口数－高中及以上人口数）×（2015年

　　　　未上过学人数/2015年未上过学、小学和初中的人数之和）①

　　高中毕业人数＝前一年高中毕业人数×2010～2015年高中毕业人数的年均变化比例

　　高中升学率＝2015年大学专科和本科招生人数/2015年高中阶段毕业人数

　　大学本科升学率＝2015年研究生招生人数/2015年本科教育毕业人数

　　3. 对与教育分布有关的城乡差异的推断

　　由于城乡不均衡发展和人口在城乡之间迁移，城镇和农村居民受教育程度不会同时发生变化。相关公式是：

　　城镇某受教育程度年末人口数（高中及以上）＝前一年城镇某受教育程度人口

　　　　数＋当年毕业人数×（1－当年升学比例）×毕业且未升学人口中成

　　　　　　为城镇常住人口的比例－该受教育程度死亡的人数（假定为0）

　　　　农村某受教育程度年末人口数（高中及以上）＝全国某受教育程度年末人

　　　　　　口数－城镇某受教育程度年末人口数。

　　与前面部分类似，这里同样将"未上过学"和义务教育阶段人数作为平衡项。

　　在上述公式中，2015年全国某受教育程度人口数基于2015年全国1%人口抽样调查数据做出推断。"毕业且未升学人口中成为城镇常住人口的比例"根据2010年第六次全国人口普查和2015年全国1%人口抽样调查数据推断。根据两次调查数据推断的各类受教育程度人口数的差值，可以计算得到两个年份中分别成为城镇常住人口和农村常住人口的比例。根据计算，高中及中专、大专、本科和研究生新增人口中成为城镇常住人口的比例分别为57.57%、81.60%、88.85%和96.04%。

　　上述公式中需要扣除在校学生数。城镇和农村在校学生数比例关系根

---

　　① 小学人数和初中人数计算方法类似，此处不再列示。

据 2013 年中国家庭收入调查数据计算得到。经过计算，小学、初中、高中及中专、大专、本科和研究生在校学生中属于城镇常住人口的比例分别为46.46%、48.44%、51.76%、53.25%、64.14% 和 70.00%。

4. 就业人口行业分布变化

根据利用《中国统计年鉴》得到的就业人口变化趋势，通过经验判断得到 2019～2035 年三次产业的从业人数比例，假定第一产业和第三产业在2018 年之后按照过去 10 年的从业人数平均增长率继续变化，第二产业按照过去 5 年的从业人数平均增长率继续变化。然后，将每个年份的三次产业从业人口比例进行归一化处理。严格来说，从业人口总数与人口背景和经济环境存在较大关系，影响因素较多。本书做了简化处理，直接利用ARIMA 模型进行预测。

5. 人均收入变化

根据国家统计局数据计算得到 2013～2017 年各地区实际收入增长率。然后，假定 2017～2035 年的收入增长率是 2013～2017 年平均增长率的某个倍数。假定 2018～2020 年的收入增长率是 2013～2017 年平均增速的 1.2 倍、1倍、80%。考虑到当前经济发展更强调高质量而不是高速度，2020 年后的经济增速可能会逐步放缓，居民收入增速也会相应放缓。因而，假定 2020～2035 年的增速是前一年的 99%。它们分别是高速、中速和低速的设定。

由于本书研究的重点是低收入家庭（贫困群体或贫困脆弱群体），不同收入段的增速差异也应该被考虑，因此本书关注 2014 年以来的精准扶贫政策是否使低收入家庭收入增速更快。如果更快，那么在收入分布变化的设定中有必要考虑不同收入组的增速差异。比较 2013～2017 年不同收入组增速差异发现，低收入组的收入增长率并没有明显高于其他收入组。在2014～2017 年平均增长率中，低收入组的甚至最低。与此同时，我国同时期的贫困发生率在快速下降。这表明我国扶贫政策的重点是让新贫困线以下家庭转为新贫困线以上家庭，贫困家庭没有出现大量增加的情况。基于此，本书的模型没有区分不同收入组的增长率。

三 城乡划分方式

本书结果包含两种城乡划分方式：按照常住地属性；按照户主户籍类型。CHIP 包含个人户籍信息和户口登记地信息，可以识别农业户口家庭和非农户口家庭。但是，CHIP 不包含国家统计局按照地理位置的城乡划分标准，需要按照其他方法识别城镇地区和农村地区。对于两种城乡划分方式的具体界定如下。

按照户主户籍类别划分：农业户籍家庭——户主的户口类别为农业；非农户籍家庭——户主的户口类别为非农业。

按照常住地属性划分：农村地区——所在村（社区）被调查户户主全部是农业户籍；城镇地区——所在村（社区）被调查户户主不全是农业户籍，需排除户主的户口登记地在乡镇、街道外的家庭；流动人口——城镇地区居住的被调查户，户主的户口登记地在该乡镇、街道之外。

根据估计，农业户籍人口数合计为 94423 万人。2013 年，国家统计局公布的贫困发生率为 8.5%，贫困人口为 8249 万人，反推得到的农业户籍人口数为 97047 万人。根据 CHIP 得到的估计结果与国家统计局的结果误差为 2.7%，比较接近。在农业户籍人口中，约 6.2 亿人常住在农村地区，约 1.9 亿人常住在城镇地区，约 1.4 亿人是流动人口。

1949～2015 年城镇人口占比及其变化见图 4-1。

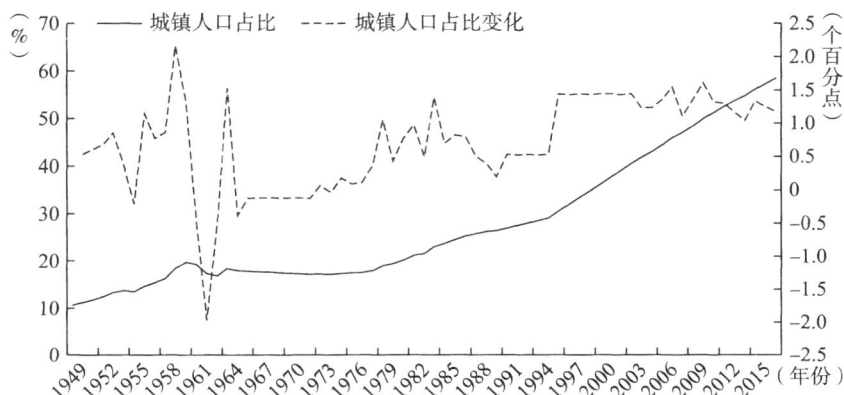

图 4-1　1949～2015 年城镇人口占比及其变化

资料来源：根据中华人民共和国国家统计局网站公布的数据计算得到。

在中国城乡发展过程中，人口流动问题特别重要。由于流动人口结构与农村常住人口结构并不相同，不断进行的人口流动会对农村贫困状况产生长久影响。在本模型中，人口流动过程被包含在人口年龄结构和教育水平结构的变化中，即本模型的结果考虑到了农村和城镇之间的人口流动问题。不过，由于城镇和农村人口结构（含受教育程度结构）的变化主要根据全国人口普查数据和《中国统计年鉴》进行推断，这些来源并没有"如果没有人口流动时"的反事实结果，因此，本书的模型很难单独将人口流动的影响分离出来。

第三节　贫困标准和贫困评估方法

中国的官方贫困标准以绝对贫困标准为主，包括 1978 年标准、2008 年标准和 2010 年标准（王萍萍，2007），数值上分别为 625 元（2000 年价格）、1196 元（2008 年价格）和 2300 元（2010 年价格）。本书主要使用 2300 元标准，即"新贫困线"。在国际比较中，较为常用的贫困标准是由世界银行确定的。2008 年，世界银行根据 15 个最穷国家的平均贫困标准，确定每人每天 1.25 美元的极端贫困标准；根据其他发展中国家的贫困标准中位数，确定每人每天 2 美元的高贫困标准。前者表示"吃饱需要的食品支出，加上宁可挨饿也要换取的非食品支出"，代表基本温饱水平；后者为"吃饱需要的食品支出，加上与吃饱同等重要的非食品支出"，代表稳定温饱水平（王萍萍，2007）。需要注意的是，这里的 1.25 美元和 2 美元主要根据 2005 年购买力平价（PPP）指数测算。2015 年 12 月，世界银行根据 2011 年国际比较项目（International Comparison Program，ICP）的购买力平价指数，推算得到了 2011 年价格下的新贫困标准——极端贫困标准为每人每天 1.9 美元，高贫困标准为每人每天 3.1 美元[1]。按照 2011 年的 PPP 和物价水平进行折算[2]，它们分别可以折算为不同年份的人民币标准（见表 4-1）。不过，世界银行后续将每人每天 3.1 美元标准改为每人每天

---

[1]　世界银行在 2015 年 12 月开始使用 1.9 美元/天和 3.2 美元/天标准，参见 "Poverty and Equity Briefs," https://www.worldbank.org/en/topic/poverty/publication/poverty-and-equity-briefs。

[2]　计算过程：第一，将 1993 年的 1 美元调整为 2011 年美国 CPI 的价值；第二，将 2011 年购买力平价指数兑换为人民币；第三，用中国农村贫困人口的 CPI 调整其他年份的价值。2011 年，中国居民生活消费的 PPP 为 3.696（人民币/美元），不过农村 PPP 为 3.04（人民币/美元），本书使用农村 PPP 推算世界银行贫困标准对应的人民币标准，参见 *A Global Count of the Extreme Poor in 2012*，http://documents.worldbank.org/curated/en/360021468187787070/pdf/WPS7432.pdf。

3.2美元标准。本书将采用每人每天3.2美元标准，与其对应的人民币标准根据李实等（2018）的推算方法得到。

表4-1　贫困标准

单位：元/年

年份	世界银行		其他农村贫困标准	
	每人每天1.9美元	每人每天3.2美元	新贫困线	相对贫困线
1988	544	916	651	229
1995	1262	2126	1510	723
2002	1272	2143	1522	1045
2007	1636	2755	1957	1723
2013	2270	3823	2736	3838

注：①表中的贫困标准通过世界银行2011年国际比较项目的农村购买力平价（PPP）指数调整，PPP来源于世界银行数据库。②"新贫困线"和"相对贫困线"分别依据2010年的2300元标准和年收入中位数的50%得到；③1988年、1995年、2002年、2007年的"新贫困线"经过农村贫困家庭消费价格指数调整。

资料来源：根据李实等（2018）的推算方法得到。

本书也考虑了相对贫困标准。它的侧重点不在于绝对收入水平，即贫困家庭是否温饱，而更多地考虑相对收入水平。由于排除了温饱因素，其隐含地假定了基本温饱不是被社会关注的重要问题。当收入水平提高到一定程度时，相对贫困标准将能更好地瞄准这个社会需要帮扶的群体。因而，随着中国收入相对较快增长，逐步引入相对贫困标准成为一种趋势。缓解相对贫困最早在《国家人口发展规划（2016—2030年）》中被提到。在该规划印发之前，浙江省的扶贫标准已从以"保障基本生活、减少贫困人口数量"为目标的消除绝对贫困，向以"缩小收入差距、增加贫困人口收入"为目标的减缓相对贫困转变，浙江省的低收入农户识别经验可为中国对2020年后相对贫困人口识别提供借鉴。浙江省根据农民收入水平较高的现实，为缩小农村内部收入差距，缓解相对贫困，探索出动态相对贫困标准确定方法，采用的相对贫困线远高于同期国家绝对贫困标准。2008年，浙江省以2007年农民人均纯收入的30%（即2500元）作为低收入农户标准。2011年，浙江省将扶贫标准提高到2010年农民人均收入的45%（即4600元，为同期国家绝对贫困标准的两倍）。2013年，浙江省欠发达地区和发达地区分别按5500元和"不低于上年农民人均收入的45%和不少于当地农村户籍人口的10%"的相对贫困标准认定新一轮低收入农户。2018年，浙江省低收入农户的认定标准为：以家庭人均可支配收入为主要依据，按照上年当地最低生活保障标准的1.5倍或不低于上年当地农民人均可支配收入的40%确定收入标准线，由各县（市、区）政府组织核定并每年进行动态调整。

本书借鉴国际上常用的相对贫困标准界定方式，即收入分布中位数的50%。经过中国贫困研究微观模拟模型的预测，2015～2035年全国相对贫困标准（全国一条线）见表4－2。这个结果考虑到城镇的收入分布（城镇的相对贫困标准会高于农村的相对贫困标准）。

表4－2　2015～2035年全国相对贫困标准（全国一条线）

单位：元

年份	不调整物价差异				调整物价差异			
	仅人口结构变化	收入增速低方案	收入增速中方案	收入增速高方案	仅人口结构变化	收入增速低方案	收入增速中方案	收入增速高方案
2015	5916	6837	6837	6837	6334	7329	7329	7329
2016	5984	7348	7348	7348	6399	7878	7878	7878
2017	6077	8003	8003	8003	6491	8525	8525	8525
2018	6203	8603	8714	8826	6590	9147	9266	9390
2019	6310	9254	9500	9753	6685	9783	10039	10309
2020	6419	9935	10344	10758	6776	10462	10881	11321
2021	6539	10647	11232	11827	6845	11193	11810	12444
2022	6636	11409	12189	13004	6951	11936	12740	13596
2023	6764	12257	13269	14347	7066	12757	13785	14870
2024	6881	13185	14434	15794	7154	13575	14846	16231
2025	7029	14108	15644	17313	7247	14491	16052	17777
2026	7149	15083	16889	18935	7340	15483	17392	19452
2027	7273	16093	18275	20766	7457	16501	18739	21242
2028	7385	17219	19794	22704	7557	17595	20211	23179
2029	7505	18390	21417	24908	7656	18716	21751	25273
2030	7642	19653	23121	27108	7747	19905	23473	27583

续表

年份	不调整物价差异				调整物价差异			
	仅人口结构变化	收入增速低方案	收入增速中方案	收入增速高方案	仅人口结构变化	收入增速低方案	收入增速中方案	收入增速高方案
2031	7794	20855	24830	29475	7863	21169	25138	29910
2032	7894	22164	26679	31989	7965	22444	27079	32533
2033	8023	23588	28758	34913	8079	23797	29058	35298
2034	8130	25128	31033	38182	8143	25249	31106	38246
2035	8280	26757	33394	41527	8252	26706	33280	41409

资料来源：根据本书模型估计得到。

本书主要利用 FGT 指数（Foster et al., 1984）进行评估，具体形式为：

$$FGT(\alpha) = \frac{1}{n} \sum_{i=1}^{q} \left(\frac{z - y_i}{z} \right)^{\alpha}$$

其中，q 表示贫困人口数，z 表示贫困标准（或贫困线），y_i 为第 i 个人的收入，α 为贫困厌恶系数，其值越大表示对贫困的厌恶程度越高，或者说低收入个体的权重越大。当 $\alpha = 0$ 时，$FGT(0)$ 为文献中常见的贫困发生率，当 α 取值为 1 或 2 时，$FGT(\alpha)$ 分别表示贫困深度或贫困强度。其中，$FGT(1)$ 可以被称为贫困矩，$FGT(2)$ 可以被称为平方贫困矩。相比 $FGT(0)$，$FGT(1)$ 考虑了贫困户的人均收入和贫困线之间的差距；并且相比 $FGT(1)$，$FGT(2)$ 给予较少的人均收入较高的权重。若贫困人口大多集中于 0 附近而不是贫困线附近，则贫困深度较大。这意味着较低的 $FGT(1)$ 和 $FGT(2)$ 表示极端贫困状况很严重。

第四节　收入分布的预测

本节分别对城镇和农村收入分布的变化趋势进行预测。

一　收入水平普遍提高，缓解相对贫困将具有更大意义

根据过去 40 多年的经验，中国名义收入水平和实际收入水平都会随着时间推移提高。相比其他国家，中国的收入增速较快。根据设定的收入增速，城镇和农村收入在 2030 年前后会达到比较高的水平，但城乡之间仍然

存在一定差距。城乡人均收入比值略有下降，从最高 2.29 左右逐渐下降至
2.19 左右（见图 4 - 2）。这是因为城镇的收入增速略低于农村。为了缩小
城乡差距，政府在 2007 年之后已经增加了向农村的转移支付，2014 年之
后的精准扶贫力度更是加大了，2017 年提出的乡村振兴战略可能会进一步
保持向农村的转移支付。这些措施能够使城乡之间的收入差距逐渐缩小，
但城镇和农村之间真正达到一体化可能还需要一定时间。收入普遍增加对
于贫困分布的一个影响是，绝对贫困标准逐渐失去意义，缓解相对贫困将
发挥更大的作用。

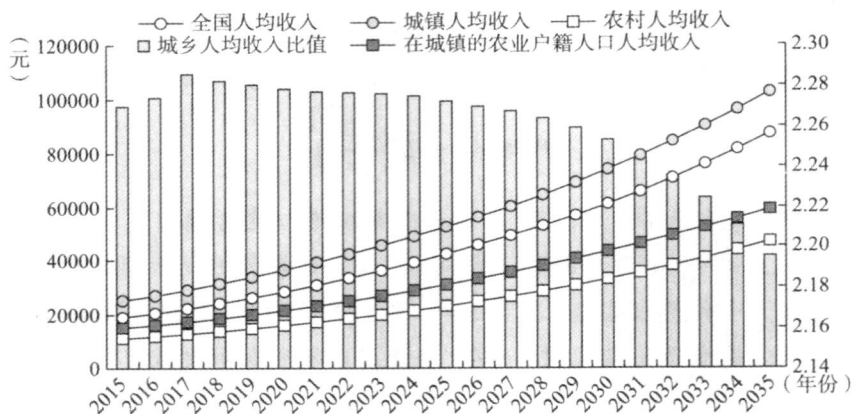

图 4 - 2　2015～2035 年人均收入水平的变化趋势

资料来源：根据本书模型估计得到。

二　随着城镇化推进，城乡之间的贫困格局会缓慢发生变化

在城镇化进程中，农村人口逐渐减少，对应的农村收入密度曲线变得
更低。最后，农村的收入分布会逐渐融合在城镇收入分布中。城乡之间收
入不平等的"双峰"现象可能在 2025 年之后消失（见图 4 - 3、表 4 - 3）。

由于城镇化推进，依据相对贫困得到的结果和依据绝对贫困得到的结
果会有差异。虽然城镇人口的相对贫困发生率较低，但由于城镇人口规模
扩大，相对贫困人口规模也会扩大。与此同时，相对贫困标准受到城镇的
影响更大，贫困标准的增速会快于农村收入水平的增速。其结果是，贫困
标准在农村的相对位置会提升，农村相对贫困人口所占比例会提升。不过
由于农村人口在减少，农村的相对贫困人口数不一定会增加。

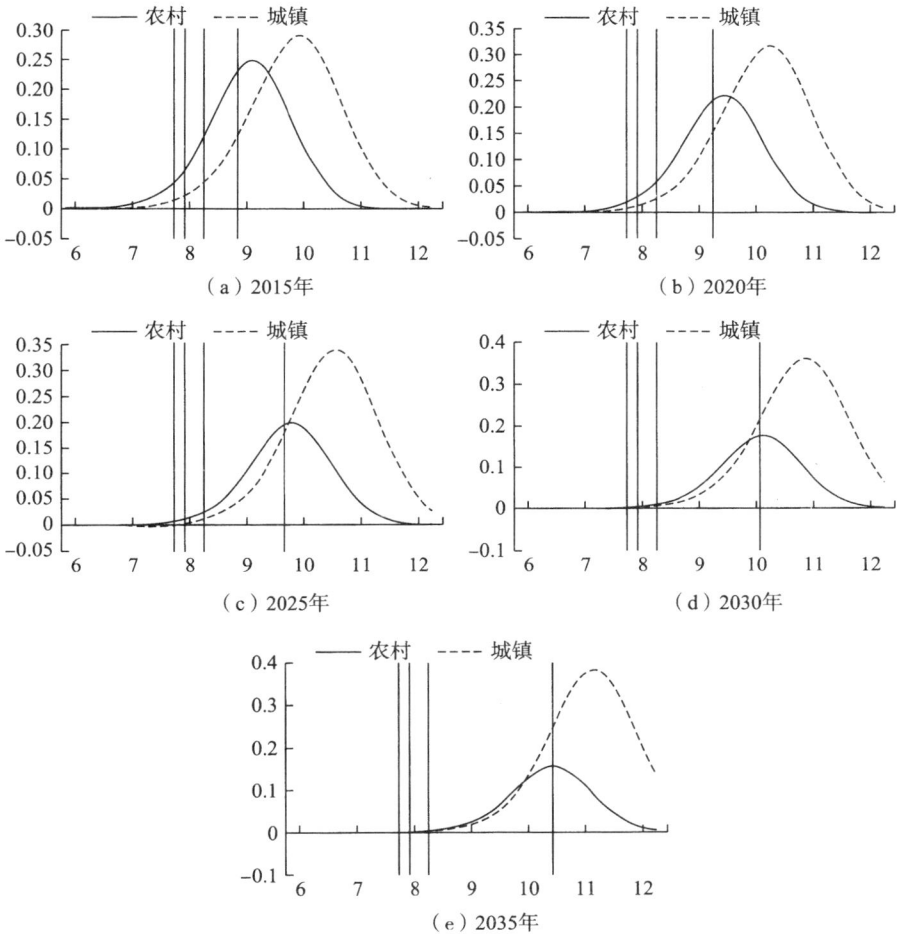

图 4-3 城镇和农村收入分布的变化趋势

注：城镇和农村的累计概率密度之和为1；图中竖线分别为世界银行每人每天1.9美元贫困标准、中国新贫困标准、世界银行每人每天3.2美元贫困标准，以及相对贫困标准（全国人均可支配收入中位数的50%）。

资料来源：根据本书模型估计得到。

表 4-3 2014～2017年不同收入组的收入增长率

单位：%

年份	城镇					农村				
	1	2	3	4	5	1	2	3	4	5
2014	11.37	9.50	8.30	7.32	4.78	-5.79	8.43	10.31	11.48	9.99

续表

年份	城镇					农村				
	1	2	3	4	5	1	2	3	4	5
2015	7.62	7.74	7.81	6.87	4.27	9.82	7.72	6.88	6.49	7.02
2016	4.40	5.56	6.35	6.42	6.14	-4.47	6.28	6.11	6.07	7.21
2017	4.17	5.12	5.79	6.65	8.19	7.99	4.87	5.54	5.93	8.18
年均变化	5.39	6.13	6.65	6.64	6.19	4.25	6.28	6.18	6.16	7.47

注：考虑到我国精准扶贫工作从2014年之后正式开始进行，"年均变化"只是2014~2017年平均收入增长率，1~5分别代表最低至最高20%收入组。

资料来源：根据中华人民共和国国家统计局网站数据计算得到。

第五节 不考虑地区生活水平差异的贫困分布

一 2015~2035年绝对贫困发生率的总体情况

本部分的结果包括四种情况的假设：假定只有人口结构变动，收入增速为零；假定在人口结构变动的同时，收入增长率分为低、中、高方案。低方案是指2018~2020年的收入增长率是2013~2017年平均增速的80%，考虑到当前经济发展更强调高质量而不是高速度，2020年后的经济增速可能会逐步放缓，居民收入增速也会相应放缓，因而假定2020~2035年的增速是前一年的99%。中方案是指按照2013~2017年各地区的收入增速进行假设，其探索的是：按照2013~2017年的收入增加趋势，2018年及之后的贫困分布会呈现怎样的趋势。高方案是指2018~2020年的收入增长率是2013~2017年平均增速的1.2倍，2020~2035年的增速是前一年的99%。

（一）本书结果与国家统计局结果的对比和说明

根据本书的城乡划分规则，重点扶贫对象实际上包括两类：农村地区常住人口和农业户籍家庭人口。根据国家统计局的贫困发生率和贫困人口数反推的农村人口数为9.8亿人左右，它以我国农业户籍人口数作为基础。因而，国家统计局的贫困发生率实际上可以反映"农业户籍人口"的贫困状况，而不是农村地区常住人口的贫困状况。当使用两套城乡划分标准时，由CHIP数据估计得到的2015年农村常住人口贫困发生率为6.60%，农业户籍家庭人口贫困发生率为5.60%（见表4－5）。后者与国家统计局公布的2015年农村贫困发生率（5.7%）更为接近。有鉴于此，本书得到的农业户籍人口相关结果将主要用于对国家统计局贫困发生率未来趋势进行预测，它包含大部分农村地区常住人口和居住在城镇地区的农业户籍人口。本书同时也报告了其他群体的贫困发生率。

（二）　未来绝对贫困发生率的总体趋势

根据中方案趋势，2020年，农村地区的贫困发生率预测结果为3.04%，农业户籍家庭的贫困发生率预测结果为2.52%（见表4－5）。国家统计局公布的2018年贫困发生率为1.7%[①]。2020年，官方公布的贫困发生率降至0.6%。这里存在差别的主要原因是，2014年进行精准扶贫之后，贫困地区和贫困人口得到了更多的政策支持，使新贫困线以下群体的福利得到很大改善。但是整个农村低收入组的收入增长率并没有显著高于其他收入组（见表4－3）。这意味着，扶贫政策瞄准的对象主要是那些处于新贫困线以下的人，而不是所有低收入群体；精准扶贫政策使现行标准下的贫困人口的收入超过贫困标准，但是没有超出贫困标准很多。可能的结果是，未来的返贫风险仍然较大，巩固脱贫成果仍然是重点。

这个问题实际上已经被政府关注。2019年中央一号文件就提出当前扶贫工作的主要任务转为"研究解决收入水平略高于建档立卡贫困户的群众缺乏政策支持等新问题"。这些群体被称为"贫困脆弱性群体"。为了能够同时在贫困脆弱方面有一个认识，本书的预测结果没有考虑2014～2020年实际存在的大规模财政转移支付对减贫的影响，即其间的财政转移支付没有计入农户收入之中。主要考虑如果这些措施在2020年停止实施，就可能会对2020年后的贫困形势造成一些影响。

（三）　教育水平提高和产业结构变化的潜在影响

需要注意的是，即使没有实现收入增长，人口结构变动也能微弱地降低贫困发生率（见图4－4），对于城镇居民和农业户籍居民具有正向影响（见表4－4）。这里的人口结构主要受到教育水平整体提高和产业转型过程的影响。按照当前经济增长趋势，居民收入继续保持稳定增长应该是大概

[①]《2018年全国农村贫困人口减少1386万人》，中华人民共和国国家统计局网站，http://www.stats.gov.cn/tjsj/zxfb/201902/t20190215_1649231.html。

率事件。在考虑可能的收入增长速度后，2020年以后的农村地区贫困发生率和农业户籍人口贫困发生率都在1%左右，甚至低于1%。即使提高标准，即到世界银行每人每天3.2美元标准，农村地区贫困发生率也会在2030~2035年降至0.5%~1.5%（见表4-5）。农业户籍人口的贫困发生率更低。

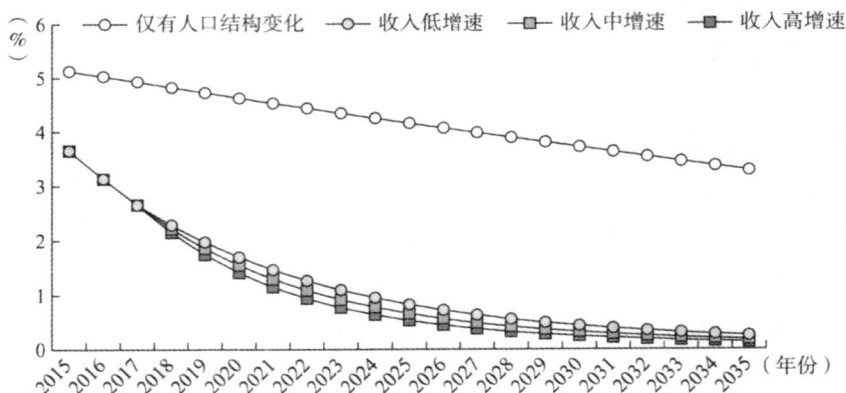

图4-4 新贫困标准下的全国贫困发生率（2015~2035年）
资料来源：根据本书模型估计得到。

表4-4 假定仅有人口结构变动的绝对贫困发生率（2015~2035年）

单位：%

		2015年	2020年	2025年	2030年	2035年
新贫困标准	全国	5.13	4.62	4.15	3.72	3.29
	城镇	1.91	1.75	1.58	1.44	1.31
	农村	9.27	9.10	8.94	8.78	8.56
	农业户籍	7.87	7.57	7.29	7.00	6.66
	农业户籍（居住城镇）	3.67	3.53	3.36	3.21	3.07
每人每天3.2美元	全国	10.14	9.17	8.26	7.41	6.58
	城镇	3.97	3.66	3.32	3.02	2.77
	农村	18.08	17.78	17.47	17.18	16.76
	农业户籍	15.45	14.90	14.36	13.82	13.17
	农业户籍（居住城镇）	7.58	7.31	6.97	6.67	6.40

资料来源：根据本书模型估计得到。

表 4 - 5 假定收入增长为中速的绝对贫困发生率（2015～2035 年）

单位：%

		2015 年	2020 年	2025 年	2030 年	2035 年
新贫困标准	全国	3.65	1.55	0.66	0.32	0.18
	城镇	1.36	0.59	0.27	0.15	0.09
	农村	6.60	3.04	1.38	0.70	0.41
	农业户籍	5.60	2.52	1.12	0.55	0.32
	农业户籍（居住城镇）	2.58	1.12	0.49	0.24	0.14
每人每天 3.2 美元	全国	7.43	3.25	1.36	0.61	0.31
	城镇	2.87	1.25	0.53	0.26	0.15
	农村	13.30	6.36	2.91	1.39	0.73
	农业户籍	11.32	5.29	2.36	1.09	0.56
	农业户籍（居住城镇）	5.42	2.44	1.05	0.48	0.25

资料来源：根据本书模型估计得到。

二 相对贫困和绝对贫困

无论是按照新贫困标准或相对较高的每人每天 3.2 美元标准，绝对贫困人口在 2020 年后都会逐渐减少。为了保持扶贫政策在 2020～2035 年的稳定性，使用相对贫困标准可能更为合适。按照收入分布中位数的 50% 的相对贫困标准，全国每年的扶贫对象的比例都维持在 20% 左右（见表 4 - 6），因此可以采用更为稳定的扶贫政策进行干预。这些相对贫困人口大部分仍然生活在农村地区。这与当前仍然较大的城乡差距有很大关系。

表 4 - 6 假定收入增长为中速的相对和绝对贫困差距（2015～2035 年）

单位：%

		2015 年	2020 年	2025 年	2030 年	2035 年
每人每天 3.2 美元	全国	7.43	3.25	1.36	0.61	0.31
	城镇	2.87	1.25	0.53	0.26	0.15
	农村	13.30	6.36	2.91	1.39	0.73
	农业户籍	11.32	5.29	2.36	1.09	0.56
	农业户籍（居住城镇）	5.42	2.44	1.05	0.48	0.25

续表

		2015 年	2020 年	2025 年	2030 年	2035 年
相对贫困标准	全国	21.34	21.94	22.48	22.86	22.95
	城镇	9.66	10.63	11.63	12.66	13.67
	农村	36.37	39.62	42.72	45.54	47.71
	农业户籍	31.60	34.02	36.31	38.30	39.71
	农业户籍（居住城镇）	17.45	19.42	21.28	23.11	24.82

资料来源：根据本书模型估计得到。

三 特殊群体的贫困发生率趋势

人口老龄化问题将在 2020 年后变得更为严峻。与此伴随的是老人贫困和儿童贫困问题。假定收入增长为中速的农村老人和儿童的贫困发生率（2015~2035 年）见表 4-7。儿童贫困问题更为严重，老人贫困问题相对较少。随着贫困状态的整体变化，儿童贫困和老人贫困问题在 2020 年后也会被逐渐解决。不过，在新贫困标准下，农村儿童贫困发生率与全部农村人口贫困发生率的比值会先上升后下降，在 2025 年达到最大的 1.27；农村老人的贫困发生率与全部农村人口贫困发生率的比值基本不变。如果使用每人每天 3.2 美元标准，那么情况基本相似（见表 4-8）。

表 4-7　假定收入增长为中速的农村老人和儿童的贫困发生率（2015~2035 年）

单位：%

		2015 年	2020 年	2025 年	2030 年	2035 年
新贫困标准	农村儿童	8.14	3.84	1.76	0.86	0.50
	农村老人	6.97	3.27	1.47	0.74	0.44
每人每天 3.2 美元	农村儿童	16.21	7.98	3.72	1.76	0.90
	农村老人	13.97	6.84	3.08	1.48	0.79
相对贫困标准	农村儿童	42.35	46.41	50.29	53.76	56.83
	农村老人	37.36	40.99	43.55	46.16	48.65

资料来源：根据本书模型估计得到。

表4-8　假定收入增长为中速的农村老人和儿童的贫困发生率与全部农村人口贫困发生率的比值（2015~2035年）

		2015年	2020年	2025年	2030年	2035年
新贫困标准	农村儿童	1.23	1.26	1.27	1.23	1.20
	农村老人	1.06	1.07	1.06	1.05	1.06
每人每天3.2美元	农村儿童	1.22	1.25	1.28	1.27	1.24
	农村老人	1.05	1.07	1.06	1.07	1.09
相对贫困标准	农村儿童	1.16	1.17	1.18	1.18	1.19
	农村老人	1.03	1.03	1.02	1.01	1.02

资料来源：根据本书模型估计得到。

四　贫困发生率的地区差异

由于西部地区的收入增速较快，2020年后的贫困发生率会逐渐降至全国平均水平，绝对贫困问题不再显著。不过，这一问题在扶贫工作几乎很少被提及的东北地区可能值得关注。在地区划分中，本书专门对东北地区进行分析。主要是因为东北地区的实际收入增长率明显低于其他地区（见表4-10）。若保持这个趋势，那么东北地区的农村贫困问题在2020年后会相对比较严重（贫困发生率数据见表4-9）。收入增速在很大程度上取决于地方经济增速。东北地区最近几年的经济增速相对较慢，年轻劳动力外流情况较为普遍，与此相关的养老金也出现较大缺口，保持经济长期稳定增长面临较大挑战。因此，建议2020年后通过利用宏观经济手段重视东北地区的整体经济发展和居民增收问题。

表4-9　假定收入增长为中速各地区的贫困发生率（2015~2035年）

单位：%

		2015年	2020年	2025年	2030年	2035年
新贫困标准	东部	1.45	0.58	0.27	0.16	0.11
	中部	4.08	1.86	0.87	0.46	0.27
	西部	6.11	2.50	0.94	0.38	0.18
	东北	3.77	2.00	1.00	0.49	0.24

续表

		2015 年	2020 年	2025 年	2030 年	2035 年
每人每天 3.2 美元	东部	3.26	1.31	0.53	0.25	0.15
	中部	8.35	3.75	1.68	0.80	0.43
	西部	12.04	5.33	2.15	0.85	0.36
	东北	7.18	3.97	2.07	1.09	0.54

资料来源：根据本书模型估计得到。

表 4 - 10　2014 ~ 2017 年各地区的实际收入增长率

单位：%

年份	城镇				农村			
	东部	中部	西部	东北	东部	中部	西部	东北
2014	6.91	7.20	7.14	6.89	8.58	9.15	9.25	8.38
2015	6.83	7.00	7.15	5.74	7.16	7.37	8.01	4.80
2016	6.11	5.77	6.12	4.09	6.27	5.99	6.93	4.73
2017	7.03	6.97	6.92	5.22	6.73	6.76	7.35	5.07

资料来源：根据国家统计局编《中国统计年鉴 2018》（中国统计出版社，2018）数据计算得到。

五　剩余贫困人口的地区分布

在采用新贫困标准、每人每天 3.2 美元标准和相对贫困标准时，各地区的贫困格局会发生略微不同的变化。

1. 城镇的贫困人口占比逐渐上升，农村贫困人口占比逐渐下降

新贫困标准中，2015 年，城镇的贫困人口占比为 21%，在 2035 年达到 37.6%；农村的贫困人口占比从 79.0% 降至 62.4%（见表 4 - 11）。这里的主要原因包含两个方面：一是农村收入增速快于城镇，城乡之间的收入差距在逐渐缩小；二是城镇化过程使城镇人口比例提升，而农村人口比例下降，城镇人口基数相对较大。

有鉴于此，建立城乡统一的贫困识别体系显得更为必要。不过，这个统一的识别体系更可能是相对贫困标准。因为绝对贫困发生率非常低，贫困人口规模非常小，没有实际操作意义。若采用相对贫困标准，则城镇的人口份额更大，在 2035 年预计达到 43.3%，农村的份额在 2035 年降至 56.7%。

2. 东部和西部地区之间的贫困人口规模差距趋于缩小，不过中部和东北地区的贫困人口份额提升

无论按照绝对贫困标准还是相对贫困标准，东部和西部地区的贫困人口占比逐渐缩小，它们在2035年的份额分别为24.3%和30.4%（相对贫困标准）。不过，中部和东北地区的贫困人口份额会逐渐提升（见表4-12）。这主要是因为这两大地区的收入增速相对较低。目前，我国经济发展重点在东部地区，扶贫政策重点在西部深度贫困地区，中部地区实际上并没有得到特别关照。由于产业发展问题，东北地区经济增速缓慢。在未来一段时间内，为了缩小地区之间的差距，需要兼顾中部地区的发展，并且，仍然需要较大力度地支持东北地区恢复经济增长能力。

表4-11 假定收入增长为中速剩余贫困人口的分布比例（2015~2035年）

单位：%

		2015年	2020年	2025年	2030年	2035年
新贫困标准	全国	100.0	100.0	100.0	100.0	100.0
	城镇	21.0	23.2	26.6	32.0	37.6
	农村	79.0	76.8	73.4	68.0	62.4
	农业户籍	88.3	86.5	83.3	78.0	73.0
	农业户籍（居住城镇）	10.4	10.9	11.0	11.1	11.7
每人每天3.2美元	全国	100.0	100.0	100.0	100.0	100.0
	城镇	21.7	23.5	25.5	29.3	35.2
	农村	78.3	76.5	74.5	70.7	64.8
	农业户籍	87.9	86.7	84.7	81.1	75.5
	农业户籍（居住城镇）	10.8	11.2	11.4	11.5	11.8
相对贫困标准	全国	100.0	100.0	100.0	100.0	100.0
	城镇	25.5	29.5	33.7	38.2	43.3
	农村	74.5	70.5	66.3	61.8	56.7
	农业户籍	85.4	82.5	79.2	75.6	71.4
	农业户籍（居住城镇）	12.1	13.2	14.0	14.9	15.7
城镇户籍		2.5	4.3	6.8	9.5	12.9

注：城镇户籍比例提高是城镇化水平提升的原因，由于基数在增加，在城镇人口增加后，相对贫困标准提高。

资料来源：根据本书模型估计得到。

表4-12　假定收入增长为中速剩余贫困人口在四大地区的分布比例（2015~2035年）

单位：%

		2015年	2020年	2025年	2030年	2035年
新贫困标准	东部	14.5	14.3	15.8	20.1	24.3
	中部	35.2	37.3	40.6	43.6	45.7
	西部	45.1	41.6	35.3	27.9	22.5
	东北	5.3	6.8	8.2	8.4	7.5
每人每天3.2美元	东部	16.0	15.3	15.1	16.6	20.7
	中部	35.4	36.0	37.9	40.3	42.5
	西部	43.7	42.3	38.9	33.2	26.6
	东北	5.0	6.4	8.2	9.9	10.2
相对贫困标准	东部	19.0	20.5	22.0	23.3	24.3
	中部	36.8	37.4	37.6	37.7	37.8
	西部	39.5	36.9	34.4	32.3	30.4
	东北	4.6	5.2	5.9	6.6	7.5

资料来源：根据本书模型估计得到。

第六节　考虑地区生活水平差异的贫困人口分布

一　收入分布趋势

根据世界银行测算的中国农村和城镇PPP数值，农村的物价水平相对较低。本书在调整物价过程中，需要保持基准年份的全部人口人均收入不变。此时，调整物价过程相当于增加农村的实际收入、降低城镇的实际收入水平（见图4-5）。因此，农村的贫困发生率会低于没有调整的结果，城镇的贫困发生率会高于没有调整的结果。本书除调整城乡之间的物价外，还采用Brandt和Holz（2006）的数据推算了2013年各个省份的相对物价水平，并对应调整了实际收入数据。因而，不同地区的贫困发生率和贫困格局可能会发生一定变化。

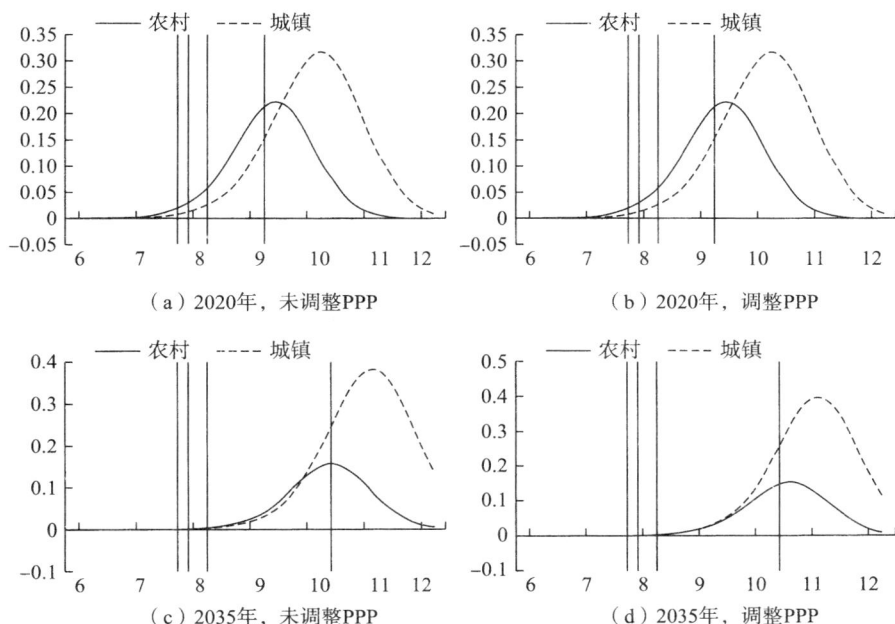

（a）2020年，未调整PPP

（b）2020年，调整PPP

（c）2035年，未调整PPP

（d）2035年，调整PPP

图4-5　城镇和农村收入分布的变化趋势（PPP 的影响）

　　注：城镇和农村的累计概率密度之和为1；图中竖线分别为世界银行每人每天1.9美元贫困标准、中国新贫困标准、世界银行每人每天3.2美元贫困标准，以及相对贫困标准（全国人均可支配收入中位数的50%）。

　　资料来源：根据本书模型估计得到。

二　整体贫困发生率趋势

　　在调整地区之间的物价差距以后，农村的贫困发生率下降，城镇的贫困发生率略微提升。这与城乡之间的物价关系是一致的。与此同时，居住在城镇的农业户籍人口的贫困发生率会因为城镇物价相对较高而提升。由于贫困人口主要分布在农村地区，全国贫困发生率也会略微下降。经过调整以后，在新贫困标准下，2015 年，全国的贫困发生率为 2.83%，2035年下降至 0.16%（见表4-13）。

　　调整物价之后，城乡之间的收入差距缩小，相对贫困发生率会对应略微下降。2015 年估计值为 20.01%，2035 年略微增至 21.17%。这两个数值均略低于调整物价时的数值。受到物价影响，2035 年，农村的相对贫困人口发生率下降幅度比较大，比未调整物价时低，为 37.57%。

调整物价以后，四大地区的贫困发生率均低于调整前。这说明四大地区内部低收入群体的物价水平都相对较低，调整物价会使贫困线附近的人口实际收入增加。2015～2035年各地区的贫困发生率（假定收入增长为中速，调整PPP）见表4-14。

表4-13 2015～2035年的贫困发生率（假定收入增长为中速，调整PPP）

单位：%

		2015 年	2020 年	2025 年	2030 年	2035 年
新贫困标准	全国	2.83	1.21	0.53	0.27	0.16
	城镇	1.40	0.61	0.28	0.15	0.10
	农村	4.68	2.15	1.00	0.53	0.33
	农业户籍	4.06	1.82	0.83	0.43	0.26
	农业户籍（居住城镇）	2.21	0.97	0.42	0.21	0.13
每人每天3.2美元	全国	5.82	2.54	1.08	0.49	0.26
	城镇	2.96	1.30	0.56	0.26	0.15
	农村	9.49	4.48	2.04	1.00	0.55
	农业户籍	8.27	3.82	1.70	0.81	0.43
	农业户籍（居住城镇）	4.63	2.09	0.90	0.41	0.22
相对贫困标准	全国	20.01	20.44	20.62	21.15	21.17
	城镇	11.71	12.57	13.28	14.30	15.02
	农村	30.70	32.73	34.31	36.40	37.57
	农业户籍	27.25	28.74	29.82	31.31	31.99
	农业户籍（居住城镇）	17.10	18.42	19.37	20.74	21.69

资料来源：根据本书模型估计得到。

表4-14 2015～2035年各地区的贫困发生率（假定收入增长为中速，调整PPP）

单位：%

		2015 年	2020 年	2025 年	2030 年	2035 年
新贫困标准	东部	1.18	0.50	0.24	0.15	0.10
	中部	3.11	1.43	0.69	0.38	0.24
	西部	4.82	1.97	0.77	0.32	0.16
	东北	2.37	1.26	0.61	0.30	0.14
每人每天3.2美元	东部	2.69	1.10	0.46	0.23	0.15
	中部	6.38	2.88	1.30	0.64	0.36
	西部	9.59	4.23	1.71	0.70	0.32
	东北	4.68	2.57	1.33	0.69	0.33

续表

		2015 年	2020 年	2025 年	2030 年	2035 年
相对贫困标准	东部	11.64	12.40	13.02	13.81	14.12
	中部	23.04	24.03	24.57	25.36	25.48
	西部	28.60	28.30	27.72	27.57	26.85
	东北	15.79	18.41	20.83	23.95	26.53

资料来源：根据本书模型估计得到。

三　剩余贫困人口的地区分布

由于城镇的物价水平相对较高，城镇的贫困发生率提升，城镇地区贫困人口的比例会在物价调整以后提升。新贫困标准下，2015 年，城镇地区的贫困人口份额为 27.8%，2035 年上升至 44.1%（见表 4 - 15）。相比没有调整物价的结果，2035 年分布于城镇地区的贫困人口份额更高。若采用相对贫困标准，城镇的相对贫困人口规模甚至超过农村，其份额达到51.6%。这里的原因之一是 2035 年预期的城镇化率接近 70%，城镇人口基数比较大。这些结果更加能够支持要采取城乡一体化的扶贫措施。

调整物价以后，四大地区的贫困人口分布格局与不调整物价情况下基本相似。当采用相对贫困标准时，东北地区仍然是值得政策关注的对象。2015～2035 年各地区贫困人口的分布比例（假定收入增长为中速，调整 PPP）见表 4 - 16。

表 4 - 15　2015～2035 年城镇和农村贫困人口的分布比例
（假定收入增长为中速，调整 PPP）

单位：%

		2015 年	2020 年	2025 年	2030 年	2035 年
新贫困标准	全国	100.0	100.0	100.0	100.0	100.0
	城镇	27.8	30.7	33.9	38.5	44.1
	农村	72.2	69.3	66.1	61.5	55.9
	农业户籍	82.6	80.2	76.9	72.0	66.8
	农业户籍（居住城镇）	11.5	11.9	11.8	11.6	12.0

续表

		2015 年	2020 年	2025 年	2030 年	2035 年
每人每天 3.2 美元	全国	100.0	100.0	100.0	100.0	100.0
	城镇	28.7	31.1	33.6	37.0	42.3
	农村	71.3	68.9	66.4	63.0	57.7
	农业户籍	82.0	80.1	77.6	74.2	68.7
	农业户籍（居住城镇）	11.8	12.3	12.3	12.3	12.1
相对贫困 标准	全国	100.0	100.0	100.0	100.0	100.0
	城镇	32.9	37.5	41.9	46.6	51.6
	农村	67.1	62.5	58.1	53.4	48.4
	农业户籍	78.5	74.8	70.9	66.8	62.4
	农业户籍（居住城镇）	12.6	13.5	13.9	14.4	14.9
	城镇户籍	8.9	11.7	15.6	18.8	21.7

资料来源：根据本书模型估计得到。

表 4－16　2015～2035 年各地区贫困人口的分布比例
（假定收入增长为中速，调整 PPP）

单位：%

		2015 年	2020 年	2025 年	2030 年	2035 年
新贫困标准	东部	15.2	15.5	17.8	22.3	27.0
	中部	34.6	36.9	40.2	43.1	44.7
	西部	45.9	42.1	35.9	28.5	23.1
	东北	4.3	5.5	6.2	6.1	5.2
每人每天 3.2 美元	东部	16.9	16.4	16.7	18.7	23.1
	中部	34.5	35.3	37.4	39.8	41.9
	西部	44.4	42.9	39.2	33.8	27.6
	东北	4.1	5.3	6.8	7.7	7.3
相对贫困 标准	东部	21.2	22.9	24.7	26.3	27.5
	中部	36.2	36.6	36.7	36.6	36.5
	西部	38.5	35.7	33.1	30.8	28.9
	东北	4.1	4.7	5.4	6.3	7.2

资料来源：根据本书模型估计得到。

第七节 2020 年后贫困标准和瞄准机制的讨论

本书在中国家庭收入调查数据基础上，估计了 2015～2035 年的贫困状况。根据估计，按照绝对贫困标准得到的贫困人口规模在 2020 年后都会迅速缩小。绝对贫困问题在 2020 年不再是很严重的社会问题，相对贫困是更好的识别标准。

2020 年是"第一个一百年"奋斗目标——全面建成小康社会——的重要时间节点，在此之前，绝对贫困标准下的贫困人口是重点关注对象。党的十九大报告提出"到新中国成立一百年时，基本实现现代化"。2020 年后的政策目标将以"共同富裕"为主，不再是解决基本生存问题。这需要在保持经济高质量发展的同时，让收入水平相对较低的群体获得相应的经济福利。其中就蕴含了扶贫工作的目标对象应转为相对贫困群体。

重视相对贫困群体的另一个现实背景在于，虽然 2014 年之后精准扶贫政策使绝对贫困人口规模大幅缩小，但最低收入水平 20% 的人群的收入增长率仍然较低。如何让现行贫困标准以上人群进一步增收是迫切需要解决的现实问题。若把可支配收入中位数的 50% 作为相对贫困标准，相对贫困发生率恰好为 20% 左右。以此为对象涉及的扶贫攻坚战略对缩小收入差距、提高低收入群体福利水平具有较大的积极意义。

第五章
面向2035年基于权利的社会救助
制度设计

第一节 引 言

作为国家社会保障体系的最后一道防线，社会救助旨在帮助贫困家庭和弱势群体应对长期贫困和生存困难。新中国成立初期就建立了城市社会救济制度和农村"五保"制度，但这两种社会救助制度涉及的人口规模较小，而且在计划经济时期所发挥的作用也不大（关信平，2014）。改革开放以来，为适应社会主义市场经济体制的变迁，我国传统社会救助制度逐步发展为以最低生活保障、特困人员供养为核心，以医疗救助、住房救助、教育救助等专项救助为辅助，以临时救助、社会帮扶为补充的覆盖城乡的新型社会救助体系。

党的十九大报告指出，"增进民生福祉是发展的根本目的"，并在"学有所教、劳有所得、病有所医、老有所养、住有所居"的基础上增加了"幼有所育、弱有所扶"。"弱有所扶"的提出，不仅扩大了保障和改善民生的范围，而且全面促进了中国反贫困目标水平的提升，即从绝对贫困群体转向更大规模的相对贫困群体，并推动从多维贫困的视角对弱势群体进行政策干预，重点解决发展型贫困和贫困的代际传递等主要问题，为社会救助体系的完善提供了机遇（林闽钢，2018）。为贯彻落实党的十九大精神，加快社会救助城乡统筹，完善最低生活保障等各项救助制度，破解制约我国社会救助发展的瓶颈难题，有效发挥社会救助在打赢脱贫攻坚战和全面建成小康社会中的兜底保障作用，民政部从 2018 年开始在全国开展社会救助综合改革试点工作，确定 35 个县（市、区）为社会救助综合改革试点地区①。试点任务包括完善社会救助制度、强化社会救助资源统筹、优化社会救助流程、加强社会救助能力建设、创新社会救助监督检查机制五个方面，着力打造统筹衔接、政社互补、高效便捷、兜底有力的多层次综合救助新格局，进一步提高社会救助体系的科学性、规范性、系统性和有效性，切实兜住兜牢兜好民生保障底线。

2019 年发布的《中共中央 国务院关于建立健全城乡融合发展体制机制和政策体系的意见》提出的分阶段目标为"到 2022 年，城乡融合发展体制讥制初步建立"；"到 2035 年，城乡融合发展体制机制更加完善"；"到本世纪中叶，城乡融合发展体制机制成熟定型"。在建立健全有利于城乡基本公共服务普惠共享的体制机制方面，统筹城乡社会救助体系是其中的重要内容之一。

社会救助制度是一项保民生、促公平的托底性、基础性制度安排。从长期的体系建设来看，社会救助在对象范围上注重"全覆盖"和"救重点"的统一，在覆盖最低生活保障家庭的同时，又对所有遭遇突发性、临时性生活困难的居民家庭进行重点救助。在保障标准制定上，社会救助在注重"兜住底"的同时保持与当地经济发展水平相适应，既保障救助对象的基本生活，又促进社会救助制度本身持续发展。我国已构建起一个广覆盖、多层次、全纵深的新型社会救助体系（林闽钢，2018）。

2020～2035 年是新型城镇化和城乡统筹提速发展期，社会救助制度的改革发展应当满足城乡统筹发展的需要，逐步从体系上实现一体化，即城乡居民适用同样的制度、同样的救助程序，从而确保救助权利公平和机会公平，特别是满足人口流动的需要，逐步取消或弱化社会救助与户籍相挂钩的属地化管理体制，探索建立覆盖常住人口的救助管理办法，提升社会救助保障待遇的"便携性"（江治强，2019）。

第二节　社会救助制度的发展状况

社会救助是整个社会保障体系的基础性制度安排。2014 年，我国第一

---

① 《民政部办公厅关于开展社会救助综合改革试点的通知》，中华人民共和国民政部政策研究中心网站，http://zyzx.mca.gov.cn/article/zyzx/shjz/202001/20200100023310.shtml。

部统筹各项社会救助制度的行政法规——《社会救助暂行办法》颁布实施，明确将最低生活保障、特困人员供养、受灾人员救助、医疗救助、教育救助、住房救助、就业救助和临时救助八项制度以及社会力量参与作为中国整个社会救助制度体系的基本内容，并且在打破部门分割、城乡分割等方面有了重大进展，标志着我国社会救助事业进入制度定型和规范发展的新阶段。

表5-1对社会救助的八大项目进行了梳理归纳，其中，最低生活保障和特困人员供养两项作为基本生活救助的内容，是新型社会救助制度的核心，医疗、教育、住房和就业四项专项救助是基本生活救助的延伸和补充，受灾人员和临时救助为社会救助制度"打上最后一块补丁"。

表5-1 社会救助制度的基本内容

救助类型	救助项目	主要救助形式和功能
基本生活救助	最低生活保障	发放低保金以保障最低收入群体的基本生活
	特困人员供养	保障"三无"人员的基本生活和进行照料，保吃、保穿、保住、保医、保葬（孤儿保教）
专项救助	医疗救助	补贴参保费用和难以承担的医疗支出，缓解因病致贫
	教育救助	减免相关费用，补贴基本的学习生活费用，切断贫困代际传递
	住房救助	配置公共租赁住房、发放住房租赁补贴、进行农村危房改造等保障住有所居
	就业救助	设置公益性岗位，进行职业介绍，提供培训补贴、社保补贴等实现就业脱贫
临时应急救助	受灾人员救助	向基本生活受到自然灾害严重影响的人员提供生活救助，包括吃、穿、住、医疗等方面
	临时救助	对突发意外事件、重大疾病或遭遇其他特殊困难的家庭给予临时救助，包括为流浪、乞讨人员提供临时食宿，进行急病救治、协助返回等

资料来源：根据《社会救助暂行办法》的内容归纳整理得到。

从改革开放以来我国社会救助体系建设的历程来看，通过强化政府责任，社会救助体系建设的步伐不断加快，社会救助体系的合力开始形成。在救助体系设计上，从最低生活保障制度的推广到专项救助制度的建立健全和临时救助制度的推出，系统构建了多层次社会救助体系；在统筹发展上，由城乡分割向统筹城乡社会救助发展转变，救助资源也从部门分割转变为部门统筹运用；在救助实施主体上，由以政府组织开展社会救助项目为主向政府主导下的政府和社会协同配合转变，形成了社会力量积极参与社会救助的新格局（林闽钢，2018）。

第三节　社会救助制度存在的问题

一　以生存型救助为主，各项制度衔接不到位

长期以来，我国采用的是绝对贫困的概念，认为贫困与非贫困的分界线是生存需要线或最低限度生活水平线。这种对贫困的理解将我国的社会救助定位为生存型社会救助，救助手段主要是提供现金或实物，覆盖范围狭窄，受益人群比例不高，且近年来出现下降趋势。如图 5 − 1 所示，2014～2018 年，城市最低生活保障人数从 1877 万人降至 1007 万人，城镇人口所占比例从 2.5% 降至 1.2%；农村最低生活保障人数从 5207.2 万人降至 3519.1 万人，农村人口所占比例从 8.4% 降至 6.2%。

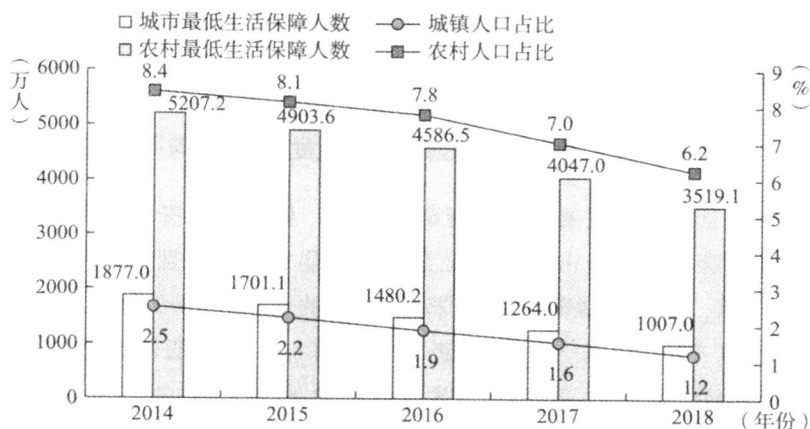

图 5 − 1　2014～2018 年最低生活保障人数
资料来源：根据中华人民共和国国家统计局相关年度的数据整理计算得到。

生存型社会救助的目标不仅落后于社会发展，也难以解决由机会缺乏、能力缺乏等因素导致的相对贫困问题。换句话说，现行的社会救助制度侧重"雪中送炭"，对于贫困家庭本身抵御冲击的能力建设的关注不够。单一的救助方式和狭窄的救助范围无法满足救助对象差异性与多样化带来

的各种救助需求，无法对救助对象的困难和成因采取有针对性的帮扶措施。徐超、李林木（2017）利用 CFPS 2012 数据进行的实证研究表明，低保制度对贫困的脆弱性并没有产生明显的改善效果，即没有降低家庭未来陷入贫困的概率。

尽管覆盖城乡的新型社会救助体系已基本形成，但社会救助制度的构建仍然不够完整，存在碎片化管理问题。一些项目由几个不同的部门负责管理，而相互之间缺乏有效的协调，在设计和实施过程中既有一定的交叉重复，又存在一些漏洞，阻碍了社会救助兜底保障合力的强化，如医疗、教育、住房等专项救助直接与低保挂钩，导致低保家庭重复受益，产生"福利依赖"。同时，一些特定地区的特定人群受到人口流动和城镇化的冲击，如农民工、留守儿童和老年人等，利益受损或被边缘化，而救助项目和相应政策未能及时跟进，导致出现"福利缺位"现象。

此外，越是在落后地区、贫困地区，地方相关经办管理人才与技术面临的约束越多。从业人员缺乏相关培训及工作积极性不高、软硬件基础设施不到位等影响政策落地的效率与公平，也间接导致社会救助政策与其他社会保障政策难以有效衔接。社会救助制度运行的扭曲使保障待遇的公平公正性受损，也使救助效果大打折扣。

二 救助资金的财政支出比重低，资金分配结构不平衡

中国的社会救助主要依靠政府财政投入，虽然救助资金总量在逐年增加，但是社会救助资金占全国财政支出的比重非常低并且呈下降趋势，如表 5-2 所示，社会救助资金占全国财政支出的比重从 2013 年的 1.5% 降至 2016 年的 1.3%。而作为社会救助制度的核心，城乡低保资金的总量从 2016 年开始有所下降，其占全国财政支出的比重从 2013 年的 1.2% 降至 2018 年的 0.7%。

社会救助的财政投入采用中央政府与地方政府分担的形式，但这种财政分担机制并不健全，中央财政的投入有一定的弹性空间。这种非制度化的补贴模式对于中央和地方都缺乏有效的约束，一方面不利于中央财政将社会救助投入作为一项重要的长期性和经常性财政支出；另一方面会导致地方政府不断增加对中央财政的需求。尽管中央转移支付水平不断提升，但相应地保障标准也在逐步提高，社会救助实践不可避免地会面临福利刚

性增长与财力增速减缓的矛盾，这对各地社会救助的可持续发展带来挑战。此外，社会力量参与不足也是社会救助资金不充分的原因。

与此同时，社会救助资金的分配结构不平衡，江治强（2015）的研究发现，70%的社会救助资金用作低保，医疗救助资金所占比例不到10%，却覆盖了90%的救助人口。据笔者测算，2016年，城乡低保资金占社会救助资金的比重为68.3%，医疗救助资金的比重为13.3%。尽管医疗救助资金的占比在逐渐提高，但随着医疗救助负担日益加重，医疗救助资金依然是杯水车薪。

表5-2 中国社会救助资金的财政投入情况

单位：亿元，%

年份	社会救助资金	各级财政支出中的城乡低保资金			社会救助资金占全国财政支出的比重	城乡低保资金占全国财政支出的比重
		总计	城市	农村		
2013	2172.4	1623.6	756.7	866.9	1.5	1.2
2014	2197.5	1583.0	712.7	870.3	1.4	1.0
2015	2347.4	1650.8	719.3	931.5	1.3	0.9
2016	2492.8	1702.4	687.9	1014.5	1.3	0.9
2017	—	1692.3	640.5	1051.8	—	0.8
2018	—	1632.1	575.2	1056.9	—	0.7

资料来源：笔者根据中华人民共和国民政部编《中国民政统计年鉴2017》（中国统计出版社，2017）、《中华人民共和国社会服务发展统计公报》（2014～2019年）和中华人民共和国国家统计局相关年度数据整理计算得到。

三 保障水平低下，瞄准效率不高

由于财政投入比重低，我国的社会救助标准不高。2014～2018年，全国城市低保的平均标准从4932元/人提高到6956元/人，农村低保平均标准从2777元/人提高到4833元/人，但是从低保标准占人均可支配收入的比重来看，城市低保标准占城市人均可支配收入的比重不到18%；农村低保标准占农村人均可支配收入的比重从26.5%提高到33.1%。2014～2018年，从低保标准占中位数收入的比重来看，城市在19%左右，农村从29.2%提高到37%

（见表5－3）。相比发达国家中位数收入50%或60%的贫困标准，中国的低保标准依然偏低。谢勇才和丁建定（2015）的研究表明，农村低保标准连最低收入户的基本生存都难以维持，仅能满足农村最低收入户79%左右的人均衣食消费支出。

虽然中国的社会救助标准不断提高，但当前救助的主要范围仍然瞄准的是绝对贫困人口。随着人们生活水平的普遍提高以及扶贫开发力度的不断加大，贫困人口的基本生计问题已基本解决，收入型贫困概率大幅下降，但是支出型贫困仍然严重，相当一部分中低收入家庭会因医疗、教育等意外且大型支出而陷入支出型贫困。与此同时，随着现行扶贫标准下绝对贫困基本被消灭，未来中国的贫困问题会变得更加复杂，慢性贫困、能力低下型贫困会变成贫困的主要类型；随着人口结构的改变和城镇化的推进，老年人、儿童、流动人口等特殊人群的贫困问题会更加突出。

表 5 – 3　最低生活保障标准

单位：元/人，%

年份	最低生活保障平均标准		低保标准占人均可支配收入的比重		低保标准占中位数收入的比重	
	城市	农村	城市	农村	城市	农村
2014	4932	2777	17.1	26.5	18.5	29.2
2015	5413	3178	17.4	27.8	18.6	30.9
2016	5935	3744	17.7	30.3	18.8	33.6
2017	6487	4301	17.8	32.0	19.2	35.9
2018	6956	4833	17.7	33.1	19.1	37.0

资料来源：笔者根据《中华人民共和国社会服务发展统计公报》（2015～2019年）和中华人民共和国国家统计局相关年度数据整理计算得到。

社会救助制度也存在相当程度的救助误差，如在低保制度中，财政能力约束引起的供需矛盾、动态管理的低效和低保获取的机会成本等，都会导致漏保和误保发生。根据2001～2010年不同的调查数据，城市低保的漏保率为42%～77%，误保率为40%～76%（杨穗等，2015；王有捐，2006；都阳、Park，2007；王美艳，2015）。而农村低保的漏保率和误保率更高。Golan等（2017）利用2007～2009年中国家庭收入调查数据进行的研究发现，中国农村低保的漏保率从2007年的94%降至2009年的89%，误保率则从2007年的94%降至2009年的86%。2010～2012年，农村低保的漏保率和误保率均超过70%（韩华为、徐月宾；2014；解垩，2016；韩华为、高琴，2017）。即使在多维贫困的衡量下，仍有超过一半的多维贫困人群应该得到却没有得到低保救助（朱梦冰、李实，2017）。当前狭窄的救助范围和瞄准误差的存在将在很大程度上制约未来社会救助减贫和兜底保障功能的拓展。

四　发展不平衡，城乡差异和区域差异大

首先，社会救助发展的不平衡体现在救助标准存在巨大的城乡差异。根据民政部的统计数据，2019年第二季度，全国城镇平均低保标准（每人每年7224元）是农村平均低保标准（每人每年5079元）的1.4倍；从图5-2可以看出，上海、北京、天津、浙江、江苏、福建六个省份的城乡低保标准已一致，其余省份的农村低保标准仍然低于城镇，特别是在经济水平落后、自然条件恶劣的地区。西部省份的城乡低保标准比普遍在1.5以上，西藏更是高达2.4，从社会救助的标准来看，离城乡统筹的目标还有较大的差距。此外，由于受到城镇化和易地扶贫搬迁等影响，一些农村低保对象搬到城镇以后，不能享受相应标准的城镇低保待遇，这对于低保兜底功能造成不利影响，容易引发新的贫困及其他社会问题。

其次，区域差异显著。同样是城市低保，如图5-2所示，最高的上海（每人每年13920元）是最低的新疆（每人每年5323元）的2.6倍；而农村低保最高的上海（每人每年13920元）是最低的云南（每人每年3812元）的3.7倍。除了东、中、西部地区之间的低保差距比较显著之外，东、中、西部地区内部的低保标准的差距也非常明显。

医疗救助也存在显著的地区差距，由于地方政府财力的不均等，医疗方面的筹资水平和救助水平都存在显著的横向不平等（孙菊、秦瑶，2014；顾昕、白晨，2015）。城乡分割和地区分割的社会救助模式在制约救助效率的同时也不利于实现均等化救助和可持续发展。面对新的经济与发展形势，中国社会救助制度不仅要让贫困家庭维持基本的温饱，而且要体现社会公平，让贫困家庭享受经济发展的成果，并且对缩小收入差距做出一定的贡献（关信平，2014）。

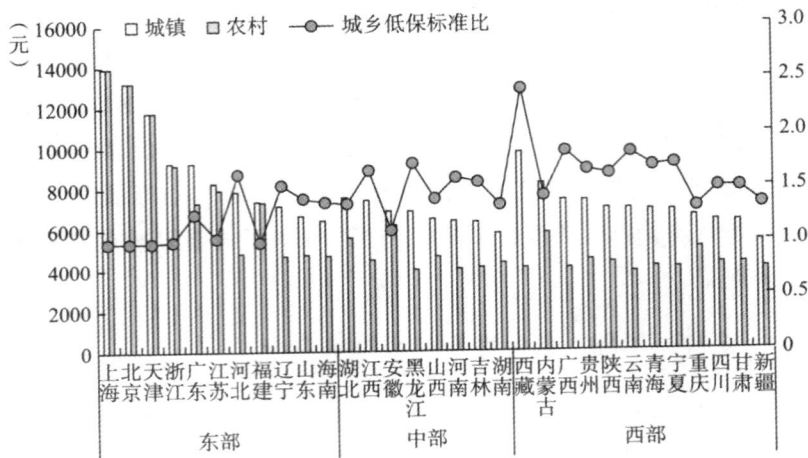

图 5 - 2　低保标准的城乡差异和地区差异

注：为方便比较，将辽宁纳入东部地区，将黑龙江、吉林纳入中部地区。

资料来源：民政部公布的 2019 年第二季度各省份低保标准。

第四节　社会救助制度的优化方向

一　建立发展型救助制度，打造分层次分类别的救助模式

长期以来，我国的社会救助是低水平生存型救助，社会救助保障基本生存的功能不可否认，但随着经济社会发展水平提高和城乡居民生存需求升级，生存型救助效果会受到限制。2020 年后，我国将消除现行扶贫标准下的绝对贫困人口，相对贫困问题将日益凸显，社会救助在完善"生存保障"功能的同时，应更加重视"促进发展"的功能，确立造血式救助的理念，发挥造血式社会救助的积极功能。越来越多的学者建议建立更加积极的社会救助制度，即从生存型救助走向发展型救助（关信平，2014；谢勇才、丁建定，2015；左停，2016），这与世界银行增强"适应性社会保障"的理念是一致的（World Bank，2018）。相关研究也表明，随着贫困群体温饱问题基本解决，低保家庭更倾向于将收入进行教育或健康等人力资本投资（都阳、Park，2007；Gao et al.，2010；Gao et al.，2014；梁晓敏、汪三贵，2015；Han et al.，2016）。从生存型救助走向发展型救助也是我国经济转型时期提升人力资本水平与扩大内需的需要（王延中、王俊霞，

2015）。发展型社会救助有助于提高贫困人口的人力资本水平，切断贫困的代际传递，并在风险预防上发挥更加积极的作用。

发展型社会救助制度需要建立分层次、分类别的救助模式，以根据群众的困难类型有针对性地提供类别化、个性化救助。具体而言，基本生活救助重点保障低保、特困人员等收入偏低、经济状况困难的家庭；医疗、住房、教育、就业等专项救助政策要覆盖包括低保、特困等在内的经济困难家庭以及低收入家庭和支出型贫困家庭；临时救助要覆盖所有因突发性、临时性事件陷入生活困难的家庭，先给予应急性、过渡性救助，再将其纳入相应救助项目（刘喜堂，2018）。在救助目标上，一方面确保没有劳动能力的救助对象的基本生活得到长期性、综合性保障；另一方面在确保有劳动能力的救助对象的基本生活得到暂时性、过渡性保障的同时，提升社会救助水平对于贫困人口参与劳动和就业的促进功能。

在社会救助实施分类管理的同时要形成有机的治理体系，在政策设计上更好地适应人口流动、城镇化与经济形势变化带来的冲击，防止基本生活救助与医保、教育、住房等专项救助衔接不畅，避免增加不必要的摩擦及产生因制度漏洞导致的覆盖不足或重复受益现象。

二 建立多元化资金筹集机制，合理分配救助资金

建立多元化资金筹集机制，合理分配救助资金，是增强社会救助保障功能的重要举措。第一，完善多级财政分担机制，以制度化的方式明确各级责任，增强社会救助制度的财政支持能力，压实责任，确保地方财政有激励作用以切实支持社会救助项目。第二，优化中央财政的补贴结构，避免陷入财力增速放缓的困境。第三，通过公私合作等形式吸引更多民间资本与社会力量参与社会救助项目，进一步发挥市场机制作用以做大做强社会救助的物质基础。第四，强化资金分配的合理性，使财政资金优先用于影响面大且需求紧迫的重大民生项目，在稳定投入的前提下，加大对医疗救助、教育救助、住房救助和临时救助的投入力度，提高资金的使用效率和边际效用。第五，救助资源在向农村贫困地区合理倾斜的同时，还要切实兜住城市贫困家庭和发生灾难性医疗支出的低收入家庭的基本生活底线，特别是城市中的贫困老年人、单亲家庭人员、失独家庭人员、流动人口等群体。

三 建立救助标准的动态调整机制，提高瞄准精度和救助效果

社会救助是保障和改善民生的"最后一道防线"，社会救助水平不能超出经济发展的阶段和财政承受能力。科学合理的动态救助标准，既要能够反映贫困的实际情况和合理的财政负担能力，又要反映新时代的经济社会发展状况，让救助对象参与分享改革发展的红利。既不能因为保障标准过高导致福利依赖出现，又不能因为保障标准过低、范围过窄而难以兜住底线。要以有利于激发救助者的劳动潜能为前提，以保障贫困受助者合理的生活水平为目标，充分发挥社会救助制度的积极作用。基于我国人民总体生活水平提升和中等收入阶层规模逐渐扩大的趋势，建立占居民可支配收入或居民消费水平一定比例的救助标准和动态调整机制。

加快建立和完善救助对象精准识别、救助需求多维评估、救助供给有效匹配的制度体系和技术标准，满足贫困人口多样性、多层次的生存发展需要。完善救助对象认定机制，随着绝对贫困问题的消除，相对贫困特别是支出型贫困问题凸显，对社会救助对象的认定应当体现在对贫困的测量上，从以收入为主转向收入和支出并重，构建多维贫困指数以综合评估贫困家庭的困难程度和类型，从而提高对贫困人口需求的救助匹配程度。重点将灾难性医疗支出、残疾康复刚性支出等因素纳入救助对象认定标准体系，使收入虽然超过保障线，但存在灾难性刚性支出的低收入家庭能够得到必要的救助支持。同时加强对重点群体生活风险或危机事项的监测预警，提高社会救助管理的前瞻预判能力，增强受助者的经济韧性与风险抵御能力。

为充分提升社会救助效率和质量，还要加强相关硬件和软件基础设施建设。要建立健全社会救助信息系统和加强服务网络建设，及时、准确、动态地掌握救助信息，改善救助方式和效率。要加强对一线工作人员的业务与专业培训，合理增加人员编制，保障工作经费，提升待遇水平。

四 逐步推进社会救助制度城乡一体化发展，提升社会救助的公平性和积极性

长期以来，我国社会救助制度的城乡差别和区域差别较大，不利于社会救助公平发展。社会救助不应该造成新的不平等，从根本上说，应按照新发展理念的要求尽快消除制度分割，实现共享发展。一方面，缩小地区

收入与福利差距，使各地救助对象获得相对公平的权益保障；另一方面，为了在城乡一体化的情况下实现"应保尽保"，不仅需要加大低保资金投入力度，还需要重新核定流动后的低保人口，及时制定相关政策，确保社会救助的权威性和长效性。成熟稳定且具有韧性的社会救助体系是全面建成小康社会的题中应有之义。

2020～2035年是新型城镇化和城乡统筹提速发展期，社会救助制度的改革发展应当满足城乡统筹发展的需要，逐步从体系上实现一体化，即城乡居民适用同样的社会救助制度、同样的社会救助程序，从而确保社会救助权利公平和机会公平。特别是满足人口流动的需要，逐步取消或弱化社会救助与户籍相挂钩的属地化管理体制，探索建立覆盖常住人口的救助管理办法，增强社会救助保障待遇的"便携性"（江治强，2019）。

从目前城乡低保的平均标准和覆盖比例来看，短期内实现城乡统一的低保标准的难度非常大。如图5-3所示，城乡低保标准比从2015年的1.70降至2018年的1.44，2017年和2018年的下降幅度在5%左右，如果保持这一下降趋势，那么2025年城乡低保标准比可达到1，即从标准上实现城乡统一。2018年，全国城市平均最低生活保障标准的增长率为7.2%，如果保持城市低保标准的增长率不变，要在2025年实现统一，则意味着农村低保标准的增长幅度需保持在12.6%，这对城乡低保制度都是巨大的挑战。

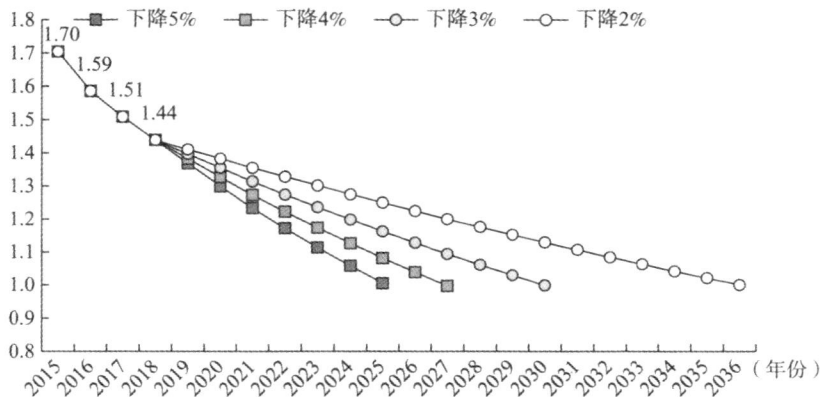

图5-3 城乡低保标准比的下降趋势

资料来源：根据民政部网站相关数据整理计算得到。

如果城乡低保标准比的下降幅度为4%，那么2027年即可在标准上实现城乡统一；如果下降幅度为3%，那么2030年可以实现城乡标准统一；如果下降幅度为2%，那么2035年可接近实现城乡标准统一，2036年实现城乡标准统一。

从相对标准来看，如表5-4所示，2015～2018年，城镇最低生活保障标准占城镇中位数收入的比重为19%左右，农村最低生活保障标准占农村中位数收入的比重从30.9%逐步提高至37%。假定2020～2035年，城乡中位数收入的平均增长率分别为7%和9%，为实现城乡标准统一，城镇低保标准占城镇中位数收入的比重不能提高过快，2020～2025年维持在20%，到2030年逐步提高至25%，2030～2035年维持在25%；农村低保标准占农村中位数收入的比重应逐步提高，2020年达到40%，2030年达到50%，2030～2035年维持在50%。按照这一变化趋势，城乡低保标准在2035年可接近统一。然而，2020～2035年，随着城镇化进一步推进，如果城镇低保标准占城镇中位数收入的比重维持在20%～25%，城镇低保的覆盖面仍然较窄，则可能不利于未来城镇相对贫困问题的缓解，不利于低保制度健康发展，也不利于发展型社会救助制度发挥积极的救助功能。

表5-4　城乡最低生活保障标准变化趋势

单位：元，%

年份	中位数收入		低保标准		占比	
	城镇	农村	城镇	农村	城镇	农村
2015	29129	10291	5413	3178	18.6	30.9
2016	31554	11149	5935	3744	18.8	33.6
2017	33834	11969	6487	4301	19.2	35.9
2018	36413	13066	6956	4833	19.1	37.0
2020	41689	15524	8338	6209	20	40
2025	58471	23885	11694	10748	20	45
2030	82009	36750	20502	18375	25	50
2035	115022	56545	28755	28272	25	50

资料来源：根据民政部网站相关数据整理计算得到。

因此，建议稳步推动以省份为单位分区域制定相对统一的城乡低保标准，改革目前以户籍身份划分享受社会救助待遇的标准的做法，弱化户籍因素，把实际生活和居住需要作为享受社会救助待遇的重要依据。

分省份来看，基于2019年第二季度的城乡低保标准数据，北京、天津、上海、江苏、浙江、福建的低保平均标准已实现城乡一体化。特别是福建的城乡低保标准比从2016年的1.6降至2018年的1.0，城乡低保一体化的推进速度较快。

在剩余的25个省份中，2019年，安徽的城乡低保标准比最低，为1.1，但2016年以来，安徽农村低保人数增长较快，乡城低保人数比从2016年的2.8提高至2019年的4.5，为实现城乡低保标准的一体化，其面临的财政压力会比较大。

2019年，上海、江苏、浙江已实现城乡低保标准的一体化，安徽的城乡低保标准为1.1，而在山东，城乡低保标准比为1.4，而且山东的乡城低保人数比达到7.9，在全国处于较高水平的位置。从相对标准来看，2018年，山东城乡低保标准占人均可支配收入的比重分别16.2%和15.3%，低于全国平均水平，特别是农村低保。可以预计，短期内，山东低保实现城乡标准统一的难度较大。

2019年，山西和内蒙古的城乡低保标准比为1.4，河北的城乡低保标准比为1.6。河北、山西、内蒙古的乡城低保人数比都有所上升，综合来看，山西和内蒙古实现城乡低保标准一体化的难度小于河北。在东北，2019年，辽宁、吉林和黑龙江的城乡低保标准比分别为1.5、1.6和1.7，乡城低保人数比分别为1.4、1.2、1.3。综合来看，东北三省城乡低保标准实现省内统一的难度并不大。

表5-5　城乡最低生活保障标准和人数的分省份变化及差距

| | | 城乡低保标准比 | | | | 乡城低保人数比 | | | | 乡城低保标准比×乡城人数比 | | 2018年低保标准占人均可支配收入的比重（%） | |
		2016年	2017年	2018年	2019年	2016年	2017年	2018年	2019年	2018年	2019年	城镇	农村
华北	北京	1.0	1.0	1.0	1.0	0.6	0.6	0.6	0.6	0.6	0.6	17.6	19.2

续表

		城乡低保标准比				乡城低保人数比				乡城低保标准比×乡城人数比		2018年低保标准占人均可支配收入的比重（%）	
		2016年	2017年	2018年	2019年	2016年	2017年	2018年	2019年	2018年	2019年	城镇	农村
华北	天津	1.0	1.0	1.0	1.0	0.8	0.9	0.8	0.8	0.8	0.8	25.7	27.9
	上海	1.0	1.0	1.0	1.0	0.2	0.2	0.2	0.2	0.2	0.2	18.9	20.0
	江苏	1.1	1.1	1.1	1.0	4.4	4.7	5.2	5.3	4.9	5.1	17.3	20.4
	浙江	1.1	1.1	1.0	1.0	6.6	2.7	2.3	2.3	2.3	2.3	16.5	19.8
	福建	1.6	1.4	1.0	1.0	5.4	5.8	6.2	6.5	6.1	6.4	17.3	21.8
	河北	1.8	1.7	1.7	1.6	4.0	4.5	5.1	6.1	3.1	3.7	21.9	18.4
	山西	1.6	1.5	1.5	1.4	2.2	2.4	2.8	3.0	1.9	2.2	19.2	18.5
	内蒙古	1.5	1.4	1.4	1.4	2.3	2.8	3.2	3.5	2.3	2.5	20.1	19.2
华东	山东	1.6	1.5	1.4	1.4	7.0	7.6	7.4	7.9	5.2	5.6	16.2	15.3
	安徽	1.6	1.4	1.2	1.1	2.8	3.2	4.2	4.5	3.6	4.1	19.9	24.6
东北	辽宁	1.6	1.5	1.5	1.5	1.3	1.4	1.3	1.4	0.9	0.9	19.0	15.6
	吉林	1.6	1.6	1.6	1.6	1.2	1.2	1.2	1.2	0.7	0.7	20.2	17.0
	黑龙江	1.7	1.7	1.7	1.7	1.1	1.1	1.2	1.3	0.7	0.7	23.2	17.5
华中	江西	1.7	1.7	1.7	1.7	2.0	2.1	2.4	2.7	1.4	1.6	20.5	17.1
	河南	1.7	1.6	1.6	1.6	4.0	4.2	5.1	5.6	3.1	3.5	18.6	16.5
	湖北	1.5	1.4	1.4	1.4	2.5	3.0	3.5	3.9	2.6	2.9	21.1	20.4
	湖南	1.7	1.4	1.4	1.3	2.6	1.6	2.1	2.3	1.5	1.7	15.3	16.2
华南	广东	1.3	1.3	1.3	1.3	5.7	6.4	7.1	7.6	5.6	6.0	20.3	19.9
	广西	1.8	1.9	1.9	1.8	12.9	13.3	15.1	15.8	8.1	8.6	21.8	17.7
	海南	1.3	1.4	1.4	1.3	2.4	2.9	3.0	3.4	2.2	2.5	17.5	17.5
西南	重庆	1.5	1.4	1.3	1.3		1.7	1.9	1.9	1.4	1.5	18.8	18.9
	四川	1.6	1.5	1.5	1.5	2.7	3.1	3.6	4.0	2.4	2.7	18.3	17.8
	贵州	1.9	1.8	1.7	1.7	8.5	8.3	6.7	5.8	3.9	3.5	22.5	22.7
	云南	2.0	1.9	1.9	1.8	4.7	4.5	5.3	5.8	2.8	3.2	20.3	18.2
	西藏	3.2	2.7	2.4	2.4	7.1	6.9	5.3	5.1	2.2	2.1	28.6	23.2

续表

		城乡低保标准比				乡城低保人数比				乡城低保标准比×乡城人数比		2018年低保标准占人均可支配收入的比重（%）	
		2016年	2017年	2018年	2019年	2016年	2017年	2018年	2019年	2018年	2019年	城镇	农村
西北	陕西	1.8	1.7	1.6	1.6	3.1	2.9	3.3	3.5	2.0	2.1	20.5	18.7
	甘肃	1.7	1.5	1.5	1.5	4.6	4.6	4.7	4.1	3.2	2.7	19.6	22.8
	青海	1.6	1.6	1.6	1.7	3.2	3.2	4.0	4.1	2.5	2.4	19.2	17.9
	宁夏	1.5	1.6	1.7	1.7	2.9	3.5	3.8	3.8	2.2	2.2	21.4	17.7
	新疆	1.5	1.4	1.4	1.3	1.9	2.8	3.7	4.7	2.8	3.5	15.9	17.9

注：为方便比较，区域划分进行了一定调整。

资料来源：根据民政部网站相关数据整理计算得到。

在华中地区，2019年，湖南的城乡低保标准比和乡城低保人数比在四省份中均最低，实现省内统一的压力相对较小；接着是江西和湖北，而河南实现城乡标准统一的压力相对较大。在华南地区，海南实现城乡标准统一的压力相对较小，广东、广西实现的难度仍然较大。特别是广西，2019年，城乡低保标准比高达1.8，乡城低保人数比高达15.8，相比其他省份，广西实现低保标准城乡统一的难度在全国可能是最高的。在西南地区，2019年，重庆城乡低保标准比为1.3，乡城低保人数比为1.9，实现城乡低保标准统一的难度并不大。接着是四川，在贵州、云南和西藏，城乡低保标准比较高，特别是西藏，高达2.4，处于全国最高水平的位置；而且贵州、云南和西藏的乡城低保人数比均超过5，实现城乡统一的难度较大。在西北地区，2019年，除新疆外，陕西、甘肃、青海和宁夏的城乡低保标准比均不低于1.5，这五个省份的乡城低保人数比都不低于3.5，总体来看，西北五省份实现城乡标准统一的难度较大。因此，各省份应根据实际情况，综合考虑经济发展水平、财政支出能力和保障人数等，分阶段稳步推进，先在2025年实现城乡标准的地市级统一，然后在2030～2035年逐步推进到省份内统一。

第五节　城乡低保统筹政策模拟分析

许多研究表明，长期的城乡分割、区域分割的社会保障制度不利于社会公平发展，应按照新发展理念的要求尽快消除制度分割，在城乡一体化的情况下实现"应保尽保"，实现共享发展。那么，实施城乡统筹社会保障政策会对宏观经济产生什么直接和间接影响呢？本节以城乡居民低保标准为例进行分析。

以 2035 年实现城乡低保标准比值为 1，2035 年城乡低保标准占中位数收入的比重分别达到 25% 和 50% 为例进行分析，即城镇和农村居民的最低生活保障标准分别年均增长 8.7% 和 10.9%。由于目前低保参与率比较低，2018 年，城乡低保参与率分别为 1.2% 和 6.4%，假设未来参与率不变，那么按照城乡低保财政补助金额推算，低保财政补助金额也将分别年均增长 8.7% 和 10.9%。由于政府的低保补助支出占政府总支出的比例非常小，这里不考虑由于低保财政支出增加对政府其他消费支出的影响。

政府的转移支付收入是贫困居民重要的收入来源。低保政策主要是直接增加贫困居民的收入。由于低保标准提高，政府的转移支付增加，贫困居民的收入增加，拉动了贫困居民的消费。模型结果表明，统筹城乡低保标准、完善低保政策有助于增加城乡居民收入，但主要是低收入群体受益情况比较显著，从而可以改善收入分配机制。因为低保标准提高，城乡最低 5% 收入组居民的收入增速都明显加快，2019～2035 年，最低 5% 农村居民收入组的年均收入增长率从 9.8% 提高到 14.5%，最低 5% 农民工收入组从 8% 提高到 9.3%，最低 5% 城镇居民收入组从 5.7% 提高到 8.1%（见图 5 - 4）。由于居民收入水平提高，居民消费需求也明显增加，图 5 - 5 中

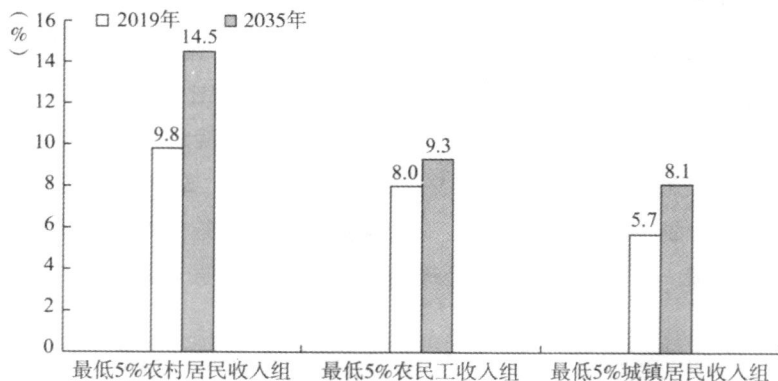

图 5 - 4 2019 年、2035 年不同模拟方案下最低 5% 居民收入组年均收入增长率
资料来源：中国 CGE 模型模拟结果。

对比了基准方案和模拟方案城乡居民消费支出年均增长率的变化。其中，全部居民年均消费支出增长率从6.62%提高到6.70%，农村居民从7.67%提高到7.94%，城镇居民从5.35%提高到5.38%，农民工从7.45%提高到7.46%。

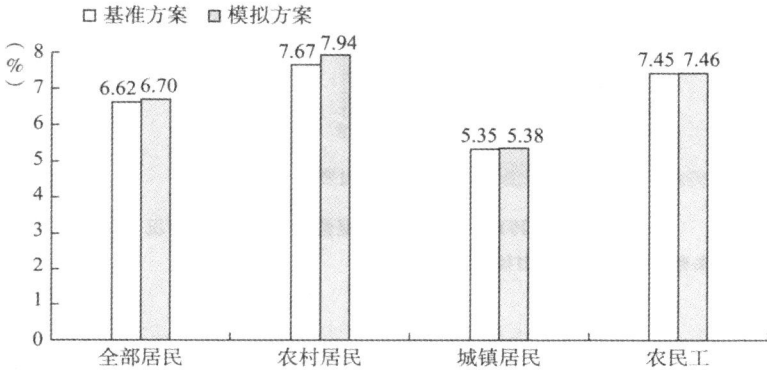

图5－5　2019～2035年基准方案和模拟方案城乡居民消费支出年均增长率
资料来源：中国CGE模型模拟结果。

　　统筹城乡低保标准政策模拟方案对宏观经济的影响比较有限，因为城乡低保居民所占比重较小，低保支出占政府总支出的比例非常小。提高城乡居民的低保标准，尤其加大对农村低保户的支持力度对国民经济的影响相对较为复杂。一方面，由于低收入居民消费支出增加，国内生产有所增加，出口减少；另一方面，消费需求增加会带来物价上涨，由于物价上涨，其他居民组需要花更多的钱用于消费，从而用于储蓄的钱略有下降，导致私人投资有所减少。同时，由于政府对低保居民的转移支付增加，政府储蓄相应减少，进而影响政府投资和国民经济，新的政策带来新的权衡。模型结果显示，增加对低保户的最低保障支出对国内生产总值的影响不大，仅下降0.18%，居民消费支出提高0.74%，私人投资下降1.18%，出口额和进口额均减少0.44%（见图5－6）。总体来说，提高和统筹城乡低保标准有助于低收入群体改善生活，促进社会公平。城乡统筹最低收入保障政策主要影响低收入居民收入，有助于提高低收入群体消费水平，缓解不平等情况，促进社会公平，而对国家宏观经济的影响非常小。

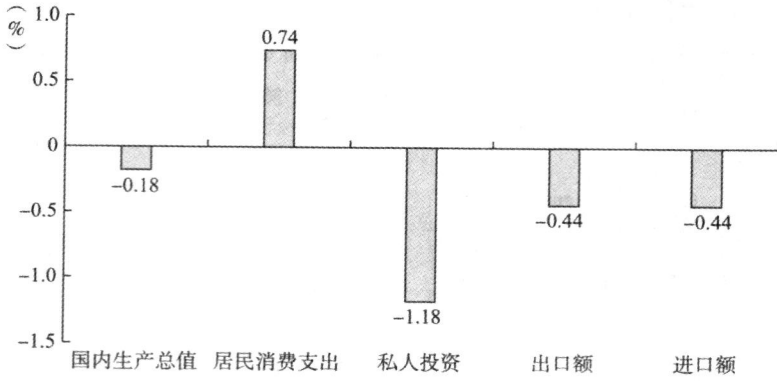

图 5 - 6   2019～2035 年宏观经济指标变化情况

资料来源：中国 CGE 模型模拟结果。

第六章
面向2035年基于权利的养老保障制度设计

养老保障制度是当前覆盖面广、涉及资金量大、受关注度高的社会保障制度。20世纪80年代以来，特别是近20年以来，中国的养老金体系不断完善。随着城镇职工基本养老保险制度、城乡居民基本养老保险制度的建立、实施，制度覆盖面逐步扩大，保障待遇水平较快提升，在保障贫困老年人口基本生活方面发挥重要作用。但是也必须看到，目前，养老金体系还存在诸多缺陷，一方面是公平性不足，城镇职工基本养老保险和城乡居民基本养老保险待遇水平还有较大差距，特别是生活在农村的贫困老年人还得不到应有的基本保障，诸多农民工群体还游离在城镇职工基本养老保险体系外；另一方面是制度运行效率不高，城镇职工基本养老保险经过20多年的改革，财务可持续性遭遇挑战，城乡居民基本养老保险财政补贴率低，个人账户保值增值难度较大。现在到2035年将是国家推进治理体系和治理能力现代化的重要时期。随着人口老龄化程度不断加深，老年贫困将成为重要的社会问题，养老金体系"不平衡、不充分"的矛盾亟待解决。要通过更加科学合理的制度安排，保障居民的基本养老权益，确保养老金制度长期持续健康运行，让"人人公平享有养老金"成为现实，不让老年人因为养老金不足而陷入贫困。

第一节　养老保障状况、存在的问题与面临的挑战

通常意义上认为，老年保障至少包括收入保障、健康保障、照护保障、无障碍环境和精神慰藉等（何文炯，2017）。本书探讨的"养老保障"主要是指老年人的收入保障。在现行制度框架下，老年人的收入来源可能有以下几个方面：一是从公共养老金体系（基本养老保险制度）获得的收入；二是从最低生活保障等救助制度获得的收入（主要是贫困家庭中的老

年人）；三是从公共福利制度（比如在部分地区开展的老年津贴制度、养老服务补贴制度等）中获得的收入；四是其他收入（包括从子女等亲属获得的转移性收入、国家的征地补偿收入等）。本书聚焦贫困老年人这一群体，重点分析老年人收入保障体系的优化与完善问题。

中华人民共和国成立后，养老保障制度建设的重心主要放在城市。20世纪50年代后，国家在企业普遍实施劳动保险制度，在机关事业单位实施公职人员离退休金制度，在"低工资、高福利"的国家福利型社会保障模式下，机关事业单位和企业离退休人员都能获得比较充分的保障。农村地区还是以家庭保障、土地保障、集体经济保障为主，国家建立农村"五保"供养制度保障无劳动能力、无生活来源、无法定赡养（抚养、扶养）对象人的基本生活。因此，在很长一段时间内，只有陷入极度贫困状态的"五保"老人才能得到国家救助。由于缺乏有效的养老金制度安排，农村居民的生活质量和消费预期受到严重影响。下面分别阐述养老保障体系中相关保险的现状与存在的问题。

一 城镇职工基本养老保险

改革开放以后，随着经济体制改革不断深入，传统的社会保障制度难以适应老百姓风险需求的变化，企业间畸轻畸重的社会保险负担已经诱发诸多矛盾，养老保障急需从单位保障向社会保障转变。20世纪80年代，部分地区开始推行养老费社会统筹。经过多年的试点总结，国家于1997年正式建立统一的职工基本养老保险制度。但必须注意到，当时建立职工基本养老保险制度是为了配套进行国有企业改革。20世纪90年代中后期，为保证"两个确保"（确保企业离退休人员基本养老金按时足额发放、确保国有企业下岗职工基本生活费按时足额发放）的实施，国家又确立了"三条保障线"①，保障困难职工的基本生活。2005年，针对职工基本养老保险制度覆盖范围不广、部分制度参数设计不完善等问题，国家对该制度进行改革，改革后的制度一直沿用至今。2005~2018年，职工基本养老保

---

① 在再就业服务中，国有企业下岗职工最长可领取3年的基本生活费；2年期满仍未实现再就业的，可继续领取失业保险金，领取时间最长为2年；享受失业保险金期满仍未就业的，可申请领取城市居民最低生活保障金。

险制度覆盖范围不断扩大，在职职工数量从 2005 年的 1.31 亿人增至 2018 年的 3.01 亿人，退休人数从 2005 年的 0.44 亿人增至 2018 年的 1.18 亿人。与此同时，2005～2015 年，城镇职工基本养老保险养老金水平经历了"15 连增"。2005～2015 年，月人均养老金维持在 10% 以上的增长速度。近年来，虽然增幅有所下降（2016 年、2017 年增幅降至 6.5%、5.5%，2018～2019 年增幅进一步降至 5%），但是由于养老金绝对额增加，人均养老金净增加额一直保持在较高水平。根据相关统计，到 2018 年，全国企业退休人员月人均养老金已经超过 2600 元。事实上，各地在发放退休人员基本养老金时，都实施"最低养老金"政策，其一般高于当地最低工资水平或者低保水平。因此，能够被城镇职工基本养老保险体系覆盖且能够领到养老金的老年人，一般不存在收入型贫困问题。基于权利的视角，那些应该被覆盖却游离于体系之外的群体才是城镇职工基本养老保险制度实施过程中需要重点关注的对象。2018 年，全国城镇就业人员为 4.34 亿人，同期参加城镇职工基本养老保险的在职人员为 3.01 亿人，说明还有相当一部分工薪劳动者没有参加城镇职工基本养老保险。以农民工群体为例，根据人力资源和社会保障部的统计，2008～2016 年，全国农民工中参加城镇职工基本养老保险的数量从 2416 万人增至 5940 万人，参保率从 10.7% 增至 21.1%，但还有一部分农民工得不到应有的保障。这些农民工在年老后，就有陷入贫困状态的风险。农民工参保覆盖率低，既有自身的原因，也和缴费负担重、转移接续不畅等制度性因素相关。

二　城乡居民基本养老保险

在很长一个时期内，对于农民来说，没有正式的养老保障制度。直到 1992 年，民政部颁布《县级农村社会养老保险基本方案（试行）》，在部分地区开展农村社会养老保险（即后来所谓的"老农保"）试点。由于筹资渠道狭窄、缴费标准低、基金保值增值能力有限，"老农保"难以为继。到 1999 年，全国各地"老农保"进入清理整顿阶段，对农民的过高承诺变成"空头支票"。进入 21 世纪后，农民的养老保险问题被重新提出来。2009 年，《国务院关于开展新型农村社会养老保险试点的指导意见》决定按照"个人缴费、集体补助、政府补贴相结合"的模式，在 10% 的县（市、区）农村地区启动新型农村社会养老保险（即"新农保"）试点工作。2011年，启动城镇居民社会养老保险试点，覆盖城镇非从业居民。2012年，国务院决定在全国所有县级行政区全面开展新型农村社会养老保险和城镇居民社会养老保险试点工作，实现制度全覆盖。2014年，国家决定将新型农村社会养老保险和城镇居民社会养老保险两项制度合并实施，建立城乡居民基本养老保险制度。可以看到，这些年来，从新农保到城乡居民基本养老保险，覆盖人数不断攀升，从2010年的1.03亿人增至2018年的5.23917亿人（见表6-1）。2018年，城乡居民基本养老保险使2741万名贫困人员直接受益[①]。

表6-1　城乡居民基本养老保险相关状况

单位：万人，亿元

年份	参保人数	基金收入	基金支出	基金累计结余
2014	50107.5	2310.2	1571.2	3844.6
2015	50472.2	2854.6	2116.7	4592.3
2016	50847.1	2933.3	2150.5	5385.2
2017	51255.0	3304.2	2372.2	6317.6
2018	52391.7	3837.7	2905.5	7250.3

资料来源：《中国统计年鉴》（2015～2019年）。

在肯定将数亿城乡居民纳入城乡居民基本养老保险覆盖范围成就的同时，也必须认识到，城乡居民基础养老金保障水平偏低。2009年，国家规定的新农保月基础养老金不低于55元，2015年提高至不低于70元，2018年再提高至88元。2017年，全国农村老年人的月基本养老金为126.7元，为城镇职工基本养老金的1/20左右，与实际需要差距较大（2017年，全国农村月低保标准为358.4元/人）。新农保个人账户记账利率低，明显低于城镇职工基本养老保险和机关事业单位养老保险个人账户记账利率水平，存在极大的不公平问题。这样的养老金制度无法担负起保障老年人基本生活需要之责（何文炯，2019）。表6-2展示了城乡居民基本养老保险

---

① 参见《2018年度人力资源和社会保障事业发展统计公报》，中华人民共和国人力资源和社会保障部网站，http://www.mohrss.gov.cn/SYrlzyhshbzb/zwgk/szrs/tjgb/201906/t20190611_320429.html。

与城镇职工基本养老保险、农村低保标准等的待遇水平比较情况。实施社
会养老保险制度，可能造成子女经济支持的挤出效应，在一定程度上也可
能提升农村老年人客观贫困的发生比例（刘二鹏、张奇林，2018）。

表 6-2　部分老年收入保障制度月人均待遇水平比较

单位：元/人

年份	城乡居民基本养老保险 基本养老金水平	城镇职工基本养老保险 基本养老金水平	农村低保标准	农村低保补差额
2014	86.89	1980.49	231.42	129.00
2015	116.50	2169.80	264.80	147.21
2016	114.87	2292.89	312.00	184.33
2017	123.31	2421.03	358.39	216.68
2018	149.85	2528.25	402.78	250.28

资料来源：根据财政部、人力资源和社会保障部、民政部公布的数据计算得到。

三　其他社会救助和社会福利制度

1999 年，国务院印发《城市居民最低生活保障条例》，建立城市居民
最低生活保障制度。受城乡二元结构体制的制约，农村低保制度的发展总
体上落后于城市。直到 2007 年，《国务院关于在全国建立农村最低生活
保障制度的通知》才正式建立农村低保制度。2014 年，国务院颁布《社会救
助暂行办法》，以行政法规的形式将农村低保制度和城市低保制度统一规
定为最低生活保障制度，并将农村"五保"供养、城市"三无"人员保障
制度统一为特困人员供养制度。除了基本养老保险、最低生活保障、特困
人员供养制度外，各地还提供老年津贴、高龄津贴、养老服务补贴等形式
不一的社会福利以为老年人提供收入保障。根据民政部的相关统计，截至
2018 年 9 月，全国享受高龄津贴、服务补贴和护理补贴的老年人分别达到
2680 万人、354 万人、61 万人。

总的来看，以最低生活保障制度、特困人员供养制度托底，以基本养
老保险为主体，以高龄津贴等为补充的老年收入保障体系已经基本建立起
来，在防止老年人陷入收入型贫困状态中开始发挥一定作用（王伟进，
2018）。但必须看到，还存在以下几个问题。①城镇职工基本养老保险覆

盖率还不高，尚未做到"应保尽保"；待遇正常调整机制尚未建立，制度可持续运行遭受挑战；制度设计存在缺陷，可能存在穷人补贴富人的情况。②城乡居民基本养老保险待遇水平偏低，与"保基本"目标相比尚有较大差距。③最低生活保障制度、特困人员供养制度与基本养老保险制度的衔接有待进一步加强，农村贫困补助的瞄准精度有待提升（边恕等，2020）。④部分老年福利制度的定位不清晰，资源没有得到有效整合，存在浪费现象。面对这些问题，迫切需要依据正确的理念和清晰的原理，对老年收入保障体系进行整体性设计。

第二节　老年收入保障体系完善的基本思路

2014 年以来，精准扶贫工作取得显著成效，老年贫困人口在不断减少。根据李实（2019）的判断，老年绝对贫困发生率有所下降，但在老年人口中，年龄较高的人的贫困发生率在上升（60～65 岁的贫困发生率为7.6%，而 80 岁以上的贫困发生率为 13.8%）。未来一个时期，要看到，农村贫困老年人、失独老年人、失地老年人、城市因病致贫老年人等将大量存在。解决老年贫困问题，保障老年人基本的收入权益，是养老保障制度完善的基本出发点。党的十九大报告提出，"按照兜底线、织密网、建机制的要求，全面建成覆盖全民、城乡统筹、权责清晰、保障适度、可持续的多层次社会保障体系"。养老保障是社会保障体系的重要组成部分，基于权利的视角，从现在起到 2035 年，要持续完善老年收入保障体系，努力实现从"人人享有养老金"到"人人公平享有养老金"的转变，维护贫困老年人的基本生活权益。

一　体系完善的原则

（一）　坚持公平共享的原则

公平、正义、共享是社会保障发展的基本理念。从"十二五"时期开始，国家推进基本公共服务均等化，印发了《国家基本公共服务体系"十二五"规划》。党的十九大报告提出，"从二〇二〇年到二〇三五年……基本公共服务均等化基本实现"。"十三五"时期，国家印发《"十三五"推进基本公共服务均等化规划》，提出"建立基本公共服务清单制"。这两个五年规划都把"基本社会保险""基本社会服务"作为基本公共服务项目，并提出了完善基本养老保险、最低生活保障等政策的建议。面向 2035 年，在调整与完善老年收入保障体系时，要按照国家推进基本公共服务均等化的要求，重点明确老年人得到基本收入保障的机会。享有基本收入保障是老年人的基本权利，让每个老年人享有基本收入保障是政府的重要职责。

（二）　坚持平稳过渡的原则

随着人口老龄化趋势加剧，老年人口基数庞大、占比之高这一情况前所未有。有预测认为，到 2035 年，全国 65 岁以上老年人的比重将提高到 19.0%，城乡老龄化水平分别提高到 14.3% 和 33.5%。因此，中国的老年收入保障体系面对的是世界规模最大的老年群体，面临更多不确定性因素，也将带来更多挑战。老年收入保障体系的调整与完善势必涉及诸多利益的调整。与其他制度的改革一样，需要坚持平稳过渡的原则。例如，现行城镇职工基本养老保险制度运行多年，缴费模式、待遇计发办法自 2005 年以来就没有大的调整，如果重新搞一套制度，就会增加许多协调的成本，"老人老办法、新人新办法、中人逐步过渡"一直是养老保险改革坚守的基本原则。又如，目前，城镇职工基本养老保险和城乡居民基本养老保险的待遇水平相差很大，要在短时间内明显缩小二者的待遇差距存在较大困难，可以考虑利用未来 15 年的时间逐步消除这一差距，通过渐进改革的方式实现这一目标。

（三）　坚持综合施策的原则

贫困老年人收入保障体系是一个综合体系。近年来，老年人对基本养老保险待遇的诉求有增无减，期望能够连年提高基本养老金水平，改善生活。事实上，基本养老保险只是其中的一部分。要完善老年收入保障体系，必须坚持综合施策的原则，让基本养老保险承担"保基本"之责，让补充性养老保险承担改善退休生活之责，通过医疗保障、照护保障的发展减轻养老金负担。事实上，单纯讨论某项制度、某个问题难以揭示老年收入保障体系的复杂性。例如，城镇职工基本养老保险参保率不高，是由多方面原因造成的，既有企业缴费负担重的原因，也和养老保险关系转移接续不畅相关，还和农民工的风险偏好排序相关（万向东等，2006；刘林平等，2011）。建议基于整体性治理的政策视角，推动老年收入保障体系不断完善（杨一心、何文炯，2018）。

二　体系完善的要点

（一）　关于老年收入保障体系的整体性设计

当前，老年收入保障体系框架基本形成，即以最低生活保障制度、特困人员供养制度为托底，以基本养老保险为主体，以高龄津贴等社会福利制度为补充。但是，在各地政策实际运行过程中，这些制度缺乏衔接机制，有的地方待遇项目存在重叠交叉现象。例如，根据人力资源和社会保障部的意见，中央确定的基础养老金不计入家庭收入[①]。还有的专家学者建议把农民工视为一个特殊群体，单独制定面向农民工的养老保险制度。本书建议理顺社会救助、社会保险和社会福利不同项目的关系：逐步提高城乡居民基本养老保险基础养老金，由城乡居民基本养老保险制度解决老年人的收入型贫困问题；最低生活保障制度只解决家庭内 60 岁以下居民的收入型贫困问题，提高医疗救助等专项救助水平，解决贫困老年人的支出型贫困问题；发展老年照护保障制度，建议按补需的方式发给贫困且生活难以自理的老年人；整合各部门资源，清理各种名目的老年津贴。

（二）　关于城镇职工基本养老保险制度的完善

以"更加公平、更可持续"为目标，深化城镇职工基本养老保险制度改革。一是尽快实现基金统收统支，实现统筹基金与个人账户基金分账管理；二是降低参保门槛，可按照"低门槛准入，低标准享受"的思路，吸引农民工等未参保群体尽快参保；三是按照"保基本"原则完善基本养老金计发及调整办法，基本养老金参考各地经济发展水平和物价水平调整，在追求公平的基础上，健全"多缴多得"和"长缴多得"机制，尽可能保护穷人，不养懒人。

（三）　关于城乡居民基本养老保险制度的完善

从制度定位来看，城乡居民基本养老保险制度是未来解决老年人收入型贫困问题的基本制度。在 2014 年印发的《国务院关于建立统一的城乡居民基本养老保险制度的意见》中明确提出，要"按照全覆盖、保基本、

[①] 参见《人力资源和社会保障部　财政部　民政部关于做好新型农村和城镇居民社会养老保险制度与城乡居民最低生活保障农村五保供养优抚制度衔接工作的意见》（人社部发〔2012〕15 号）。

有弹性、可持续的方针……充分发挥社会保险对保障人民基本生活、调节社会收入分配、促进城乡经济社会协调发展的重要作用"。要实现城乡居民基本养老保险"保障人民基本生活"的目标，就必须进一步提高基础养老金水平。然而，城乡居民基本养老保险的资金保障主要依靠财政投入，因此需要测算增加待遇后财政的可承受能力。要按照人力资源和社会保障部、财政部印发的《人力资源和社会保障部　财政部关于建立城乡居民基本养老保险待遇确定和基础养老金正常调整机制的指导意见》，建立基础养老金正常调整机制，完善缴费补贴机制，实现个人账户基金保值增值。

（四）　关于老年社会救助制度的完善

在城乡居民基本养老保险基本养老金水平还达不到最低生活保障标准时，要通过低保补差的方式，将贫困老年人的实际收入水平提升至最低生活保障标准。在进一步提高基本养老金水平后，最低生活保障制度主要保障60岁以下人群的基本生活。对于16~59岁符合城乡居民基本养老保险参保条件的困难群体，鼓励其参保，个人缴费部分由财政按规定给予部分或者全额补贴。

（五）　关于老年社会福利制度的完善

发展老年社会福利制度，要以解决老年人支出型贫困问题为目标，重点是解决医疗、照护需求不能得到有效满足的问题。当前，由于医疗保障和照护保障制度不健全，参保群体才会对基本养老保险的保障水平提升的的需求如此迫切。只有医疗、照护保障制度更加完善，才能免除老百姓对疾病、失能的后顾之忧。从中央到地方，过去一段时间都在探索建立长期护理保险制度。事实上，从国外实践经验来看，长期护理保险是一项技术十分复杂的保险项目，对运行环境有很高的要求。本书建议在条件还不够成熟的情况下，先面向最需要照护帮助的困难失能老年人发放照护补贴，以供其在市场上自主购买服务。此外，高龄津贴应当逐步定位于"尊老、共享"，将其纳入基本养老保险范畴，以体现全社会对于高龄老年人的尊重（何文炯、洪蕾，2012；何文炯，2019）。

第三节　基于权利的养老保险制度投入需求测算

前文已经阐明了未来养老保险制度完善的基本原则和要点，本节将基于权利的视角，测算养老保险制度的投入需求。首先来看城镇职工基本养老保险制度。虽然这项制度名义上是部分积累制，但是事实上的现收现付制；绝大部分地区已经放弃做实个人账户，而采用记账方式，通过每年公布记账利率的方式为参保人员计算收益，待参保人员退休后再核算其基本养老金（包含基础养老金和个人账户养老金）。因此，这是一个在职职工供养退休人员的制度，如果保持合适的制度抚养比和养老金替代率，则基金能够长期持续运行；如果基金出现缺口，则需要财政来弥补。由于本书聚焦贫困人口的养老保障，不涉及城镇职工基本养老保险制度，因此本书不对城镇职工基本养老保险基金的缺口做更为细致的估计，而把关注的重点放在城乡居民基本养老保险制度上，拟考虑提升城乡居民基本养老保险待遇后公共财政投入的变化。

城乡参保人员按一定的标准缴费参保（根据国家规定，缴费标准分为每年缴纳 100 元、200 元……2000 元等 12 个档次）。公共财政对城乡居民基本养老保险补助的渠道包括"补进口"和"补出口"两部分。"补进口"即财政对参保人缴费给予补贴，对选择最低档次标准缴费的，补贴标准不低于每人每年 30 元；对选择 500 元及以上档次标准缴费的，补贴标准不低于每人每年 60 元。截至 2017 年 12 月底，全国城乡居民基本养老保险月人均养老金水平为 125 元（其中基础养老金为 113 元），比 2016 年的 117.3 元提升 6.56%，即财政对基础养老金的补助。本节将分别测算财政用于基础养老金投入和缴费补贴投入的规模。测算时间期限为 2020～2035 年。

一 基础养老金财政责任分析

《人力资源和社会保障部 财政部关于建立城乡居民基本养老保险待遇确定和基础养老金正常调整机制的指导意见》指出，要统筹考虑城乡居民收入增长、物价变动和城镇职工基本养老保险等其他社会保障标准调整情况，适时提出城乡居民全国基础养老金最低标准调整方案。从过去几年制度运行的实际情况来看，与城镇职工基本养老保险基础养老金相比，无论是增速还是绝对额差距都在不断拉大。城乡居民基本养老保险基础养老金支出测算公式为：

$$B_k = L_k \times b_k \times 12$$

其中，第 k 年领取基础养老金的人数为 L_k，月人均基础养老金为 b_k。因此，需要对基础养老金领取人数和月人均基础养老金分别进行估计。

（一）　对基础养老金领取人数的估计

从近几年制度运行情况来看，城乡居民基本养老保险领取人数逐年递增。根据对未来人口数量的推算，到2035年，我国60岁及以上人口将达到4.27亿人，占比达到30.0%。结合对城镇职工基本养老保险参保人数的估计，利用生命表技术，测算2020～2035年城乡居民基本养老保险参保人数（见图6-1）和待遇领取人数的变化。可以看到，随着城镇职工基本养老保险参保覆盖面扩大，城乡居民基本养老保险缴费人数稳定后将呈现逐步下降的趋势，60岁及以上领取人数将呈现先上升后下降的趋势。需要指出的是，由于缺乏贫困老年人的统计数据，不再进一步核算针对贫困老年人的资金保障问题。事实上，大部分贫困老年人被城乡居民基本养老保险制度覆盖，而人人享有的基础养老金是同水平的。因此，只需要在得到未来城乡居民基本养老保险领取人数的基础上，估算基础养老金的财政责任。

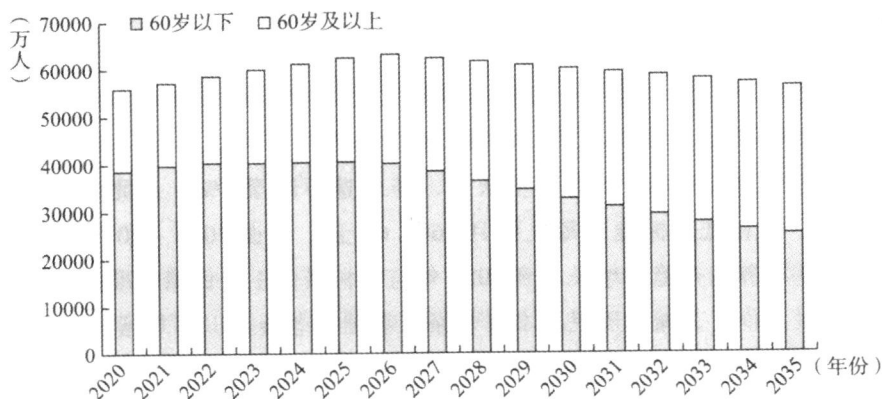

图6-1　2020～2035年城乡居民基本养老保险参保人数估计

（二）　对月人均基础养老金的估计

城乡居民基本养老保险基础养老金的调整，要综合城乡居民收入增长、物价变动和城镇职工基本养老保险等其他社会保障待遇标准调整情况。本书提出以下基础养老金调整的低、中、高三套方案。

低方案：参考最低生活保障实际补差标准调整最低基础养老金。2009

年，国家在设定每人每月55元的新型农村社会养老保险最低基础养老金水平时，参考当时农村最低生活保障标准（2008年，全国农村居民月平均低保标准为82.3元/人，人均补差为50.4元/月）。在此思路下，城乡居民基本养老保险的功能在于维持参保居民的最低生活保障水平。尽管这一思路在学理上存在一定的不合理之处，但不妨将其作为调整城乡居民最低基础养老金的依据。2018年，城乡居民基本养老保险基础养老金支出为2557.80亿元①，按照实际领取待遇人数15898.1万人计算，月人均基础养老金为134.07元。2018年，全国农村低保资金支出为1056.9亿元，实际月人均补差为250.28元，月人均基础养老金与之还相差116.21元。2014~2018年低保标准年均增幅为14.9%（2018年增幅为12.4%）。考虑到经济增速放缓和人均收入增速放缓，假设2019~2035年，低保标准、低保补差增幅均逐步从12.4%匀速下降至5%。据此估计，到2035年，低保月人均补差为994.62元。在这一假设条件下，到2035年，城乡居民基本养老保险基础养老金将以年均12.5%的增长速度逐渐增至994.62元。

中方案：参考农村最低生活保障标准调整最低基础养老金。低保标准是维持居民基本生活保障水平的最低标准。从前述分析来看，当前的城乡居民的基础养老金水平与农村居民最低生活保障标准相比，还有较大差距。到2018年，全国农村居民低保标准为每人每月402.78元，继续假设2019~2035年低保标准增幅逐步从12.4%匀速下降至5%，据此估计，到2035年，农村低保标准为每人每月1600.67元。假设2019~2035年，城乡居民基础养老金稳步增长，到2035年与农村最低生活保障标准持平。在这一假设条件下，城乡居民基本养老保险基础养老金将以年均增长15.7%的速度逐渐增至1600.67元。

高方案：逐步缩小与城镇职工基本养老保险最低基础养老金的倍数差距。城乡居民基本养老保险与城镇职工基本养老保险相比，待遇绝对差还比较大。由于目前城镇职工基本养老保险中既有"老人"，也有"中人"和"新人"，因此无法准确估计城镇职工基本养老保险基础养老金水平。为了更加清晰地比较两个制度基础养老金的水平，这里用近似的办法解

---

① 资料来源：财政部发布的《2018年全国社会保险基金支出决算表》。

释。仅以一个缴费满最低年限（15年）、按全社会平均工资60%缴费的参保人员为例，其退休时月基础养老金=（上年度全社会月平均工资+本人月平均缴费工资）/2×15%。根据人力资源和社会保障部公布的2017年全社会人均缴费工资（3914元），测算城镇职工基本养老保险基础养老金最低水平，2018年每人每月为469.68元。在这一假设条件下，到2035年，城乡居民基本养老保险基础养老金将以年均16.8%的增长速度逐渐增至1866.53元。

（三）　基础养老金投入规模估算结果

根据以上低、中、高三套方案，结合对未来我国城乡居民基本养老保险养老金领取人数的预测，可以得到2020～2035年城乡居民基本养老保险基础养老金支出的预测结果。三套方案下，到2035年，基础养老金的财政投入分别需要达到37098.75亿元、59703.67亿元和69620.19亿元（见图6－2）。

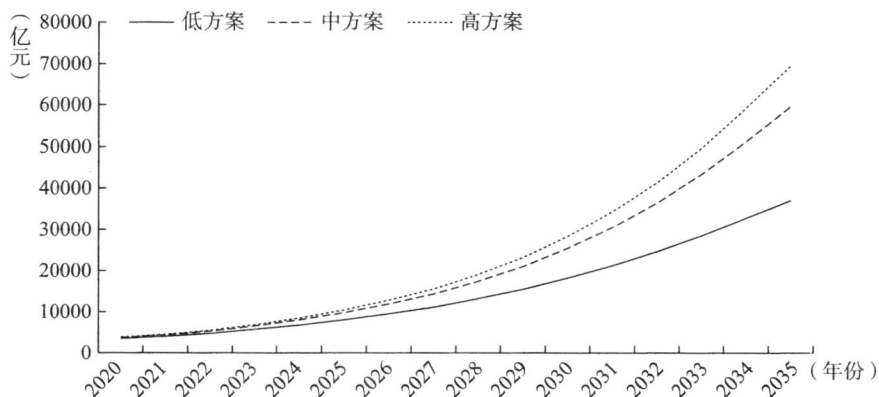

图6－2　2020～2035年城乡居民基本养老保险基础养老金财政投入规模估计

二　缴费补贴财政责任分析

《人力资源和社会保障部　财政部关于建立城乡居民基本养老保险待遇确定和基础养老金正常调整机制的指导意见》指出：各地要建立城乡居民基本养老保险缴费补贴动态调整机制，根据经济发展、个人缴费标准提高等状况，合理调整缴费补贴水平，对选择较高档次缴费的人员可适当增加缴费补贴，引导城乡居民选择高档次标准缴费。这种"多缴多补"

的方式，一方面是为了提高参保人员个人账户养老金保障水平；另一方面是为了增强制度的吸引力。从调研情况来看，在大部分地区，参保人员多选择最低档次缴费，通过缴费补贴来吸引参保的功能没有得到很好的实现。而且随着缴费标准上升，缴费补贴比例在下降，在一定程度上打消了参保人员选择高档次缴费的积极性。因此，强调"多缴多补"的做法有悖社会保障公平正义的价值理念，出现穷人由于缴费标准低而得不到像富人一样多的补助的现象。更为重要的是，在现有个人账户基金保值增值能力有限的情况下，将财政资金补在"进口端"有损效率公平①。

基于上述分析，建议不要大幅提高缴费补贴的标准，更不要大幅拉开各缴费档次的补贴差距。通过对2018年的数据整理发现，全国用于"补进口"的支出大约为183.82亿元②，年人均缴费补贴为50.37元（2018年共36493.6万人参保缴费）。假设未来财政补贴增幅与低、中、高三套方案基础养老金的增幅保持一致，结合对未来缴费人数的估计，可以得到2020～2035年三套方案下缴费补贴财政投入规模（见图6-3）。

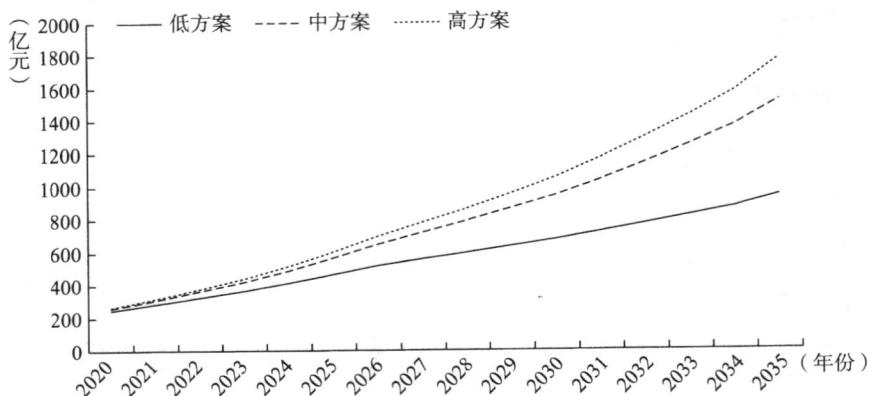

图6-3　2020～2035年城乡居民基本养老保险缴费补贴财政投入规模估计

---

① 2005年，国家就提出要做实城镇职工基本养老保险个人账户，但这些年来都没有能够做实。个人账户只是按照公布的记账利率为参保人计入收益。

② 根据财政部公布的2018年社会保险基金决算数据，城乡居民基本养老保险财政补助总额为2775.74亿元，其中，基础养老金支出为2557.8亿元，丧葬抚恤补助支出为34.12亿元，缴费补贴支出为183.82亿元。

三　投入需求及筹资结构分析

要解决城乡贫困老年人的收入不足问题，提高城乡居民基本养老保险保障水平是可行的路径。根据前文对城乡居民基本养老保险财政责任的分析，可以计算财政投入总规模。

（一）　投入需求总量分析

结合对基础养老金财政责任和缴费补贴财政责任的分析，可以测算2020～2035年城乡居民基本养老保险财政投入需求。测算结果表明，在中方案下（即保障水平达到农村低保标准假设下），财政投入将从2020年的3974.67亿元增至2035年的61219.41亿元（见图6-4）。这里需要说明的是，由于大部分老年人能够获得低保水平的养老金保障，增加针对城乡居民基本养老保险的财政投入可以减少未来最低生活保障的财政投入。

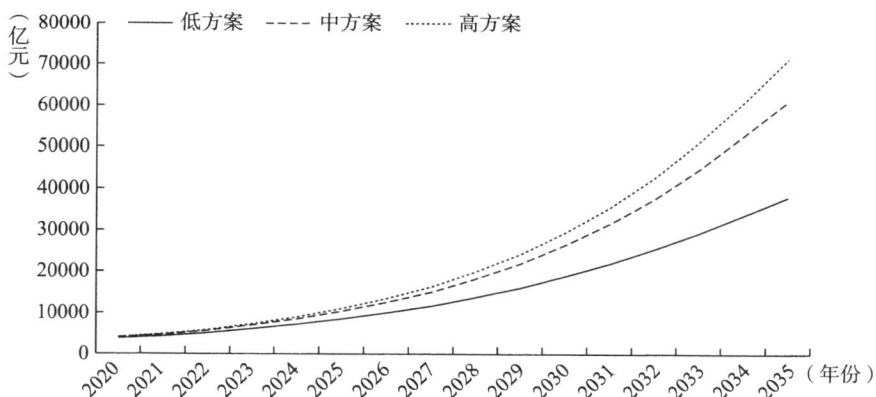

图6-4　2020～2035年城乡居民基本养老保险财政投入规模估计

为了考察财政是否可承受，本书预测了2020～2035年全国一般公共预算收入变化情况。2019年，由于存在经济下行压力，实施减税降费政策，全国一般公共预算收入增长率为3.8%。假设2020～2035年增长率保持在4%，这样可以测算得到2020～2035年城乡居民基本养老保险财政投入所占比重（见图6-5）。在中方案下假设，财政投入占比从2020年的2.01%逐步上升至2035年的17.17%。需要说明的是，这是在对一般公共预算收入增长假设保守的条件下得到的结果。如果财政收入能够可持续且保持在5%的增长速度，则支出占比可以控制在10%以下。

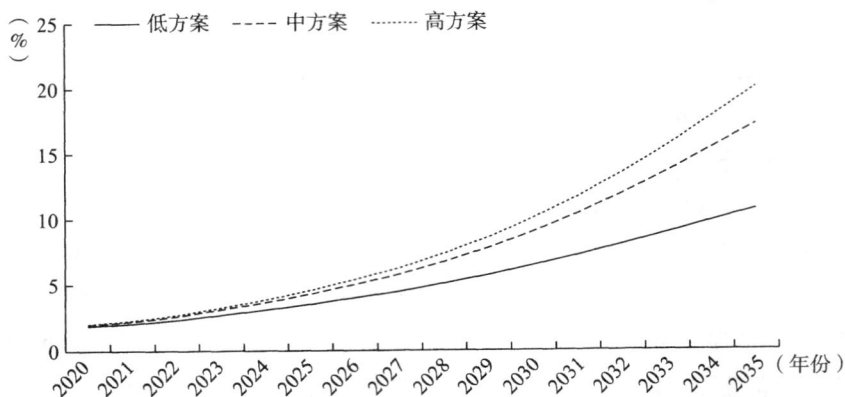

图 6-5 2020~2035 年城乡居民基本养老保险财政投入占公共预算收入的比重

（二） 筹资结构分析

从资金来源来看，当前制度运行主要依靠个人缴费和财政补贴。通过数量分析，可以揭示城乡居民基本养老保险制度中个人和财政分别贡献的部分。

以一个"标准参保人"为例，测算其从参保到领取待遇整个过程中的财政投入情况，并与个人贡献进行比较分析。这里所谓的"标准参保人"，即从参保连续缴费至 60 岁，开始领取养老金，领取年限为 60 岁的平均余命长度。为了简化测算模型，这里用浙江省的实例进行测算。假设基础养老金标准为每人每月 100 元，缴费年限为 15 年的，月缴费年限养老金为 30 元；缴费年限为 16 年以上的，月缴费年限养老金在 30 元的基础上，从第 16 年起，缴费年限每增加 1 年，增发 5 元。假设标准参保人领取待遇年数为 20 年，考虑标准参保人按 500 元档次缴费，财政补贴标准为 80 元。假设缴费标准和人均养老金都按 5% 增长，基金投资回报率为 4%，在这样的假设条件下，测算结果见表 6-3。通过对个人责任的分析，可以发现，城乡居民基本养老保险制度实质上是一项老年收入补贴制度。对于穷人而言，在难以提高个人缴费能力的情况下，只能通过提高财政补助水平解决生存问题。

表6-3　城乡居民基本养老保险"标准参保人"责任分析

单位：元，%

	25 岁	30 岁	35 岁	40 岁	45 岁
总缴费现值	23997.93	20058.54	16303.21	12723.32	9310.69
其中：财政补贴现值（补进口）	3310.06	2766.70	2248.72	1754.94	1284.23
个人缴费现值	20687.87	17291.85	14054.49	10968.38	8026.46
总待遇现值	117248.43	99581.37	83130.38	67838.57	53633.55
其中：财政补贴现值（补出口）	93270.50	79522.83	66827.18	55115.25	44322.86
含：（1）基础养老金现值	36797.00	35077.82	33438.97	31876.67	30387.38
（2）缴费年限养老金现值	47836.10	36831.71	26751.17	17532.17	9116.24
（3）丧葬补助金现值	3353.14	3196.48	3047.14	2904.78	2769.06
（4）个人账户支付不足部分现值	5284.25	4416.81	3589.90	2801.63	2050.18
个人贡献率	17.64	17.36	16.91	16.17	14.97
财政补贴贡献率	82.36	82.64	83.09	83.83	85.03

注：个人贡献率＝个人缴费现值／（个人缴费现值＋财政补贴现值）×100%。

从上述分析中发现，仅依靠财政投入也会给财政支付带来压力。事实上，城镇职工基本养老保险还存在可持续运行的隐患。近年来，财政用于城镇职工基本养老保险的补助远多于城乡居民基本养老保险。因此，除了发挥财政兜底的作用外，还需要加快资金和政策多元供给体制的建设，这包括以下几个方面。①提高城乡居民基本养老保险个人账户基金保值增值的能力。在保证安全的前提下，将基金结余交给专业团队运营，积累更多财富储备。例如，到2019年，已有22个省份与全国社保基金理事会签署基本养老保险基金委托投资合同，这有利于促进城乡居民基本养老保险个人账户积累水平提升。②继续壮大全国社会保障基金储备。从"积极应对人口老龄化"的要求出发，真正落实全国社会保障基金战略储备功能，发挥长期投资者体量巨大的优势，进一步划转国有资本充实养老保险基金，扩大投资规模，提高投资运营水平。③发展慈善事业，划转彩票公益基金，探索设立养老彩票。通过设置养老专项福利彩票的方式筹措资金，加快引入社会资本，缓解养老难题。④重视家庭养老。发挥家庭养老的特有优势，对在城市工作的农民工给予更多政策优惠，以用于反哺在农村的老年父母。具备条件的农村老年人可以随子女进城，通过户籍制度改革创造条件以逐步使其与市民享有同等待遇。

第四节　政策建议

党的十九届四中全会通过的《中共中央关于坚持和完善中国特色社会主义制度　推进国家治理体系和治理能力现代化若干重大问题的决定》明确提出，"坚决打赢脱贫攻坚战，巩固脱贫攻坚成果，建立解决相对贫困的长效机制"。2020年以后，虽然解决了农村地区的绝对贫困问题，但这并不意味着贫困就此消除，贫困治理的重点将从绝对贫困转向相对贫困。而老年贫困仍将是未来一个时期十分突出的问题，"未富先老""未备先老"的挑战依然严峻。积极推进老年收入保障体系建设，是实现经济高质量发展的必要保障，也是维护社会和谐稳定的重要举措。当前，不同群体之间的基本养老金待遇差距如此之大，是基本养老保险制度安排不公平的直接表现，影响国民对基本养老保险制度的认同和信赖。本书聚焦贫困老年人的基本保障问题，基于权利视角，分析未来一个时期老年收入保障体系建设的着力点。据此，提出如下政策建议。

一　改革思路

牢固树立基本公共服务均等化的目标，建立健全老年收入保障体系。着力缩小城乡居民基本养老保险与城镇职工基本养老保险的待遇差距，力争用15年的时间将不同人群的公共养老金缩小到一定范围内。在此基础上，朝着整合基本养老保险制度的目标，改革城乡居民基本养老保险制度，逐步将城乡居民和职工纳入同一个养老保险体系。

二　改革重点

（一）　一升一降

首先，提升城乡居民基本养老保险基础养老金水平。以达到最低生活保障标准为目标，逐步提高基础养老金水平，严格控制并缩小与城镇职工基本养老保险待遇水平的差距，使每个贫困老年人通过获得养老金就能摆脱绝对贫困。其次，降低城镇职工基本养老保险参保缴费门槛。按照"低门槛准入，低标准享受"的思路，改革城镇职工基本养老保险制度，适度减轻缴费负担，让更多低收入群体和广大农民工都能被制度覆盖。在此基础上，留出城镇职工基本养老保险制度与城乡居民基本养老保险制度的接口。

（二）　两统一

首先，统一个人账户记账利率。城乡居民基本养老保险、城镇职工基本养老保险和机关事业单位养老保险三项制度应按照相关部门公布的个人账户记账利率统一执行。在确定个人账户记账利率时，要充分考虑到未来长寿风险，在保证养老金替代率和制度可持续运行中找到平衡点。其次，统一财政补贴方式。目前，财政对三个基本养老保险项目的补贴途径存在一定的差异。对城乡居民基本养老保险的"明补"规模，远低于对另外两项的"暗补"规模，公共财政资金在不同群体的分配方面存在很大的不公平。未来，要逐步规范补助的方式方法，发挥好公共财政对制度支持的作用。

（三）　三衔接

首先，做好基本养老保险制度的转移衔接。推进同一地区不同制度转移接续、同一制度跨地区转移接续、不同地区不同制度转移接续更加顺畅，保障参保人员的基本权益。其次，做好收入、医疗、照护等保障项目的衔接。老年人的养老保障体系是一个综合性体系，不能仅寄希望于通过搞好收入保障就能解决所有问题，要处理好对收入保障、医疗保障、照护保障、精神慰藉等不同项目的分配，减少对养老金的需求。重点是推进以居家为基础、以社区为依托、以机构为补充、医养相结合的养老服务体系。最后，做好社会保险、社会救助和社会福利制度的衔接。养老保险、最低生活保障、老年福利等制度分散于不同部门。各部门要通力合作，整合相关资源，有效瞄准和识别贫困老年人。基本养老金解决收入不足问题，各专项救助解决相对贫困问题，各项福利制度体现全社会对老年人的尊重和关怀。通过各项制度的衔接，减少资源浪费，保障老年人的基本权益。

三　配套措施

（一）　推进户籍制度和土地制度改革

中国的社会保障制度依旧带有城乡二元化色彩，这对今后建立统一的基本养老保险制度构成极大障碍。国家在2014年提出进一步推进户籍制度改革，建立城乡统一的户口登记制度。在江苏、浙江和广东等地已经开始探索取消城乡户口，把进城落户农民纳入城镇社会保障体系，实施城乡统一的社会救助制度。2020年实施的新修订的《中华人民共和国土地管理法》，明确要"将被征地农民纳入相应的养老等社会保障体系"，解决被征地农民的养老问题。建议进一步明确土地出让收入用于补助被征地农民社会保障支出、保持被征地农民原有生活水平的补贴支出，严格按照有关规定将被征地农民的社会保障费用纳入征地补偿安置费用。

（二） 建立多渠道筹资保障机制

面对老年人基数大、养老财富准备不足的现实问题，必须尽快建立多渠道筹资保障机制。需尽快建立养老保险基金的自平衡机制，通过深化改革完善现行制度，有效控制养老保险基金支出不合理增长的情况。同时，要积极采取各项开源措施，改善筹资结构，适当增加公共预算投入，做实养老战略储备金，进一步划转国有资本和转入国有资产收益以充实养老保险基金，把土地有偿使用收入转入养老保险基金。

（三） 建立社会保险精算报告制度

养老保险是一项技术性较强的民生保障项目，要从技术层面保证制度在可持续轨道上运行。最核心的任务是保持基金的长期精算平衡，根据精算平衡原则对现有制度政策进行科学评估。要健全精算评价制度，提升工作人员素质，定期发布精算评估报告并向全社会公开，加强社会、专家和群众对决策的监督。通过改革完善运行体制机制，增强制度的可持续性。

第七章
面向2035年基于权利的医疗保障制度设计

改革开放 40 多年以来，中国的反贫困工作取得了举世瞩目的成就，并在 2020 年实现了现行标准下农村贫困人口脱贫，减贫的重点将从消除绝对贫困转为缓解相对贫困。回顾中国的减贫成效，医疗保障制度建设和医疗卫生体系改革成为扶贫战略和扶贫政策实施的有力体现，提高了贫困群体的医疗服务利用水平，降低了灾难性医疗支出的发生率，在一定程度上保障了贫困群体的健康权利。但是，我国的医疗保障制度仍面临严峻的挑战，尤其在面对人口老龄化所带来的疾病谱转变、医疗费用上涨带来的疾病负担增加、快速城镇化和经济转型带来的流动人口和城镇贫困人口健康医疗权利保障不足等问题时，现有的医疗保障制度的弊端更加凸显。首先，当下的医疗保障制度还存在碎片化问题，与建成城乡统一的全民医疗保障制度还存在较大差距，无法有效保障流动人口的医疗需求；其次，医疗保障基金平衡遭到严重挑战，医疗保险的支付机制改革举步维艰，影响了制度的可持续运行；最后，不同群体之间的医疗保障权利的公平性有待改善，大病保障水平亟须提高，医疗救助的底线功能需要进一步夯实。这些挑战要求继续深化医疗保障治理结构改革，从实施残补型的医疗保障政策转为进行基于权利的制度型政策设计，同时提升基本公共卫生服务的均等化水平，提高医疗保障制度的公平性，实现联合国 2030 年可持续发展目标，保障弱势群体平等享有优质医疗卫生资源。

在我国，医疗保障制度是指以基本医疗保险为主体，以大病（大额）医疗保险为延伸，以医疗救助为托底，社会慈善和商业保险积极参与的多层次保障体系。由于整个医疗卫生体系的复杂性，医疗保障制度会受到公共卫生体系、医疗服务体系以及药品流通体系的影响，医疗卫生领域的改革也成为医疗保障制度有效运行的重要支撑条件。

第一节　中国医疗保障制度的发展

新中国成立以来，党和政府高度重视人民群众的医疗保障问题，把改善和提高人民的健康水平作为重要的社会发展目标之一。1951年政务院颁布的《劳动保险条例》和1953年劳动部颁布的《劳动保险条例实施细则修正草案》确立和规范了我国的劳保医疗制度。1952年，《中央人民政府政务院关于全国各级人民政府、党派、团体及所属事业单位的国家工作人员实行公费医疗预防的指示》发布，标志着我国公费医疗制度的确立。[①]至此，城镇职工的医疗保障制度基本成形，到20世纪70年代末，公费医疗、劳保医疗制度覆盖了全国75%以上的城镇职工及离退休人员，至1978年底，全国用于公费医疗、劳保医疗开支的专项经费达到28.3亿元，占当时职工工资总额的6.04%（蔡仁华，1997）。与此同时，在1955年农业合作化高潮时期，山西省高平县米山联合保健站最先实行"医社结合"，并采取由社员出保健费和生产合作公益金补助相结合的办法，建立起集体医疗保健制度（王延中，2001）。1960年，中共中央转发了卫生部党组织发布的《关于全国农村卫生工作山西稷山现场会议情况的报告》及《关于人民公社卫生工作几个问题的意见》，促使农村合作医疗制度在全国农村地区得到推广。合作医疗制度的行政村覆盖率由1958年的10%升至1962年的46%。1968年，毛泽东广泛应用湖北省长阳县乐园公社办合作医疗的经验，全国掀起了大办合作医疗的热潮。1978年，合作医疗制度被列入第五届全国人大会议通过的《中华人民共和国宪法》；1979年，卫生部、农业部、财政部等部门下发了《农村合作医疗章程（试行草案）》，对合作医疗制度进行规范。至1980年底，全国约90%的行政村实行了合作医疗制度（乌日图，2003）。

改革开放后，由于城镇职工增加、公办医疗机构不断扩张、医疗机构和患者医疗费用意识不强以及政府对医疗机构的经费投入不足，公费医疗、劳保医疗制度的改革重点在于从供需双方控制医疗费用的过快增长，

[①]　覆盖范围由最初的国家机关、事业单位工作人员，革命伤残军人，高校学生扩展到各级党政机关、社会团体以及文化、教育、科研、卫生、体育等事业单位的工作人员及离退休人员，乡二等乙级以上革命伤残军人，大专院校在校学生等。

对需方采取的措施主要是个人需支付少量的医疗费用，对供方采取的措施主要有改革支付方式、制定公费医疗用药报销目录等。但这一系列措施的效果并不明显，1987～1997 年，全国城镇职工医疗费用从 27 亿元增至 774 亿元，增长了近 28 倍，而同期财政收入只增长了 6.6 倍（乌日图，2003）。1998 年，国务院发布了《国务院关于建立城镇职工基本医疗保险制度的决定》，明确指出要在全国范围内建立覆盖全体城镇职工的基本医疗保险制度①。到 2002 年底，我国城镇职工基本医疗保险（简称职工医保）制度初步建立。随着城镇化的推进，城市弱势群体、农民工群体的医疗保障问题越来越为社会所关注。2005 年，国务院办公厅转发民政部、财政部、卫生部、劳动和社会保障部联合颁布的《关于建立城市医疗救助制度试点工作的意见》，主要保障对象是最低生活保障线以下者、基本医保缺失者、有医保但医疗费用负担依然较重者及其他特殊贫困者；2006 年，国务院颁布《国务院关于解决农民工问题的若干意见》②，劳动和社会保障部办公厅颁布《关于开展农民工参加医保专项扩面行动的通知》，农民工群体逐渐被医保制度全覆盖。然而，在广大农村，随着家庭联产承包责任制的实行，家庭取代生产大队成为农村基本的生产单位，合作医疗制度便失去了政策支持；到 1989 年，农村合作医疗覆盖率仅为 4.8%（王绍光，2008）。但随着"因病致贫、因病返贫"问题逐渐成为农村突出的社会问题，2002 年，《中共中央　国务院关于进一步加强农村卫生工作的决定》提出要建立以大病统筹为主的新型农村合作医疗（简称新农合）制度，重点解决因病致贫、因病返贫问题③，至此，新农合制度成为我国农村地区的基本医疗保障制度。

然而，这一系列措施的效果并不尽如人意，在改革开放后的近 30 年中，虽然我国年均经济增长率达到 9.3%，但医疗保障覆盖面开始缩小，到 2006 年底，我国城镇职工基本医疗保险覆盖的人口仅为城镇就业与离退休人口的 46.5%，新农合覆盖的人口仅为全国农业人口的 44.7%。1979～

---

① 《国务院关于建立城镇职工基本医疗保险制度的决定》，中华人民共和国中央人民政府网，http://www.gov.cn/banshi/2005-08/04/content_20256.html。

② 《国务院关于解决农民工问题的若干意见》，中华人民共和国中央人民政府网，http://www.gov.cn/zhuanti/2015-06/13/content_2878968.html。

③ 《中共中央　国务院关于进一步加强农村卫生工作的决定》，中华人民共和国中央人民政府网，http://www.gov.cn/ztzl/fupin/content_396736.html。

2006年，我国财政医疗支出占医疗总支出的比重由40%降为14%，企业和社区医疗支出占医疗总支出的比重由45%降为17%，个人医疗支出占医疗总支出的比重则由21%升至61%，社会保障经费占医疗总支出的比重由41%降为16%，其中，参保人数占人口总数81%的新农合医疗经费仅占医疗总支出的2.38%。"看病难、看病贵、不敢看病"问题成为社会的主要问题（周毅，2015）。2006年，党的第十六届中央委员会第六次全体会议通过《中共中央关于构建社会主义和谐社会若干重大问题的决定》，明确提出"完善城镇职工基本医疗保险，建立以大病统筹为主的城镇居民医疗保险"。[①] 2007年，《国务院关于开展城镇居民基本医疗保险试点的指导意见》提出，我国城镇居民基本医疗保险制度的试点正式开展，保障对象为城镇未成年人和无工作的居民。[②]

2009年，中共中央、国务院颁布了《中共中央　国务院关于深化医药卫生体制改革的意见》（以下简称新医改方案），标志着我国新一轮医药卫生体制改革正式拉开帷幕[③]。新医改方案可大致分为两个阶段，第一阶段是2009~2011年，这一阶段的主要目标是扩大基本医疗保险的覆盖面，建立起以职工医保、城镇居民医保和新农合三大社会医疗保险为支柱的基本医疗保障体系。截至2011年底，我国财政医疗支出占医疗总支出的比重由2008年的24.73%升至30.66%，占GDP的比重由2008年的1.12%升至1.53%，基本医疗保障体系的参保者达到13亿人，占我国总人口的95.6%。2012年后，我国"新医改"进入第二阶段，这一阶段的主要目的在于解决基本医疗服务体系效率低下的问题，让各医疗机构由"以疾病为中心"转变为"以病人为中心"，避免过度进行检查和滥用药物。为此，我国主要推行公立医院"药品零差率"改革和建立医联体[④]政策（Yip et al.，2019）。

---

① 《中共中央关于构建社会主义和谐社会若干重大问题的决定》，中华人民共和国中央人民政府网，http://www.gov.cn/govweb/gongbao/content/2006/content_453176.html。

② 《国务院关于开展城镇居民基本医疗保险试点的指导意见》，中华人民共和国中央人民政府网，http://www.gov.cn/zhuanti/2015-06/13/content_2878973.html。

③ 《中共中央　国务院关于深化医药卫生体制改革的意见》，中华人民共和国中央人民政府网，http://www.gov.cn/zhengce/content/2019-06/04/content_5397350.html。

④ 医联体是目前我国卫生服务体系整合的主要形式，主要有四种模式：城市医疗集团、县域医疗共同体（简称医共体）、跨区域专科联盟、远程医疗协作网。其中，农村地区开展医联体建设采用的主要模式为医共体。

2012年，国务院办公厅印发《深化医药卫生体制改革2012年主要工作安排》，明确指出公立医院将取消药品加成[①]。药品零差率政策虽然在一定程度上减少了药品支出，但并未减少医疗总费用，医院可通过增加检查项目和提供其他医疗服务等方式弥补药品收入的损失。随后，中央政府发布指导方针，要求地方政府尝试使用总额预算制、按疾病诊断相关分组（DRG）付费、按人头付费等支付方式，来代替过去的按项目付费方式，而医保支付方式改革正是医联体形成长效内生动力的制度引擎（魏来等，2013）。2016年，国家卫计委进一步推进医联体建设，发布《国家卫生计生委关于开展医疗联合体建设试点工作的指导意见》，明确指出"到2020年，形成较为完善的医联体政策体系。通过组建医联体，区域内医疗资源进一步整合共享，基层医疗服务能力有效提升，不同级别、不同类别医疗机构间建立目标明确、权责清晰的分工协作机制，形成利益共同体、责任共同体，为患者提供连续服务，逐步建立基层首诊、双向转诊、急慢分治、上下联动的分级诊疗模式"[②]。目前，我国实施医联体政策的典型代表有中国深圳罗湖的城市医疗集团和安徽天长的县域医共体。此外，为了更好地解决我国基本医疗保障体系存在的给付水平差异化、覆盖人群区隔化等问题，2016年，《国务院关于整合城乡居民基本医疗保险制度的意见》明确指出要整合城镇居民基本医疗保险和新型农村合作医疗两项制度，建立统一的城乡居民基本医疗保险（简称城乡居民医保）制度。[③]

至此，我国初步建成了以城镇职工基本医疗保险、城乡居民基本医疗保险、城乡居民大病保险和城乡医疗救助制度为主的医疗保障体系，基本实现了人群的全覆盖（见表7-1和表7-2）。但从保障水平来看，我国基本医疗保险报销水平在50%~60%，患者自负比例仍较高。不同收入水平家庭自负比例的敏感度大不相同，对于绝对贫困人群，现有的医疗保障水平较高，但对于处于贫困边缘的人群或发生灾难性医疗支出的家庭，"因

---

① 《深化医药卫生体制改革2012年主要工作安排》，中华人民共和国中央人民政府网，http://www.gov.cn/xxgk/pub/govpublic/mrlm/201204/t20120417_65028.html。

② 《国家卫生计生委关于开展医疗联合体建设试点工作的指导意见》，中华人民共和国中央人民政府网，http://www.gov.cn/zhengce/content/2017-04/26/content_5189071.html。

③ 《国务院关于整合城乡居民基本医疗保险制度的意见》，中华人民共和国中央人民政府网，http://www.gov.cn/zhengce/content/2016-01/12/content_10582.html。

病致贫、因病返贫"的现象仍然存在（向国春等，2017）。

表7-1 城镇职工基本医疗保险制度发展状况

单位：万人，亿元

年份	参保人数	基金收入	基金支出	基金累计结余
2013	27443	7061.6	5829.9	8129.3
2014	28296	8037.9	6696.6	9449.8
2015	28893	9083.5	7531.5	10997.1
2016	29532	10273.7	8286.7	12971.7
2017	30323	12278.3	9466.9	15851.0
2018	31681	13538.0	10707.0	18750.0

资料来源：《中国卫生健康统计年鉴2018》《中国卫生健康统计年鉴2019》。

表7-2 新型农村合作医疗与城镇居民基本医疗保险制度发展状况

年份	新型农村合作医疗					城镇居民基本医疗保险
	参保人数（亿人）	参合率（%）	人均筹资金额（元）	当年基金支出（亿元）	补偿受益人次（亿人次）	参保人数（万人）
2013	8.02	98.7	370.59	2909.20	19.42	29629
2014	7.36	98.90	410.89	2890.40	16.52	31451
2015	6.70	98.80	490.30	2933.41	16.53	37689
2016	2.75	99.36	559.00	1363.64	6.57	44860
2017	1.33	100	613.46	754.12	2.52	87359

注：从2016年开始进行城乡居民基本医疗保险整合，所以新农合的参保人数迅速下降。
资料来源：《中国卫生健康统计年鉴2018》。

2016年，国家卫计委等15个部门联合发布《关于实施健康扶贫工程的指导意见》，指出要通过医保政策向贫困人口倾斜来提高对贫困人口的保障水平[1]。2017年，国家卫计委等6个部门联合发布了《健康扶贫工程"三个一批"行动计划》，提出大病集中救治一批、慢性病签约管理服务一批、重病兜底保障一批的"三个一批"工作思路，对大病和慢性病贫困患

---

[1] 《关于实施健康扶贫工程的指导意见》，中华人民共和国中央人民政府网，http://www.gov.cn/xinwen/2016-06/21/content_5084097.html。

者实行分类救治，将健康扶贫落实到人、精准到病。2019 年，国家卫健委等部门制定了《解决贫困人口基本医疗有保障突出问题工作方案》，将贫困人口全部纳入基本医疗保险、大病保险和医疗救助等制度保障范围[①]，常见病、慢性病能够在县、乡三级医疗机构及时诊治，贫困人口在得了大病、重病后的基本生活仍然有保障。各级政府通过降低医保起付线、提高封顶线、提高报销比例等方式提高基本医疗保险保障水平。2016 年以来，多数省份通过健康扶贫补充保险兜底、财政直接兜底等多种形式，将农村贫困人口医疗费用实际报销比例提高到80% ~ 90% ，直接医疗救助支出增速较快（见图 7 - 1）。例如，截至 2018 年底，甘肃省建档立卡贫困人口合规医疗费用报销比例达到 88. 27% 。

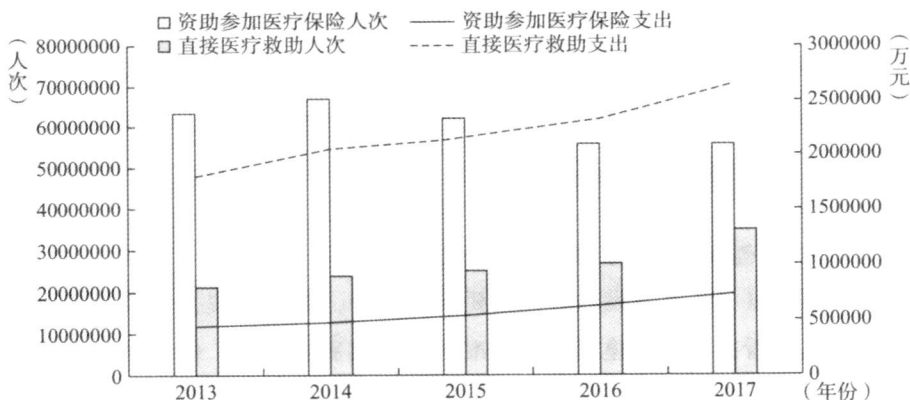

图 7 - 1　2013 ～ 2017 年资助参加医疗保险和直接医疗救助情况

资料来源：《社会服务发展统计公报》（2013 ～ 2017 年）、2017 年全国社会救助基本数据。

第二节　贫困人口面临的医疗保障问题和挑战

疾病与贫困联系紧密，贫困家庭比普通家庭承受着更大的健康风险，健康风险导致贫困人口患病，贫困人口患病后物质资本和人力资本减少，整个家庭的长久发展能力和创收能力减弱，资本形成不足导致收入减少，

---

① 《解决贫困人口基本医疗有保障突出问题工作方案》，中华人民共和国中央人民政府网，http://www. gov. cn/xinwen/2019 - 07/19/content_5411722. html。

而资本的缺乏又成为产生贫困的根本原因。我国"因病致贫、因贫致病"现象十分突出，贫病循环使贫困人口难以摆脱基于健康与收入的双重贫困状态（王三秀、刘亚孔，2018）。随着医疗保障制度的发展与国家扶贫事业的进步，贫困人口的医疗健康权益得到显著改善，基本实现了人人参加基本医疗保险的目标，绝对贫困人口的医疗救助权益也得到保障。但是，随着减贫目标的转型，医疗保障还面临深层次矛盾，尤其是大额医疗费用作为"支出型贫困"存在的重要原因，不仅是贫困群体及其家庭面临的重要风险，也是全体公民共同面对的风险，医疗保障制度在缓解"因病致贫、因病返贫"时依然面临巨大挑战。城镇贫困人口、农村贫困人口、农民工群体、妇女、儿童、老年人等特殊贫困群体的医疗权益保障问题需要被格外关注，医疗保障制度的公平性与可持续性有待提高。本节从健康扶贫、基本医疗保险和医疗救助三个方面分析医疗保障制度面临的问题和挑战。

一　健康扶贫存在的问题

（一）　健康扶贫的目标理念需要转变

健康扶贫是扶贫开发政策的重要组成部分，包括"提高医疗保障水平使贫困人口看得起病、建档立卡精准救治使其看得好病、推动城乡医疗服务均等化使其方便看病、加强公共卫生和疾病防控工作使其少生病"四重政策目标（向国春等，2019）。其中，"使贫困人口看得起病"是指通过各项医疗保障政策叠加形成合力，降低贫困居民个人的医疗负担，是健康扶贫政策体系的核心。

健康扶贫的目标不仅在于降低贫困人口就医的经济负担，使贫困人口看得起病、方便看病和看得好病，还在于瞄准健康风险，提高贫困人口预防疾病的能力，使贫困人口少生病。当前部分贫困地区健康扶贫政策对消除健康风险因素的关注度不够，更多地强调事后补偿，即以降低直接疾病负担为目标，依靠事后补救的消极救助手段，忽视提高贫困人口预防疾病的能力等健康扶贫的远期规划内容。影响贫困人口的健康风险因素不消除，预防疾病的能力不提升，就无法通过健康扶贫真正实现贫困人口持续稳定脱贫，无法从根本上解决"因病致贫、因病返贫"问题。

（二）　健康扶贫未覆盖相对贫困人口

农村的相对贫困人口，指那些生活比较困难，没有能力参加城乡居民医保，但是又因为没有达到当地的低保标准线，不能享受政府补贴的人群。政府承担了农村的低保户、"五保户"的参保费用，资助绝对贫困人口参加基本医疗保险，但存在参保困难、需要一定补助的相对贫困人口的需求被忽视。城镇中的相对贫困人口也面临类似的问题。为了约束参保人的医疗行为而设立的起付线、封顶线和自负比例等，都成为贫困人口参加和享受医疗保险面临的门槛。

二　医疗保险制度存在的问题

（一）　未显著降低贫困群体的疾病经济负担

一些研究表明，基本医疗保险（尤其是新农合）并未显著降低居民的疾病经济负担，尤其是农村贫困群体。解垩（2008）的研究显示，新农合政策实施后，农村家庭的重大医疗支出占比仍较高，医疗支出超过家庭收入的贫困家庭的比例甚至在提高。方黎明（2013）亦指出，新农合的实际报销比例仍然太低，收效甚微。沈政（2018）基于生存分析视角，在分析新农合对因病致贫的缓解作用时发现，在一些道路状况较差、没有公共汽车站、床位和医务人员较少的农村地区，新农合并未起到对农户因病致贫的缓解作用。医疗保障的反贫困效率不高，长此以往会限制其反贫困功能的发挥。

作为基本医疗保险制度的重要补充措施，即解决"因病致贫、因病返贫"问题的重要政策，大病保险制度从2012年试点以来，到2015年实现全覆盖。目前，大病保险制度依然存在筹资水平低、医保基金运行压力大、城乡居民医保统筹层次过低导致大病保险基金分配能力弱、偏远贫困地区的保障水平远低于经济发达地区等问题（向运华、罗家琪，2019）。从大病保险具体试点过程来看，如浙江大病患者的个人医疗负担往往随着医疗总费用的增加而增加，其中，50%～80%是基本医保药品目录外的大病治疗必需药品费用[1]，参保者的医疗负担仍然较重，这也在一定程度上削弱了参保者的获得感（邢念莉、陈文，2018）。为此，部分地区从试点

---

[1]　参考2012～2014年浙江省基本医保数据。

之初便开始探索特殊药品谈判机制，力图进一步增强大病保险的保障能力，如山东、江苏、内蒙古、江西、湖南、浙江等省份先后将部分药品纳入医保报销范围，但从全国来看，特殊药品谈判经验仍有待推广，特殊药品类型和数量也有待完善和增加，同时也要警惕由此可能引发的基金风险（邵蓉等，2017）。

（二）　未满足农民工群体的医疗服务需求

基本医疗保险制度因服务于大多数人而无法顾及特定细分群体的实际需求，这部分人既有可能是社会边缘弱势群体，也有可能是对医疗保障需求水平更高的群体，他们不仅需要医疗费用补偿，而且对预防保健和康复有一定要求，现行的单一的保障模式和方案必然难以兼顾特殊群体的利益（曹军，2011）。以农民工群体为例，这一群体本身的分化较为严重，存在较大的异质性（蔡昉，2012）。对医疗卫生的需求，不同属性的农民工群体各有不同，未能实现对农民工内部不同特性群体健康贫困的精准识别，阻碍了精准帮扶、精准管理与精准脱贫政策的有效实施。

医疗保障制度规定参保人员根据户口归属地和雇佣关系决定参与何种医疗保险。在很长一段时间内，在城市工作的农民工既不能享受城镇职工基本医疗保险，也没有被新型农村合作医疗制度所覆盖（苏谋东，2008）。随着基本医保参保率的提升，农民工开始面临新的问题：参加城镇职工基本医疗保险的比例较低，参加新农合的比例较高，但是城乡之间医疗保险的转移接续不畅通，参加新农合的农民工在城市就医时报销的费用较少（王明月、张联社，2017）。除了城乡医保转接困难之外，农民工群体还面临医保异地转接难的问题，关键在于对医保基金的风险控制，即对于转出地而言，农民工的医保异地转接不仅会减少当地的医保基金，而且破坏了自然人口结构的"大数法则"；对于转入地而言，由于农民工在之前的工作中不可避免地会积累疾病，农民工在转入地就医会导致当地医保基金面临风险，影响转入地医保基金的可持续性（秦立建等，2015）。

此外，各地出台的农民工医保政策中的保障对象不够明确、覆盖范围较窄、保障水平较低、保险关系难以转移和接续等缺点，导致农民工不愿意参加城镇职工基本医疗保险，同其他职业群体享有的医疗保障的差距不仅未能缩小，反而面临的问题愈加错综复杂。健康权益得不到保障，农民工个人和家庭面临更高的贫困风险。这使农村人力资本过早衰退，将疾病负担转嫁给农村，加剧农村贫困现象，进一步拉大城乡发展差距。

三　医疗救助制度存在的问题

（一）　医疗救助的对象范围狭窄、救助水平低

医疗救助是政府针对无力支付医疗费用的城乡困难居民按一定标准给予救助的医疗保障，医疗救助制度不仅覆盖农村已核定的建档立卡贫困户，还扩展到因病致贫或处于贫困边缘的人群，主要包括城乡低保和特困供养人员，并且正在向低保边缘群体扩展。

目前，医疗救助的目标人群覆盖及福利情况尚处于满足"生存型贫困"家庭或个人对医疗服务的基本保障要求的水平，补差效应尚需加强。医疗救助的重点目标群体规模较小，制度的受益群体有限，并且政府医疗救助筹资及支出结构未呈现良好的亲贫性（任志江、苏瑞珍，2019）。全国多地推行的"一站式"救助措施的主要服务对象为农村"五保户"、城乡最低生活保障对象及重点优抚对象，其他困难群体则被排除在"一站式"服务模式之外。无法享受"一站式"服务的贫困人口，可能会因无力先行垫付巨额医疗费用而放弃治疗，也会面临报销金额和比例不确定等情况，医疗服务的可及性大大降低。此外，当前事后救助法制化和规范化水平不足，复杂烦琐的申请及操作方式会直接导致救助"内卷化"（梁土坤，2017）。

（二）　医疗救助资源配置失衡产生不公平

医疗救助扶贫项目逐年增加，但医疗救助资源配置存在显著差异，这些差异主要存在于地区之间、城乡之间、不同类型贫困户之间。救助资源配置的非均衡化，不仅扩大了医疗救助的区域和城乡差距，也会使支出型贫困户等相对贫困人口产生不公平感，最终直接影响医疗救助的可持续发展。

这种资源配置失衡也体现了医疗救助"重大病、轻小病"的特点。现行医疗救助方案在考虑减少因病致贫、因病返贫现象，重视大病救助的同时，没有同等地重视贫困家庭的基本医疗保健需要。贫困人口长期处于生活条件相对恶劣的环境中，身体状况普遍较差，患病率（如慢性病发病率）较普通人口高。贫困人口的基本卫生服务得不到满足，疾病不能尽早

被发现、诊断和治疗，小病容易拖成大病，导致其面临更严峻的健康与贫困双重风险。

四 各类医疗保障制度缺乏有效的衔接与整合

在与"因病致贫、因病返贫"抗争的过程中，我国分别在健康扶贫、医疗保险和医疗救助等方面进行了有益的探索，但仍然在保障贫困人口健康权利方面存在一定问题。从顶层设计角度看，治理体系存在问题，由于主管部门不同，各项制度缺乏有效的衔接与整合，这既造成了资源浪费，又无法合力解决由疾病带来的"支出型贫困"问题。

首先，在认定标准上，应根据劳动能力认定健康扶贫对象，应依据家庭收入认定低保救助对象；在评估核算办法上，健康扶贫进行全口径统计，而低保救助不考虑优抚金、计划生育奖励等福利性补贴。由于识别机制不同，多数地区的农村低保标准低于扶贫标准。农村医疗救助扶贫项目与新农合之间缺乏有机衔接与整合，受益对象和受益方式重叠和认定上的偏差致使一些患有重大疾病的农户常常被排除在农村医疗救助受益对象范围之外，应该得到医疗救助却没有得到的现象在农村地区时有发生（白晨、顾昕，2015）。

其次，信息共享机制并未发挥应有的作用。健康扶贫主要基于贫困户建档立卡信息系统，涉及对健康扶贫信息的动态管理；医疗救助主要基于全国低保信息管理系统，叠加医疗救助信息系统，两者之间的信息共享存在一定难度。部分贫困地区的贫困人口的健康信息、收入信息等关键信息尚不能在各个分管部门之间实现共享，这大大降低了健康扶贫的工作效率，增加了健康扶贫的成本，阻碍了扶贫工作的顺利开展。

基于以上问题，深化医疗保障制度改革、完善医疗保障制度体系，是我们在2020年全面建成小康社会之后应对贫困主要特征发生新变化的重要举措。本章接下来从基本公共卫生服务均等化、基本医疗保险、医疗救助、商业医疗保险等方面进行基于权利的医疗卫生保障制度设计，指出为实现制度目标所需的配套措施，并测算相关医疗保障制度的投入需求，结合制度保障分析，得出相应的结论与建议。

第三节　基于权利的医疗保障制度设计

在进行制度设计之前，先要对 2020 年后中国社会的贫困特征变化进行预判，这决定制度设计遵循的原则。首先，相对贫困将取代绝对贫困，成为贫困的主要形态，因此解决因疾病造成的"支出型贫困"问题将成为减贫和社会保障制度的主要目标。其次，政策的重点将从缓解农村连片贫困转为解决城镇贫困和流动人口贫困问题，构建城乡一体的制度性医疗保障体系将成为重点。再次，特殊弱势群体应该在该体系中公平享有优质医疗资源，实现基本公共卫生服务均等化将成为减贫战略目标。最后，面对人口老龄化以及经济新常态，医疗保障制度的可持续性应该成为不能被忽略的原则底线。基于权利的医疗保障制度设计要素如图 7-2 所示。

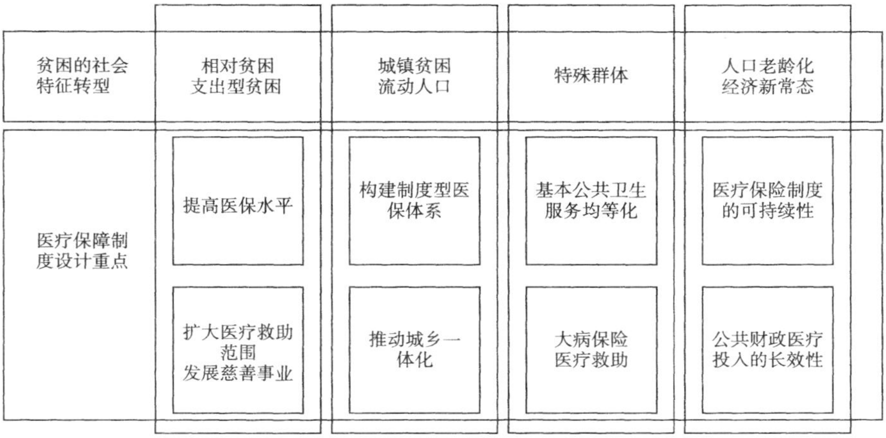

贫困的社会特征转型	相对贫困支出型贫困	城镇贫困流动人口	特殊群体	人口老龄化经济新常态	
医疗保障制度设计重点	提高医保水平	构建制度型医保体系	基本公共卫生服务均等化	医疗保险制度的可持续性	
	扩大医疗救助范围发展慈善事业	推动城乡一体化	大病保险医疗救助	公共财政医疗投入的长效性	

图 7-2　基于权利的医疗保障制度设计要素

一　设计原则

世界卫生组织在《阿拉木图宣言》中明确指出："健康不仅是疾病与体虚的匿迹，更是身心健康、社会幸福的总体状态，是基本人权，达到尽可能高的健康水平是世界范围的一项最重要的社会性目标。"[1] 联合国也将

---

① 《阿拉木图宣言》，世界卫生组织网站，https://www.who.int/topics/primary_health_care/alma_ata_declaration/zh/。

"消除贫困"与"良好健康与福祉"列为 2030 年可持续发展目标。[①] 健康作为一项基本人权，已在世界范围内成为共识，面对健康风险的冲击和疾病引致的经济负担，健康贫困的实质在于健康权利和健康能力的缺失。消除健康贫困，需要立足健康权利和健康能力两个维度，引入一系列社会保障制度，特别是发挥医疗保障制度在其中的作用，着力拓展人们有关健康方面的权利，增强人们的健康能力。

阿马蒂亚·森将贫困视为对基本能力的剥夺和机会的丧失，而不仅是收入水平低下。从这个角度看，健康贫困是一种机会丧失和能力剥夺，即由经济发展水平低下、支付能力不足所导致的参与医疗保障、卫生保健和享受基本公共卫生服务的机会丧失，以及由此所造成的健康水平下降导致的参与经济活动的能力被剥夺，从而使收入减少和贫困加剧（孟庆国、胡鞍钢，2000）。

就传导机制而言，健康风险冲击带来的健康资本存量下降是因病致贫的源头，它会引发医疗服务需求和医疗消费支出；疾病造成的经济负担是个体和家庭因病致贫的直接影响因素，同时，贫穷带来的经济脆弱性也是影响健康状况的风险因素（翟绍果，2018）。健康与贫困关系密切，贫困容易滋生疾病，健康状况不佳容易导致贫困。医疗保障、卫生保健和基本公共卫生服务缺失导致个体在罹患疾病时不能参与风险分担和得到有效的健康干预，因而贫困人口极易陷入"贫困—疾病—贫困"的恶性循环（陈楚、潘杰，2018）。

近年来，我国越来越重视医疗保障在脱贫攻坚中的作用。《中共中央国务院关于打赢脱贫攻坚战的决定》提出，"开展医疗保险和医疗救助脱贫。实施健康扶贫工程，保障贫困人口享有基本医疗卫生服务，努力防止因病致贫、因病返贫"。[②] 15 个部门联合印发《关于实施健康扶贫工程的指导意见》，明确提出了完善医疗保障、推进健康扶贫的要求，将重点任务放在"提高医疗保障水平，切实减轻农村贫困人口医疗费用负担""对

---

① 《联合国 2030 年可持续发展目标》，联合国网站，https://www.un.org/sustainabledevelopment/zh/sustainable - development - goals/。

② 《中共中央 国务院关于打赢脱贫攻坚战的决定》，中华人民共和国中央人民政府网，http://www.gov.cn/xinwen/2015 - 12/07/content_5020963.html。

患大病和慢性病的农村贫困人口进行分类救治""实行县域内农村贫困人口住院先诊疗后付费""加强贫困地区医疗卫生服务体系建设""实施全国三级医院与连片特困地区县和国家扶贫开发工作重点县县级医院一对一帮扶""统筹推进贫困地区医药卫生体制改革""加大贫困地区慢性病、传染病、地方病防控力度""加强贫困地区妇幼健康工作""深入开展贫困地区爱国卫生运动"九个方面。①

结合"因病致贫"的作用机理和国家扶贫工程指导意见,医疗保障制度设计应该围绕以下原则展开:(1)提高医疗保障水平,让贫困人员看得起病,减少"因病致贫、因病返贫"现象;(2)推动实现城乡基本公共卫生服务均等化,提高弱势群体的医疗服务利用率,使他们在医疗保障体系中公平享有优质医疗资源;(3)进一步整合碎片化的制度,推动医疗保障城乡一体化,提高基本医疗保险的可携带性和流动性,保障城乡居民和流动人口的健康权益;(4)保证制度的可持续性,强调基本医疗保险基金平衡的重要性,建立财政投入长效机制,切实保证制度长期、平稳、有效运行。

二 医疗保障制度设计要点

基于以上设计原则,我们认为,从现在到2035年,医疗保障制度发展的重点应该从两个方面着手:一是促进基本公共卫生服务均等化;二是建成城乡一体的制度型医疗保障体系。

(一)基本公共卫生服务均等化

加强基本公共卫生服务和预防保健体系建设对于消除健康贫困具有重要作用。一方面,政府通过公共财政为贫困地区人口提供免费的基本公共卫生服务、预防保健以及基础卫生设施;另一方面,加强贫困地区基础卫生设施建设和提供基本公共卫生服务,以及确保预防保健具有明显的外部性,在贫困地区形成"低水平、广覆盖、高效率"的服务格局,使贫困地区人口在较低收入水平条件下,仍然具有较高的预期寿命、较低的婴儿死亡率和孕产妇死亡率,从而提高贫困地区人口的整体性发展能力,潜在地

---

① 《关于实施健康扶贫工程的指导意见》,中华人民共和国中央人民政府网,http://www.gov.cn/xinwen/2016-06/21/content_5084195.html。

促进贫困人口逐步摆脱贫困（孟庆国、胡鞍钢，2000）。

尽管我国早在2009年就已经提出实现基本公共卫生服务均等化的目标，并将其作为医药卫生体制五个重点改革项目之一，而且2016年颁布的《"健康中国2030"规划纲要》也明确指出，要强化覆盖全民的公共卫生服务，优化健康服务，加强健康教育，然而在推动实现基本公共卫生服务均等化的过程中依旧存在诸多问题，主要表现在公共卫生资源配置不平衡、公共财政体制不完善、公共卫生服务提供能力不足以及相关法律体系不完善等方面。

健康权是一项基本人权，实现基本公共卫生服务均等化是保障公民享有平等健康权的基石（曾光，2006）。针对目前我国在实现基本公共卫生服务均等化过程中存在的问题，需要从责任主体、制度体系、人才培养、法律法规、绩效考核等多个方面进行系统改进。第一，必须明确政府在提供公共卫生服务方面的责任，即政府有责任提供基本公共卫生服务，对城乡之间、区域之间的公共卫生资源进行战略性调整，促使公共卫生资源合理分布。第二，要完善公共财政制度，优化公共财政支出结构，切实加大公共卫生经费投入力度，尤其是加大对农村公共卫生服务的投入力度。第三，人才是公共卫生体系建设的关键，要着力加强对基层专业卫生人才的培养，在逐步增加公共卫生人员数量的同时，提高公共卫生人员的专业水平。第四，公共卫生服务权利的享有和基本职能的执行，离不开规范完善的法律体系，加强公共卫生服务领域的法律法规建设，制定系统的公共卫生法，才能保障人们依法享有公共卫生服务权利。第五，明确公共卫生项目的总体目标、各方职责，同时加强对项目的监管和评估，建立相应的评价机制，这有利于提高基本公共卫生服务的质量和效果。

（二）城乡一体的制度型医疗保障体系

自1998年城镇职工基本医疗保险制度建立以来，经过20多年的发展，我国已经建立起了以基本医疗保险为主体，以大病（大额）医疗保险为延伸，以医疗救助为托底，社会慈善和商业保险积极参与的多层次保障体系。针对前文提到的医疗保障制度依然存在的主要问题，需要进一步优化制度设计，完善制度体系，建立城乡一体的制度型医疗保障体系。

首先，基本医疗保险制度由城镇职工基本医疗保险和城乡居民基本医疗保险两部分组成，完善制度的要点包括以下几个方面。（1）应对"系统老龄化"挑战，建立涉及城镇职工基本医疗保险基金的精算平衡机制，不仅关注基金的短期平衡，还要保持基金的长期纵向平衡。（2）完善基本医疗保险的筹资机制，科学测算并合理设置最低缴费年限，探索建立涉及退休人员的医保缴费机制，有序提高城乡居民医保筹资水平。（3）加快推进医保支付方式改革，全面建立总额预算制度，建立以住院按 DRG 付费，门诊规定病种按病种付费，普通门诊按人头付费，精神疾病、康复等按床日付费的复合型多元支付方式，同时强化医保监管机制，控制医疗费用不合理增长。（4）在保障制度可持续目标实现的基础上，通过制度优化设计和科学测算，提高保障水平，提高制度的风险分担功能，比如将待遇给付机制中的统筹基金封顶转变为个人负担封顶。（5）针对农民工参加医疗保险异地转接不顺的问题，需要通过提高统筹层次、缩小城乡医保待遇差距以及完善相关配套措施来解决。

其次，医疗救助制度在整个医疗保障制度体系中承担兜底责任，一方面资助弱势群体参加基本医疗保险，另一方面对救助对象经医保报销之后的自负费用进行二次补偿。针对本章第二节提到的医疗救助存在的问题，未来的制度设计应该重点关注以下几个方面。（1）转变救助理念，扩大救助对象范围：从低保对象扩展到低收入群体（见本章第四节的测算）。（2）扩大筹资来源，加大财政投入力度，建立起涉及各级财政的预算机制和稳定的资金增长机制（见本章第四节的测算）。（3）加强医疗救助与基本医保、大病保险、商业补充医疗保险等其他各层次医保方式的衔接，转变补偿方式，给予支出型贫困对象"一站式服务"，同时突破基本医疗保险的目录限制，建立符合医疗救助特点的药品及医用耗材目录。（4）提高慈善救助地位，开展多样化的救助活动，建立完善的法律法规，发挥社会力量参与医疗救助的积极作用。

最后，作为基本医疗保险补充的商业健康保险主要具备两项功能：一是经办基本医疗保险业务；二是承办政策性补充医疗保险业务和开发商业健康保险产品。针对目前我国商业健康保险发展不充分、在扶贫中发挥的作用有限等问题，建议从以下几个方面进行突破：（1）完善商业保险主体参与经办基本医疗保险的法律法规体系，包括商业保险主体的准入机制、招投标与协议管理机制、经办服务费用确定与调整机制、投入保障机制、运行监督机制、考核激励机制、信息安全保障机制以及责任追究机制等，确保基金安全并保护商业保险公司的合法权益；（2）创造良好的政策环境，鼓励保险公司开发健康扶贫系列商业保险，通常以小额健康型商业保险为主，采取个人或团体保险的形式，保费由财政资金、扶贫资金负担或财政资金与个人共担，保障范围覆盖住院补充医疗、基本医保目录外的药品和医用耗材费用等，补充保障居民的多层次健康权益。

第四节　医疗保障制度的减贫作用及资金需求测算

社会保障制度具有较强的减贫效果已经被证实。岳希明、种聪（2020）研究发现，社会保障支出作为政府再分配政策中的主要手段之一，在调节收入分配时的效果显著，但是个人所得税的收入分配效应较弱。由此可见，增加社会保障支出可以有效减少贫困。但是作为社会保障体系重要组成部分的医疗保障和养老保障制度在减贫中的作用不尽相同。养老保障制度解决的是"收入型贫困"问题，保障老年弱势群体得到维持一定生活水平的养老金；医疗保障制度解决的是"支出型贫困"问题，大额医疗费用风险、因病致贫问题在所有人群中均可能发生。因此，对资金需求的测算应该包括两个部分：对基本医疗保险基金的测算以及对财政投入的测算。前者体现在城镇职工基本医疗保险方面，目标是保持医保基金的精算平衡；后者较为明显地体现在医疗救助制度中，医疗救助更多地体现了财政责任，需要建立财政投入长效机制。城乡居民基本医疗保险的基金来源混合了财政补助和个人缴费，十分复杂，故本章未予以测算。

一　医疗保障制度的减贫作用

在进行医疗保障制度投入需求测算之前，首先要对医疗保障制度是否具有减贫效果进行评价和梳理。那么，作为社会保障重要组成部分的医疗保障，是否具有显著的减贫效果？只有明确过去的基本医疗保险以及相关医疗保障确实具有显著的减贫效果，对医疗保障进行投入需求测算才具有意义。学界一致认为，医疗保障能减轻患者就医的经济负担，使病人恢复健康，降低疾病给家庭带来的经济风险与冲击，因而具有反贫困效应（陈华等，2017；李实等，2016；齐良书，2011）。周坚等（2019）比较了新农合和城乡居民基本医疗保险对农村老年人口的扶贫效果，研究发现，相比新农合，城乡居民基本医疗保险能更显著地降低农村老年人口多维贫困发生率。左停和徐小言（2017）指出，医疗保障能够切断健康贫困恶性循环的作用点，这在于医保补偿制度能减轻医疗负担，以及医疗服务的提供有助于促进进行健康投资。潘文轩（2018）基于对函数的数理分析，从收入与支出两个维度揭示了医疗保障发挥反贫困作用的路径与机制。黄薇（2017）通过实证研究，发现城镇居民基本医疗保险对低收入城镇家庭具有明显的扶贫效果，尤其是对于受到大病风险冲击的困难家庭，在避免出现因病致贫、因病返贫问题上能够起到显著的缓解作用。谢远涛和杨娟（2018）对健康扶贫的反贫困效果进行评估，发现我国推行医疗保险全覆盖，对于抑制因病致贫、因病返贫具有良好的政策效应。

但也有文献指出，医疗保险的扶贫效果并不显著，部分参保者仍然承受较大的医疗负担（程令国、张晔，2012）。解垩（2008）利用中国健康与营养调查（CHNS）数据，估计了1989～2006年医疗保险对中国城乡家庭的反贫困效应。他认为医疗保险在减缓贫困方面的作用甚微，经过医疗保险补偿后，城乡患病家庭的贫困程度并没有下降。王超群等（2014）运用地区居民医疗调查数据，评估大病保险制度对城乡居民灾难性医疗支出发生率和严重程度的影响，发现大病保险制度对城乡居民灾难性医疗支出的影响较弱。李华、高健（2018）发现，大病保险治理"因病致贫"的因人、因地效果差异明显，虽然大病保险显著降低了城乡居民的"因病致贫"率，对于中轻度贫困群体来说扶贫效果显著，但是对于重度贫困群体和东部地区没有效果。自2016年开始，国务院将新农合和城镇居民基本医疗保险整合为城乡居民基本医疗保险，相比居民医保未整合的地区，居民医保整合的地区的灾难性医疗支出占比下降，医保整合在帮助居民抵御疾病带来的经济风险方面起到了一定作用（谭笑等，2019）。

二　城镇职工基本医疗保险基金平衡测算

根据前文的分析，城镇职工基本医疗保险在缴费和支出端均没有财政补助，未来主要的压力来自基金平衡。根据党的十八届三中全会关于"坚持精算平衡原则"的精神，本部分重点从基金长期平衡的视角关注城镇职工基本医疗保险的可持续性。随着人口老龄化程度加深，如果退休年龄不变，并且继续执行退休后不缴费的政策，则在城镇职工基本医疗保险覆盖的人群中，必然会出现缴费人数相对减少、享受人数相对增加的趋势，城镇职工基本医疗保险面临更为严峻的"系统老龄化"问题（何文炯等，2009）。目前，城镇职工基本医疗保险基金支出增幅高于收入增幅，甚至部分地区已经出现当期收不抵支的状况，基金"穿底"的风险日益显现。

（一）基本模型

根据城镇职工基本医疗保险个人账户基金与统筹基金独立的特征，本部分重点关注统筹基金的可持续问题，不讨论与个人账户基金相关的问题。基本模型为：期末统筹基金余额 = 期初统筹基金余额（上年末统筹基金余额）+ 本年统筹基金收入 - 本年统筹基金支出。其中，统筹基金收入主要根据单位缴费基数总额和缴费率计算得到，包括投资回报收入、财政补助收入等；统筹基金支出主要根据参保人数、费用发生率、职工医保待遇水平计算得到。

因此，决定统筹基金收入的主要因素包括缴费人数、缴费基数、缴费率、工资增长率、投资回报率等；决定统筹基金支出的主要因素包括参保人数、医疗支出发生率、医疗费用增长率、医疗费用报销比例等。事实上，由于法定退休年龄存在差别，男性和女性的平均缴费年限不一致，缴费基数和疾病发生率客观上也存在差距；即便是同一性别，不同年龄参保人员的缴费基数、疾病发生率、医疗支出水平也存在差异。为了更加精确地刻画这些差异，采用生命表技术，采取分年龄（每一岁为一组）、分性别的方法估算各年龄组的参保人数，在对分性别各年龄组缴费基数和人均工资增长率、医疗费用和人均医疗保险基金支出增长率以及参保扩面情况进行假设的基础上，预测医疗保险基金收支结余情况。

在精算平衡目标期间的选择上，由于基础数据来自2015年，因此测算了35年的相关情况，即2016～2050年的基金收支情况，这基于对三个方面的考虑：一是与"两个一百年"奋斗目标衔接；二是我国正处于从中高收入国家向高收入国家迈进阶段，测算时间越长，不确定、不可控因素就越多；三是2050年后，我国老龄化情况趋于稳定，在此之前，实现城镇职工基本医疗保险可持续的难度较大。

（二）参数假设

为了预测统筹基金收支状况，需要对参数进行假设。本模型中涉及人口参数、经济参数和制度参数。本部分将设计多套参数假设方案。

1. 人口参数假设

城镇职工基本医疗保险的覆盖对象主要是城镇企业职工、个体工商户、灵活就业人员等。为了估计新增参保人员数量，需要对人口总量及结构、城镇化率、劳动参与率等进行预测。

在预测人口总量时，在现行生育政策下，结合新型城镇化规划确定的城镇化目标，基于 Logistics 函数模型估算城镇化率，假设各年龄组的劳动参与率与"六普"水平相当。需要说明的是，在预测人口总量时，妇女生育水平不是主观设定、固定不变的输入变量，而是一个随着基于生育政策规定的终身生育率和群众的生育意愿、地区的城市化水平、独生子女及非独生子女家庭年龄分布及所占比重变化而变化的一个输出变量。人口参数假设见表 7-3。

表 7-3　人口参数假设

单位：亿人，%

年份	人口总量	城镇化率
2015	13.78	54.72
2020	14.11	59.13
2025	14.28	63.15
2030	14.30	66.72
2035	14.19	69.92
2040	13.98	72.81
2045	13.68	75.46
2050	13.27	77.85

2. 经济参数假设

未来经济增长具有较大的不确定性，国内外有一系列相关研究和预测。对城镇职工基本医疗保险的经济参数假设主要涉及三个方面：一是人均缴费基数增长率；二是人均医疗保险基金支出增长率；三是投资回报率。

方案1：根据世界银行、国务院发展研究中心、中国社会科学院等对中国经济中长期发展情况的研究，2015~2050年我国经济将从中高速增长阶段进入中低速增长阶段，且增速逐渐放缓。假定实际GDP增长率从"十三五"时期的6.5%逐步降至2041~2050年的3.5%，通胀率为2%。

在此基础上，假定人均缴费基数与名义GDP保持同步增长。人均医疗保险基金支出增长率较为复杂，与医疗费用增长率、医疗费用报销比例等密切相关，考虑到现行制度的惯性和要实现的目标，假设2016~2025年人均医疗保险基金支出增长率为10%，到2026~2040年降至8%，在2041~2050年稳定在5%。最后，对投资回报率进行假设即由2016~2020年的2%增至2021~2050年的3%（见表7-4）。

表7-4　经济参数假设方案1

单位：%

时间	人均缴费基数增长率	人均医疗保险基金支出增长率	投资回报率
2016 年	8.5	10.0	2.0
2017 年	8.3	10.0	2.0
2018 年	8.4	10.0	2.0
2019 年	8.6	10.0	2.0
2020 年	8.5	10.0	2.0
2021~2025 年	8.0	10.0	3.0
2026~2030 年	7.5	8.0	3.0
2031~2040 年	6.5	8.0	3.0
2041~2050 年	5.5	5.0	3.0

方案2：考虑到2020年全面建成小康社会时实现收入倍增的目标（即2020年居民收入比2010年翻一番），根据初步测算，基于2010~2015年的居民收入情况，假设2016~2020年人均缴费基数增长率为5%，这样可以实现收入倍增的目标。2021~2050年人均缴费基数增长率仍为5%（见表7-5）。

表7-5　经济参数假设方案2

单位：%

时间	人均缴费基数增长率	人均医疗保险基金支出增长率	投资回报率
2016 年	5.0	10.0	2.0

时间	人均缴费基数增长率	人均医疗保险基金支出增长率	投资回报率
2017 年	5.0	10.0	2.0
2018 年	5.0	10.0	2.0
2019 年	5.0	10.0	2.0
2020 年	5.0	10.0	2.0
2021~2025 年	5.0	10.0	3.0
2026~2030 年	5.0	8.0	3.0
2031~2040 年	5.0	8.0	3.0
2041~2050 年	5.0	5.0	3.0

方案3：从经济增长理论和国际经验来看，经济在经历了高速增长后进入收敛区间。根据国际上对中国经济增长情况的预测（Song et al.，2015），假设 2016~2050 年人均缴费基数增长率为 6.5%（见表 7-6）。

表 7-6 经济参数假设方案 3

单位：%

时间	人均缴费基数增长率	人均医疗保险基金支出增长率	投资回报率
2016 年	6.5	10.0	2.0
2017 年	6.5	10.0	2.0
2018 年	6.5	10.0	2.0
2019 年	6.5	10.0	2.0
2020 年	6.5	10.0	2.0
2021~2025 年	6.5	10.0	3.0
2026~2030 年	6.5	8.0	3.0
2031~2040 年	6.5	8.0	3.0
2041~2050 年	6.5	6.5	3.0

3. 制度参数假设

制度参数包括职工医保参保率（符合参保条件的城镇职工参保比重）、法定退休年龄等。利用制度参数假设，可以推算每年新增在职参保人数和退休人数。考虑到参保扩面，对制度参数的假设分为慢速覆盖（方案1）

和快速覆盖（方案2）两种（职工医保参保率见表7-7）。

表7-7　制度参数假设

单位：%

年份	慢速覆盖（方案1）	快速覆盖（方案2）
	职工医保参保率	职工医保参保率
2015	59.09	59.44
2020	61.96	62.72
2025	63.30	66.81
2030	65.64	70.91
2035	67.98	75.00
2040	70.32	75.00
2045	72.66	75.00
2050	75.00	75.00

（三）测算结果分析

根据以上对人口、经济和制度参数的假设，进行组合后可形成6套测算方案。

方案一：经济参数假设方案1＋制度参数假设中慢速覆盖（方案1）。

方案二：经济参数假设方案1＋制度参数假设中快速覆盖（方案2）。

方案三：经济参数假设方案2＋制度参数假设中慢速覆盖（方案1）。

方案四：经济参数假设方案2＋制度参数假设中快速覆盖（方案2）。

方案五：经济参数假设方案3＋制度参数假设中慢速覆盖（方案1）。

方案六：经济参数假设方案3＋制度参数假设中快速覆盖（方案2）。

经过测算可以得到6套方案的结果，以下将分析方案六（最理想的方案）的结果。

经测算，全国统筹基金收入由2016年的6380亿元增至2050年的6.519万亿元；统筹基金支出由2016年的5300亿元增至2050年的16.64万亿元；统筹基金收支缺口由2022年的476.26亿元扩大至2050年的10.121万亿元（见图7-3），统筹基金收支缺口占名义GDP的比重由2021年的0.044%扩大至2050年的1.61%。特别是2022年后，统筹基金支出呈加速增长态势，统筹基金收支缺口占名义 GDP 的比重每 5 年大约提高 0.27 个百分点。2015 年底，统筹基金滚存结余为 6570 亿元，按上述统筹基金收支趋势，预计到 2027 年不再有滚存结余，且累计统筹基金收支缺口呈现快速扩大趋势，2050 年预计增至 91.23 万亿元，约占 2050 年名义 GDP 的 14.51%。

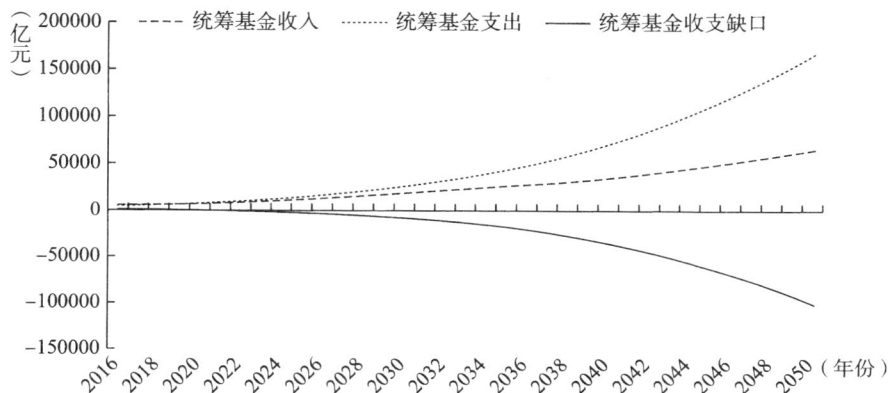

图 7-3　2016～2050 年城镇职工基本医疗保险统筹基金状况（方案六）

三　城乡居民基本医疗保险财政需求测算

测算城乡居民基本医疗保险的财政需求，要基于"以支定收"的原则，对城乡居民医保的支出进行估算，测算人均筹资额。影响支出的因素主要包括参保人数、住院和门诊就诊人数以及医疗费用综合报销率和基金报销水平。本部分以浙江某市的城乡居民医保数据为基础进行预测。

在参数假设方面，首先，对于参保人数的假设，2018 年，该市城乡居民基本医疗保险参保人数为 362988 人，由于参保率很高，假设参保人数和结构在未来 5 年保持稳定。该市还将有 20 万名居民在 2020 年后参加城乡居民基本医疗保险，假设新增参保人数在未来 5 年逐步到位。其次，对于医疗费用综合报销率的假设，先将门诊就诊类型分为普通门诊、普通慢性病门诊、精神类疾病门诊和肺结核病门诊四大类，根据以往的经验分别设置人均基金增长率，如普通门诊人均基金增长率为 15%，住院人均基金增长率为 13%。此外，我们还根据起付线、封顶线和门诊慢性病政策规定进行了政策参数的假设。

在测算结果方面，我们得到了 2019~2024 年参保人数、住院和门诊医保基金支出。根据这些预测结果可以计算筹资和财政支出规模。2019 年，门诊统筹基金支出的综合增长率为 17.96%，住院统筹基金支出的综合增长率为 11.76%。在不考虑其他收入的情况下，2020 年，人均统筹基金支出（人均筹资水平）为 1580 元。如果不考虑其他因素，按照收支平衡的思路，2020 年，城乡居民基本医疗保险人均筹资额即为 1580 元。城乡居民基本医疗保险统筹基金支出、人均统筹基金支出（人均筹资水平）和财政支出规模预测结果见表 7-8。

表 7-8　城乡居民基本医疗保险统筹基金支出、人均统筹基金支出
（人均筹资水平）和财政支出规模预测结果

单位：万元，元

年份	统筹基金支出	人均统筹基金支出（人均筹资水平）	财政支出规模
2019	50232.93	1401	35163.05
2020	61630.47	1580	43141.33
2021	75356.29	1765	52749.41
2022	91633.79	1976	64143.66
2023	110901.13	2216	77630.79
2024	133666.00	2489	93566.20

通过对居民医保基金报表的分析，我们发现在城乡居民基本医疗保险筹资结构中，个人缴费与财政补助之比为 3∶7。假设个人缴费与财政补助之比保持不变，那么到 2020 年，财政支出规模为 43141.33 万元。城乡居民基本医疗保险制度部分体现了财政责任，因此应该基于科学测算建立由各级财政合理分担责任的财政预算长效机制。

四　医疗救助资金需求测算

随着扶贫目标的转变，未来医疗救助对象的范围将进一步扩大：从低保对象转为低收入对象和因病致贫而呈现"支出型贫困"特征的家庭。基于这一变化，参考朱铭来、胡祁（2019）对新增家庭数量的测算，采用世

界卫生组织灾难性医疗支出标准测算"支出型贫困"家庭所需的医疗救助资金。

由于我国没有认定低收入家庭的全国标准，在对各地相关政策进行梳理后，我们发现，低收入家庭标准一般被界定为低保标准的1.5~2倍或者人均可支配收入的50%。考虑到中国区域发展的不平衡性，经济欠发达地区一般将低保标准的1.5倍作为低收入家庭标准，经济发达地区可将人均可支配收入的50%作为低收入家庭标准。WHO一般将灾难性医疗支出界定为家庭卫生支出占家庭支付能力（家庭收入减去家庭生存性支出后可支配的收入部分）的40%以上。在对中国进行测算时，可以把家庭支付能力换成城镇居民人均可支配收入和农村居民人均纯收入。

根据2016年中国家庭追踪调查（CFPS）中的微观数据，计算基于新的低收入标准增加的医疗救助对象户数，再根据相关统计年鉴中的数据进行加权得到新增城乡医疗救助户数。

对于灾难性医疗支出所需救助资金的测算，首先按照个人灾难性医疗支出标准的40%计算发生率。假设个人i的年可支配收入为Y_i，OOP_i为个人自负金额，S_i为灾难性医疗支出的自负金额标准，则个人灾难性医疗支出的发生率为：

$$n_i = \begin{cases} 1, OOP_i > S_i \\ 0, OOP_i \leqslant S_i \end{cases}$$

$$S_i = Y_i \times 40\%$$

发生灾难性医疗支出的人数为：

$$N = \sum n_i$$

医疗救助新增资金的需求量为：

$$NF_i = \sum_i (OOP_i - S_i) \times 报销率 \times n_i \times 权重$$

根据医疗救助的保障水平，假设超过灾难性医疗支出部分的医疗费用报销率为70%，最终得到的低收入群体灾难性医疗支出所需医疗救助金额见表7-9。

表7-9　低收入群体灾难性医疗支出所需医疗救助金额

地区	全国人口收入分组	发生灾难性医疗支出人数（人）	因病致贫家庭人均自负医疗支出（元）	人均医疗救助补助金额（元）	医疗救助总金额（万元）	医疗救助金额需求（亿元）
城镇	低保的1.5倍	564	13658	8099	457	1523
	低保的2倍	708	14270	8097	573	1912
	人均可支配收入的50%	902	15968	8533	770	2567
农村	低保的1.5倍	1017	8490	5041	513	1364
	低保的2倍	1277	9082	5226	667	1776
	人均可支配收入的50%	1114	8625	5051	563	1497

资料来源：朱铭来、胡祁（2019：132~146）。

由测算结果可知，如果按照低保的1.5倍界定低收入群体，那么城镇和农村的医疗救助金额需求分别为1523亿元和1364亿元。根据《2016年度人力资源和社会保障事业发展统计公报》中的数据，2016年实际投入的医疗救助资金为332.3亿元，远远无法满足低收入群体的医疗救助需求。另外，根据实际的财政支出数额测算，如果覆盖按照低保的1.5倍界定的低收入群体，则医疗救助需求为当年财政支出的1.5%。

第五节　保障措施与政策建议

一　保障措施

基于权利的医疗保障制度建设，除了完善医疗保障制度本身之外，还需要其他相关制度的配套协作，以权利、公平为核心，建立全面的医疗保障体系，更好地保障低收入人群的医疗卫生权利。相关配套措施包括：加快推进户籍制度改革，打破制度壁垒；深化医疗卫生体制改革，巩固改革效果；发展社会救助制度与慈善事业，守住医疗保障权利底线。

（一）　加快推进户籍制度改革，打破制度壁垒

改革开放后，我国的经济发展中心放在城镇建设上，造成城乡经济出

现较大差距，城乡二元结构是最大的问题之一，其中，户籍制度较具代表性。我国之所以呈现明显的城乡经济二元分化特征，主要是因为以户籍制度为核心的一系列发展政策造成城乡经济水平存在差异，阻碍了城乡之间人力资源的合理流动，在基本医疗保险领域，城镇居民基本医疗保险和新型农村合作医疗制度的建立和发展，深刻地反映了城乡医疗保险制度的二元特征。要破解城乡二元结构带来的发展阻力，必须健全城乡一体化发展机制，破除城乡二元结构，推进公共资源均衡配置。其中，城乡医疗保险制度一体化是城乡一体化的重要组成部分，社会基本医疗保险是社会生产力水平发展到较高阶段的产物，完善的医疗保险制度体现了公民权利与责任的和谐统一。

范寒英（2016）对中国、美国、澳大利亚、俄罗斯4个国家的基本医疗保险进行了比较研究。经过对比，其认为我国以户籍和城乡区域作为划分依据，造成了基本医疗保障制度的不平等，参照美国的社会医疗体系，以群体方式划分社会医疗保险的类别能更好地消除区域差异。申曙光（2014）认为，中国三大基本医疗保险制度虽然具备覆盖全民的体制框架，但是由于存在城乡户籍壁垒和一定的碎片化问题，群众"看病难、看病贵"、城乡居民享受医疗服务水平不同的问题仍然存在，现有制度体系离全民医保的目标还有很大的差距。

户籍制度改革是全面深化改革的重要组成部分，也是推进实现"人的城镇化"的重要保障。改革开放40多年来，作为我国社会管理的一项基本制度，户籍制度的功能定位和价值属性发生了深刻变化，改革顺应社会发展需要逐步深入。特别是党的十八大以来，伴随着城乡关系迈入融合发展的新阶段，户籍制度改革进程明显加快。2014年7月，《国务院关于进一步推进户籍制度改革的意见》明确提出到2020年基本建立以人为本、科学高效、规范有序的新型户籍制度。2016年，《居住证暂行条例》《国务院关于深入推进新型城镇化建设的若干意见》《推动1亿非户籍人口在城市落户方案》等政策文件实施出台，标志着我国户籍制度改革迈入了一个新的历史阶段。

2014年，《国务院关于进一步推进户籍制度改革的意见》提出，"建立城乡统一的户口登记制度。取消农业户口与非农业户口性质区分和由此衍生的蓝印户口等户口类型，统一登记为居民户口，体现户籍制度的人口登记管理功能。建立与统一城乡户口登记制度相适应的教育、卫生计生、就业、社保、住房、土地及人口统计制度"，这意味着城乡二元结构的户籍壁垒被打破，城乡居民身份界限逐渐模糊，因此，基于户籍制度的城乡居民医疗保险体系需要改革，城乡医保一体化的趋势将更加明显。2015 年10 月通过的《中共中央关于制定国民经济和社会发展第十三个五年规划的建议》提出，"推动城乡协调发展。坚持工业反哺农业、城市支持农村，健全城乡发展一体化体制机制，推动城乡要素平等交换、合理配置和基本公共服务均等化"。现阶段，我国正在深入推进经济体制改革，要缩小城乡经济水平和生活水平的差距，除了推动农村产业结构改革、加速城镇化进程以外，建立缴费标准和待遇水平统一的城乡居民医疗保险体系具有重要意义。2016 年 1 月 3 日，《国务院关于整合城乡居民基本医疗保险制度的意见》提出"整合城镇居民基本医疗保险和新型农村合作医疗两项制度，建立统一的城乡居民基本养老保险制度"，这表明加快推进城乡医疗保险一体化，帮助城镇居民与农村居民享受同样高效、优质的医疗公共服务，改善医疗保障体系，缩小城乡医疗保障差距，有利于实现社会公平正义。

综观文献资料，随着我国城乡一体化进程加快，国内外学者开始将研究重点放在如何实现城乡基本医疗保险制度一体化、实现的可行性及实现路径上。随着中国城乡二元结构的转变和医疗保障改革的不断深化，经济发展水平较高的地区具备实现基本医疗保险"三元"制向"一元"制转变的可能性，城乡基本医疗保险一体化是学术界普遍认同的能够提升中国医疗保障水平、有利于彰显卫生正义与实现社会公平的路径，但在推进城乡基本医疗保险一体化的过程中，两险合一的转移接续问题是公认的难点，在"取消农业户口与非农业户口性质区别和由此衍生的蓝印户口等户口类型，将户口统一登记为居民户口"背景下，对于户籍制度改革后如何有效进行医疗保险城乡转移接续，由于实证调查不多，而且户籍问题是中国独有的历史问题，因此必须进行实证研究，这样才能为更好地实现城乡基本医疗保险一体化提供参考。

（二）深化医疗卫生体制改革，巩固改革效果

作为一个整体，医疗保障体系的减贫作用的发挥需要整合各项政策。当前，基层医疗卫生服务力量薄弱、医疗资源分布不均、医院激励机制扭曲等因素不仅制约我国医疗卫生事业发展，而且影响医疗保障制度效果的发挥，健康扶贫目标的实现与医疗保障体系大环境的改善息息相关。在继续推进健康扶贫和深化医疗卫生体制改革的背景下，贫困人员健康能力的提升和健康权利的实现需要相关配套政策予以支持。一是加强基层医疗卫生服务体系建设，增强其作为健康"守门人"的能力。加强医疗卫生服务队伍建设，改善基层医护人员不足的困境；合理改革薪酬体制，适度向基层医护人员倾斜。二是继续深化公立医院改革，在实现药品零差率之后，推进实现医用耗材零差率。深化医疗服务价格改革，提高医疗支出结构中服务的占比，控制药品和医用耗材占比。三是进一步整合医疗卫生资源，改善不同部门间信息碎片化的问题，推进医联体、医共体建设。结合推进医疗保障体系改革的相关措施，转变医疗卫生机构基于"疾病—治疗"的医疗服务导向，更加关注基于人口健康的疾病预防和管理，提高健康贫困的治理效果。

中国的基本医疗卫生制度的改革始终坚持"人人公平享有基本医疗卫生服务"的价值导向，其发展经历了萌芽、形成、成长和建构四个阶段，反映了社会经济的发展情况，以及公众健康诉求水平的提升，对于保障公众健康有着重要的意义与价值。

基本医疗卫生制度最早出现于新中国成立初期，此时是基本医疗卫生制度的萌芽阶段，具有以下特征：一是政府强制性主导制度变迁和公众需要诱导制度变迁相结合；二是制度向社会弱势群体（尤其是农村居民）倾斜；三是重点在于加强基层建设和扩大预防范围；四是制度安排具有一定的统筹性。萌芽阶段的基本医疗卫生制度仍处于低水平，主要覆盖农村居民，解决初级的卫生保健问题。

改革开放后是基本医疗卫生制度的形成时期，此时，政府公共财政投入经历了从"既给政策又给钱"到"只给政策不给钱"的转变，基本医疗卫生服务体系的性质由公益性转向趋利性，基本药物供应保障体系放松管控力度，先后建立了城镇居民基本医疗保险和新型农村合作医疗制度。

2003年"非典"发生后，基本医疗卫生制度进入成长时期。在市场逐利机制的作用下，大型公立医院开始扩建，公益性不断被削弱；特需服务快速发展，基本医疗卫生服务供给被弱化。由于政府财政对医疗机构投入不断减少，"以药养医"、过度医疗等现象层出不穷，医疗费用增长迅速，群众"看病难、看病贵"问题日益突出，卫生事业发展的公平性下降。

2009 年，国务院启动新一轮医药卫生体制改革（以下简称"新医改"）标志着中国基本医疗卫生制度迈入新时期。新医改旨在解决"看病难、看病贵"等问题，提出到 2020 年人人享有基本医疗卫生服务的改革方向和制度框架，将基本医疗卫生服务看作一种公共产品。新医改分为两个阶段，2009～2011 年为第一阶段，改革重点在于全面扩大医保覆盖面（至全部人群）并加强基础设施建设；第二阶段从 2012 年开始，进一步强调要加强医疗服务输送体系改革，主要包括以下两个方面：（1）通过取消药品销售溢价、调整价目表以及改革供给方支付方式和管理结构，实现对公立医院的系统性改革；（2）全面改革以医院为中心和以治疗为基础的医疗服务体系，建立以基层医疗为基础的整合型服务输送体系。构建分级诊疗模式，强化基层医疗体系服务能力，特别是乡村诊所、镇卫生院等农村地区医疗场所，通过加大资金投入和政策扶持力度吸引医疗专业人才进入基层医疗体系，提升医疗服务供给质量。通过新医改，中国在提升医疗服务获取的公平性和促进经济发展方面取得了巨大的进步，特别是针对低收入人群的医疗保障及应对经济风险（叶俊，2016；Yip et al.，2019；Meng et al.，2019）。

（三）发展社会救助制度与慈善事业，守住医疗保障权利底线

社会救助是我国社会保障体系的基础性制度安排，2014 年开始实施的《社会救助暂行办法》将最低生活保障、特困人员供养、医疗救助、教育救助、住房救助、就业救助、受灾人员救助和临时救助八项制度，以及社会力量参与作为基本内容，确立了完整、清晰的社会救助制度体系，其中，最低生活保障、特困人员供养、医疗救助制度在保障贫困人口的医疗健康方面发挥重要作用。

最低生活保障制度作为中国政府在社会救助事业方面的重大制度创新，通过现金救助的方式，弥补了传统社会救济制度资源分散、效率低、缺乏公平等缺陷，发挥了重要的减贫作用。为了充分实现"应保尽保"的目标，政府一直在加强对城乡低保对象的认定工作，确保困难群众的基本生活得到保障。2012 年，《国务院关于进一步加强和改进最低生活保障工作的意见》印发，2014 年，《社会救助暂行办法》实施，将户籍状况、家庭收入和家庭财产作为认定低保对象的基本条件。对家庭财产的评估核定

应结合本地的经济社会发展实际，保证评估结果科学合理。为了适应户籍制度改革和新农村建设需求，2015年3月，《民政部　国家统计局关于进一步加强农村最低生活保障申请家庭经济状况核查工作的意见》要求健全农村低保申请家庭经济状况核查指标体系，逐步变分档救助为补差救助，确保农村低保制度可持续运行。

1996～2016年，城市低保制度和农村低保制度在经历了快速扩张后，步入稳定发展阶段。2016年，享受城市低保的人数为1480.2万人，农村低保对象为4586.5万人，截至2018年底，两类低保人数分别降至1008万人和3520万人[①]。在低保人数逐步减少的同时，保障标准的绝对水平在不断提升。全国城市最低生活保障平均标准从1999年的1788元/（人·年）升至2016年的5935元/（人·年），农村最低生活保障平均标准从1999年的851元/（人·年）升至2016年的3744元/（人·年）（陈志钢等，2019）。

保障城乡特困人员基本生活是完善社会救助体系、编密织牢民生安全网的重要内容。中国先后建立起农村"五保"供养、城乡"三无"人员救济和福利院供养制度，城乡特困人员的基本生活得到了保障。

2014年，《社会救助暂行办法》实施以后，城乡"三无"人员保障制度统一为特困人员供养制度。为解决城乡发展不平衡、相关政策不衔接、工作机制不健全、资金渠道不畅通、管理服务不规范等问题，切实保障特困人员基本生活，根据《社会救助暂行办法》和《农村五保供养工作条例》，2016年2月，《国务院关于进一步健全特困人员救助供养制度的意见》要求坚持城乡统筹，强化托底保障，优化服务供给，落实精准救助，将符合条件的特困人员全部纳入救助供养范围，切实维护好城乡特困人员的基本生活权益。

此外，要消除"健康贫困"、破解"因病致贫、因病返贫"难题，必须充分发挥慈善组织在医疗救助中的积极作用。近年来，我国政府对发展慈善医疗救助事业和构建慈善医疗救助体系越来越重视。2016年12月，《国务院关于印发"十三五"深化医药卫生体制改革规划的通知》明确提

---

① 《2018年国民经济和社会发展统计公报》，中华人民共和国国家统计局网站，http://www.stats.gov.cn/tjsj/zxfb/201902/t2019 0228_1651265.html。

出，建立相对完整的基本社会保障和慈善医疗救助相互衔接和互动的机制。2018 年 1 月，《民政部　财政部关于进一步加强和改进临时救助工作的意见》要求各地做好社会组织与政府在医疗救助中的有效衔接与合作，完善多元化社会救助体系。

2010～2017 年，我国各类慈善组织快速增长，越来越多的慈善组织开始参与医疗救助活动。与此同时，慈善组织筹集的资金已具有一定规模优势，医疗救助能力不断提高。截至 2016 年底，全国社会捐赠总额达1392.94 亿元，人均捐款为 100.74 元，捐赠总额占 GDP 的 0.19%，进入医疗领域的比例达到 26.05%。各类慈善医疗救助项目覆盖所有困难人群，特别是儿童、妇女、老年人等弱势群体，并且救助病种呈现多样化特征，心脑血管病、白血病、癌症、艾滋病等重大疾病均有所涉及。可见，慈善医疗救助作为社会保障制度的重要补充，在贫困人群的医疗保障方面发挥着不可或缺的作用（陈志钢等，2019；赵国强等，2019）。

二　政策建议

改革开放 40 多年来的中国医疗保障制度建设与发展为减贫事业做出了不可磨灭的贡献，提高了贫困群体的医疗服务利用水平，降低了灾难性医疗支出的发生率，在一定程度上保障了贫困群体的健康权利。2020 年后的贫困特征转型以及人口老龄化和经济社会发展新常态，对医疗保障制度设计和改革提出新的要求。与养老保障不同，作为解决"支出型贫困"问题的主要制度模式，医疗保障制度的所有项目受益者均面临疾病经济风险，医疗保障制度的减贫作用涉及包括城镇职工基本医疗保险、城乡居民基本医疗保险、医疗救助以及各类补充医疗保障在内的全部制度内容。医疗保障制度需要进一步整合，促进基本公共卫生服务均等化进而建立城乡统一的制度型医疗保障体系，重点保障流动人口、城乡贫困人口等弱势群体的健康权利，使他们公平享有优质医疗卫生资源。而且，基于权利的医疗保障制度设计，既要通过多元筹资方式提高居民的医疗保障水平，减少"因病致贫、因病返贫"问题，又迫切需要提升制度的可持续性，强调基本医疗保险基金的精算平衡与财政投入的长效性和稳定性。据此，本章提出以下主要建议。

（一）　积极推动基本公共卫生服务均等化

随着扶贫攻坚工作的顺利完成，2020年后连片贫困地区成功脱贫，重点举措将从关注对绝对贫困人口健康权利的保护转为保障全体居民平等的健康权利，当务之急是切实推进基本公共卫生服务均等化，将其作为医疗保障制度的基础。首先，在健康扶贫中，要更加重视对贫困人口的健康预防和健康教育，斩断"因病致贫、因病返贫"的源头，让贫困人口形成健康的生活方式。其次，在推动基本公共卫生服务均等化的过程中，必须明确政府的责任，对城乡之间、区域之间的公共卫生资源进行战略性调整，促使公共卫生资源合理分布。要完善公共财政制度，优化公共财政支出结构，切实加大公共卫生经费投入力度，尤其是增加对农村公共卫生服务的投入。同时，也要着力加强对基层专业卫生人才的培养，提高公共卫生人员的专业水平。此外，还要加强公共卫生服务领域的法律法规建设，制定系统的公共卫生法，保障群众公平享有公共卫生服务权利。最后，明确公共卫生项目的总体目标、各方职责，同时加强对项目的监管和评估，建立相应的评价机制，这有利于提高基本公共卫生服务的质量和效果。

（二）　整合、优化医疗保障制度，明确各个项目的定位，提高保障水平

我国已经建立起了以基本医疗保险为主体，以大病（大额）医疗保险为延伸，以医疗救助为托底，社会慈善和商业保险积极参与的多层次医疗保障体系。但这一制度体系存在碎片化、对不同群体的保障水平差距大等问题，需要进一步对城镇职工基本医疗保险和城乡居民基本医疗保险进行整合，简化项目，提升可携带性，促进制度再分配功能的发挥。另外，制度设计有待优化，可以通过科学测算，将现有的基金封顶的制度设计转为个人负担封顶的制度模式，以消除大病患者的后顾之忧。由于医疗保障制度是由基本医疗保险、医疗救助、商业医疗保险等不同项目构成的一个有机整体，因此需要进一步明确各种项目在反贫困中的功能定位，加强各项目之间的协调，提升医疗保障体系反贫困的总体效果。这需要对各项医疗保障措施进行良好的设计，实现制度之间的衔接，如在保障对象、实施程序、标准、信息化等方面进行有效的衔接，初步形成贫困人口就医"接力"保障机制。

（三）　建立基本医疗保险基金精算平衡机制，保障制度可持续运行

基于权利的医疗保障制度设计，不仅要提高对参保者的保障水平，还

要确保制度长期可持续运行。面对人口老龄化、技术进步带来的医疗费用上涨以及参保者医疗服务需求水平不断提高等严峻挑战，基本医疗保险基金面临越来越大的缺口压力。要密切关注城镇职工基本医疗保险的"系统老龄化"问题，建立起科学的精算平衡机制，保证基金自我平稳运行。与此同时，要进一步确定缴费年限和缴费基数，建立起退休人员缴费机制，扩大医保基金的筹资规模；加快推进医保支付方式改革，建立起总额预算制度，建立住院按 DRG 付费，门诊规定病种按病种付费，普通门诊按人头结算，精神疾病、康复等按床日支付等复合型多元支付方式，控制医疗费用不合理增长。

（四） 建立财政投入长效机制和稳定的预算管理体系

在我国目前的医疗保障体系中，各级政府财政投入主要体现在两个方面：一是进行城乡居民基本医疗保险资助缴费和承担基金兜底责任；二是财政保障医疗救助资金。对于财政承担的居民医保责任，建议根据"以支定收"的原则测算居民医保支出的变化趋势和资金缺口，得到人均筹资水平，进而根据个人和财政的负担比例确定财政投入数额，并将其列入年度财政预算。对于医疗救助，迫切需要转变救助理念，扩大救助对象范围，提高救助水平，并根据新增救助对象数量及灾难性医疗支出发生率明确财政责任，提升医疗救助的财政预算额度。同时，应进一步拓宽慈善救助的资金渠道，整合慈善救助、社会捐赠等资源，建立起稳定的筹资机制和预算管理体系，并通过健全法律法规保证财政投入精准和有效运用。

（五） 强化配套保障措施，发挥合力的作用

公众要正确认识医疗保障的反贫困作用：它只能化解由疾病因素所引发的贫困，并且仅能减弱疾病对家庭经济的负面冲击，而无法正向提升贫困家庭的收入水平。因此，需要促进医疗保障与其他各项反贫困政策协同，加强政策间合力的作用。一是促进医疗保障和其他社会保障制度协同。例如，完善养老保障与失业保障机制有利于预防老年人和失业人员陷入贫困；标准适度的最低生活保障制度可以从收入方面实现对贫困人口的托底扶持。二是加强医疗保障与初次分配领域反贫困政策的协同。社会保障主要依靠二次分配增加贫困人口的可支配收入，缓解贫困，从根源上消除贫困还是需要从初次分配环节入手，通过产业扶贫、教育扶贫、金融扶贫等途径努力提升贫困人群创造收入的能力；优化医疗保障制度、增强医

疗保障的反贫困功能，能够为贫困人口自主脱贫提供良好的制度条件和坚实的基础。

附录　城镇职工基本医疗保险统筹基金收支平衡模型说明

本章以城镇职工基本医疗保险基金为重点，研究面临的风险以及相应的财政责任。根据现行城镇职工基本医疗保险制度及相关政策，运用精算技术建立基金支付能力评估模型，以刻画基金风险，并以此为基础估计政府的财政责任。

根据现行制度设计原理，个人账户基金与统筹基金是完全独立的，因此，本章重点关注城镇职工基本医疗保险统筹基金的可持续问题，而不讨论与个人账户基金相关的问题。

在对模型进行阐释前，先对一些数值变量的记号进行规定。

1. 预测用年份变量 k，$k = 1$，2，3，…，2016 年是第 1 年。

2. 历史数据年份变量 i，$i = -T$，$-T+1$，…，0，其中，T 表示最近一年与可获得历史数据的起始年份之差，如 2015 年是第 0 年，可获得历史数据的最早年份为 2009 年，则 $T = 2015 - 2009 = 6$。

3. 年龄变量 j，为非负数。

4. 性别：M——男性（male）；F——女性（female）。

5. 比例系数用 α，β，γ 等希腊字母表示，为无量纲值。

测算使用的基本模型为：期末基金余额 = 期初基金余额（上年末基金余额）+ 基金收入 - 基金支出。

记号如下。

1. 第 k 年末基金余额 B_k，期初余额记为 B_{k-1}。

2. 第 k 年基金收入 R_k。

3. 第 k 年基金支出 P_k。

由此得到公式：

$$B_k = B_{k-1} + R_k - P_k, k \geq 1$$

通过该公式能够预测各年末的基金结余情况。下文分别给出统筹基金收入和支出的具体计算方法。

（一）统筹基金收入

1. 决定参保人员属性的定性变量（即解释变量）如下。

性别：M 代表男性，F 代表女性。

年龄：j。

2. 被解释变量如下。

（1）w（·）：平均缴费基数。

（2）l（·）：参保人数（生命表记号）。

（3）t（·）：中断缴费人数。

（4）n（·）：新增参保人数。

示例：

$_j^k w$（M）表示第 k 年 j 岁参保男职工的平均缴费基数；

$_j^k t$（M）表示第 k 年 j 岁参保男职工中断缴费人数。

3. 对 R_k 的计算如下。

p_j^M：j 岁的男性生存至 $j+1$ 岁的概率。

q_j^M：j 岁的男性在 $j+1$ 岁前死亡的概率。

因此，$p_j^M + q_j^M = 1$。

p_j^F：j 岁的女性生存至 $j+1$ 岁的概率。

q_j^F：j 岁的女性在 $j+1$ 岁前死亡的概率。

因此，$p_j^F + q_j^F = 1$。

ξ_k：第 k 年缴费率。

π_M：男性法定退休年龄。

π_F：女性法定退休年龄。

由此得到公式：

$$R_k = \xi_k \cdot \left[\sum_{j=16}^{\pi_M-1} {}_j^k l(M) \cdot {}_j^k w(M) + \sum_{j=16}^{\pi_F-1} {}_j^k l(F) \cdot {}_j^k w(F) \right]$$

第 k 年职工参保人数的公式：

$$_j^k l(M) = {}_{j-1}^{k-1} l(M) \cdot p_{j-1}^M + {}_j^k n(M) - {}_j^k t(M)$$

$$_j^k l(F) = {}_{j-1}^{k-1} l(F) \cdot p_{j-1}^F + {}_j^k n(F) - {}_j^k t(F)$$

另外，初始值为 $_{16}^k l$（·）、$_{16}^k w$（·）。

对第 k 年缴费工资的计算如下:

$$\substack{k\\j}w(M) = \substack{k-1\\j}w(M) \cdot (1 + \varphi_k)$$

$$\substack{k\\j}w(F) = \substack{k-1\\j}w(F) \cdot (1 + \varphi_k)$$

其中,φ_k 为第 k 年参保职工的缴费工资增长率。

(二) 统筹基金支出

1. 决定就医参保人员属性的定性变量(即解释变量)如下。

性别:M 代表男性,F 代表女性。

年龄:j。

2. 被解释变量如下。

(1) $b(\cdot)$:由统筹基金支出的人均医疗费用。

(2) $r(\cdot)$:就医人数。

示例:

$\substack{i\\j}r(M)$ 表示第 i 年 j 岁男性就医人数;

$\substack{i\\j}b(M)$ 表示第 i 年 j 岁男性由统筹基金支出的人均医疗费用。

3. 对 P_k 的计算如下。

ω:极限年龄,即假设所有人最多只能存活到该年龄。

$\alpha_j^k(M)$:第 k 年 j 岁男性参保者的患病率,即进行医保基金支出的人数占该年龄男性参保人数的比例。

p_j^M:j 岁的男性生存至 $j+1$ 岁的概率。

q_j^M:j 岁的男性在 $j+1$ 岁前死亡的概率。

因此,$p_j^M + q_j^M = 1$。

p_j^F:j 岁的女性生存至 $j+1$ 岁的概率。

q_j^F:j 岁的女性在 $j+1$ 岁前死亡的概率。

因此,$p_j^F + q_j^F = 1$。

由此得到公式:

$$P_k = \sum_{j=16}^{\omega} \substack{k\\j}r(M) \cdot \substack{k\\j}b(M) + \sum_{j=16}^{\omega} \substack{k\\j}r(F) \cdot \substack{k\\j}b(F)$$

第 k 年参保就医人数的公式:

$$\substack{k\\j}r(M) = \substack{k-1\\j-1}l(M) \cdot p_{j-1}^M \cdot \alpha_j^k(M)$$

$$\substack{k\\j}r(F) = \substack{k-1\\j-1}l(F) \cdot p_{j-1}^F \cdot \alpha_j^k(F)$$

另外，初始值为 $_{16}^{k}l$ （ $\cdot$ ）。

对第 k 年人均医疗保险基金支出的计算如下。

$$_{j}^{k}b(M) = {}_{j}^{k-1}b(M) \cdot (1 + \gamma_{k})$$

$$_{j}^{k}b(F) = {}_{j}^{k-1}b(F) \cdot (1 + \gamma_{k})$$

其中， γ_{k} 为第 k 年参保者人均医疗保险基金支出增长率。

第八章
2020年后教育与营养健康扶贫
和阻断贫困代际传递机制

改善儿童的教育和营养健康，提高贫困人群的人力资本水平是国际公认的阻断贫困代际传递、促进经济可持续发展的根本手段。本章在全面综述已有相关理论研究和实证研究的基础上，系统梳理并分析我国在儿童教育和营养健康方面实施的扶贫措施及其效果。同时，本书提出了2020～2035年我国政府在教育和营养健康领域的重点帮扶对象与扶持内容，并根据已有科学研究结论测算实施扶持措施的财政支出。

本章的主题是"2020～2035年的教育与营养健康扶持和阻断贫困代际传递机制"，需要回答三个方面的核心问题：第一，我国已有的教育与营养健康扶贫政策与措施有哪些？第二，这些政策与措施的效果如何？第三，2020～2035年教育与营养健康扶贫需要重点考虑的内容有哪些？哪些方面需要坚持？哪些方面仍需改进？覆盖人群和财政负担又如何？

为了清楚回答上述三个方面的核心问题，本章分为四节：第一节综述教育与营养健康扶贫和阻断贫困代际传递的理论基础；第二节梳理并评述我国教育与营养健康扶贫政策、效果及其成功经验；第三节总结我国教育与营养健康扶贫需重点考虑的内容，并列举了国内外先进经验；第四节分析2020～2035年教育与营养健康扶贫的倾向性意见，并相应地预测了帮扶规模及财政负担。

第一节　教育与营养健康扶贫和阻断贫困代际传递的理论基础

人人享有优质教育和良好营养健康是联合国2030年可持续发展目标的重要内容。教育和营养健康不仅是国家人力资本投入的重点，还与居民收入和可持续生计息息相关。关注贫困人口的教育和营养健康，不仅是夯实我国整体人力资本储备的需要，也是实现经济可持续增长的必然要求。教育和营养健康本身属于人力资本的核心内容，亦是多维贫困的重要测量指标；此外，鉴于教育与营养健康的代际传递性，以及在阻断贫困代际传递中发挥的重要作用，本节从人力资本理论、多维贫困理论和贫困代际传递理论出发，阐述我国进行教育与营养健康扶贫的理论基础。

一　人力资本理论

人力资本理论最早由舒尔茨提出，并逐步成为经济学研究中的核心领域之一。舒尔茨认为，对青年一代教育、培训、迁移等方面的投入都可以视作人力资本投入（Schultz，1990）。通常而言，人力资本与物质资本相对应而存在，即物质资本是投资于物而形成的资本，如机器、厂房等；人力资本是投资于人而形成的资本，包括对教育、健康、技能等的投资所形成的资本。在新经济增长理论的研究中，人力资本成为最重要的因素。舒尔茨的研究认为"索罗剩余"中的绝大部分来自劳动力的教育、健康和人力资本的增加，因此人力资本对一国发展具有重要作用（Schultz，1990）。

根据 Ljungqvist（1993）构建的人力资本与未来收入的相互关系的模型，可以得出以下结论：没有接受教育的工人因为没有资产将仍然不接受教育（培训），这是因为在很长时间内放弃消费而积累未来教育所需资金的成本太高了。这个模型给出了一个关于人力资本不平等导致收入长期不平等的理论。富人可以为教育支付更多的资金，结果是可以获得高收入并继续为下一代投入更多资金，而穷人则因为人力资本投入不足，因此收入水平较低并继续维持贫困。

Becker（1994）构建的人力资本代际投资模型指出：父母对子女的教育是一个理性选择的过程，虽然受到诸多因素（如子女能力、子女数量、父母偏好等）的影响，但收入在其中扮演非常重要的角色，影响父母对子女在营养健康、教育、技能、证书等方面的投资。

二　多维贫困理论

20 世纪 70 年代，阿马蒂亚·森（Amartya Sen）提出"可行能力理论"，将"功能性活动簇"引入贫困研究中。森在著作《以自由看待发展》中提出，贫困表现为"基本可行能力"的剥夺，并将可行能力定义为"人们能够做自己想做的事情、过上自己想过的生活的能力"（Sen，Bernard，1982；Sen，1985，1999）。具体来说，基本可行能力由一系列功能构成，如免受饥饿、疾病的功能，满足营养需求、接受教育、参与社区社会活动的功能等。他提出的贫困理论的落脚点是通过重建个人能力来避免和消除贫困：第一，贫困是基本能力的剥夺和机会的丧失，而不仅仅是低收入；第二，收入是获得能力的重要手段，能力的提高会使个人获得更多的收入；第三，良好的教育和健康的身体不仅能直接提高生活质量，而且能提高个人获得更多收入及摆脱贫困的能力。

以此视角定义贫困，也催生了多维贫困理论。多维贫困理论认为，收入匮乏作为一系列功能性活动中的一种，在市场不完善或不存在的现实情境下，无法作为工具性变量完全反映个体或家庭的被剥夺程度（Sen，1985），而要正确衡量个体或家庭的贫困程度，就必须从多个功能性维度考虑个体或家庭被剥夺的状况，构建多维贫困测度指数。

基于可行能力理论，1990年，联合国开发计划署（UNDP）构造了人类发展指数（HDI），用于衡量一国在人类发展三个基本方面取得的成就：健康长寿的生活、知识的获取以及体面的生活。1995年，在哥本哈根全球社会发展峰会上，联合国提出将对贫困的理解推向非货币维度。1997年，UNDP从寿命、读写能力和生活水平三个维度构造了人类贫困指数（HPI）。然而，无论是HDI还是HPI，都无法把信息细化到个人层面，也就无法发挥实质上的贫困救助功能。2008年，基于微观数据可获取性提高，Alkire和Foster（2008）设计了AF方法，使微观测算成为现实。2010年，《联合国发展报告》将基于AF方法测算的MPI作为贫困度量的新指标，以年度报告的形式发布全球100多个国家的MPI结果（UNDP，2010）。

MPI涵盖了健康（营养状况和儿童死亡率）、教育（受教育年限和适龄儿童就读率）和生活水平（做饭燃料、卫生设施、饮用水、电、地板材质和资产）三个维度，共10项指标。同时结合Alkire和Foster提出的"双界线"法进行分析，即先通过统计每个个体或家庭在各指标下的贫困状况，然后将一定数目及以上指标同时处于贫困状态的个体或家庭确定为多维贫困者。MPI取值越小，表明该个体或家庭的贫困程度越低，反之越高。2013年，多维贫困高层同行网络（Multidimensional Poverty Peer Network，MPPN）

正式建立，包括中国在内的 53 个国家以及 15 个国际组织成为其成员。

三 贫困代际传递理论

贫困代际传递是指贫困以及导致贫困的相关条件和因素，在家庭内部由父母传递给子女，使子女在成年后重复父母的境遇。导致贫困出现的因素有很多，包括发展水平较低、资源与环境匮乏、能力缺失、制度障碍、社会资本与文化贫困等，其中由人力资本投入不足导致的贫困以及由此引起的贫困代际传递引发越来越多国内外学者的关注。

美国哥伦比亚大学教授拉格纳·纳克斯（R. Narkse）在 1953 年出版的《不发达国家的资本形成问题》一书中提出了著名的"贫困恶性循环"理论，是经济学家解释发展中国家贫困问题的最早尝试之一。纳克斯认为，发展中国家之所以贫困，是因为这些国家的经济中存在若干个互相联系、互相作用的"恶性循环系列"（如资本供给存在的"低收入—低储蓄能力—低资本形成—低生产率—低产出—低收入"恶性循环和资本需求存在的"低收入—低购买力—投资引诱不足—低资本形成—低生产率—低产出—低收入"恶性循环），造成发展中国家长期在持续的贫困封闭圈中徘徊，无法实现经济发展，因此，其得出著名的"一国穷是因为它穷"（A Country Is Poor Because It Is Poor）的命题。

纳克斯提出"贫困恶性循环"理论之后，美国另一位经济学家纳尔逊（R. R. Nelson）于 1956 年发表《不发达国家的一种低水平均衡陷阱理论》一文，认为发展中国家的经济表现为人均收入处于维持生命或接近于维持生命的低水平均衡状态，即所谓的"低水平均衡陷阱"。在这个陷阱中，任何超过最低水平的人均国民收入的增长都将被人口增长所抵消，发展中国家必须进行大规模的资本投入，使投资和产出的增长超过人口增长，才能冲出"低水平均衡陷阱"。

缪尔达尔的"循环积累因果关系"理论认为，欠发达国家人均收入水平低，导致人民群众生活水平低下，健康和教育水平低下，进而导致劳动力素质低下，又导致劳动生产率低下；劳动生产率低下引起产出停滞或下降，最终，低产出又导致低收入，低收入进一步强化经济贫困，使发展中国家总是陷入低收入与贫困的累积性循环困境之中。

世界银行（World Bank，2009）的研究报告指出，反贫困的重点应该在贫困人口集中的社区增加贫困人口参与经济、社会和政治活动的机会，涉及获取参与市场经济的知识技能培训，提供促进教育发展的机会及相关医疗卫生服务，提高地区自主治理能力等关键方面，应为贫困人口创造脱贫发展的条件；同时还需要通过实施社会和医疗保险计划，增加他们获得信贷、进入本地市场和参与基础设施项目的机会，增强他们抵御风险和摆脱贫困的能力。Gomanee 和 Morrissey（2002）指出健康和教育支出是实现减贫的有效手段。

第二节 我国教育与营养健康扶贫政策、效果及其成功经验

一 我国教育与营养健康扶贫相关政策梳理

（一）教育扶贫政策

围绕"义务教育有保障"，我国在教育扶贫的供给和需求两个方面都采取了多种政策措施。在供给方面，着重提高贫困地区的教育便利性和教育质量，降低学生辍学率。在需求方面，主要是对各阶段教育都采取了相应的资助政策。

1. 农村义务教育学校布局调整

2001 年颁布的《国务院关于基础教育改革与发展的决定》明确指出，"因地制宜调整农村义务教育学校布局。按照小学就近入学、初中相对集中、优化教育资源配置的原则，合理规划和调整学校布局。农村小学和教学点要在方便学生就近入学的前提下适当合并，在交通不便的地区仍需保留必要的教学点，防止因布局调整造成学生辍学……在有需要又有条件的地方，可举办寄宿制学校"。因此，过去学校布局分散、办学规模过小的问题就成为改革的重点之一。但是由于中央出台的是指导性意见，各地政府对"分散"和"规模过小"的判断都不一致，执行的力度也各不相同。研究表明，从 2000 年开始，各地农村进行了大规模的学校布局调整，农村小学数量从 2000 年的 44 万所降至 2012 年的 15.5 万所，减少了约 65%（庞晓鹏等，2017）。

2. 乡村教师队伍建设

保证乡村教师待遇与福利。从 2009 年起，在全国义务教育学校实施教

师绩效工资制度，将教师工资直接与学生学业表现挂钩，这是从教育扶贫的供给侧提出的政策措施。基本特征是将教师的薪酬与个人业绩挂钩。业绩不仅包括教学内容和授课班级内学生的人数，还包括教师对单位的其他贡献。单位支付给教师的业绩工资包括基本工资、奖金和福利收入等几项主要内容，且各部分是有机结合在一起的。实行乡村教师收入分配倾斜政策，落实并完善集中连片特困地区和边远艰苦地区乡村教师生活补助政策，因地制宜稳步扩大实施范围，按照越往基层、越往艰苦地区补助水平越高的原则，使乡村教师实际收入水平不低于同职级县镇教师收入水平。确保县域内义务教育阶段教师平均收入水平不低于当地公务员的平均收入水平。将符合条件的边远艰苦地区乡村教师纳入当地政府住房保障体系，加快边远艰苦地区乡村教师周转宿舍建设，并建立乡村教师荣誉制度，使广大乡村教师有更多的获得感。

提升乡村教师质量。特岗计划、国培计划、定向培养向贫困地区基层倾斜，为贫困地区乡村学校定向培养留得下、稳得住的一专多能教师，制定符合基层实际的教师招聘引进办法，建立省级统筹乡村教师补充机制，推动城乡教师合理流动和对口支援。实施教育扶贫结对帮扶行动计划，这涉及《关于印发乡村教师支持计划（2015—2020年）的通知》中的相关内容。2016年，《国务院关于统筹推进县域内城乡义务教育一体化改革发展的若干意见》针对城乡教师合理流动和对口支援做出进一步要求。城镇学校和优质学校教师每学年到乡村学校交流轮岗的比例不低于符合交流条件教师总数的10%，其中，骨干教师不低于交流轮岗教师总数的20%。"发挥中心学校统筹作用"，推行乡镇中心学校和小规模学校一体化办学、协同式发展、综合性考评，学校教师"一并定岗、统筹使用、轮流任教"。

3. 各阶段教育资助政策

经过不断发展和完善，我国学生资助政策体系在更高水平上实现了所有学龄段全覆盖，实现了公办与民办学校全覆盖，实现了家庭经济困难学生全覆盖。

完善学前教育资助制度，帮助家庭经济困难儿童、孤儿和残疾儿童接受普惠性学前教育。2011年以来，学前教育三年行动计划已连续实施两期，中央财政已投入700多亿元，支持贫困地区学前教育发展。从2011年起，地方政府对普惠性幼儿园中在园家庭经济困难儿童、孤儿和残疾儿童予以资助，中央财政予以奖补。2014年，各级政府资助幼儿382万人，资助资金为51亿元[1]。

"两免一补"政策是我国政府对农村义务教育阶段贫困家庭学生就学实施的一项资助政策。主要内容是对农村义务教育阶段贫困家庭学生免杂费、免书本费、逐步补助寄宿生生活费。该政策从2001年开始实施，其中，中央财政负责提供免费教科书，地方财政负责提供杂费和补助寄宿生生活费。"两免一补"政策的资助对象包括：①持有农村特困户救助证的家庭子女；②农村人均年收入低于882元的家庭子女；③父母因重大疾病而丧失劳动能力的贫困学生；④由父母离异或丧父、丧母等原因造成家庭经济困难的学生；⑤由突发事件导致家庭贫困的学生；⑥接受特殊教育的学生；⑦由建设征地导致农村家庭人均耕地面积大量减少且造成家庭困难的学生；⑧当地政府规定的其他需要资助的学生。补助标准如下。①提供免费教科书：每生每期按实际书款减免。②免杂费：小学每生每期为70元，初中每生每期为90元，特教每生每期为70元。③补助寄宿生生活费的标准为小学每生每年1000元，初中每生每年1250元[2]。精准扶贫政策实施以来，加大了对家庭经济困难学生的社会救助和教育资助力度，优先将建档立卡的贫困户家庭学生纳入资助范围。

从2010年起，国家实施普通高中国家助学金政策，用于资助普通高中家庭经济困难学生，平均资助标准为每生每年2000元，资助面约为20%，每年有500多万名学生享受资助。从2012年秋季学期起，按照每生每年2000元的标准对中等职业学校全日制正式学籍在校生中所有农村（含县镇）学生、城市涉农专业学生和家庭经济困难学生免学费，并给予全日制正式学籍一、二年级在校涉农专业学生和非涉农专业家庭经济困难学生每生每年2000元的国家助学金资助。这一政策已对连片特困地区农村学生实

---

① 《西部地区按照"两基"攻坚责任书要求认真制定中小学公用经费标准和"两免一补"政策措施》，中华人民共和国教育部网站，http://www.moe.edu.cn/srcsite/A05/s7052/200505/t20050512_181420.html。

② 《"两免一补"政策相关知识问答》，中华人民共和国中央人民政府网，http://www.gov.cn/banshi/2006-09/04/content_376956_2.htm。

现了100%全覆盖①。

此外，我国政府将义务教育控辍保学责任分解落实到地方各级政府、有关部门和学校，并将其作为教育督导重点内容，以此减少义务教育阶段的辍学现象。具体做法：建立控辍保学目标责任制和联控联保机制。县级教育行政部门要依托全国中小学生学籍信息管理系统建立控辍保学动态监测机制，加强对农村、边远、贫困、民族等重点地区，初中等重点学段，以及流动留守儿童、家庭经济贫困儿童等重点群体的监控。义务教育学校要加大对学习困难学生的帮扶力度，落实辍学学生劝返、登记和书面报告制度，对于劝返无效的，应书面报告县级教育行政部门和乡镇人民政府，相关部门应依法采取措施劝返复学。

（二） 营养健康扶贫政策

目前，在全国层面实施的营养健康扶贫政策主要有婴幼儿"营养包"工程、农村义务教育学生营养改善计划以及中小学生心理健康发展规划。

1. 婴幼儿"营养包"工程

2012年10月15日，卫生部牵头与全国妇联合作，并由中央财政支持，启动了"贫困地区儿童营养改善项目"，为6~24个月龄的婴幼儿免费提供"营养包"。截至2017年底，这个项目在21个省份、422个县、14个集中连片特殊困难地区实现全覆盖。截至2016年6月，这个项目的"营养包"发放对象累计覆盖了379万多个6~24个月龄的婴幼儿。2017年，国务院办公厅印发《国民营养改善计划（2017－2030年）》，明确了今后一段时间内国民营养工作的发展方向，特别提出生命早期1000天营养健康行动，提高婴幼儿的营养健康水平。

与"营养包"发放相配套的措施还包括：①开展社会动员及宣传活动，提高社会各界对该项目的关注水平；②开展项目管理和技术培训，对各级卫生计生和妇联相关人员进行婴幼儿营养和喂养知识、健康教育方法及"营养包"发放管理等培训，提高其对项目的管理水平和咨询指导能力；③规范招标采购行为，确保"营养包"质量；④开展多种形式的健康

---

① 《西部地区按照"两基"攻坚责任书要求认真制定中小学公用经费标准和"两免一补"政策措施》，中华人民共和国教育部网站，http://www.moe.edu.cn/srcsite/A05/s7052/200505/t20050512_181420.html。

教育活动，向儿童看护人以及其他育龄妇女传播儿童营养和科学喂养知识、"营养包"的作用和使用方法，提高看护人对"营养包"的知晓率和掌握科学喂养知识的水平；⑤开展监测与评估，适时抽取部分项目地区进行干预效果监测与评估，鼓励各省份按照国家级监测评估方案组织开展本地项目监测与评估工作。

2. 农村义务教育学生营养改善计划

为进一步改善我国贫困地区学生的营养状况、提高学生健康水平，我国于2011年开始实施"农村义务教育学生营养改善计划"。主要措施如下。①在集中连片特殊困难地区开展试点，中央财政按照每生每天3元的标准为试点地区农村义务教育阶段学生提供营养膳食补助。试点范围包括680个县（市）、约2600万名在校生。初步测算，国家试点每年需要的资金为160多亿元，由中央财政负担。②鼓励各地以贫困地区、民族和边疆地区、革命老区等为重点，因地制宜进行营养改善试点，中央财政对进行试点的省份按照不高于国家试点标准的50%给予奖励性补助。③统筹农村中小学校舍改造，将学生食堂列为重点建设内容，切实改善学生就餐条件。④将家庭经济困难寄宿学生生活费补助标准每生每天提高1元，达到小学生每天4元、初中生每天5元。中央财政按一定比例奖补①。

3. 中小学生心理健康发展规划

2012年，教育部印发《中小学心理健康教育指导纲要（2012年修订）》，进一步科学指导和规范中小学心理健康教育工作，强调要以中西部地区和农村地区发展为重点，推动中小学心理健康教育全面、协调发展，要求各地各校进一步加强心理健康教育制度建设、课程建设、心理辅导室建设和师资队伍建设。教育部还成立了中小学心理健康教育专家指导委员会，在全国设立了20个心理健康教育示范区，开展了心理健康教育特色学校争创活动。在国务院办公厅于2014年发布的《国家贫困地区儿童发展规划（2014—2020年）》中强调，加强班主任和专业教师心理健康教育能力建设，使每一所学校都有专职或兼职的心理健康教育教师。在农村义务教育阶段学校教师特设岗位计划和中小学教师国家级培训计划中加大对心

---

① 《特困地区学生中央每天补助3元营养费》，搜狐网，http://roll.sohu.com/20111027/n32357 2220.shtml。

理健康教育骨干教师的补充和培训力度。

二 我国教育与营养健康扶贫效果

在所有国家的贫困代际传递中，一个普遍的现象是儿童贫困既是贫困代际传递产生的重要原因，也是贫困代际传递的结果。2012 年，美国、意大利和加拿大等国家的儿童贫困率接近 20%。发展中国家儿童贫困问题更加严重，如 2012 年印度儿童的贫困率高达 62%（Smeeding, Thévenot, 2016）。2013 年，我国绝对贫困儿童与相对贫困儿童的贫困率分别为 4.9%、18%，低于多数国家（国家统计局住户调查办公室，2014）。

我国一直是国际减贫行动的积极参与者。借鉴国际先进理念和经验，并结合我国国情，从教育与营养健康角度进行扶贫，在打破贫困代际传递的道路上取得了阶段性成果。

（一）教育扶贫

1. 调整学校布局，改善教学硬件设施

农村中小学布局调整，在缩小教育公共支出规模、改善教学硬件设施方面起到了明显的作用。2017 年全国义务教育学校校舍面积比 2015 年增长了 10%；体育场馆、音体美器材、实验仪器达标率超过 85%；学校互联网接入率超过 90%。全国 832 个贫困县的 10.3 万所义务教育学校办学条件达到"底线要求"，占这些学校的 94.7%[①]。

2. 建设教师队伍，提升教学软实力

首先，双重激励，保障了边远乡村教师的福利。在物质激励方面，乡村教师实际收入水平不低于同职级县镇教师收入水平。将符合条件的边远艰苦地区乡村教师纳入当地政府住房保障体系，加快边远艰苦地区乡村教师周转宿舍建设。2016～2017 年，全国各地新建 7.4 万套周转宿舍，这样的措施惠及 725 个县的 127 万名乡村教师[②]。在精神激励方面，建立乡村

---

① 《全面加强两类学校建设　促进乡村教育大发展》，中华人民共和国教育部网站，http://www. moe. gov. cn/jyb_xwfb/moe_2082/zl_2018n/2018_zl31/201805/t20180502_334810. html。

② 《全面加强两类学校建设　促进乡村教育大发展》，中华人民共和国教育部网站，http://www. moe. gov. cn/jyb_xwfb/moe_2082/zl_2018n/2018_zl31/201805/t20180502_334810. html。

教师荣誉制度，使广大乡村教师有更多的获得感。

其次，多措并举，提升乡村教师质量。特岗计划对改善农村学校学科配置、提升教师质量具有积极作用。国培计划从专业理念、专业知识和专业能力三个方面提升了乡村教师的专业素质，并通过提高教师职业认同感，减少乡村教师的流失，这些效果在中西部地区更加明显。县域内的轮岗交流制度通过分流优质师资，促进了师资均衡，同时推进教育资源分布相关政策制度完善。

3. 完善教育资助体系，减少因贫辍学情况

在学前教育阶段，实行"第三期学前教育三年行动计划（2017—2020年）"。建立健全"国务院领导，省地（市）统筹，以县为主"的学前教育管理体制。要求进一步健全资助制度，确保建档立卡等家庭经济困难幼儿优先获得资助。

在义务教育阶段，实施"两免一补"政策。该政策从2001年开始实施，中央财政负责提供免费教科书，地方财政负责提供杂费和补助寄宿生生活费，并于2011年提高补助标准。该项政策通过缓解家庭经济约束降低了学生流失的概率，并提高了贫困女童的入学率。

在高中教育阶段，实施普通高中国家助学金政策和农村中职学生学费免、补政策。目前，普高平均资助标准为家庭贫困学生每生每年2000元，每年有500多万名学生享受资助。按照每生每年2000元的标准为中职学校全日制正式学籍在校生中所有农村（含县镇）学生免学费，并给予全日制正式学籍一、二年级在校家庭经济困难学生每生每年2000元的国家助学金资助。这一政策已对连片特困地区农村学生实现了100%全覆盖①。

在高等教育阶段，实施多项助学政策。国家在高等教育本专科阶段建立国家奖学金、国家励志奖学金、国家助学金、国家助学贷款、师范生免费教育、退役士兵教育资助、基层就业学费补偿助学贷款代偿、服义务兵役国家资助、直招士官国家资助、新生入学资助项目、勤工助学、学费减免等多种形式有机结合的高校家庭经济困难学生资助政策体系。此外，国

---

① 《西部地区按照"两基"攻坚责任书要求认真制定中小学公用经费标准和"两免一补"政策措施》，中华人民共和国教育部网站，http://www.moe.edu.cn/srcsite/A05/s7052/200505/t20050512_181420.html。

家还积极引导和鼓励社会团体、企业和个人面向高校设立奖学金、助学金，共同帮助高校家庭经济困难学生顺利入学并完成学业。

（二） 营养健康扶贫

1. 实施婴幼儿"营养包"工程，从源头切断贫困

"营养包"工程在减轻农村贫困地区婴幼儿家庭养育孩子经济负担的同时，缓解了婴幼儿营养不良的燃眉之急，更重要的是"营养包"的推广引起农村贫困地区父母对养育孩子的重视，增长了他们养育孩子的知识，改变了养育方式，使他们能科学养育孩子，为打破贫困代际传递和促进中国人力资本的初期发展奠定了坚实的基础。

2. 实行农村义务教育学生营养改善计划，助力积累高素质人力资本

自农村义务教育学生营养改善计划于 2011 年实施以来，中央财政累计安排的相关经费达到 1248 亿元。此外，中央还专门投入 300 亿元用于食堂建设，通过加大食堂建设力度，食堂供餐比例大大提高。截至 2018 年，全国共有 29 个省份、1631 个县实施农村义务教育营养改善计划，受益学生达到 3700 万人，居全球第四位。通过七年的努力，农村义务教育营养改善计划试点地区学生生长发育得到有效保障，身体素质有了明显提升。2017 年，试点地区的男、女学生各年龄段的平均身高比 2012 年分别高出 1.9 厘米和 2 厘米，平均体重增加 1.3 千克和 1.4 千克；学生营养不良率从 2013 年的 19% 下降到 16%，营养不良问题得到缓解；贫血率从 2012 年的 17% 下降到 7.6%[①]。农村义务教育学生营养改善计划的实施显著提高了学生营养和健康水平，尤其是贫困学生。

三 我国教育与营养健康扶贫的经验总结

我国农村扶贫为世界减贫事业做出了重大贡献，对全球减贫的贡献率超过 70%。我国教育与营养健康扶贫的成功经验，对其他发展中国家也有重要的借鉴意义。

第一，从政策制定上保证贫困人口有享受教育和营养健康的机会。在

---

① 《全面加强两类学校建设 促进乡村教育大发展》，中华人民共和国教育部网站，http://www.moe.gov.cn/jyb_xwfb/moe_2082/zl_2018n/2018_zl31/201805/t20180502_334810.html。

小学和初中阶段实施免费义务教育，并对贫困家庭的学生进行"两免一补"，降低贫困学生在义务教育阶段的流失率，保证贫困家庭的孩子至少可以完成初中阶段的教育；在普通高中和高等教育阶段为家庭贫困的学生提供国家助学金，确保贫困家庭的孩子有平等地享受高中教育和高等教育的机会。启动实施了农村义务教育学生营养改善计划，对集中连片特殊困难地区的学生和家庭经济困难的寄宿学生给予财政补助，以改善贫困地区农村儿童的营养状况。

第二，政府在教育、营养健康公共服务供给和均等化的过程中起主导作用。教育和营养健康具有很强的公共物品属性，对贫困人口教育和营养健康的投资更是私人部门不愿意介入的领域。2000年以后，我国公共教育支出占GDP的比重不断攀升，于2012年达到4%的国际标准。公共健康支出占总健康支出的比重在2014年已经接近56%。同时，中央财政向贫困地区倾斜。在财政实力雄厚的地区，地方政府负担的比例较高，而在贫困地区，中央政府负担的比例较高。

第三，合理安排教育与营养健康扶贫的优先顺序。在资源有限的情况下，合理安排扶贫优先顺序是提高资源使用效率的有效手段。婴幼儿时期是打破贫困代际传递、减少不平等、全面提高人口素质的战略机遇期，因此，优先投资贫困人口中0~3岁儿童的教育和健康更为重要。中国政府已经为贫困农村婴幼儿免费发放"营养包"来改善他们的健康状况，同时正在积极探索农村早教的试点工作，提高农村婴幼儿的养育质量。

第四，加强国际合作。贫困已成为全球性问题，在扶贫中采用国际合作的策略也是应对这一趋势的必然选择。加强国际合作不仅表现为借助援助资金进行扶贫，还要借鉴国外先进的扶贫理念以及扶贫方法。我国政府借用西方经济学理论中的恩格尔系数，并结合国内实际制定了符合中国国情的贫困线标准。同时，借鉴其他国家提高人力资本水平的成功经验，并成功将其运用于扶贫实践中。我国政府还积极推进扶贫经验的国际交流，2004年在上海举办了全球扶贫大会，与海外其他国家交流了扶贫经验；2015年国际消除贫困日，习近平主席发表重要讲话，宣示中国的减贫方略和主张；2017年，在第一届"一带一路"国际合作高峰论坛后，我国进行了减贫的专题研讨，努力促成与其他发展中国家在反贫困方面加强合作和交流经验。

第三节　贫困农村教育与营养健康扶贫仍需解决的问题及有益尝试

2020 年前，中央提出的教育扶贫的总体目标是"义务教育有保障"（指保障贫困家庭孩子接受九年义务教育）。"义务教育有保障"不仅要求保障学生享有接受义务教育的权利，还要求学生能公平享有高质量的教育。在"义务教育有保障"方面，还需努力解决几大问题。

一　贫困农村教育与营养健康扶贫仍需解决的问题

（一）　学校布局调整的负面影响

农村中小学布局调整，在缩小教育公共支出规模、改善教学硬件设施、提升教学质量方面起到了明显的作用，但同时也引发以下问题。①高质量的教育机会是不方便的。学生上学距离变远，导致辍学现象增多，尤其是女童辍学。②高质量的教育机会是非人本的。寄宿学生低龄化、情感缺失和心理问题成为隐患。③高质量的教育机会是高成本的。家庭负担的义务教育成本上涨，农村义务教育出现新的不平等现象。在一些地方，免补政策的好处基本被学校撤并导致出现额外负担抵消，甚至有的地方农民负担比免费前还重。农村学校布局调整后，为了让子女获得相同水平的教育，低经济水平家庭要付出更高的成本租房陪读，这是农村小学教育不公平的新特征。④失去了学校的乡村成为百姓心目中不再适合居住的地方，学校的撤并导致乡村文化断裂，加剧了乡村人口的外流和乡村社会的荒芜。

（二）　义务教育阶段的辍学问题

加强义务教育是提高全民素质的根本手段，是促进我国从人口大国迈向人口强国的基础措施。因此，"控辍保学"是 2020 年前乃至 2020 年后一段时间内，我国义务教育的首要目标。实际上，我国仍存在农村学生未完成九年义务教育的问题。贫困生、差等生、留守学生和学校教学条件较差的学生未完成率较高。在民族地区和偏远农村地区，这一问题更加突出。学生流失的原因是多方面的，但也随着社会经济的发展而发生变化。"两免一补"政策基本清除了农村因贫辍学的现象，但是由于学校布局调整、竞争激烈、农村学校教学质量低下等，学生上学的便利性大打折扣，学业压力增大致使厌学现象频频发生，并逐渐成为学生辍学的几项主要原因。

（三）　农村义务教育质量问题

提升农村义务教育质量，是从根本上解决义务教育阶段辍学问题的重要手段之一。虽然我国在较长时间内投入大量资源采取特岗计划、国培计划和定向培养等多项措施，以期改善农村教育条件，提升农村教育质量，但在这些措施实施过程中仍面临如下问题。

1. 师资不稳定与不平衡的问题

（1）"下不去"的问题。在所有特岗教师中，工作在村小学的只有10.2%，说明目前特岗教师大多数工作在乡镇一级的学校，而在真正缺乏教师、教育现状急需改善的村小学及教学点，特岗教师的数量还很少。（2）"教不好"的问题。乡村小学由于成班率低而不得不实行包班制或者复式教学，当前，年轻教师学科单一和专业背景难以满足乡村小学教学工作的现实需求。即使参加国培计划，由于培训内容与实际教学的结合度较低，培训效果大打折扣。（3）"留不住"的问题。特岗教师的留任率比较高，但教师仍在参加多种类型的职业考试，稳定性值得担忧。定向培养也存在大量违约现象。（4）"不平衡"的问题。特岗教师中以语文、数学和思想政治教师居多。计算机、美术、音乐等紧缺学科的教师比例特别小。（5）"不满意"的问题。特岗教师对工作的满意度还是比较高的，但对工资待遇、住宿条件等的满意度有待提高。

2. 已有旨在提高教育质量的措施对学生的影响评估问题

目前还不知道这些措施的实施对农村学生学业表现和非学业表现的影响。因此，无法准确测度国家在这些措施中投入的资源的使用效率。可见，当前条件下，要想科学、客观了解这些措施的效果（对学校、教师和学生的效果），并在此基础上改进措施和提高资源使用效率，急需进行规范的影响评估研究。

（四）　边远民族地区的双语教育问题

深度贫困地区都处于边远民族地区。对于民族地区而言，教育还肩负着更多的任务，其中，消除语言障碍、促进民族交流与融合、提升脱贫攻坚成效是重任。目前，双语教育具有前所未有的优良政策环境，在中央和地方政府的教育发展规划中，双语教育的地位、目标和经费保障都有清晰的表述，我国已建立起少数民族双语教育的政策法规体系。但在民族双语教育实践中，仍面临如下问题，需要尽快解决。

1. 民族教育体系需要改进和完善

新中国成立以来，在长期关注完整、独立民族教育体系构建的同时，存在民族教育和双语教育体系缺乏开放性、兼容性和适应性的问题，在一定程度上使一些民族教育学校体系成为一个相对封闭的教育系统。

2. 双语教育研究有待加强

我国的双语教育研究长期偏重于政策法律层面的解读，总是在讨论双语教育"为什么"的问题，而忽视了对双语的学习与教学问题的研究，即忽视了双语教育"怎样做"的问题。对双语教育中学习与教学规律的研究严重滞后，成为制约双语教育质量提升的瓶颈。

3. 少数民族双语师资力量有待提升

教师数量不足、国家通用语言水平低、教学能力欠缺问题，直接影响双语教育质量与效果。

（五） 义务教育延长与否的问题

义务教育延长与否的问题是当下我国社会各界讨论的热点话题，其受到关注是有原因的。一方面，从全国总体情况来看，目前，"义务教育有保障"这一目标已不能与经济发展对人才的需求相匹配，近年来，中职（高中阶段）学校扩招就是很好的证明；另一方面，一些地方政府实际上已经实行了15年或者14年免费教育，使其更具有类似于目前中小学阶段"义务教育"的特征。对于该议题，需重点关注三个问题：①义务教育是否需要延长？②如果是，向哪端延长？学前教育还是高中教育？③选择延伸方向后，在发展过程中还需要特别关注哪些问题？

（六） 学龄前儿童教育问题

通过提高人口素质实现我国从人力资源大国向人力资源强国的转变对于从根本上消除我国贫困人口至关重要。学龄前是儿童大脑结构和功能发育的关键期，儿童在生命早期获得良好的发展，可以为今后成长成才打下扎实的基础。目前，我国在这方面还面临较大的挑战。

1. 0~3岁儿童早期发展

国家扶贫开发重点县中的农村婴幼儿的发育不乐观，根据中国科学院农业政策研究中心在陕西 11 个国定贫困县的调研数据，6.9% 的婴幼儿认知能力发育严重滞后，13.1% 的婴幼儿有轻度认知障碍。在运动能力方面，13.1% 的婴幼儿运动能力发育严重滞后，19.2% 的婴幼儿存在轻度运动障碍。婴幼儿的认知、语言或运动能力发育存在滞后的比例高达 40% 。

2. 4~6 岁农村学前教育服务

首先，农村学前教育服务主体以私立幼儿园为主，服务可得性亟待改善。一方面，部分适龄儿童未接受学前教育（进入幼儿园或学前班）；另一方面，在接受学前教育的适龄儿童中，较大比例的儿童需要到 5 公里以外的幼儿园就读，存在较高的时间成本及安全风险。其次，农村学前教育服务区域差异明显，西部农村地区的问题更为严重。西部地区在儿童入园比例、幼儿园服务范围等方面均落后于东部地区。最后，幼儿园硬件设施差，难以满足儿童早期发展需要；师资力量不足，质量难以保证；农村学前教育服务收费偏高。

（七） 营养改善计划 "扩面提质" 问题

"扩面"包括两层含义。首先，目前，我国针对贫困地区的 6 个月至 2 岁婴幼儿已实施"营养包"工程，义务教育阶段的学生也开始享受营养改善补贴。是否需要在 3~5 岁学龄前儿童中实行营养改善计划？其次，义务教育营养改善计划是否覆盖全部农村地区？城市地区是否也需要覆盖？"提质"涉及提高营养改善的效果和补助标准的问题，如如何提高贫困地区婴幼儿"营养包"的使用率和对婴幼儿的科学喂养率？如何提高营养改善计划补助的使用效果？是否要在全国层面将"营养改善计划"升级到"免费营养午餐"等？

二 教育与营养健康扶贫的成功案例与有益尝试

针对教育与营养健康扶贫仍需解决的几个大问题，可以借鉴国内外的成功案例或部分地方政府的已有试点。

（一） 国外成功案例

1. 学前教育公共财政投入

1996 年，欧盟委员会保育协会就建议欧洲各国对早期保育和教育的投入总额至少要占 GDP 的 1% 。目前，在一些国家，已超过或接近达到这一水平。公共资金分担学前教育成本的主要方式具体包括以下几种做法。

①将某一年龄段的学前教育纳入义务教育范畴或提供免费服务，如爱尔兰和荷兰提供两年的免费学前教育，比利时、法国、卢森堡、葡萄牙提供三年及以上免费学前教育。②举办公立幼儿园。2005年，欧洲16国中公共财政分担3岁以上学前教育费用在90%以上的国家有9个；在80%～90%的国家有6个；德国分担的比例为72%。此外，在公立幼儿园所占比例相对较低、难以满足广大民众需求的国家和地区，学前教育服务定位于"保底"，优先招收各种处境不利的幼儿。③建立儿童保育和教育项目。当公共资金不能为所有或多数儿童提供免费的保育和教育时，政府会优先考虑为各种处于不利环境的幼儿提供服务，如美国的"提前开端计划"、韩国的"农村公立幼儿园计划"。④实施"排富性"幼儿教育券计划，为社会弱势群体争取平等的受教育机会。1996年，英国开始试行幼儿教育券计划，对4～5岁的幼儿每人每年补助1000英镑以减轻大多数家庭的经济负担，增强家长的选择能力，从而引入市场竞争机制，希望通过教育券所规定的标准来保证质量。

2. 美国学校午餐计划

美国政府先后出台10多部法律及技术规章制度，明确规定学校午餐、早餐的营养要求及食物数量。当前，为了推广营养伙食，全美更在9000所学校推行旨在将农场的新鲜农作物直接供应学校的"农场—校园直通车"计划，即美国学校午餐计划（NSLP）。

NSLP具有三个特色。①照顾低收入家庭，保证其子女能享受到减价或免费午餐。在学校吃的午餐依据家庭收入情况，按照贫困线划分标准分免费、减价、全价三种购买方式，其中对于享受减价营养午餐的学生，收费金额最高不超过40美分。当前，享受免费或减价午餐的美国家庭约占全美家庭的50%。②精心设计营养标准，科学合理构建饮食结构，以便于进行营养干预。该计划规定营养午餐必须符合联邦政府规定的"美国饮食标准指南"。它以法规的形式确定了提供人体每天所需蛋白质、维生素A和C、铁、钙和卡路里量的比例。美国学校午餐计划是进行营养干预的最佳途径，一旦学生出现营养方面的问题，政府即借助该计划实施干预。③致力于使师生了解食品、营养和健康知识，从而培养良好的饮食习惯，并由美国农业部负责进行培训，以保证校餐服务人员掌握必要的健康烹饪知识。

（二）国内地方政府的有益探索

1. 山东省莒县提升农村教育质量

首先，加快"县管校聘"管理体制改革，推动优秀校长和骨干教师向农村学校、薄弱学校流动，并在职称晋升、荣誉奖励、绩效工资分配和中高级岗位设置比例方面，向扶贫重点乡镇中小学教师倾斜。扶贫重点乡镇中小学在核定教师编制的基础上增加5%教师岗位，在核定职称岗位的基础上，偏远乡镇重点扶贫中小学中高级岗位增加2%，优秀教师、优秀班主任直接安排到村小，并向扶贫重点乡镇中小学倾斜。对于农村、偏远地区中小学和薄弱学校中高级职称岗位设置比例，在规定的比例上限内上浮1~2个百分点。其次，加强扶贫重点乡镇师资建设，师资向扶贫重点乡镇倾斜。2016年为扶贫重点乡镇补充教师106名，缓解贫困乡镇师资短缺问题。目前，扶贫重点乡镇中小学的师生比是1:13.4，高于平均水平（1:15.9）。

莒县均衡城乡教育资源的措施还未得到科学评估，建议在其他地区多增加类似的尝试，并科学评估其效果：对学校、教师和学生等利益相关方进行多维度评估，在此基础上考量推广的可行性。

2. 营养改善计划的"贵州模式"

贵州省营养改善计划的具体做法如下。①统一由学校食堂供餐，解决食品安全问题。②倡导家长适当交粮，配合国家补助，提升营养餐质量。③原材料采买实现"四统"，降低采购成本，确保采购质量，实现为学生提供"等值优质"食品的目标。④配备食堂工勤人员，避免老师当"厨师"影响教学，确保工勤人员工资、保险等待遇纳入县财政预算。⑤财务公开，并加强对营养改善效果的监测。

该模式对营养改善计划实施以来社会各界关注的几个核心问题进行解答。首先，通过学校供餐解决食品安全问题。其次，让家庭负担部分营养改善计划的成本并公开"补贴"收支细节，一方面能有效提高家庭的参与度；另一方面增加了营养改善计划的预算额度，使营养改善计划在国家补贴标准下真正实现"有营养"。再次，原材料采买实现"四统"，不仅降低了成本，让更多的资金用于提高营养水平，而且更重要的是保证了食材供应的安全性。最后，通过配备专业的食堂人员，避免专任教师投入营养餐准备的环节，让他们能够集中精力，专注教学工作。

（三） 科研机构的前沿性研究证据

1. 亲子活动入户指导——促进农村儿童早期发展

中国科学院农业政策研究中心与合作者于 2015～2016 年在云南和河北 42 个村，对 448 名 6～18 个月儿童开展了为期一年的儿童早期发展入户指导随机干预实验试点研究。该研究将 448 名儿童随机分为对照组（226 名，没有任何干预）和干预组（222 名）。在干预组，组织相关领域专家向 60 多名乡镇和村计生工作人员开展为期一周的儿童早期发展和喂养知识培训，培训后的乡镇和村计生工作人员转型为“养育师”。这些养育师使用项目组开发的 144 个亲子游戏活动及配套玩具、绘本，两周一次到农户家示范和指导家长与儿童开展亲子活动，并向家长提供儿童喂养方面的指导意见。

基于对干预前后调查数据的分析有如下发现。①乡镇和村计生工作人员实施的亲子活动入户指导干预显著提高了农村家庭亲子活动质量。接受亲子活动入户指导后，干预组家长在调查前一天使用玩具和儿童一起玩游戏、给儿童讲故事和给儿童读绘本的比例分别是对照组的 1.3 倍、1.5 倍和 1.8 倍。②两周一次的入户指导干预能显著促进儿童能力提升。按照项目要求实施干预一年后，与对照组相比，干预组儿童的认知、语言、运动能力平均提高了 7.9 分、2.0 分和 5.3 分。

2. 农村义务教育教师绩效激励——提高农村教学质量

中国科学院农业政策研究中心与合作者于 2012～2014 年对我国西北地区 16 个县的 216 所学校的 237 名数学老师、7373 名学生开展了三种方式的教师激励随机干预实验，并评估了每种干预方式的效果。三种干预方式如下。①绝对值干预组，指根据评估调查时学生的标准化数学考试成绩，计算每位样本老师所教学生的平均数学成绩，并以此作为绝对值干预组老师教学质量的衡量指标。②增加值干预组，指根据学生评估调查的标准化考试成绩与基线调查的标准化考试成绩之差，得到每位学生成绩的增加值，再计算每位样本老师所教学生成绩增加值的平均数，作为增加值干预组老师教学质量的衡量指标。③增加值百分位干预组，指先计算学生评估调查和基线调查的标准化数学考试成绩之差，再从该组样本中找出基线调查成绩一样的学生（起点相同的学生），根据考试成绩的增加值，对这些学生进行百分位排名，最终每个样本学生都获得一个百分位排名，将每位样本老师所教学生的增加值百分位平均值作为该老师的教学质量衡量指标。

增加值百分位干预组样本老师的激励奖金取决于其教学质量的百分位，对三个干预组的老师分别按照教学质量进行百分位排名。百分位最高的老师能够从项目组拿到 7000 元的激励奖金，百分位每降低一名，激励奖金就减少 70 元。平均而言，一个老师大概能从项目组拿到 3500 元的激励奖金。经过 8 个月的干预，评估结果显示，增加值百分位的激励方式能够促使老师改变教学行为，将学生的学业表现提高 0.10 ~ 0.15 个标准差，尤其是对差等生学业表现的激励效果更明显。增加值百分位的激励方式可以有效促使老师同等对待所有学生。

3. 计算机辅助学习——提高少数民族地区学生的汉语水平

中国科学院农业政策研究中心与合作者于 2011 ~ 2012 年在青海省 3 个少数民族县实施了计算机辅助学习项目。该项目为有需要的农村少数民族学生提供高质量的计算机辅助学习服务，主要用于帮助学生学习汉语。项目中的每个学校无偿得到装有普通话学习软件的电脑 6 ~ 8 台。老师们也通过接受相关培训了解如何用计算机辅助学习软件教学。项目组从这三个县中选择 57 所贫困少数民族小学。其中随机选取 26 所学校作为干预组，剩余的 31 所作为控制组。干预组学校共有 1717 名三年级学生，每名学生每周参加两节实践课程。开课前，每个年级有 1 ~ 2 名老师参加为期 3 天的高强度培训，其中涉及计算机辅助学习的各项步骤和电脑基本操作，确保老师能正确指导学生参加实践课程并帮助他们使用项目组提供的软件。

评估结果表明，计算机辅助学习项目至少在短期内对学生的学习效果有显著影响。每周两节 40 分钟的计算机辅助学习课程使学生的语文成绩上升了 0.14 ~ 0.20 个标准差，相当于语文成绩提高了 9 分，之前表现较差的学生的进步更大。进一步跟踪研究发现，对于计算机辅助学习项目，从长期看，特别是对弱势群体效果更为明显，不仅提高了学生的学习成绩，还增强了学生的自尊心、学习兴趣等非认知方面的能力。

4. 义务教育阶段学生营养改善——多种干预方式的效果比较

中国科学院农业政策研究中心与合作者于 2008 ~ 2012 年在西北地区开展了 7 个针对消除小学生贫血和提高学业表现的随机干预实验，覆盖 635 所学校的 45000 多名小学生。干预方式包括向学生提供多元维生素片（口服或咀嚼多元维生素片）、对父母和老师进行营养知识培训（给家长的一封信或对家长集中培训）、每天向学生提供一个鸡蛋和一杯牛奶、直接向学校提供餐费补贴（每生每天 1.5 元）以及激励校长等。

通过对不同类型干预结果的比较可知，仅开展信息干预没有显著效果，向每生每天提供 1.5 元餐费补贴很难改变学生贫血的状况，仅提供鸡蛋和牛奶对学生贫血改善没有显著影响。但在上述干预基础上每天额外提供一片多元维生素片在半年后能够大大降低小学生的贫血率（贫血学生数量减少 27%）并能显著提高小学生的学业表现（提高 2.8 分，总分为 100分），相当于减少调查发现的城乡教育差距（16 分）的 18%。

第四节 2020 年后教育与营养健康扶贫的原则、测算与建议

一 2020 年后教育与营养健康扶贫的原则

教育与营养健康不仅是个人发展的事情，还是关系国家人力资本储备的大事，因此，进行教育与营养健康扶贫首先要满足国家对人才的需求，并遵循教育与营养健康的公共物品属性以及与个体的生长发育相契合。

第一，与经济转型升级对人才的需求相适应。我国已经进入中等收入国家行列，正面临从低工资、劳动密集型的制造业向高工资、高附加值的产业转型，进行合理的教育投资十分必要。在转型过程中，发展中国家对熟练劳动力的需求正日益增加。处于这一转型期的学生需要接受高中及以上的教育，才能获得必备的技能，提高自己在未来劳动力市场上的竞争力。否则，他们今后将很难找到高薪工作，甚至有可能由于缺乏必要的条件而拖累整个经济发展。

第二，充分考虑教育与营养健康的公共物品属性。基础教育和营养健康具有很强的公共物品属性，而公共物品的非排他性和非竞争性意味着，在教育与营养健康扶贫的过程中，政府起主导作用，而且相关服务的供给对公平性的要求更高，即无论贫富，公众皆有享用的机会和权利。这要求，在教育与营养健康扶贫过程中，在瞄准扶贫区域后，普惠政策是首选。鉴于我国城乡儿童在教育和营养健康方面的巨大差距，尤其是教育质量方面，农村地区仍是公共财政投入的重点地区。

第三，与人体发育过程相契合。大脑的发育及其功能是基因和环境相

互作用的结果。营养和养育（刺激）在孩子成长的最初 1000 天尤为重要。对婴幼儿早期实施的预防性干预措施远比学龄和成年阶段的治疗性干预措施更有效（包括效率和效果）。向 0 ~ 3 岁儿童提供有质量的早期发展服务，不仅可以从源头上提升发展中国家人力资本质量，还是切断贫困代际传递的根本手段。在 4 ~ 6 岁阶段的投资回报也远高于学龄和成年阶段。因此，2020 年后，政府应重点关注 0 ~ 6 岁儿童的教育（养育）与营养健康。

二 2020 年后教育与营养健康扶贫方案

结合教育与营养健康扶贫面临的问题与已有成功案例及尝试，针对 2020 年后教育与营养健康扶贫提出如下建议。

（一）适当延长义务教育年限

在财政实力允许的情况下，义务教育年限可向前、向后各延长 3 年，如果财政实力有限，则建议向前延长 3 年，即将学前教育纳入义务教育范畴。原因如下。

第一，从教育投资的社会回报率来看，对学前教育阶段投资的社会回报率远高于高中阶段，对于社会回报率较高的教育阶段，应以政府公共投资为主；而对于社会回报率较低的高中阶段，应积极引导私人部门进行投资，包括家庭、企业或者公益组织等。

第二，就现实客观条件而言，义务教育向高中阶段延伸的必要性不足。首先，《国家中长期教育改革和发展规划纲要（2010－2020 年）》中明确提出，到 2020 年，"普及高中阶段教育，毛入学率达到 90%"。事实上，2012 年以来，中职学校的大规模扩张（姑且不论教育质量），使这一目标的实现成为可能。即使不强调高中阶段纳入义务教育范畴，实际上绝大部分学生也接受了高中教育。其次，义务教育要向高中阶段延伸，必须妥善解决中考存在的问题。

目前，学前教育教师数量、校舍等硬件资源严重短缺，义务教育向学前教育阶段延伸还需要做大量的准备工作，因此该议题也是在 2020 年后需要考虑的。但义务教育向学前阶段延伸并不意味着学前教育是免费教育，也不意味着降低对高中阶段教育的资助水平。在这一方面，建议如下。

1. 进一步完善贫困农村的教育资助体系。将贫困农村学龄前儿童入园纳入教育资助体系，向不同贫困程度的家庭提供不同强度的资助。通过减少家庭经济约束提高贫困家庭学龄前儿童入园比例。

2. 要总结农村义务教育中小学布局调整的经验，因地制宜设立乡村幼儿园，尤其是在边远地区，不适合集中办园。

3. 在高中教育阶段，扩大和加大对普高贫困生的资助面和资助力度。目前，中职教育的资助面和资助力度远远大于普通高中，而普通高中是学生进入大学最主要的途径。因此，应加强对普通高中的资助，使更多贫困家庭的孩子有机会上大学，进而有能力在劳动力市场中与同龄人竞争，斩断穷根。

（二）投资0~3岁婴幼儿的科学养育

向0~3岁儿童提供有质量的早期发展服务，不仅可以从源头上提升国家人力资本质量，还是切断贫困代际传递的根本手段。但在贫困农村，家长甚至政府官员对此均缺乏认识，同时，家庭经济条件差不仅制约其在婴幼儿养育上的物质投入，还制约时间投入，即与婴幼儿的交流互动不足。可以通过培训村级计生干部，让他们成功转型为"养育师"，一方面解决了新时期计生干部工作转型的问题；另一方面也可以让农村婴幼儿的早期发育水平得到大幅提升，提高农村婴幼儿获得公共服务的可及性。

（三）提升工资待遇，拓宽职业通道，加强贫困农村地区的师资力量

1. 通过提高教师工资、增加中高级职称岗位、完善师资调配措施，缩小贫困农村地区与其他地区在师资力量方面的差距，如在贫困地区教育支持的专项计划中，设置相应的经费用于提高教师待遇，吸引教师到贫困地区任教。增加贫困地区教师编制，尤其是中高级岗位数量，并提高中高级教师在教师总量中的比例。

2. 在区域内统一调配教师，保障师资均衡，实现教育公平；为交流轮岗教师提供多种津贴。

3. 建议在边远贫困地区进行试点和科学评估，比较不同工资涨幅、不同额度的补贴和职称比例的提高程度，以及区域内师资的调配情况及其对学生学业表现和非学业表现的影响，并综合比较不同方案的效率和效果，为2020年后的政策调整做好准备。

4. 建议科学评估"特岗计划""国培计划""定向培养"等这些措施，

提升农村教育师资水平和改善学生在学业和非学业方面的表现。根据影响结果，适当调整和整合资源，因此，科学评估越早执行越好。

（四）　营养改善计划"扩面"

1. 营养改善计划首先在贫困农村地区试点，国家已计划于2017年底使其覆盖所有国家扶贫开发重点县。鉴于营养改善计划对学生成长发育带来的积极影响，建议2020年后将其覆盖范围扩大到所有农村地区的义务教育学校。

2. 目前，营养改善计划还不满足覆盖学前教育的条件。首先，从财政实力来说，要覆盖学前教育学校还有些难度。其次，当前农村幼儿入园比例较低，边远地区的幼儿入园比例更低，贫困边远地区的幼儿很少能真正享受到营养改善计划带来的效果。最后，在农村学前教育阶段实施营养改善计划还需进行更多的准备，如供餐形式、供餐标准、经费来源（公共财政？家庭？公共财政＋家庭？）等。因此，类似于义务教育延伸，目前，营养改善计划的延伸也处于准备阶段，但需将此提上日程。

（五）　营养改善计划"提质"

1. 目前，财政补助每生每天4元的标准满足不了该年龄段学生的营养需求。根据当前的《学生营养午餐营养供给量》标准，按照2016年农村地区市场价格估算，每顿营养午餐仅购买食物的成本至少需要6元。因此，要想做到真正的营养改善，这一标准必须提高。

2. 参考美国营养改善计划的实施方式以及贵州省的实践，建议依据家庭收入情况，按照贫困线划分标准分免费、减价、全价三种购买方式，其中对于享受减价营养午餐的学生，收费金额也要有上限规定。

（六）　评估现有营养改善政策的效果，提高资源使用效率

政策的制定是有成本的，应跟踪评估已有营养改善政策的实施情况及其影响，及时发现在执行过程中存在的问题，并通过解决这些问题来提高资源的使用效率。另外，通过对营养摄入关系人的健康状况的评估可以及时发现学生面临的营养问题（如微量元素摄入不足或者肥胖等），通过调整饮食结构提高健康水平，减少全社会的医疗负担。这是在整个营养改善计划实施的过程中都要执行的重要环节。

此外，在学校布局调整方面，严格贯彻执行2012年印发的《国务院办公厅关于规范农村义务教育学校布局调整的意见》，确保义务教育阶段

学生享有就近入学的权利，这也与《义务教育法》中关于"就近入学"的规定相一致。同时，盘活"十一五"和"十二五"期间农村中小学配置的计算机硬件资源，通过计算机辅助学习模式，提高少数民族地区学生的汉语水平。

三 2035年教育与营养健康扶贫的财政支出测算

（一）2035年贫困儿童规模预测

基于前文对2015～2035年我国人口规模、户籍城镇化率、相对贫困背景下儿童贫困发生率以及2015年全国1%人口抽样调查中各年龄段人口的比例（假定0～19岁人口比例每年下降0.1个百分点），推算出2015～2035年农村0～19岁贫困儿童[①]规模：

农村0～19岁贫困儿童规模 = 农村0～19岁儿童规模 × 相对贫困背景下儿童贫困发生率

农村0～19岁儿童规模 = 人口规模 × 户籍城镇化率 × 0～19岁农村人口比例

通过计算得到，2020年、2025年、2030年、2035年，农村0～19岁贫困儿童规模分别为5437万人、5195万人、4794万人和4290万人。其中，2035年，农村0～3岁、4～6岁、7～15岁、16～19岁儿童规模分别为1191万人、1191万人、3577万人、1588万人，相对应的各年龄段农村贫困儿童规模分别为677万人、677万人、2033万人、903万人。

（二）2020后教育与营养健康扶贫财政支出

从宽口径计算，即按照2035年所有0～3岁农村婴幼儿早期养育服务、4～6岁农村贫困家庭学龄前儿童学前教育资助［1600元/（人·年）］、4～6岁农村贫困家庭学龄前儿童营养改善［按照5元/（人·天）×22天/月×12个月/年计算，共1320元/（人·年）］、4～6岁农村非贫困家庭学龄前儿童营养改善［按照2.5元/（人·天）×22天/月×12个月/年计算，共660元/（人·年）］、农村义务教育教师工资提升［教师工资现在约为6000元/月，新增1.5倍，即15000元/（人·月），每年按照13个月计算，《义务教育法》规定师生比为1:23］、农村义务教育营养改善补助标准

---

① 为与2015年全国1%人口抽样调查中各年龄段人口的比例的统计口径一致，采用0～19岁这一标准。

提高 [新增 2.5 元/ (人·天)，提高到 7.5 元/ (人·天)，按照每年 9 个月，每个月 22 天计算] 进行计算，对提高标准的部分实施免费、减价和全价政策；按照免费规模覆盖的贫困地区学生数量、减价（家庭和财政各负担一半）的构成情况测算贫困农村学生普高学费 [3000 元/ (人·年)；普高贫困学生比例按照 60% 计算]，其全部由财政负担，各级政府总负担约增加 2930.51 亿元（2019 年现值）。

其中，0~3 岁新增 600 亿元；4~6 岁新增 231.38 亿元；义务教育阶段新增 1977.45 亿元；普通高中资助新增 121.68 亿元，约为 2018 年 GDP 的 0.33%。我国教育支出占 GDP 的 4.22%，即使增加到 GDP 的 4.55%，仍不及世界公共教育经费投入占 GDP 的平均比例（5.1%，其中发达国家为 5.3%，撒哈拉以南非洲国家为 4.6% 左右）。同时，在公共教育经费支出结构方面，与其他国家相比，我国在学前教育中的公共经费投入并不多。2016 年，我国学前教育支出占 GDP 的 0.27%，在 2035 年将 GDP 的 0.2% 增加到学前教育（0~6 岁）阶段，才与全球大部分国家目前在该阶段的投入比例大致相当。

第九章
面向2035年基于权利的农民工养老和住房保障体系设计

社会保障权利是农民工的基本公民权利，对于农民工的社会保障权利，现代国家应予以保护，这是我国经济长期健康可持续发展的要求，是当前我国新型城镇化发展战略的重要内涵。权利不平等是经济贫困的根源，自1984年国家允许农民自带口粮进城就业以来，和城镇劳动者相比，农民工逐步摆脱了收入、就业权利的不平等，但是社会保障不平等依然显著。

始于1958年的《中华人民共和国户口登记条例》禁止农民进城就业、定居，不仅限制了农民的自由迁徙权利，而且围绕户籍制度形成了就业、社会保障、财产权利等一系列不平等的城乡二元制度，成为农民长期贫困和城乡收入差距的制度根源。1984年公布的《中共中央关于一九八四年农村工作的通知》明确了"各省、自治区、直辖市可选若干集镇进行试点，允许务工、经商、办服务业的农民自理口粮到集镇落户"，自此中国农民逐渐恢复了自由迁徙权利。一旦获得了迁徙的自由权利，劳动力市场的资源配置机制开始奏效，非农就业的高收入将农业剩余劳动力源源不断地吸引到非农就业部门。如图9-1所示，1983~2018年，我国外出农民工数量从200万人增加到约1.73亿人。截至2018年底，我国农民工数量达2.88亿人，其中外出农民工为1.73亿人，占我国劳动力总数的约22%，外出农民工中进城农民工为1.35亿人，占城镇劳动力总数的约35%。

从"离土不离乡"到"离土又离乡"，进城务工收入现已成为农民收入的主要来源，并成为农村居民家庭减贫的重要影响因素。根据国家统计局公布的数据，2015年，农村居民人均可支配工资性收入为4600元，占当年农村居民人均可支配收入的40.3%，第一次超过农村居民人均可支配经营性收入，该比例在 1984 年仅为 1.9%[①]。进城打工不仅改变了农村居民家庭的收入结构，而且对消除贫困作用明显。研究数据显示，2002～2007 年，长期外出打工农民工群体的相对贫困率从 18.57% 显著下降到 7%，同期，城镇居民的相应数据从 11.88% 上升到 12.37%，农村居民的相应数据从 13.69% 上升到 14.32%；在农村住户中，有外出务工工资收入的住户贫困发生率从 26.1% 下降到 11%，没有外出务工工资收入的住户贫困发生率从 28.3% 下降到 16.6%（李实等，2013）。

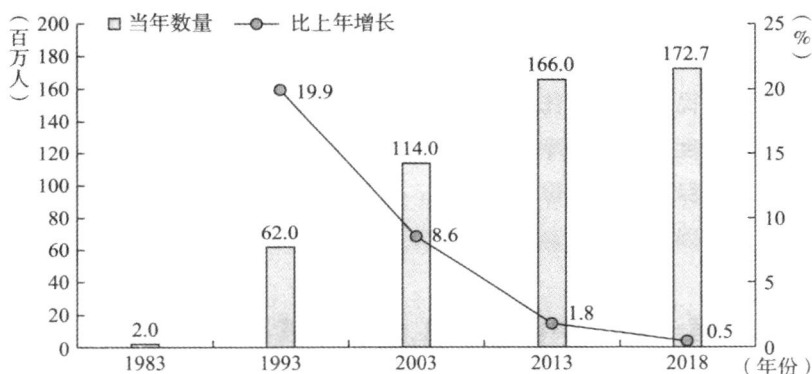

图 9-1　中国农民工流动趋势（1983～2018 年）

资料来源：1983 年、1993 年数据转引自《中国农民工战略问题研究》课题组等（2009）；2003 年、2013 年、2018 年数据来源于国家统计局《农民工监测调查报告》（1984～2019 年）。

如图 9-1 所示，进入 21 世纪，我国外出农民工增速明显减缓，标志着农业剩余劳动力转移已基本完成，而在城市就业的农民工数量也趋于稳定。农民工工作重点应逐步向赋予农民工平等的城市社会保障权利转移。然而，现行的财政、社会保障、农村土地等基本制度二元分割的惯性巨大，倾向于将农民工排斥在城市居民社会保障体系之外、抛回到农村居民社会保障体系之内。常年在城市就业的农民工由于无法获得基本的城市社会保障，迟迟不能完成农业人口转移的最后一步——举家迁移和定居城市，不得不将家庭再生产的重要环节——子女教育、养老等——部分或全部保留在农村老家完成。将农民工家庭再生产的重要部分保留在农村完

---

① 中华人民共和国国家统计局网站，http：//data. stats. gov. cn/adv. htm？m = advquery&cn = C01。

成，短期内可以有效缓解城市的资源压力，减轻城市的财政负担，但拖延农民工市民化进程并非长久之计，长此以往势必阻碍我国新型城镇化目标的实现以及经济的长期可持续发展。

2020 年是脱贫攻坚的收官之年。当前，以基本养老、基本医疗和最低生活保障制度为重点的社会保障体系已基本建立，预计 2020 年将实现全体居民应保尽保、制度全覆盖。与这些成就并存的是无法忽视的农民工社会保障权利缺失，是不能继续拖延的农民工社会保障平等权利的赋予。2035 年，实现农民工和城市居民享有平等的社会保障权利是我国社会保障制度完善的重要方面。鉴于城市养老和住房成本较高是农民工实现市民化的瓶颈问题，本章重点关注农民工养老和住房两项保障权利的设计情况，具体包括：回顾我国养老保障制度和住房保障制度变迁过程中农民工相关权利的变化；揭示农民工当前养老保障和住房保障的状况；讨论农民工养老保障和住房保障权利赋予不足的原因；设计推动农民工养老和住房保障权利平等实现的方案。

第一节　中国农民工养老和住房保障演变

我国养老和住房保障制度变迁见图 9 - 2。

一　无社会保障时期

1958 年颁布的《中华人民共和国户口登记条例》，将中国公民划分为"农业户口"和"非农业户口"两大类，标志着城乡二元户籍制度的形成。和城乡二元户籍制度对应的是城乡二元就业制度，即城镇的"统包统配的低工资—高就业制度"和农村中无条件的"自然就业制度"（辜胜阻，1994；潘泽泉，2013）。而和城乡二元户籍制度、二元就业制度对应的是无社会保障。在城乡刚性分割下，城市居民的养老、住房等社会保障由企业代替政府提供，俗称"企业办社会"。企业职工在就业期间从就业单位获得分配住房，退休后在原单位按月领取养老金。而农村居民几乎没有任何住房和养老保障。成年的集体组织成员向村集体申请获得宅基地，由农民自己兴建农房用于居住，农民没有退休概念，他们在丧失劳动能力后基本由家庭供养，只有极少数符合条件的"五保户"由生产队提供基本口粮。

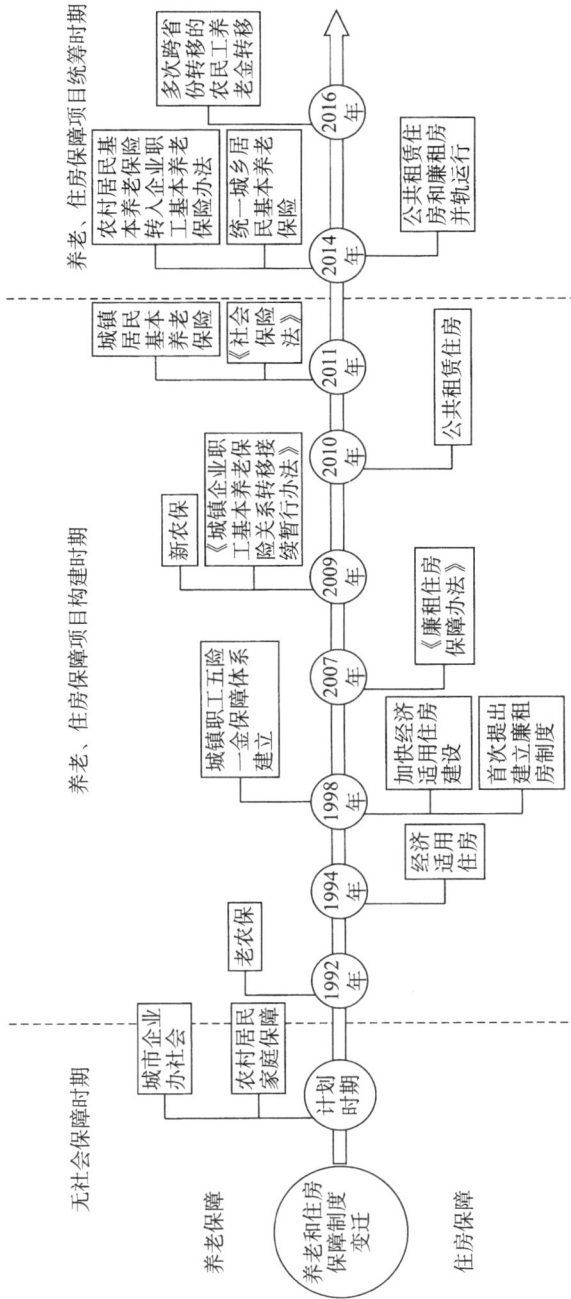

图9-2　我国养老和住房保障制度变迁

233

二 养老、住房保障项目构建时期

企业给予城镇职工的高度保障和农村居民的无保障形成了严重的城乡居民保障权利的不平等。户籍成为分配保障资源的工具。出生在农村地区的居民只有通过参军、转干、考试等少数途径才能成功把农村户籍转为城市户籍以获得和就业相关的高保障。无社会保障体系的后果是一方面农村居民社会保障权利的严重缺失；另一方面城市企业办社会的福利负担严重影响企业的经营效率。随着市场化改革推进，国有企业的股份制改造要求解除其履行为员工提供保障性福利待遇的义务，中国的社会保障制度也开始进行相应变革，进入社会保障项目的建设时期。

（一） 社会养老保障项目建设

1. 建设过程

首先，为企业职工建立了职工社会保障体系。1997 年发布的《国务院关于建立统一的企业职工基本养老保险制度的决定》，为城镇就业人员设立了城镇职工基本养老保险和城镇职工基本医疗保险。1998 年，包括养老保险、医疗保险、失业保险、工伤保险、生育保险和住房公积金在内的城镇职工社会保障体系基本建成，俗称"五险一金"。城镇职工社会保障体系由雇主和雇员共同缴纳各项保障费用，符合条件的雇员按规定享受社会保障权益。以养老保险为例，雇主和雇员分别按照缴费基数的 16% 和 8% 缴纳养老费用，其中，16% 进入统筹账户，8% 进入职工个人账户，符合缴费年限和退休年龄要求的职工退休后按照相应的规定领取养老金。

其次，在农村建立农村居民社会保障体系。农村社会养老保险分为老农保和新农保，1992 年，《县级农村社会养老保险基本方案（试行）》开始了老农保的试点工作；2009 年，《国务院关于开展新型农村社会养老保险试点的指导意见》开始了新农保的试点工作。相比老农保只有个人账户，新农保增加了基础养老金账户，由国家财政全部保证支付，实现了 60 岁及以上的农民无条件享受国家普惠式养老金的社会保障。当然，受财政实力所限，基础养老金的保障水平非常低，2009 年试点时中央确定的基础养老金标准为每人每月 55 元。

最后，在城市为没有职工社会保障的居民建立城镇居民社会保障体系。根据《国务院关于开展城镇居民社会养老保险试点的指导意见》，2011 年 7

月 1 日，我国开始推进城镇居民社会养老保险的建设工作。基金筹集和发放方式和新农保基本一致，最初确定的基础养老金标准也是每人每月 55 元。

新农保和城镇居民社会养老保险体系的建立是对城镇职工基本养老保险只覆盖部分就业人员的补充，为实现党的十七大所提出的，2020 年之前，"覆盖城乡居民的社会保障体系基本建立" 提供了制度保障。

2. 对农民工养老保障权利的影响

1997 ~ 2011 年，我国建立了覆盖职工、农村居民和城市居民的养老保险体系，但是制度设计中也遗留了一些问题，并对农民工的养老保障权利产生了不利影响。首先，城镇职工基本养老保险体系统筹层次低，省级甚至市级统筹和农民工流动性强的特征矛盾严重，导致农民工跨地区转移时养老保险缴费无法随人转移，出现大量农民工跨地区转移时退保、断保的现象。在允许农民工参加城镇职工基本养老保险后的很长一段时间里，农民工参加城镇职工基本养老保险的扩面工作推进缓慢（章莉，2016）。为了方便农民工跨省份转接养老保险，2010 年开始施行《城镇企业职工基本养老保险关系转移接续暂行办法》（2009 年 12 月 28 日发布），制定了具体的养老保险跨省份转接程序；2011 年，《社会保险法》实施，规定养老保险不能退保取现，只能转移接续，然而由于手续烦琐，当年成功实现转接的案例只占开具转接凭证人数的 20%[①]。其次，新农保和城镇居民社会养老保险缴费远少于城镇职工基本养老保险，新农保和城镇居民社会养老保险和城镇职工基本养老保险的待遇差别十分显著，大量滞留在新农保里的农民工和同一工作岗位上的城镇职工之间存在严重的 "同工不同保" 的现象。最后，由于地方政府可以根据实际情况提高当地新农保和城镇居民社会养老保险的基础养老金标准，居民养老保险存在显著的城乡差距和地区差距，因为户籍限制不能参加就业地城市——通常也是大城市——居民养老保险的农民工和当地城镇居民之间存在 "同城不同保" 的现象。

（二）　保障性住房项目建设

1. 建设过程

首先，建立经济适用住房。1994 年发布的《国务院关于深化城镇住房

---

① 《中国每年 3800 万人断缴养老保险　或面临老无所依》，搜狐网，http://news.sohu.com/20131221/n392156047.shtml。

制度改革的决定》首次提出要建立以中低收入家庭为对象的具有社会保障性质的住房供应体系，迈出了中国保障性住房建设的第一步。同年12月，《城镇经济适用住房建设管理办法》出台，明确了经济适用住房作为最早的保障性住房，建立了我国的经济适用住房制度。其次，建立廉租房，并取代经济适用住房成为最重要的保障性住房形式。1998年，《国务院关于进一步深化城镇住房制度改革加快住房建设的通知》首次提出要建立廉租房制度；2003年，建设部审议通过的《城镇最低收入家庭廉租住房管理办法》代替1999年实施的《城镇廉租住房管理办法》，至此，廉租房作为保障性住房的一种形式被确认。2007年发布《国务院关于解决城市低收入家庭住房困难的若干意见》，将廉租房确定为保障性住房的主要形式。最后，建立公共租赁住房。2010年发布《住房和城乡建设部 国家发展和改革委员会 财政部 国土资源部 中国人民银行 国家税务总局 中国银行业监督管理委员会关于加快发展公共租赁住房的指导意见》，将民间资本引入保障性住房的建设中来，实行"谁投资谁拥有"的政策，拓宽了保障性住房资金供给来源。

2. 对农民工住房保障权利的影响

在不到20年的时间，我国的城市居民在就业单位获得福利分房、农村居民自建住房的城乡住房分割体系转变为市场化的住房分配方式。与之相适应，1994～2010年，我国保障性住房制度也分别尝试了经济适用住房、廉租房和公共租赁住房三种模式，最终形成了以公共租赁住房为主、以廉租房为辅、建设资金来源多样、供给主体多元化的住房保障体系。然而，农民工群体在最初并非保障性住房制度设计的保障对象，在实践中基本被排除在城市住房保障体系之外。

首先，农民工住房问题纳入保障性住房制度较晚。直到2007年，建设部、国家发展和改革委员会、财政部、劳动和社会保障部、国土资源部发布的《关于改善农民工居住条件的指导意见》才第一次将农民工的住房保障和城市低收入家庭问题合并考虑，提出"把改善农民工居住条件作为解决城市低收入家庭住房困难工作的一项重要内容"，并在7条具体建议中提到参照保障性住房的做法，"有条件的地方，可以比照经济适用住房建设的相关优惠政策，根据产业布局、农民工数量及分布状况，政府引导，市场运作，建设符合农民工特点的住房，以农民工可承受的合理租金向农民工出租"。

其次，由于保障性住房的供给主体是地方政府，因此，在申请时大多设定包括户籍要求在内的名目繁多的限制条件，中央各项政策"口惠而实不至"。例如，人口流入集中地深圳市率先响应中央政府要求，于2007年12月31日印发《深圳市住房保障发展规划》，提出"非户籍常住人口低收入家庭也将逐步纳入我市住房保障体系，将依据缴纳社会养老保险年限和全市住房保障能力依次解决。预计规划期内，可将2.12万户非户籍家庭纳入我市住房保障范围"，并在2010年1月19日深圳市第四届人民代表大会常务委员会第三十五次会议通过了全国第二部有关保障性住房的地方性法规——《深圳市保障性住房条例》①，首次以地方性法规的形式明确保障性住房应覆盖非户籍人口，"对本市经济社会发展需要的各类专业人才以及在本市连续缴纳社会保险费达到一定年限的非本市户籍常住人员，市政府可以根据经济社会发展状况和财政承受能力，合理设定条件，逐步纳入住房保障范围"。然而，从实践来看，各地对农民工保障性住房的各种限制名目繁多，包括经济适用住房和廉租房的申请上的户籍限制，公共租赁住房的就业、社保条件限制等，如深圳市规定申请公共租赁住房需要"外来务工人员或其配偶入户深圳，共同申请人持有本市居住证满一年"，申请安居型商品房需要"外来务工人员及其配偶入户深圳"②。

三　养老、住房保障项目统筹时期

（一）社会养老保障项目统筹

第一，统筹城乡居民养老保险。2014年发布了《国务院关于建立统一的城乡居民基本养老保险制度的意见》，决定将新农保和城镇居民社会养老保险合并为城乡居民基本养老保险。第二，统筹职工养老保险。2015年发布了《国务院关于机关事业单位工作人员养老保险制度改革的决定》，将"机关事业单位工作人员养老保险制度"合并到企业的养老保险制度中。第三，不断缩小居民养老保险和职工养老保险之间的缴费差距。增加

---

① 厦门市于2009年通过全国第一部有关保障性住房的地方性法规。

② 《外来务工人员在我市可享受哪些住房保障政策?》，深圳市住房和建设局网站，http://zjj.sz.gov.cn/hdjl/ywzs/content/post_3682931.html。

城乡居民个人账户缴费的档次，降低企业职工养老保险缴费的比例。2019年4月，国务院办公厅印发《降低社会保险费率综合方案》，明确"自2019年5月1日起……各省、自治区、直辖市及新疆生产建设兵团（以下统称省）养老保险单位缴费比例高于16%的，可降至16%"。第四，完善各养老保险制度之间的转移接续机制。在2009年《城镇企业职工基本养老保险关系转移接续暂行办法》发布后，2016年发布《人力和资源社会保障部关于城镇企业职工基本养老保险关系转移接续若干问题的通知》，进一步明确了多次跨省份流动就业人员养老金集中地和待遇领取方法。2014年发布的《城乡养老保险制度衔接暂行办法》则打开了城乡居民基本养老保险转入城镇职工基本养老保险的通道。

社会养老保险的各项统筹措施整体上看是有利于保护农民工养老保障权益的，尤其是养老保险在不同制度、不同地区之间的转移接续机制的建立和完善减少了流动性强的农民工参与养老保险的成本，可以有效防范参加城镇职工基本养老保险的农民工在跨地区流动时断保情况的发生。尽管如此，仍然存在很多妨碍农民工平等养老保障权益获得的制度性障碍。例如，有关城镇灵活就业人员的基本养老保险理应以非正规就业占比高的农民工为重点保障对象，然而现行制度规定城镇灵活就业人员参保必须有本地户籍，跨省份流动的农民工必须在本省份缴纳城镇职工基本养老保险累积10年以上才能参加有关城镇灵活就业人员的基本养老保险。此外，有关城镇灵活就业人员的基本养老保险缴费不仅全部由个人承担，而且20%的缴费比例仅比调低后的职工总缴费比例低4个百分点，无法满足在城市非正规就业的低收入农民工群体的需要。又如，居民养老保险基础养老金的城乡和地区差距明显，"同城不同保"的现象依然存在。

（二）保障性住房项目统筹

2013年发布的《住房和城乡建设部 财政部 国家发展和改革委员会关于公共租赁住房和廉租住房并轨运行的通知》将廉租房和公共租赁住房并轨运行（并轨后统称公共租赁住房，从2014年起，各地公共租赁住房和廉租房并轨运行）。保障性住房项目统筹的主要目的在于简化管理，没有特别惠及农民工群体，各地在保障性住房实物分配和租金补贴上依然秉承本地人优先和技术人才优先的原则，农民工尤其是低技能农民工基本被排除在外。

第二节　农民工养老和住房保障的状况、问题及其原因

一　农民工养老和住房保障的状况和存在的问题

（一）农民工养老保障赋权不足，老年贫困风险潜伏

农民工养老保障赋权不足主要表现为对保障水平较高的城镇职工基本养老保险参保比例低，且大量集中在保障水平极低的不发达地区的城乡居民基本养老保险体系里。如图9-3所示，2008~2017年，农民工参加城镇职工基本养老保险的比例从10.7%上升到21.7%，仅上升了11个百分点。

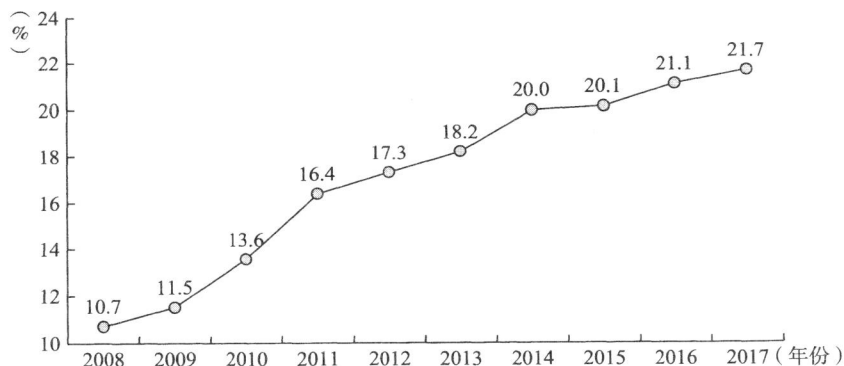

图9-3　2008~2017年农民工参加城镇职工基本养老保险的比例

资料来源：《人力资源和社会保障事业发展统计公报》（2009~2018年）。

我国政府采取多项措施解决农民工参加城镇职工基本养老保险比例过低的问题。2008年1月实施的《劳动合同法》加大了对那些不与劳动者签订劳动合同的用人单位的处罚力度，通过提高劳动合同签订率增强农民工的维权能力，增加用工单位的违法用工成本。2011年，《社会保险法》规定，雇主应依法为雇佣人员缴纳各项社会保险。政府对劳动者权利的保护力度加大，起到了保护弱势农民工群体的效果。如表9-1所示，中国家庭收入调查数据显示，2013年和2007年相比，在包括养老保险在内的各项城镇职工社会保障项目上，农民工的参与率都有所提高，城镇职工基本养老保险参与率从21.3%增至28.2%，增长了6.9个百分点。表9-1的数据同时显示，城镇职工的城镇职工基本养老保险参与率提高得更快，以至于两者的差距随着时间的推移反而拉大了。城镇职工的城镇职工基本养老保险的参与率从2007年的

50.5% 增至 2013 年的 66.2%，农民工和城镇职工的城镇职工基本养老保险参与率差距从 2007 年的 29.3 个百分点扩大到 2013 年的 38 个百分点。

表 9-1　城乡受雇劳动者的城镇职工基本养老保险参与率

单位：%，个百分点

	2007 年			2013 年		
	农民工	城镇职工	差距	农民工	城镇职工	差距
养老	21.3	50.5	29.3	28.2	66.2	38.0
工伤	21.5	31.0	9.5	25.0	41.3	16.3
失业	14.4	34.9	20.5	19.5	44.6	25.1
医疗	11.2	55.7	44.5	24.7	67.4	42.7
公积金	8.6	31.5	22.9	11.1	43.8	32.7

注：表 9-1 数据来源于 2007 年和 2013 年中国家庭收入调查两次全国性抽样调查数据；表 9-1 和图 9-3 相比，农民工的城镇职工基本养老保险参与率较高，是因为图 9-3 使用的分母是全部农民工，而表 9-1 使用的分母是外出农民工中的被雇用群体；外出农民工的参保率高于本地农民工，受雇农民工的参保率高于全体农民工，结果是对于 2013 年农民工参与率，表 9-1 比图 9-3 高 10 个百分点；尽管如此，表 9-1 中城镇职工和农民工参与率的计算口径是一致的，且调查中的社会保障参与种类齐全，可以更好地展示农民工和城镇职工的参保差距，故在此引用。

资料来源：笔者根据中国家庭收入调查（2007 年、2013 年）数据计算得出。

"同工不同保"损害了农民工的养老保障权益。表 9-2 对比了 2018 年受城镇职工基本养老保险和城乡居民基本养老保险所保障的受益人的养老金领取情况。数据显示，2018 年，城镇职工人均养老金为 37842 元，与之对应，城乡居民人均养老金仅为 1827.6 元，不到城镇职工人均养老金的1/20。从发展趋势看，2018 年和 2013 年相比，城镇职工基本养老保险和城乡居民基本养老保险待遇差距并没有显著改善。医疗保险也是如此，但是城镇职工和城乡居民医疗保险待遇差距比养老保险小很多，2018 年，城镇职工医疗保险的人均受益金额为 3379.5 元，是城乡居民医疗保险受益金额的 4.9 倍。

表 9-2　城镇职工、城乡居民基本养老、医疗保险受益水平对比

	基本养老保险				医疗保险			
	2013 年		2018 年		2013 年		2018 年	
	城镇职工	城乡居民	城镇职工	城乡居民	城镇职工	城乡居民	城镇职工	城乡居民
基金支出（亿元）	18470.4	1348.3	44644.9	2905.5	5829.9	2909	10706.6	7115.9

续表

	基本养老保险				医疗保险			
	2013 年		2018 年		2013 年		2018 年	
	城镇职工	城乡居民	城镇职工	城乡居民	城镇职工	城乡居民	城镇职工	城乡居民
受益人[a]（亿人）	0.80	1.41	1.18	1.59	2.74	8.02	3.17	10.28
人均金额（元）	22970.3	954.7	37842.0	1827.6	2124.4	362.7	3379.5	692.4
收入[b]（元）	52388	9430	84744	14617	52388	9430	84744	14617
比率	0.44	0.10	0.45	0.13	0.04	0.04	0.04	0.05

注：a. 基本养老保险的受益人是养老待遇的实际领取人，医疗保险的受益人是所有参保人员；b. 和城镇职工对应的是城镇单位在岗职工平均工资，和城乡居民对应的是居民人均可支配收入。

资料来源：国家卫生和计划生育委员会编《中国卫生和计划生育统计年鉴2015》，中国协和医科大学出版社，2015。

另外，大量被挤入城乡居民基本养老保险的农民工在打工地依然遭遇"同城不同保"的差别对待。由于各地城乡居民基本养老保险的基础养老金待遇差别显著，且存在户籍壁垒，农民工并不能参加打工地待遇优厚的城乡居民基本养老保险。2018 年，国家规定城乡居民基本养老保险基础养老金最低标准为每月 88 元，但是上海市城乡居民基本养老保险基础养老金为每月 930 元，高于国家最低标准 842 元。即便是在同一个省份内，广东省全省的城乡居民基本养老保险基础养老金最低标准为每月 148 元，而深圳市的城乡居民基本养老保险基础养老金可以达到 420 元；即便是在同一个市，深圳市规定具有本地户籍满 8 周年的，享受每月 420 元基础养老金待遇，而不满 8 周年的养老金待遇则为每月 280 元。无论是流动到哪里打工，不能参加城镇职工基本养老保险的农民工最终都只能被抛入老家待遇极低的城乡居民基本养老保险体系里。

农民工被打工地高福利待遇的城乡居民基本养老保险排斥，参加城镇职工基本养老保险又困难重重，养老保障赋权不足加剧了农民工老年贫困的风险。城镇职工基本养老保险养老金的平均替代率为45%，基本可以维持职工退休后在城市的生活，而城乡居民基本养老保险的替代率仅有13%，甚至无法满足退休农民工在农村的基本生活需求，更不用说在城市养老了。

（二）**农民工城市住房保障无着，城市化进程受阻**

受到户籍和技能双重劣势的挤压，农民工在城市基本无法获得保障性住房。表9－3中的数据显示，在住房安排分布中，通过公共保障房解决居住问题的农民工比例从2007年的0上升到2017年的1.9%，就2017年而言，比城城流动者的公共保障房的享有率低1.4个百分点。作为东部经济发达省份，2019年，江苏省农民工的公共保障房的享有率为7.7%，比2017年全国水平高5.8个百分点，甚至高于2017年城城流动者4.4个百分点，但是仍比同期当地城镇职工低11.6个百分点。可见，经济发展水平高的地区农民工获得保障性住房的可能性较大，但是住房保障的户籍壁垒在经济发达地区依然存在。

表9－3　住房安排情况

	农民工			城城流动者	当地城镇职工
	2007 年[a]	2017 年[b]	2019 年[c]	2017 年[b]	2019 年[c]
公共保障房	0.0	1.9	7.7	3.3	19.3
租住私房	58.2	59.5	41.7	41.0	2.7
自购商品房	5.9	20.6	32.6	41.1	57.0
就业场所免费住房	34.5	14.1	4.5	12.4	0.4
其他	1.4	3.9	13.5	2.3	20.6

资料来源：笔者根据 a. 2007 年中国家庭收入调查数据；b. 2017 年中国流动人口动态监测数据（CMDS）；c.《江苏省农民工市民化发展报告调查 2019》计算得出。

表9－3中的数据显示，农民工在城市的住房安排以租住私房为主。无论是2007年还是2019年、无论是全国调查数据还是经济发达的江苏省调查数据都显示，租住私房是我国农民工在城市解决住房最主要的方式。相比而言，自购商品房是城市户籍人口最主要的解决居住问题的方式。表9－3中的数据显示，2017年，全国农民工比城城流动者租住私房的比例高约19个百分点；2019年，江苏省农民工比当地城镇职工租住私房的比例更是高39个百分点；2017年，全国城城流动者自购商品房的比例比农民工高20.5个百分点；2019年，江苏省当地城镇职工自购商品房的比例比农民工高24.4个百分点。

对比年度数据，农民工的住房安排的趋势主要是从由单位提供免费住房转向自购商品房而非向保障性住房分流。2007～2017年，农民工获得在就业场所免费住房的比例从34.5%降到14.1%，下降了20.4个百分点，与之对应，自购商品房的比例从 5.9% 增至 20.6%，上升了 14.7 个百分点。与此同时，公共保障房、租住私房和其他住房方式的比重都大约上升了 2 个百分点。江苏省经济发展水平位于全国前列，农民工的住房安排更加多元化，但是，数据显示，江苏省农民工住房安排多元化的优势并未体现在保障性住房获得上，而是体现在自购商品房上。表 9-3 中的数据显示，2019 年江苏省农民工自购商品房的比重高于 2017 年全国平均水平 12 个百分点，而享受公共保障房的比例仅比全国高 5.8 个百分点。由于保障性住房供给存在明显的当地人偏袒现象，2019 年，江苏省农民工公共保障房获得比当地城镇职工低 11.6 个百分点。

　　养老、医疗保障赋权不足增加了农民工老年贫困和因病致贫的风险。而在城市住房保障无着直接形成将农民工推回农村的力量，它和养老保障赋权不足一起，导致农民工在落户决策上迟疑观望，不敢轻易放弃获得包括农村宅基地、承包地在内的土地保障资格的农村户籍，妨碍了我国城镇化进程。2014 年以来，为推动城镇化进程，我国户籍制度改革力度不断加大，城市落户政策不断放开，然而成效并不显著。户籍城镇化率从 2014 年的 37% 仅上升到 2018 年的 43%，与常住人口城镇化率差距仅缩小了不到 2 个百分点。户籍城镇化率提高缓慢的原因正从大城市限制落户这一单一因素转变为大城市限制落户和农民工落户意愿低双因素。根据国家卫健委在 2017 年发布的全国流动人口动态监测数据计算，2017 年，我国农民工落户意愿仅为 35.09%。大量研究证实，住房稳定性对农民工留城（落户）意愿存在显著的正向影响。具体而言，缴纳公积金（祝仲坤，2017；李玉姣，2019）、购买商品房（祝仲坤，2017；李玉姣，2019）可以显著增加农民工的留城（落户）意愿；与之对应，租住私房，尤其是集中居住在环境差的城中村（郑思齐等，2011）则会降低农民工留城（落户）意愿。实际上，农民工住房问题制约我国城镇化进程早已为各界关注（韩俊，2012；陈锡文，2013；杨宜勇、魏义方，2017）。城市难以企及的高价商品房使农民工不得不蜗居于出租房中，长期处于与家人分居、与当地居民疏离、卫生安全条件不佳的居住状态中，难以获得安稳的容身之所，形成城市对农业转移人口的推力；无奈之下，农村老家居所宽敞、乡音亲切形成让农民工决定保留土地、回乡养老的拉力。然而中国农民工回乡养老并不是自然的逆城市化，而是面对在城市无法获得平等社会保障权利的现实条件下所做出的两害相权取其轻的理性选择，同时也延缓了中国城镇化的自然进程。

二 农民工养老和住房保障权益赋予不足的主要原因

（一）制度设计和农民工特征不匹配，农民工难以加入

我国现行的养老保障制度和住房保障制度在保障对象上存在优待城市居民、优先保障本地人的特征，在保障条件上通常也没有考虑到农民工流动性强、就业收入不稳定等特征，使农民工很难被纳入保障水平较高的体系中，如养老保障制度的排斥性表现在：①城镇职工基本养老保险缴费档次较高，和农民工收入水平不匹配，限制了低收入水平农民工的参保能力和积极性；②养老保障统筹层次不高，不同制度之间存在跨地区和跨种类的转移接续成本，增加了流动性大的农民工的参保成本；③城乡居民基本养老保险具有属地原则，绝大部分地区设置本市户籍的参保前提。以上海市为例，《上海市城乡居民基本养老保险办法》规定："本市户籍，年满16周岁（不含在校学生），不属于职工基本养老保险制度覆盖范围的城乡居民，可以参加城乡居民养老保险"；"已经按照规定领取城乡居民养老保险待遇的，无论户籍是否迁移，其养老保险关系不转移"[①]。

住房保障制度的排斥性表现在：①用于城市低收入家庭住房保障的廉租房或者补贴力度较大的公共租赁住房往往有户籍限制；②向外来人口开放的公共租赁住房中的大部分用于支持对地方发展有重要作用的企业，由企业分配给外来人口，和农民工非正规就业比例高不匹配；③向外来人口个人开放的小部分无户籍限制的公共租赁住房通常会附加技能、就业和社保年限等条件，和农民工流动性大、城镇职工基本养老保险参与率低、无法参加当地城乡居民基本养老保险相冲突；④对申请资格条件中家庭收入标准要求严格、对家庭财产标准要求相对宽松，和农民工务工收入、家庭财产的特征不匹配。

以深圳市为例，现行《深圳市保障性住房条例》严格规定了享受保障性住房的户籍要求：住房困难家庭或者单身居民申请租赁保障性住房，"家庭申请的，家庭成员中至少一人具有本市户籍"；住房困难家庭或者单

[①] 《上海市人民政府关于印发修订后的〈上海市城乡居民基本养老保险办法〉的通知》，上海市人民政府网站，https://www.shanghai.gov.cn/nw44915/20200824/0001-44915_58904.html。

身居民申请购买保障性住房，"家庭申请的，其全部家庭成员应当具有本市户籍"①。深圳非户籍住房困难群体的住房保障获得途径是，"一、属我市重点企事业单位职工的非户籍住房困难群体，可通过所在单位申请租住单位定向配租公租房；二、可根据市政府制定的产业配套住房相关规定，享受住房保障政策；三、属《深圳市人才安居办法》规定的杰出人才、领军人才的，可按相应规定享受我市人才安居政策"②。结果是保障性住房只有本市居民才有资格申请，而向非户籍人口开放的公租房只青睐人才。数据显示，"十二五"期间，深圳全市累计供应保障性住房 11 万套，覆盖约33 万人，其中面向人才供应的比例超过 60％③。

（二）农民工保障知识匮乏，自身参保意识不足

在 2013 年中国家庭收入调查中，未参加城镇职工基本养老保险的农民工中有 444 位回答了未能参保的原因。其中，农民工个人的主观因素占了很高比例，回答"不愿意参加"的农民工占 44.8％；回答"不知道能参加"的占 24.8％；退保的占 3.6％。这说明农民工对我国社会保险制度的知识比较匮乏，认识不到参加城镇职工基本养老保险的长期好处，知识缺乏和由此造成的短视抑制了他们的参保积极性。

（三）企业逃避缴费义务动机强烈

学者们通过研究发现农民工和城镇劳动者在城镇职工基本养老保险参与上的显著差距并非全部由群体间的禀赋特征差异所致，在很大程度上源于雇主对农民工实施了"同工不同保"的户籍歧视（姚先国、赖普清，2004；郭菲、张展新，2013），例如，姚先国、赖普清（2004）利用 2003年企业和农民工调查数据，发现户籍歧视使农民工社会保险（养老、医疗和失业保险）享有率平均降低了 11 个百分点以上。郭菲、张展新（2013）利用 2008 年的四个城市（北京、上海、天津和广州）农民工调查数据发现，城镇劳动者和农民工之间一半以上的社保（养老、医疗、工伤和失

---

① 《深圳市保障性住房条例》，深圳市住房和建设局网站，http://zjj.sz.gov.cn/zffw/zfbz/zcfg2017/content/post_7384355.html。

② 《非户籍住房困难群体的住房保障》，深圳市住房和建设局网站，http://zjj.sz.gov.cn/hdjl/ywzs/content/post_3683505.html。

③ 《深圳市住房保障发展"十三五"规划》，深圳市住房和建设局网站，http://zjj.sz.gov.cn/xxgk/ghjh/fzgh_143343/content/post_6570352.html。

业）差距是由对后者的歧视造成的。而在 2013 年中国家庭收入调查中关于不参保原因的调查中，农民工回答"雇主不给缴费"的占 26.8%，其在所有原因中仅次于"不愿意参加"。

（四） 地方政府社会保障成本负担重，中央政策落实难

扩大社会保障的覆盖面以及提高社会保障水平的政策目标受制于政府的财政实力。以城镇职工基本养老保险为例，我国实施的是现收现付（Pay-as-you-go）的保障制度，即由劳动活动人口缴费，为退休人员提供养老金。随着人口老龄化进程加快，中国城镇职工基本养老保险年末参保人数从 2002 年的 1.33 亿人增加到 2017 年的 3.53 亿人，同期离退休人员占职工比重从 33.7% 上升至 36.6%，而社会保险资金结余的增长率从 51.9% 降至 11.9%[1]。尽管从长期来看，尽快将平均年龄更轻的农民工纳入城镇职工社会保障体系不仅不会增加反而有可能减少未来政府的财政压力（蒋云赟，2013），但是短期内为行将退休的农民工补足缴费，势必形成巨大的财政支出压力，使政府在落实政策时犹豫不决。

保障性住房供给由于涉及城市建设用地指标的分配，问题更加复杂。中央政府为推动保障房制度建设，在发布的相关文件中都提到保障房建设土地审批优先原则，如 2007 年的《国务院关于解决城市低收入家庭住房困难的若干意见》中强调"二是廉租住房和经济适用住房建设用地实行行政划拨方式供应。三是对廉租住房和经济适用住房建设用地，各地要切实保证供应。要根据住房建设规划，在土地供应计划中予以优先安排，并在申报年度用地指标时单独列出"。但是由于 1994 年分税制改革以来，土地出让金日益成为地方政府财政收入的重要来源，地方政府没有积极性把有限的城市建设用地指标分配到不产生收益的保障房项目上，在保障房供给上长期维持低水平，而在保障房分配上则实施"本地优先、人才优先"的配给原则。

基于计划经济城乡分割体制的制度惯性，实现农民工平等社会保障权利所要求的社会变革贯穿从顶层制度设计到地方政策落实，从社会观念向个人行为转变，是一项规模庞大的系统工程。但是只要树立了解决问题的

---

[1] 国家统计局人口和就业统计局、人力资源和社会保障部规划财务司编《中国劳动统计年鉴 2018》，中国统计出版社，2018。

决心，在实践中勇于开拓创新，结合实际条件，积极寻找解决问题的方法，这项工作就能得到推进和完善，例如，在解决农民工住房问题上，一些地方政府就通过调动农村集体建设用地有效增加了保障性住房的供给。例如，面对大量外来务工人员的居住需求，江苏省昆山市本地农民最早自发以"合作社"形式开发农村集体建设用地建成"打工楼"向外来务工人员出租。此后，昆山市政府通过规定村集体建设用地的可申请数量、制定失地农民的补偿标准等对"打工楼"建设进行规范化管理，并给予税收优惠以及补贴，积极鼓励"打工楼"项目的开发。从2010年开始，昆山市政府正式将"打工楼"的性质确认为"公租房"。截至2010年，昆山利用农村集体建设用地，共建成"公租房"112万平方米，为约17万新昆山人提供了价格合理的住房。

农民工平等获得各项社会保障权利是新型城镇化的内在要求。实践证明，拖延和偏见只能恶化问题，提高解决问题的难度。解决问题，必须意识到农民工平等获得各项社会保障是其应有的公民权利，赋予农民工各项社会保障权利必须充分考虑农民工群体的特征，设计符合农民工需求的社会保障体系，逐步实现农民工平等获得各项社会保障权利的目标。

第三节　基于权利的农民工社会保障体系构建原则和重点

一　构建原则

为保护农民工基本公民权利、加快农业转移人口落户城镇、推进中国城镇化、实现城乡融合发展，农民工社会保障的制度设计应该围绕以下原则展开。

（一）项目平权原则

理论上，美国政治哲学家罗尔斯（1988）在《正义论》一书中提出了"无知之幕"概念，意在以"补偿性正义"纠正完全遵守"程序性正义"规则时因为起点不平等而产生的实质机会不平等。为了实现"作为公平的正义"，他在书中要求平均分配作为"机会、收入和财产及自尊基础"的"基本善"；具体来看，阿马蒂亚·森（2002）强调那些有助于提升人的基本能力的教育、医疗卫生等权利平等分配的意义。实践中，20世纪60年代，美国总统约翰逊发起了"平权运动"（Affirmative Action），主张在大学录取、人员雇用、政府招标时照顾少数族裔和女性，以社会资源配置向黑人、女性等群体倾斜的方式弥补相应人群因为历史上长期遭受剥削、歧视而导致的能力不足，纠正市场竞争的起点不平等。市场不是在真空中运行的，"'权利'是一个自由行为的空间，或曰'被社会认为是正当的、受法律或习俗承认的自由行为空间'"（周其仁，2017），决定每个市场参与主体的行动自由度。平权原则的本质是通过制度赋予平等权利，增强个人能力，提高行动的自由度。

制度是在一定的历史、文化背景下形成的。数十年的城乡分割制度形成了城镇居民和农村居民之间显著的权利不平等，既限制了农民的自由，也终将妨碍市场效率。赋予农民工平等的社会保障权利，本质上是赋予农民工选择保障种类、定居城市、居住方式等基本生存要素的自由，是对长期城乡分割造成的城乡不平等后果的纠正，是提升农民工群体能力、促进实质自由实现的重要举措，是社会主义市场经济不断发展过程中保障所有公民实质机会平等的必要环节。实现农民工平等社会保障权利的理想方式是在经济长期持续发展的前提下，在全体居民社会保障绝对水平不断提高的基础上，通过"调高提低"缩小农民工和城市居民社会保障权利的差距。

（二）目标明确、重点突出原则

农民工社会保障体系的设计要紧紧围绕推动农民工市民化、提高户籍城镇化率、加快城镇化进程的目标，重点解决妨碍农民工落户城市的养老和住房保障权利不平等问题。通过完善制度，拆除妨碍农民工参加高水平社会保障的制度藩篱；通过各项制度协调，合理分担农民工社会保障的成本，减轻农民工流入地的政府财政负担；通过组织建设，有效执行和落实各项实现农民工平等社会保障权利的政策规章。

（三）制度协调原则

实现农民工同工同保、同城同保，完成农民工从传统的土地保障向现代社会保障迁移，涉及从社会保障制度到户籍制度、土地制度、财政制度等一系列社会基础制度的重大改革。既然制度改革的本质是不同主体权利边界的调整和重新划分，那么赋予农民工平等的社会保障权利难免会影响相关主体的利益，从而招致利益受损人群的反对甚至阻挠。制度协调原则的本质是协调各相关利益主体之间的利益，重点推进突破制度瓶颈，以顺利实现改革目标。

（四）　组织强化原则

农民工社会保障项目覆盖农民工群体衣食住行、生老病死的方方面面，决定了各项保障权利的落实涉及众多政府重要职能部门，需要强有力的组织以保证政策的执行和项目的实施。我国农民工工作的最高管理机构是国务院农民工工作领导小组，属于议事协调机构，由国务院副总理任负责人，办公室设在人力资源和社会保障部，由副部长担任办公室主任，成员单位包括国家发改委、公安部、财政部等重要各部办委局。各省份也依照中央政府模式构建农民工工作领导组织体系，由于各成员单位工作主线围绕本部门的核心职能，并不特别服务于农民工群体，因此，农民工社会保障体系的建立与完善必须依托各级农民工工作领导小组的组织协调能力，通过在横向的各职能部门之间有效分解任务、督促激励任务完成，在纵向上加强组织建设，加大和提高政策的执行力度和效果，以保证各项社会保障权利赋予工作顺利推进。

二　构建重点

（一）　农民工养老保障体系构建

目前，我国农民工养老保障主要问题集中体现为城镇职工基本养老保险参与率过低、城乡居民基本养老保险保障不足、农民工老年贫困风险大。造成这些问题的主要原因是城镇职工基本养老保险缴费档次起点设置偏高、城乡居民基本养老保险统筹层次低、城乡居民基础养老金全国标准过低等。以缓解农民工老年贫困风险为目标，以赋予农民工平等的公民养老保障权利为原则，本书面向2035年农民工养老保障体系设计的要点如下：统筹全国城乡居民基本养老保险，取消农民工参加就业地城乡居民基本养老保险的户籍壁垒；逐步提高城乡居民基础养老金待遇，预防农民工退休后的贫困风险；增加城镇职工基本养老保险的缴费档次，下调最低缴费档次标准，以使之更加匹配农民工缴费能力；加强对企业和农民工进行养老保险知识宣传，消除农民工的短视行为和企业的投机行为；监督企业规范用工，加大执法力度，实现对有稳定雇佣关系的农民工应保尽保，提高农民工城镇职工基本养老保险参与率；完善不同养老保障制度之间的衔接机制，简化手续，降低农民工在不同制度、不同地区间转移接续养老保险的成本；加快农村土地市场建设，以农民土地财产资本化促进从土地养老保障向社会养老保险转变，丰富农民工养老账户资金来源，充实农民工养老账户金额，提高农民工的老年保障水平。

（二） 农民工住房保障体系构建

多年来，农民工在城市的主要居住方式是租住私房，面临居住质量恶劣、稳定性差等问题。随着就业转移年限增长，农民工群体居住方式的分流渠道主要限于部分收入水平较高的农民工在城市购买商品房，而大量低收入农民工自身既没有足够的能力购买商品房，又因为户籍而被排除在城市住房保障体系之外，居住质量长期难以改善。造成这种现象的主观原因在于各大城市的地方保护主义和效率至上的发展观；客观原因是大城市房价高企，建设用地指标稀缺，农民工大量流入地区的地方政府提供保障性住房的财政支出压力大，结果是当前各大城市保障性住房的分配基本遵循"本地人优先、高技能人才优先"的原则。以促进农民工在城市落户定居为目标，以赋予农民工平等的公民住房保障权利为原则，本书面向2035年农民工住房保障体系设计的要点如下。建立以公共租赁住房为主的城市住房保障体系。统一保障性住房补贴的收入财产申请条件，取消户籍、就业等申请条件。推动农村土地制度改革，以农民工土地财产资本化促进从土地住房保障向社会住房保障转变。通过土地财产资本化分担农民工城市住房保障成本，一方面增强农民工购买城市商品房的能力，减少对保障性住房的需求；另一方面明确农民工的实际财产情况，合理划分保障标准，减少对保障性住房租金补贴的需求。对流动人口较多的城市，增加中央财政资金和建设用地指标支持。各地应通过各种途径增加可供租赁的房源，通过进行基础设施配套建设提高出租房屋的质量。

第四节　农民工社会保障成本的构成及分担

一　农民工市民化保障成本的构成和分担

图9-4演示了农民工市民化保障成本的主要构成及其在各主体之间的分担情况。农民工市民化的保障成本主要包括养老、医疗、住房和子女义

务教育四大类。延伸的其他市民化成本包括农民工职业技能培训、公共服务和基础设施建设成本等。

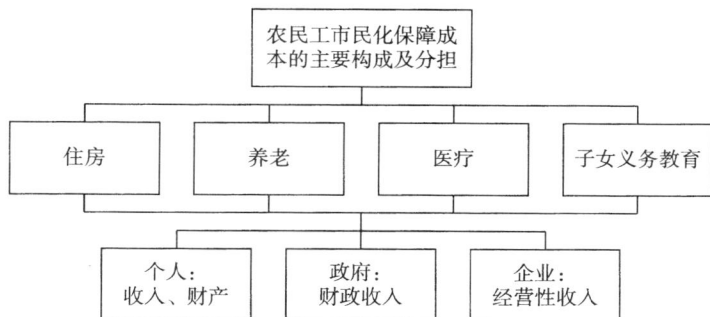

图 9-4　农民工市民化保障成本的主要构成及分担

在社会保障成本的分担上，政府承担的项目最多，例如，在养老和医疗保障上，除了对农民工及其家属参加各项社会保险的缴费补贴外，还要承担社会保障收支缺口的兜底责任；在住房保障上，有保障性住房一次性投入的建设成本，以及建成后的保障性住房货币补贴；在人力资本投入上，农民工随迁子女的义务教育成本几乎全部由政府承担，政府还要对农民工职业技能培训进行一定程度的补贴。除此之外，人口流入对公共服务和基础设施的需求增加，政府还要承担新增城市建设成本和公共服务提供成本。政府承担农民工市民化保障成本的资金来源主要是财政收入。

在市民化保障成本中，企业直接参与的项目较少，但是承担的义务不少。企业主要承担雇用的农民工参加城镇职工保障体系的企业缴费部分，这部分缴费大约占企业用工成本的40%。企业承担农民工市民化保障成本的资金来源主要是经营性收入。

农民工要和企业、政府一起分担市民化保障成本。参加城镇职工保障体系的农民工要负责个人缴费部分；参加城乡居民保障体系的农民工要负责个人账户的缴费部分；获得城市公共租赁住房保障的农民工要根据规定负担一定金额的租金；农民工随迁子女的义务教育费用主要由政府负担，但是一些个人职业技能培训项目需要个人承担相关费用。农民工承担自身市民化保障成本的资金来源主要是收入（如劳动收入和财产性收入）和财产。

我国地区经济发展程度差异大，农民工市民化成本也存在显著的地区差异；与此同时，研究方法和使用数据的差异使即便是在对同一地区进行估算时，对市民化成本的估算结果也不尽相同，如在市民化的政府支出方面，国务院发展研究中心课题组等（2011）测算的农民工市民化的人均政府支出为 8 万元，刘洪银（2013）测算的地级市政府对新生代农民工市民化的人均支出为 1.3 万元。根据吴波（2018）的综述，现有研究显示，全国 22 个省份的农业转移人口市民化的成本省际差异显著，其中，黑龙江、湖南、青海和江西的平均成本仅为 3.4 万元，而北京和上海高达 36.5 万元，22 个省份中市民化成本估算结果为 5 万 ~10 万元的最多，约占 1/3。

本书主要对农民工市民化成本中的社会保障成本进行估算。由于养老保障和住房保障是农民工市民化保障成本中占比较高的两项，供求矛盾突出，同时也是对农民工落户意愿、户籍城镇化率推进影响较大的两项，因此本书重点估算这两项的农民工市民化社会保障成本。进一步，由于各地实施的政策不一，全国的平均数据无法获得，考虑到农民工未来会继续向东部沿海经济发达的大城市集中，本书重点估算 3 个国家级城市群中 9 个具有代表性的大城市的农民工社会保障成本。每个城市群各选择 3 个城市，其中至少包含一个直辖市（经济特区）和一个省会城市。3 个城市群和 9 个大城市分别是京津冀城市群的北京、天津、石家庄；长三角城市群的上海、苏州、杭州；粤港澳大湾区城市群的广州、深圳、东莞。

二 农民工养老保障市民化的成本估算和分担

根据我国现行养老保障体系，农民工可以参加城镇职工基本养老保险（简称城职保）或城乡居民基本养老保险（简称城居保），但是两者在保险缴费数量、退休后领取的待遇水平以及缴费分担上的区别显著。

（一）农民工参加城职保成本的估算和分担

本书选取各市 2018 年城镇在岗职工平均工资的 60% 作为农民工参加城镇职工基本养老保险的缴费基数。对该基数的选择基于以下理由：①城镇职工基本养老保险制度规定，参保人员缴费基数为城镇在岗职工平均工资的 60% ~300%，由于农民工教育及技术水平低于城镇职工，工资也普遍低于城镇职工，可选择较低缴费基数；②笔者所在团队于 2019 年在江苏省进行的农民工调查数据显示，农民工的调查工资和各市城镇在岗职工平均工资的 60% 基本相等。根据现行城镇职工基本养老保险缴费规定，个人按缴费基数的 8% 缴费，企业按 16% 缴费，表 9 - 4 计算出 2018 年各大城市农民工参加城镇职工基本养老保险的人均月缴费成本及其在企业和个人之间的分担金额。

表9－4数据显示9大城市农民工参加城职保的人均月平均成本为1288元，其中，企业承担859元，个人承担429元。尽管同为东部沿海的大城市和超大城市，但由于各地在岗职工的平均工资不同，农民工参加城职保的缴费成本存在显著的城市间差异。其中，北京、上海两个城市的人均总成本较高，均超过每月1700元，广东、深圳、杭州、天津、苏州在第二梯队，为1100～1400元，石家庄和东莞缴费成本较低，为800～1000元。

表9－4　2018年各大城市农民工城职保成本和分担金额估算

单位：元/（人·月）

所属城市群	城市	总成本[a]	个人成本[b]	企业成本[c]	基金收入[h]	受益额[g]
京津冀城市群	北京	1798	599	1199	1784	4104
	天津	1247	416	831	3277	3259
	石家庄	901	300	601	1795	2712
长三角城市群	上海	1716	572	1144	4047	4380
	苏州	1130	377	753	1667	2675
	杭州	1281	427	854	2090	2939
粤港澳大湾区城市群	广州	1342	447	895	694	2780
	深圳	1341	447	894	694	2780
	东莞	839	280	560	694	2780
平均		1288	429	859	1839	3157
全国		—	—	—	1978	2876

注：a. 总成本＝2018年城镇在岗职工月平均工资×60%×24%；b. 个人成本＝2018年城镇在岗职工月平均工资×60%×8%；c. 企业成本＝2018年城镇在岗职工月平均工资×60%×16%；h. 人均基金收入＝各地2018年城镇职工基本养老金基金收入÷（参保职工年末人数 － 参保离退休人员年末人数）；g. 人均受益额＝各地2018年城镇职工基本养老金基金支出÷参保离退休人员年末人数（除北京、天津和上海外，人均基金收入与受益额使用省级数据计算）。

资料来源：城镇在岗职工平均工资数据参见中华人民共和国国家统计局，http://data. stats. gov. cn/easyquery. htm? cn = E0103；东莞城镇在岗职工平均工资数据参见《2018年东莞市平均工资情况》，东莞市人民政府网站，http://www. dg. gov. cn/zwgk/zfxxgkml/content/post_2157166. html；国家统计局人口和就业统计司、人力资源和社会保障部规划财务司编《中国劳动统计年鉴2018》，中国统计出版社，2018。

在表9－4中还计算了全国和选取的9个城市（或所在省份）2018年城镇职工基本养老保险的人均基金收入和人均受益额。2018年，全国城镇职工基本养老保险人均月基金收入为1978元，高于表9－4中9个城市农民工参加城职保的人均月平均成本 690 元。原因在于表 9 - 4 是以缴费下限——60% 城镇在岗职工平均工资——作为农民工城职保的缴费基数，肯定比按 60% ~300% 缴费的全国平均基数要低。农民工如果按表 9 - 4 的估算缴费参加城职保，就势必会减少全国人均城职保基金收入，为了保持养老基金账户的收支平衡，未来退休参保人员养老金人均领取额可能会由此下降。然而，社会保障代替家庭保障的进步意义正在于其所具有的共济性质，低收入水平者从参保中获得更多的保护正是社会保障制度的本质功能。消除高收入群体和低收入群体在参加社会保障中的相对利益冲突，一方面，需要高收入群体具有分享意识；另一方面，政府管理部门要采取各项措施增加基金收入，如提高经济增长率以增加基金总收入，基金管理部门提高基金运营能力以增加投资收益等。

在农民工参保缴费和人均基金收入差距小的城市，未来农民工参保的地方财政支出压力小，反之亦然。对比 9 个城市（或所在省份、直辖市），农民工缴费低于人均基金收入的省份有上海、天津、河北、浙江、江苏；高于人均基金收入的省份只有广东省；北京基本相等。上海和天津由于抚养比（在岗参保人数/退休人数）较低，人均基金收入较高，而广东和北京由于抚养比较高，人均基金收入较少。分别以北京和上海为例，北京因为参保人数多，退休人数少，抚养比高达 3.67，只需要人均每月 1784 元的养老基金收入就可以支撑人均每月 4104 元的养老基金支出；而上海因为参保人数少，退休人数多，抚养比仅为 1.16，对应每月 4380 元人均养老金支出，需要的人均基金收入每月高达 4047 元。鉴于当前城职保在省级统筹，抚养比低、基金结余少的地方政府吸纳农民工参保的动力不足。各地财政养老负担差距显著的最终解决方案是实现城职保全国统筹。在此之前，可以进一步落实中央调节金制度，对抚养比低、基金结余少的地区吸纳农民工参加城职保加大财政转移支付力度。

城职保的现期缴费由个人和企业分担给农民工和用工企业带来了一定的支出压力。根据表 9 - 4 的估算，城职保平均个人缴费负担为每月 429 元，占 2018 年全国农民工月均收入的 11.5%，占东部地区就业农民工月均收入的 10.8%[①]，

---

① 《2018 年农民工监测调查报告》，中华人民共和国国家统计局网站，http://www.stats. gov.cn/tjsj/zxfb/201904/t20190429_1662268.html。

对农民工而言,这也是一笔可观的开销。考虑到表9-4估算的缴费成本使用的是城职保的最低缴费基数,根据现行缴费标准参加城职保,个人的社保缴费可能会给中等收入水平以下的农民工群体造成一定的负担。基于低收入群体倾向于高估现期消费的效用、低估未来消费的效用,农民工在决定是否参加城职保时极易产生"短视现象"。因此,有必要对农民工开展"早缴早受益,多缴多受益"的教育宣传,将他们更多地吸引到待遇水平较高的城职保体系中,以保证其老年生活水平。用工企业承担的缴费成本为每月人均859元,对于雇用农民工较多的中小企业和制造业企业而言,这不是一个小数目,尤其是在宏观经济下行区间,利润空间缩小,缴费压力增加。因此,可以根据经济周期适时动态调整城职保的企业缴费比例,对于中小企业为农民工参保缴费的可以增加专项财政补贴、进行税收返还以减轻企业负担,激励企业积极为农民工参保缴费。

总体而言,农民工参加城职保会对企业、个人和政府三方,尤其是企业和个人产生短期的支出压力。但是,如果考虑到将农民工纳入保障更加充分的城职保体系中,则不仅有助于减少农民工老年贫困的风险、保护农民工养老保障权益,而且有助于提高企业的用工稳定性,有利于我国户籍城镇化推进,将应保农民工尽早悉数纳入城职保体系就不能只看短期直接成本而不看长期潜在收益。

(二) 农民工参加城居保成本的估算和分担

在2009年开始新农保试点,并于2014年决定将其和城镇居民社会养老保险合并后,我国逐步建立起了覆盖全体公民的养老保险体系,将基本养老保险从城镇劳动者扩大到全体应保公民。截至2018年底,全国参加基本养老保险人数约为9.68亿人,其中,参加城镇职工基本养老保险的约为4.35亿人,参加城乡居民基本养老保险的约为5.33亿人,因此没能参加城职保的农民工大多参加了城乡居民基本养老保险。但是由于城乡居民基本养老保险在市级统筹,国家规定的基础养老金给付标准极低,各地城乡居民基础养老金待遇差别很大,某些地区仅能支付国家规定的最低基础养老金,显然无法承担养老功能。为此,本书除了报告各地居民基础养老金成本及其在中央和地方政府之间的分担情况外,还报告了根据各地农村最低生活保障标准估算的居民养老保险成本。

根据2014年发布的《国务院关于建立统一的城乡居民基本养老保险制

度的意见》，我国现行城居保缴费主要由中央政府、地方政府和个人分担。其中，基础养老金由中央政府和地方政府分担，中央政府规定最低基础养老金标准，并由中央财政对中西部地区给予全额补助，对东部地区给予50%的补助，各地可以根据实际情况上调基础养老金，上调部分由地方政府承担。个人账户由参保居民在政府规定的缴费档次里自由选择，按规定逐期缴费积累而成。参加城乡居民基本养老保险的居民达到退休年龄后，地方政府通过财政转移支付向符合条件的参保人全额支付基础养老金，而个人账户全部储存额除以139按月计发养老金。由于城乡居民基本养老保险个人账户积累金额极少，基金收入主要来源于政府财政转移支付，本部分重点分析由政府承担的居民基础养老金成本及其在中央和地方政府之间的分担情况。

表9-5列出了2018年各大城市农民工参加城居保成本和主体分担金额估算情况。根据规定，各地可以根据实际情况上调基础养老金，在2018年城乡居民基础养老金全国最低标准每月88元的基础上，在9个城市中，上海的标准最高，为每人每月930元，比最低的石家庄高822元。由于东部地区基础养老金远高于国家标准，且提高部分由当地政府财政承担，因此，如前文所述，各地对城居保的参保和领取都设定了户籍限制。

表9-5　2018年各大城市农民工参加城居保成本和主体分担金额估算

单位：元/（人·月）

所属城市群	城市	估算总成本	现行基础养老金标准及分担金额			基金运营情况	
			基础养老金[f]	中央政府	地方政府	基金收入[g]	受益额[h]
京津冀城市群	北京	849	710	44	666	302	362
	天津	782	295	44	251	850	379
	石家庄	518	108	44	64	55	101
长三角城市群	上海	909	930	44	886	1827	1049
	苏州	803	490	44	446	205	196
	杭州	811	220	44	176	198	246
粤港澳大湾区城市群	广州	782	211	44	167	90	168
	深圳	782	420	44	376	90	168
	东莞	680	378	44	334	90	168
平均		768	417	44	373	412	315
全国		—	—	—	—	77	127

注：f. 2018 年基础养老金；g. 除北京、天津和上海以外，基金收入使用省级数据计算；h. 除北京、天津和上海以外，受益额使用省级数据计算。

资料来源：估算总成本部分具体来源为北京参见《2012－2018 年北京市城镇、农村最低生活保障平均标准统计》，搜狐网，https：//www. sohu. com/a/307291266_120113054；天津参见《天津：城乡居民低保标准增至 920 元》，中华人民共和国中央人民政府网，http：//www. gov. cn/xinwen/2018－04/04/content_5279729. htm；石家庄参见《石家庄社会保障持续发力 提升精准脱贫成效》，石家庄市人民政府网站，https：//www. sjz. gov. cn/col/1490927355793/2018/10/26/1540537692248. html；上海参见《上海市民政局 上海市财政局关于调整本市城乡低保及相关社会救助标准的通知》，上海市人民政府网站，http：//service. shanghai. gov. cn/XingZhengWenDangKuJyh/XZGFDetails. aspx？docid＝REPORT_NDOC_004248；苏州参见《市政府办公室关于调整有关社会保障对象生活救助（补助）标准的通知》，苏州市人民政府网站，http：//www. suzhou. gov. cn/szsrmzf/bdwglywwjit/202007/de61df1bfb6249e09d2cf0629babe3a5/files/2c46 5a524b0d4c60849df9333c1c20b0. pdf；杭州参见《2018 年杭州市国民经济和社会发展统计公报》，杭州市人民政府网站，https：//www. hangzhou. gov. cn/art/2019/3/4/art_805865_305932. html；广州、深圳、东莞参见《广东省民政厅关于印发 2018 年全省城乡低保最低标准的通知》，广东省民政厅网站，http：//smzt. gd. gov. cn/gkmlpt/content/2/2158/mpost_2158501. html#1667；基础养老金部分具体来源为北京参见《北京市人力资源和社会保障局 北京市财政局 北京市民政局关于调整 2018 年城乡居民养老保障相关待遇标准的通知》，北京市人民政府网站，http：//www. beijing. gov. cn/zhengce/zhengcefagui/201905/t20190522_ 61313. html；天津参见《2018 年天津城乡居民基础养老金和老年人生活补助标准双双提高 18 元！》，搜狐网，https：//www. sohu. com/a/240903482_545092；石家庄参见《我省城乡居民基础养老金最低标准提高 补发的钱月底发放到位》，石家庄市人民政府网站，https：//www. sjz. gov. cn/col/1514765251304/2018/09/12/1536709079181. html；上海参见《关于 2018 年调整本市城乡居民养老保险领取养老金人员养老金的通知》，上海市人力资源和社会保障局网站，http：//rsj. sh. gov. cn/tzrsxhfzdgfxwj_173 38/20200617/t0035_1389122. html；苏州参见《2018 年 1 月 1 日起居民基础养老金普遍提高 30 元》，苏州市人民政府网站，http：//www. suzhou. gov. cn/szsrmzf/szyw/201712/GCK67V1PGP2T6PGP 31WA0HPEH7PH5NS1. shtml；杭州参见《关于调整城乡居民基本养老保险基础养老金标准的通知》，杭州市人民政府网站，http：//www. hangzhou. gov. cn/art/2018/11/15/art_ 1229063415_2011 095. html；广州参见《广州市人力资源和社会保障局 广州市财政局关于调整我市城乡居民基本养老保险基础养老金标准的通知》，广州市人民政府网站，http：//www. gz. gov. cn/xw/tzgg/content/post_30 88046. html；深圳参见《深圳市人力资源和社会保障局 深圳市财政委员会关于调整完善我市居民基本养老保险基础养老金标准等待遇的通知》，深圳政府在线，http：//www. sz. gov. cn/zfgb/2018/gb1073/content/mpost_4951369. html；东莞参见《基础养老金提高每人每月 378 元》，东莞市人民政府网站，http：//www. dg. gov. cn/zwgk/zfxxgkml/cpz/qt/mszx/content/post_998516. html；基金收入和受益额参见国家统计局人口和就业统计局、人力资源和社会保障部规划财务司编《中国劳动统计年鉴 2018》，中国统计出版社，2018。

受各地征地时普遍采取"土地换社保"的实际做法的启示，表 9－5 还列出了根据各市 2018 年城乡（农村）最低生活保障标准估算的农民工参加当地城居保的成本。《土地管理法》第四十八条规定，"县级以上地方人民政府应当将被征地农民纳入相应的养老等社会保障体系。被征地农民的社会保障费用主要用于符合条件的被征地农民的养老保险等社会保险缴费补贴"。而各地在实际征收农民土地时，失地农民社保账户充实金额的计算标准通常是满足当地城乡（农村）居民最低生活保障。例如，广州市规定，"对于2010年11月后征地的，征地主体应为符合纳入养老保障范围的被征地农民（含农转居人员，下同），按本办法第五档缴费标准、将参保人个人缴纳15年养老保险费所需资金一次性预存入'收缴被征地农民社会保障资金过渡户'，用于支付参保人按本办法参保的个人缴费费用。征地主体应单列计提被征地农民养老保障资金，并列入征地成本"①。按照《江苏省征地补偿和被征地农民社会保障办法》：16周岁以上的被征地农民都将获得一个个人保障资金分账户，账户资金额最低为当地农村最低生活保障标准的1.1倍乘以139。可见，各地政府公认的城市居民养老保险的实际成本下限是满足城乡（农村）居民最低生活保障。据此，本书依据现行《社会保险法》参保人最低缴费年限为15年的规定，将个人保障资金账户应缴纳的总金额分摊到15年，模拟假设农民工都可以"土地换社保"，对其在各地参加城乡居民基本养老保险的月成本的模拟结果见表9-5。

表9-5数据显示9大城市农民工参加城居保的人均月平均成本为768元。由于各地城乡居民最低生活保障水平参差不齐，农民工参加城居保的缴费成本存在地区差异。其中，上海、北京、杭州、苏州的人均月平均成本较高，超过800元；天津、广州、深圳同为782元；东莞较低，为680元，石家庄最低，为518元。表9-5没有列明"土地换社保"假设下农民工参加城居保的成本分担，根本原因在于，在现行土地制度下，农民的土地财产无法估值，差额部分的金额及其分担金额都缺乏估算依据。在征地实践中，被征地农民的个人保障资金账户名义上由用地单位负责缴费，实际上是由失地农民以其土地财产价值承担的。而在普遍的土地保障换社会保障的过程中，可以预期大部分农民工的土地财产不足以覆盖大城市的居民养老保险缴费成本，他们在大城市参加城居保的成本分担取决于后续土地制度、社保制度、户籍制度和财政制度等基本制

---

① 《广州市人民政府办公厅关于印发广州市城乡居民基本养老保险实施办法的通知》，广州市人民政府网站，http://www.gz.gov.cn/zwgk/fggw/sfbgtwj/content/post_4757947.html。

度的联动改革。

表 9 – 5 还计算了全国和选取的 9 个城市（或所在省份）2018 年城乡居民基本养老保险的人均基金收入和人均受益额。2018 年，全国城乡居民基本养老金的人均月基金收入为 77 元，比本书按低保标准估计的 9 个城市农民工参加城居保的人均月平均成本低 691 元。分城市看，绝大部分大城市的人均基金收入低于按低保标准估算的应缴费用，原因在于我国现行的城居保缴费和收益规定在很多地区存在和低保倒挂的现象。如果农民工按照低保标准缴费参保，那么不仅会增加现期的城居保基金总量，而且会增加未来退休参保人员的人均受益额。

在当前我国城居保基础养老金保障不足、地区差异大的情况下，对农民工参加城居保的成本分担机制进行设计非常重要。如果按照现行城乡居民基本养老保险在市级层面统筹的机制，在没有配套改革的前提下，那么，东部地方政府在吸纳外来农民工参加当地城居保时，财政负担会非常大。假定对于一个来自西部地区的农民工，这一西部地区以国家规定的最低基础养老金作为当地的基础养老金标准，2018 年为 88 元，中央财政全额补贴。现在，该农民工到北京打工，参加了北京的城居保，总成本及分担情况为：①如果按基础养老金标准算，那么中央财政只需要补贴 44 元，北京市政府需要补贴 666 元；②如果按照低保标准算，中央政府还是补贴 44 元，北京市政府则需要补贴 805 元。显然，如果没有建立合理的分担机制，那么北京市政府将长期维持城居保参保的本地户籍条件。

总体而言，未来一段时间，如果推进农民工在打工地城市落户定居，就将仍有相当大比例的农民工及其家属需要参加打工地城市的城居保。参加打工地城市的城居保，将有效保障农民工的退休生活水平，并在短期内充实城居保的基金总量。但是农民工在打工地城市参加城居保的成本如何分担是一个难题。关键在于实现农民工从农村土地保障向打工城市社会基本保障的转变需要土地制度、社保制度等一系列基础制度的协调改革。本书认为，原则上可参照征地时被征地农民"土地换社保"的政策，对自愿退出农村承包地的农民工，由中央政府和参保地政府协商个人社保账户缴费的分担比例；对不愿放弃农村承包地的农民工，保留其承包权、经营权和收益权，个人社保账户需充实金额和后续缴费主要由个人承担，中央和地方政府可根据实际情况给予一定的补贴。

三 农民工住房保障市民化的成本估算和分担

本书以赋予农民工城市保障性住房权利为制度设计目标，估计9大城市农民工获得保障性住房的成本及分担情况。作为基本公共服务之一的住房保障，主要有公共租赁住房（公租房）、廉租房以及经济适用住房三种①，第一、二种以租赁的形式，第三种以出售的形式提供给被保障家庭。政府通过租金补贴或者价格补贴的方式向低收入家庭提供住房保障服务。各地政府向市民提供保障性住房时承担的成本各不相同，本书分别估算租赁型社会保障房和出售型社会保障房的政府补贴金额。

（一） 租赁型社会保障房政府补贴估算

租赁型社会保障房主要有公租房和廉租房两类，补贴方式分别是租赁补贴和实物配租。廉租房面向符合城镇居民最低生活保障标准并且住房困难的家庭，通常补贴标准高于公租房。租赁补贴方式是政府根据补贴面积按照相应标准直接给予租住社会保障房的低收入家庭货币补贴，实物配租方式则是政府对租住社会保障房的低收入家庭在规定面积内收取低于市场价格的租金。表9-6以市场平均租金作为参照，根据租赁补贴和实物配租的补贴，计算各地政府租赁型社会保障住房的补贴数额占市场平均租金的比重以显示保障情况。在此基础上，根据各地规定的人均保障面积计算政府对租赁型社会保障住房的人均补贴总额②。

---

① 尽管已经将公共租赁住房和廉租房并轨管理，但是很多地区仍然分开执行相关政策，其中，面向最低收入群体的廉租房有户籍要求，公共租赁住房则有条件地向外来人口开放。

② 由于不同地段的房屋租金和销售价格差别较大，各地对不同地段廉租房和公租房发放的租赁补贴、向实物配租的公租房收取的租金并不相同，以至于很难获得一个城市社会保障房补贴的准确数据。本书在估算时根据收集的数据对各项指标做了取算术平均数的简单处理，但是限于数据的可得性，其不能完全代表当地的实际情况，仅供参考。

表9-6 2019年各大城市租赁型社会保障房人均政府补贴情况

所属城市群	城市	市场平均租金a [元/(月·平方米)]	补贴和占比							人均保障面积e (平方米)	政府补贴总额		
			廉租房 租赁补贴		公租房						廉租房 租赁补贴 [元/(月·平方米)]	公租房	
					租赁补贴		实物配租					租赁补贴 [元/(月·平方米)]	实物配租 [元/(月·平方米)]
			补贴b [元/(月·平方米)]	占比(%)	补贴c [元/(月·平方米)]	占比(%)	补贴f [元/(月·平方米)]	个人d [元/(月·平方米)]	占比(%)				
京津冀城市群	北京	92	31	33.7	13	14.1	—	—	—	23	713	299	
	天津	37	36	97.3	19	51.4	15	22	40.5	16	576	304	240
	石家庄	22	4	18.2	3	13.6	11	11	50.0	15	60	45	165
长三角城市群	上海	78	68	87.2	—	—	11	67	14.1	16	1088	—	176
	苏州	31	35	112.9	16	51.6	20	11	64.5	18	630	288	360
	杭州	54	60	111.1	18	33.3	33	21	61.1	17	1020	306	561
粤港澳大湾区城市群	广州	50	27.5	55.0	15	30.0	36	14	72.0	15	412.5	225	540
	深圳	78	29	37.2	—	—	63	15	80.8	20	580	—	1260
	东莞	29	28	96.6	9	31.0	9	20	31.0	18	504	162	162

注：f = a - d。

资料来源：a、b、c、d、e参见各地政府网站。

表9-6中的数据显示，保障性住房的政府补贴力度在不同地区和不同项目上的差异明显。比较普遍的规律如下。①对于有户籍要求的保障性住房，仅提供给本地户籍人口的廉租房直接租金补贴力度大于没有户籍要求的公共租赁住房，例如，杭州和苏州廉租房的租金补贴超过出租房屋的市场平均租金价格，补贴力度分别比公共租赁住房高77.8个和61.3个百分点，即一个杭州或者苏州的最低收入家庭获得的廉租房租赁补贴可以保障在户籍所在城市租到一个在平均居住质量水平以上的住房。②对于没有户籍要求的公共租赁住房，采取实物配租方式的补贴力度大于直接的租赁补贴。例如，苏州市实物配租的公共租赁住房只向个人收取11元/平方米的月租金，如果该住房的实际市场租金等于苏州租房市场的平均租金，那么政府的月补贴额为20元，比租赁补贴高4元，比其补贴力度高12.9个百分点。

表9-6还根据各地规定的人均保障面积计算了各城市政府为每个人每个月支付的补贴总额。一般而言，人均补贴总额从高到低的关系是：廉租房的租赁补贴＞公共租赁住房的实物配租补贴＞公共租赁住房的租赁补贴。

由于各地之间公共租赁住房来源不一，补贴标准繁杂多样，本书根据尽一切可能收集到的数据取算术平均值估算了各个城市保障性住房的补贴力度和补贴总额。但是受制于数据的可得性，估算结果的精确性和代表性都有待提升，因此，地区间的补贴金额和力度没有完全的可比性。尽管如此，数据显示，地区间的补贴力度和经济发展水平高度相关，对廉租房租赁补贴金额进行排序，第一梯队是上海、杭州和北京，第二梯队是苏州、深圳和天津，排在最后的是东莞、广州和石家庄。但是深圳的公租房实物配租补贴人均高达1260元/（月·平方米），在各类补贴中最高。

（二）　出售型社会保障房政府补贴估算

出售型社会保障房主要是经济适用住房，补贴方式是以低于市场价格的方式出售给城市低收入家庭。但是因为经济适用住房在申请、建设的过程中存在种种情况，如申购过程中弄虚作假、政府利用手中权力干预房源分配等，2014年前后，经过试点，各大城市基本上停止了经济适用住房的建设①，目前只有少数城市保留了经济适用住房。本书涉及的9个城市中只有上海市保留了经济适用住房，且已将其改名为共有产权保障房。本书依照表9-6计算了上海市共有产权保障房的人均政府补贴，结果见表9-7。

表9-7数据显示，2018年，上海市商品房销售价格为23804元/平方米，根据2019年上海市住房和城乡建设管理委员会发布的共有产权保障住房供应房源信息公示公告，取销售基准价的均值估算出共有产权保障房配售价格，为9350元/平方米，比商品房销售价格低14454元/平方米，政府补贴占商品房销售价格的60.7%。再根据上海经济适用住房保障面积为人均16平方米的规定，上海市为一个低收入家庭提供共有产权保障房的补贴总额达到23.13万元/人。

---

① 《住建部试点取消经济适用房　郑州、烟台实施"三房合一"》，观察者网，https://www.guancha.cn/ZhongGuoFangShi/2013_11_04_183234.shtml。

表9－7　上海市共有产权保障房人均政府补贴情况

地市	商品房销售价格（元/平方米）	共有产权保障房配售价格（元/平方米）	政府补贴		人均住房保障面积（平方米）	政府补贴总额（万元/人）
			金额（元/平方米）	占比（%）		
上海	23804	9350	14454	60.7	16	23.13

资料来源：《住建部试点取消经济适用房 郑州、烟台实施"三房合一"》，观察者网，https://www.guancha.cn/ZhongGuoFangShi/2013_11_04_183234.shtml；《上海市崇明区第六批（2018年）共有产权保障住房房源信息公示公告》，上海市房屋管理局网站，http://fgj.sh.gov.cn/gycqbzfgsgg/20200401/a4d5e50a04044ceab35388baf068df20.html；《上海市金山区第六批（2018年）共有产权保障住房房源信息公示公告》，上海市房屋管理局网站，http://fgj.sh.gov.cn/gycqbzfgsgg/20200401/fe8d04bf502c4ef28310051b46c8b451.html；《上海市嘉定区第六批（2018年）共有产权保障住房房源信息公示公告》，上海市房屋管理局网站，http://fgj.sh.gov.cn/gycqbzfgsgg1/20200401/e38e643fc51044a28324e633e0616339.html。

对比表9－6，如果把上海市廉租房的政府月租赁补贴1088元按照共有产权保障房一次性补贴额23.13万元进行资产化（$0.1088 \times 12/5.65\% = 23.13$），则可得资本化年息为5.65%。换句话说，假设同一套房子，在年息5.65%的条件下，上海市按人均每月1088元补贴低收入家庭16平方米租房的房租，和按9350元/平方米的低价将16平方米的房子配售给一个低收入家庭相比，补贴力度是一样的。差别在于：①流动性约束，对于出售型社会保障房，政府和家庭都需要一次性支付一笔金额，政府需要一次性补贴23.13万元，而低收入家庭也需要一次性承担自己的份额14.96万元（$=0.9350 \times 16$）；②动态调整约束，房租补贴是可进可出的，低收入家庭在摆脱低收入状态后不再享受租赁补贴，而如果购买了保障性住房，也就获得了相应面积的产权，无论此后家庭收入情况如何变化，政府不能再收回归属于家庭的那部分产权。因此，根据"但求所住、不求所有"的住房保障制度建设原则，租赁补贴是更适合普遍推广的住房保障模式。

四　农民工养老和住房保障市民化总成本估算

表9－8根据表9－5、表9－6取各城市不同形式的养老保障和住房保障中政府补贴的上限，估算9个城市农民工市民化的养老、住房保障成本，以及两者相加的总成本。首先，养老保障补贴金额取值为模拟征地时农民以土地换保障所需总成本，即表9－5中的"估算总成本"。其次，住房保障补

贴金额取值为各类住房保障的最高补贴金额，即表9-6中的三项"政府补贴总额"中的最大值。最后，将各项的月补贴金额按年息5%资产化，获得补贴资产化金额。公式为：补贴资产化金额＝月补贴×12÷5%。

表9-8　各大城市养老和住房市民化总成本上限

单位：元，万元

所属城市群	城市	月补贴			补贴资产化金额		
		双保障	只保养老	只保住房	双保障	只保养老	只保住房
京津冀城市群	北京	1562	849	713	37.5	20.4	17.1
	天津	1358	782	576	32.6	18.8	13.8
	石家庄	683	518	165	16.4	12.4	4.0
长三角城市群	上海	1997	909	1088	47.9	21.8	26.1
	苏州	1433	803	630	34.4	19.3	15.1
	杭州	1831	811	1020	43.9	19.5	24.5
粤港澳大湾区城市群	广州	1322	782	540	31.7	18.8	13.0
	深圳	2042	782	1260	49.0	18.8	30.2
	东莞	1184	680	504	28.4	16.3	12.1
均值		1490	768	722	35.8	18.4	17.3

由于取值是上限，根据表9-8获得补贴的居民对应项目的权利基本能够得到较好的保障。例如，上海市一个三口之家如果满足申请廉租房资格要求，获得1088元每人每月的租赁补贴，则共可获得3264元的房租补贴，按照上海市78元每平方米的市场平均租金，可以租到40平方米以上的住房，基本能够满足居住需求。而一个每月按909元缴纳城乡居民基本养老保险的居民，缴费满15年，按现行规定达到领取年龄后，理论上可以按上海市城乡居民低保标准的1.1倍领取养老金，基本生活需要可以得到保障。

由于保障程度比较充分，按表9-8计算的农民工市民化保障总成本负担也很重。仍以上海为例，按照年息5%将月补贴资产化，一个农民工在上海获得充分的养老保障的总成本为21.8万元，获得住房保障的总成本为26.1万元，两项都保的总成本高达47.9万元。正是因为保障成本负担重，各大城市的居民住房和养老保障权利成为稀缺资源，只能通过设置各种条件配给。由于当前这些保障成本主要由地方政府财政承担，住房和养老保障权利配给秉承"本地人优先、技术人才优先"的原则也就不足为奇，如上海市2018年城乡最低生活保障标准为每人每月1070元，居全国前列，但是全市享受城乡低保的总人数不足20万人[①]。

表9-8数据还显示各个城市之间农民工市民化的养老和住房保障上限的差异显著。养老保障成本最高的上海比最低的石家庄高9.4（=21.8-12.4）万元，住房保障成本最高的深圳比最低的石家庄高26.2（=30.2-4.0）万元，双保障成本最高的深圳比最低的石家庄高32.6（=49-16.4）万元。由于各地住房市场价格差异大，最低生活保障差异相对较小，因此住房保障成本的地区差异显著大于养老保障。

尽管因为各地居民养老和住房保障标准各异且变动频繁，表9-8各项估计指标的精确性和时效性不足，但是对各大城市农民工市民化养老和住房保障总成本的上限估计依然可以为讨论农民工市民化成本的分担提供一个基准数据框架：假设让一个一无所有的农民工在大城市落户并获得当地市民待遇，当地政府为其提供基本的生活和住房保障需要每个月支付多少资金，资产化后的资金成本又是多少。

显然，农民工并不是一无所有，居民养老保障水平也有调节的空间，房租补贴也会随房屋价格和租金变化而变化；进一步，并非每一个农民工都会实际成为需要政府补贴的保障对象，参加城镇职工基本养老保险、购买商品房等都可以将农民工从保障对象中分流出去。因此，面向2035年的农民工社会保障体系设计需要瞄准分流保障人群，分担保障成本，在制度与配套措施上改革创新，提高对农民工的保障程度，防范农民工群体的贫困风险。

第五节　农民工社会保障制度体系构建政策建议

一　构建目标

赋予农民工在城市的住房和养老权利不是新增权利而是实现权利平

---

① 《25年前上海在全国率先建低保制度，如今低保对象近20万人》，澎湃新闻，https://www.thepaper.cn/newsDetail_forward_2565264。

等。面向 2035 年，以推动农民工完成在城市落户定居为政策目标，以赋予农民工和城市居民平等的养老和住房权利为重点，以提升农民工实质能力和实现自由为终极追求，不断完善各项制度，加大政策的落实执行力度，提高农民工城镇职工基本养老保险参与率，实现农民工城乡居民基本养老保险和城市居民同城同保，提高农民工在城市自有住房的比例，提升农民工的城市保障性住房的享有比例。

二 重要举措

（一）养老保障体系构建的重要举措

1. 全国统筹城乡居民基础养老金

农民工目前大多参加的是城乡居民基本养老保险，但是由于统筹层次低，存在显著的地区差别和城乡差别。相对于城市居民尤其是经济发达地区的城市居民，参加城乡居民基本养老保险的农民工普遍面临因基础养老金水平过低、个人参保档次不高叠加而成的老年贫困风险。居民基础养老金是一国全体公民平等享受的权利，为全体公民提供标准统一的、获得程序统一的基本养老金是现代国家的积极义务，其公平性需由在全国层面统筹加以实现。统筹后的城乡居民基础养老保险基金主要来源于居民基础养老金税费，由各地政府根据经济发展水平按规定比例缴纳；统筹后的居民基础养老金发放不再有户籍限制，参保居民在年老退休后从基础养老金账户中按规定领取和退休居住地基本生活需求相适应的基础养老金。

2. 逐步提高城乡居民养老待遇水平

中央政府应逐步提高城乡居民基础养老金水平直至和最低生活保障水平相等，基金缺口由中央财政全额拨付补足。除基础养老金之外，设计机制激励参保居民提高个人账户缴费档次以增加退休后个人账户养老金领取额度，各地政府也可根据财政实力向常住居民按一定标准发放老年人生活补贴。

3. 降低城镇职工基本养老保险准入门槛

农民工是就业人员，应该更多地被城镇职工基本养老保险体系覆盖。当前，城镇职工基本养老保险缴费基数范围为当地社会平均工资的 60% ~ 300%，考虑到农民工人力资本水平普遍低于城镇职工，且在非正规部门就业比例较高，就业企业盈利能力较差，农民工收入分布集中于社会平均工资的60%以下，缴费门槛下限过高导致农民工及其雇用企业养老缴费负担相对较重，影响农民工及其就业企业的缴费积极性。建议适当降低城镇职工基本养老保险缴费的准入门槛，同时增加城镇职工基本养老保险缴费的档次，为农民工提供更多缴费选择，提高农民工参加城镇职工基本养老保险的实质自由水平，并减少企业的规避行为，以提高农民工参加城镇职工基本养老保险的比例，更好地保障农民工的养老权利。

4. 加大对城镇职工基本养老保险的宣传和执行力度

农民工受到受教育程度低、收入水平低的限制，在理解养老保险制度共济功能的作用机制、规划跨期消费实现终生效用最大化方面的能力较弱，在进行养老缴费时常常存在短视行为。要加大对农民工养老保险制度的宣传力度，特别是介绍养老保险制度更加有利于低收入水平群体的共济性质，在必要的时候对符合条件的农民工采取"温和的专制主义"（理查德·塞勒、卡斯·桑斯坦，2015），将参加城镇职工基本养老保险作为就业合同签订时的默认选项，直接赋予农民工。要加大对企业进行养老保险制度宣传的力度，不仅强调为职工缴纳养老保险是法律规定的企业应尽的义务，而且强化给职工缴纳养老保险有助于提升用工稳定性等。对于那些拒不履行缴费义务的企业，一经查实，严格处理，责令其补缴所有欠款，并进行相应的处罚，保护农民工的合法权益。

5. 完善基本养老保险的转移衔接机制

作为农业转移人口，农民工既应转变就业身份，也应转移就业地区，这就要求基本养老保险制度设计应重视构建顺畅高效的转移渠道和衔接机制。充分利用现代网络技术，建设平台，简化农民工跨地区转接养老保险的手续，降低流动性强的农民工管理养老保险的成本。在城乡居民基本养老保险和城镇职工基本养老保险制度不断完善的同时，进一步完善养老保险跨制度转移的渠道，降低农民工在就业转换期间的断保风险。

（二）　住房保障体系构建的重要举措

1. 建立以公共租赁住房为主的城市住房保障体系

按照"只求所住、不求所有"的原则，逐步减少对出售型的经济适用住房（共有产权保障性住房）的供给，建立以公共租赁住房为主的住房保障体系。以租赁补贴而非房价补贴形式保障居民住房不仅可以有效避免一次性投入资金过多，而且具有操作标准更精确、动态调整更方便、公共保障资源配置更公平等优点。

2. 统一使用收入财产申请条件

取消对外来人口设置的各种就业、社保等申请条件，统一使用收入财产申请条件。对现有申请社会保障性住房的收入财产条件进行调整：①收紧现有本地户籍居民申请的收入财产资格条件；②对于没有退出老家宅基地、有农房的农民工，可根据其土地所在区位、面积情况适当调低补贴档次。将引进人才的住房补贴和给予低收入家庭的住房补贴分类管理，各地根据实际需要制定引进人才的补贴条件和标准。

3. 增加可租房源数量，提高可租房源质量

对于公共租赁房屋的供给，在增量上，调动人口流入较多城市现有的闲置土地资源建设一批，城市建设用地指标中配建一批，鼓励引导城乡接合部的农村集体组织开发集体经营性土地建设一批；在存量上，通过旧城、棚户区、城中村改造，完善基础设施，改善现有可租房源的居住环境和居住质量。

4. 增加中央资金和土地资源支持

对于流入人口较多地区和城市，中央增加财政转移支付和建设用地审批的额度。落实"钱随人走"，中央财政根据流入人口的数量和流入地的房租市场价格，按人头对地方财政进行专项基金转移支付；落实"地随人走"，对流入人口退出农村宅基地和农房的，中央财政根据流入地政府对退出土地流动人口的住房安置情况配备一定比例的建设用地指标。

三　制度保障

（一）户籍制度

自2014年以来，中央政府不断加大户籍制度改革的力度。2019年4月公布的《2019年新型城镇化建设重点任务》和12月公布的《关于促进劳动力和人才社会性流动体制机制改革的意见》中明确要求"全面取消城区常住人口300万以下的城市落户限制，全面放宽城区常住人口300万至500万的大城市落户条件"，大力敦促各大中小城市放松户籍限制。然而，户籍制度改革成功的关键并不在于放开户籍管制，而在于割断户籍和社会保障、土地财产之间的联系。从户籍供给看，只要大城市、超大城市的本地户籍还和优厚的养老、住房保障联系，就会被作为差别对待不同人群的

工具，放松户籍管制只不过将排斥对象从所有外地人转向外地人中的低技能人群而已。从户籍需求看，只要户籍还和土地财产紧密联系，中小城市微薄的社会保障福利未必能够吸引农民工放弃农村户籍，农民工落户意愿持续低迷的情况就难以改进。

（二）财税制度

首先，全国公民平等享受的基础养老保障待遇应该由中央财政统一管理，实现全国统筹。由中央财政制定养老基金的筹集方式、养老金的发放方式，并对养老基金投资收益进行管理，动态调整收支标准，在出现收支缺口时负责补齐。其次，上级财政应该加大对农民工集中流入地的下级财政的转移支付力度。在实现全国统筹之前，通过农民工专项养老基金为农民工在打工地参保缴费进行补贴，通过政策性银行向保障房建设项目提供优惠利率贷款支持等。最后，进一步深化财税体制改革，从根本上缓解地方政府财政对土地出让金的依赖。

（三）土地制度

2019年4月15日，《中共中央　国务院关于建立健全城乡融合发展体制机制和政策体系的意见》明确指出要"全面落实支持农业转移人口市民化的财政政策、城镇建设用地增加规模与吸纳农业转移人口落户数量挂钩政策""维护进城落户农民土地承包权、宅基地使用权、集体收益分配权，支持引导其依法自愿有偿转让上述权益"。土地既是资源又是财产，同时连接户籍供给和需求，成为户籍制度改革推进的关键环节。第一，通过土地确权，割断户籍和土地财产之间的关系。针对农民工土地财产权利带不走，从而对落户城市犹豫观望的问题，通过进一步明确农民工的土地财产权利，消除农民工的疑虑，给予其选择是否退出农村土地的自由。第二，逐步建立、完善农村土地交易市场，实现土地的资本化。弱化土地生产性保障功能，还原土地资本性保障功能，赋予进城农民工以土地财产分担社会保障成本的能力。对于退出农村土地的农民工，通过市场交易获得的土地财产价值可以有效分担他们参加城镇职工基本养老保险、购买城市住房、选择更高档次的个人养老缴费等社会保障成本；对于不愿意退出农村土地的农民工，土地交易市场经过发展可以提供农民土地财产价格的发现机制，以为其申请城市社会保障审批验资提供依据，这有助于城市社保资源分配从户籍条件向收入条件转变，实现更加公平的保障性资源的分配，提高社保资源配置的效率。第三，在农村土地交易市场建成之前的过渡时期，对自愿退出农村土地的农民工，按照"钱地随人走"的原则，在国家层面设立专门的养老、住房保障补贴账户以保障其在城市的养老和住房权利，实现精准保障。第四，逐步扩大建设用地指标跨地区调剂范围，从目前调剂范围限于省（区市）内、调出地仅限贫困县，扩大到调出地包括人口流出较多的非贫困县；调剂范围扩大到全国，真正做到"建设用地跟着人口走"。

四 配套措施

（一）发挥各级农民工工作领导小组的作用

农民工市民化任务完成涉及公安、财政、教育、住建、卫健、发改等众多重要政府部门，需要一个顶层有规划、决策有依据、中间有执行、基层有抓手的强有力的组织保障体系。要加强从中央到各省份、再到地市各级农民工工作领导小组办公室的领导职能，根据长短期规划将任务横向分解落实到公安、发改等各重要职能部门。要做好农民工工作纵向条线的建设工作，在农民工集中的地区设立相应级别的有独立建制的职能部门，批准一定的人员编制，由各级财政全额拨付工作经费，全面负责农民工各项工作的开展。建立奖惩机制，定期对横向各部门、纵向各层级单位的长短期工作计划完成情况进行考核。

（二）加大数据和研究基础支撑力度

农民工群体流动性强、差异性大，问题多、变化快，需要实时更新数据系统，以及设立高效的对策研究团队以为政府提供科学决策的依据。各地应加快农民工数据库建设工作，整合现有公安、人社和民政等部门的数据，形成包括农民工就业、社保、居住等信息的数据系统，定期发布相关信息，并通过和科研院所广泛合作，发挥其研究优势，深度挖掘数据，及时发现问题，参照国内外先进经验，按照未来导向，着眼全局，探索问题的解决方案，提出有针对性和前瞻性的政策建议。

（三）夯实物质基础

农民工社会保障水平的提高、社会保障权利的顺利赋予离不开坚实的物质基础。当前，我国以东部沿海经济发达地区数个大城市为核心建设大型都市圈和城市群的城市化建设方向日趋明朗，这也将给农民工社会保障权利赋予带来新的机遇和挑战。可以预见，随着核心城市经济增长极地位凸显，农民工将再度向中心城市集中，为各地的经济发展提供宝贵的人力资源，而各大中心城市的农民工养老与住房保障任务也将更加艰巨。在此发展趋势下，要将农民工社会保障权利赋予和地区产业发展、城市建设有机结合。不仅要依靠产业发展为农民工提供优质的就业机会和社会保障资源，还要根据各地产业发展的方向加大对农民工的培训力度，变劳动力资源为人力资本，实现农民工个人素质提升以为地区产业发展提供人力支持，把产业做大做强以为高质量农民工社会保障权利赋予提供物质基础。

在教育、收入、保障等多方面的城乡不平等背后是对农民应得权利平等赋予的拖延，农村低水平的保障使农民暴露在贫困风险中，而当他们来到城市寻求出路时却因赋权不足常遭受不平等对待，乃至歧视。贝克尔（2014）在《歧视经济学》中就歧视如何解决，提出依赖市场机制消除歧视的办法——对某类人群实施歧视的雇主在自由竞争的市场中会因为没有遵守边际收益等于边际成本的市场规则而被淘汰。然而，贝克尔的论断假设条件过严，结论也过于乐观。在市场经济条件下，市场机制至多能保障机会平等。然而，市场并非在真空中运行，在不同历史文化背景下形成的制度常将不同市场参与群体置于不平等的起点上，此时，即便机会是平等的，结果也很难平等，弱势群体获得的只是形式自由。实现更加公平的起点和结果平等，尤其是赋予弱势群体有能力自主选择的实质自由，需要现代国家担负起保障全体公民社会权利之责，不仅应纠正市场机制发挥作用自然产生的但是不合宜（道德）的不平等，还要不断完善制度，消除那些将人们置于不同起跑线上的人为的不平等。面向2035年，为农民工及其家属赋予各项公民平等权利是我国社会主义现代化的内在要求；促成农民工在城市完成家庭再生产、实现市民化的当务之急是赋予农民工在城市中平等的养老保障和住房保障权利。

第十章
2020年后财政扶贫机制研究

　　2018年，《中共中央　国务院关于打赢脱贫攻坚战三年行动的指导意见》明确要求"强化综合保障性扶贫"，"统筹各类保障措施，建立以社会保险、社会救助、社会福利制度为主体，以社会帮扶、社工助力为辅助的综合保障体系，为完全丧失劳动能力和部分丧失劳动能力且无法依靠产业就业帮扶脱贫的贫困人口提供兜底保障"，提出了坚持开发式扶贫和保障性扶贫相统筹的要求。出台对于弱劳动力和无劳动能力等弱势群体的综合保障性扶贫政策，充分发挥社会保障的兜底扶贫作用，应当成为今后脱贫攻坚战中的一项重要工作。

　　长期以来，中国式扶贫开发以改善农村基础设施和培养农户生产能力为主，目的在于培养贫困地区农户自我创收的能力，从而获得长期的增收来源。自开发式扶贫政策实施至今，绝大多数由于缺少农业生产条件、交通不便利以及生存环境不适宜等原因所产生的贫困问题得到了解决。尤其是2001~2010年"整村推进"扶贫项目的实施，为农村基础设施条件的改善做出了巨大贡献。但是，对于那些因病、因残和因学致贫的贫困家庭来说，通过培养长期增收能力的政策越来越难以达到预期的效果。要解决最后这部分人口的脱贫问题，在实施开发式扶贫政策之外，亟须建立农村保障性扶贫体系。

　　保障性扶贫是在开发式扶贫效果逐渐减弱的背景下提出来的，适用于对少数极端贫困人口的兜底扶贫保障。保障性扶贫的代表人群为老年人、残疾人、重病患者及深度贫困家庭的子女，目标在于解决农村地区因病、因残及因学导致的贫困问题，为缺乏劳动力的贫困户提供生活、健康、居住、养老、教育等方面的救助和扶贫保障。

　　在2020年之后，随着减贫事业进入相对贫困阶段，财政投入的力度和结构需要做出全面的筹划。为了解决扶贫项目的瞄准性问题，提高扶贫类财政资金的使用效率，本书从完善基本公共服务的角度进行讨论，基本思路是，目前，农村人口贫困的表现很大一部分为因老致贫（即老年人贫困发生率较高）、因病致贫和因学致贫，养老、治病和就学本就属于基本公共服务范畴，应通过增加保障性财政扶贫投入、完善基本公共服务的方式解决农村贫困问题。农村地区老年人、学生和身体健康状况欠佳者应该成为2020年后财政扶贫资金的主要帮扶对象。

第一节　当前财政支持扶贫的问题

　　财政支持扶贫存在的主要问题是扶贫资金的问题。首先，需要界定中国政府支持扶贫开发项目资金与中央财政支持扶贫开发的资金两个概念。自20世纪80年代以来，中央财政支持扶贫开发的资金经历了多次整合，2017年3月，财政部、国务院扶贫办、国家发展改革委、国家民委、农业部、国家林业局在印发的《中央财政专项扶贫资金管理办法》中将中央财政支持扶贫开发的资金界定为中央财政专项扶贫资金，是中央财政通过一般公共预算安排的支持各省（自治区、直辖市）以及新疆生产建设兵团主要用于精准扶贫、精准脱贫的资金，主要包括扶贫发展资金（包括支援经济不发达地区发展资金、"三西"农业建设专项补助资金、新增财政扶贫资金等，以下简称"发展资金"）、以工代赈资金、扶贫贴息贷款、少数民族发展资金等。而中国政府支持扶贫开发项目资金是一个更宽泛的概念，自1986年以来，发展资金、以工代赈资金和扶贫贴息贷款是较大的三块资金，其中，财政部负责发展资金的管理工作，国家发展改革委负责管理以工代赈资金，中国农业银行承担扶贫贴息贷款的管理工作。中央财政支持扶贫开发的资金是中国政府支持扶贫开发项目资金的主体部分，但二者又有一定的区别。例如，中央财政支持扶贫开发的资金包括的是用于扶贫贷款的贴息资金，而中国政府支持扶贫开发项目资金包括的是扶贫贴息贷款，评价的主要指标是扶贫贴息贷款累计发放额。中国政府支持扶贫开发项目资金的多头管理造成了相关数据的连续性和获得性较差，考虑到以上两个概念的区别并不大，下文讨论的概念主体将根据相关数据的相对连续性进行选择。其次，通过分析财政扶贫资金，可以发现我国财政支持扶贫存在的主要问题涉及财政支持扶贫资金的规模、资金的支出结构、扶贫开发项目的投向、扶贫资金的瞄准性等。

一　中央财政专项扶贫资金支出与财政支出的增速不匹配

中央财政专项扶贫资金实际支出增速较财政支出慢，存在明显的波动。本书对1985~2015年中央财政专项扶贫资金名义支出、财政名义支出有关数据进行了对比，并分别通过农村居民消费价格指数、居民消费价格指数对中央财政专项扶贫资金名义支出、财政名义支出进行了价格扣除，得到中央财政专项扶贫资金实际支出与财政实际支出及增长率对比折线图（见图10-1、图10-2）。

通过观察图10-1可以发现，中央财政专项扶贫资金实际支出虽然自2000年以来一直保持增长，但增长的速度远低于财政实际支出的增长速度。

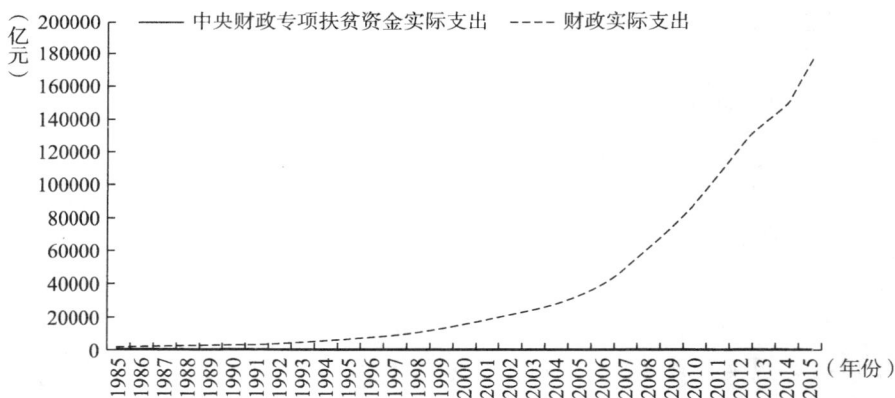

图10-1　1985~2015年中央财政专项扶贫资金实际支出与财政实际支出

资料来源：根据国家统计局年度数据库、《中国农村贫困监测报告》（1986~2016年）及笔者计算得出。

通过观察图10-2可以发现，中央财政专项扶贫资金实际支出增长率波动较大，尤其是1991年和1997年增幅都超过50%，但在其他年份，中央财政专项扶贫资金实际支出增长率曲线大都处于财政实际支出增长率曲线的下方，表明中央财政专项扶贫资金实际支出增长率要低于财政实际支出增长率。由此可见，中央财政专项扶贫资金实际支出的增长与财政实际支出的增长还不匹配。

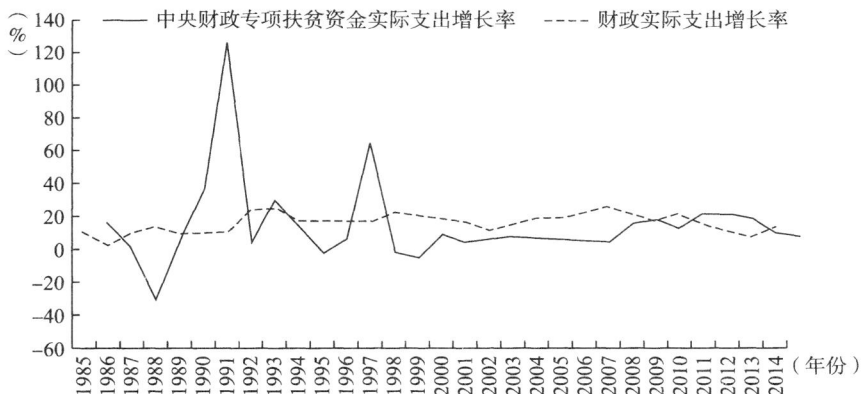

图 10 - 2 1985～2014 年中央财政专项扶贫资金实际支出增长率与财政实际支出增长率

资料来源：根据国家统计局年度数据库、《中国农村贫困监测报告》（1986～2015 年）及笔者计算得出。

二 中国政府支持扶贫开发项目资金支出结构不合理，扶贫贴息贷款占比偏高

在中国政府支持扶贫开发项目资金的主要支出结构中，更容易让富人受惠的扶贫贴息贷款占比偏高。由表 10 - 1、表 10 - 2 可见，无论是从总体上看，还是从对扶贫重点县的投入来看，扶贫贴息贷款都占最大份额，且远远高出发展资金与以工代赈资金。研究表明，扶贫贴息贷款并不能更好地让真正的贫困户受益。一是因为扶贫贴息贷款的瞄准性很差。岳希明、李实（2013）认为扶贫贴息贷款更容易分配给能够取得非农劳动收入的农户，而纯农户获得的较少。李小云、张雪梅、唐丽霞（2005）通过实地调查等研究了财政扶贫资金在县级、村一级的瞄准情况，认为扶贫贴息贷款的瞄准性最差，往往偏向于乡镇企业，并不能直接让贫困群体受益。二是因为扶贫贴息贷款往往在审批、放贷、担保方面存在较多限制条件，而且尽管有财政贴息补助，但发放贷款的中国农业银行仍然存在业绩考核的压力及追求利润最大化的商业目标，即使申请到贷款的贫困户也存在到期还款的压力，处于劣势地位的贫困人口较难受益于扶贫贴息贷款。

表 10-1　1986~2015 年中国政府支持扶贫开发项目资金主要支出结构

单位：亿元

年份	发展资金金额	扶贫贴息贷款累计发放额	以工代赈资金金额	合计
1986	10	23	9	42
1987	10	23	9	42
1988	10	29	0	39
1989	10	30	1	41
1990	10	30	6	46
1991	10	35	18	63
1992	10	41	16	67
1993	11	35	30	76
1994	12	45	40	97
1995	13	45	40	98
1996	13	55	40	108
1997	28	85	40	153
1998	33	100	50	183
1999	43	150	65	258
2000	48	150	50	248
2001	60	185	60	305
2002	66	185	60	311
2003	74	185	65	324
2004	82	185	64	331
2005	82	175	58	315
2008	—	140	—	—
2014	16.3*	153.3	40.9	210.5
2015	21.6*	290.1	39	350.7

注：*指少数民族发展资金；1986~2005 年，发展资金金额、扶贫贴息贷款累计发放额、以工代赈资金金额平均值分别为 31.75 亿元、89.55 亿元、36.05 亿元。

资料来源：1986~1999 年数据来自姜爱华（2008：91）；2000~2004 年数据来自刘坚（2006：74）；2005 年数据来自张磊（2007）；2008 年数据来自李培林、魏后凯（2017：12）；2014 年数据来自国家统计局住户调查办公室（2015：133）；2015 年数据来自国家统计局住户调查办公室（2016：202）。

表 10 - 2 中国政府支持扶贫开发项目资金在扶贫重点县支出结构

单位：亿元

年份	发展资金金额	扶贫贴息贷款累计发放额	以工代赈资金金额	合计
2002	35.8	102.5	39.9	250.2
2003	39.6	87.5	41.8	277.6
2004	45.9	79.2	47.5	292.0
2005	47.9	58.4	43.3	264.0
2006	54.0	55.6	38.4	278.3
2007	60.3	70.5	35.4	316.7
2008	78.5	84	39.3	367.7
2009	99.5	108.7	39.4	456.7
2010	119.9	116.1	40.4	515.1

资料来源：国家统计局住户调查办公室（2012）。

三 中国政府支持扶贫开发项目资金投向农业及基础设施领域比例高，而科教卫生领域的比例太低

从中国政府支持扶贫开发项目资金投向结构看，投向农业及基础设施领域比例高，投向科教卫生领域的比例太低。由表 10 - 3 可知，2000 ~ 2010 年，中国政府支持扶贫开发项目资金投入农业领域的比例最高，接着为基础设施领域。投入农业领域的资金比例仅在 2002 年和 2003 年低于投入基础设施领域的资金比例，其他年份的比例始终保持在 33% 以上。投入教育、卫生与科技领域的资金比例太低，且未出现明显增长。造成这种分配倾向的原因可能是中国农业生产抗风险能力较低，还需要持续的大量资金投入，而科教卫生方面的投入见效慢且不能在当期显现。但曾福生等（2015）通过实证研究发现，科教卫生投入的产出弹性最高，对农民人均纯收入增长的贡献率也较高，而基础设施投入的产出弹性为负数，对农民人均纯收入增长的贡献率也为负数。汪三贵等（2004）利用 1998 ~ 2001 年的数据，对扶贫资金的投向部门、效果以及对贫困户对扶贫资金投向的实际需求进行分析得出，投入农业的扶贫资金最多，其中，种植业的投入占比最大。从扶贫投资的效果看，短期内，基础设施投资对收入增长的影响不显著，有时甚至为负值。从贫困户对扶贫资金投向的实际需求来看，

通过在河北、甘肃、云南抽取 720 个样本，采取快速评估法研究发现贫困户的需求主要集中在关注对子女的教育问题和减少看病费用问题。要重点解决贫困户看病及子女教育费用高的问题，应当大幅增加社会服务领域的扶贫投入。但从表 10 - 3 中的数据来看，这一需求显然没有得到很好的满足。

表 10 - 3　中国政府支持扶贫开发项目资金投向结构

单位：%

年份	农业	工业	基础设施	教育	卫生	科技	其他
2000	41.12	22.76	18.96	2.22	1.30	1.16	12.49
2001	35.54	26.58	21.50	2.59	1.44	1.24	11.10
2002	30.02	15.03	37.21	3.24	1.40	0.80	12.31
2003	30.46	14.31	37.46	2.75	1.34	0.76	12.93
2004	33.57	11.80	31.23	2.72	1.34	0.93	18.40
2005	35.29	12.14	29.83	3.34	1.10	1.33	16.96
2006	39.23	10.86	28.45	2.32	1.14	1.55	16.45
2007	39.65	9.46	27.48	2.07	0.92	1.27	19.14
2008	39.74	9.07	28.64	2.16	0.93	1.23	18.22
2009	42.13	8.15	26.38	2.38	0.97	1.15	18.84
2010	36.45	8.27	23.88	4.33	0.78	1.10	25.18
2000~2010 年平均值	36.65	13.49	28.27	5.03			16.55
1998~2010 年平均值	40	17.1	22.6	4.7			15.6

资料来源：曾福生、曾志红、范永忠（2015：128、156），其中，2000~2010 年平均值为笔者计算得出。

四　扶贫资金对贫困人口的瞄准性较差，且扶贫资金下沉的层级越低越容易瞄不准

从瞄准性来看，当前以收入为主要考量标准的瞄准性较差，且扶贫资金下沉的层级越低越容易瞄不准。岳希明、李实（2013）对贫困县扶贫的瞄准问题以及资金分配问题进行的研究发现，扶贫资金在省一级的瞄准度

较高，而在县一级的瞄准不够精准，扶贫资金在县一级的分配与县人均纯收入之间不存在严格的负相关关系。在县一级扶贫资金的分配中，纯农户获得扶贫资金的机会很少，扶贫资金更容易被分到能够赚取非农劳动收入的农户手中，而并非到贫困户手中。李小云等（2005）通过实地调查等研究了扶贫资金在县级、村一级的瞄准情况，分析了扶贫项目目标瞄准和信贷扶贫资金瞄准的精度，得出的结论是，中央及地方对村一级贫困户的识别方法是有效的，在村一级出现扶贫资金瞄准度的差异主要是由于不同类型的扶贫资金归不同的上级部门管理，且遵循不同的管理规定，其中，发展资金到达贫困村的比例最高。扶贫项目对贫困户的瞄准度很低，受管理方便及农户需求分散的影响，扶贫项目更容易被中等收入群体获得。而扶贫贴息贷款的瞄准性最差，往往不能直接让贫困群体受益。汪三贵等（2007）对2001~2004年贫困村的确定、识别及瞄准效率进行了研究，发现在政策设计之初，原以为收入越少的村被确定为贫困村的可能性越大的设想，在实际操作过程中往往是与县级瞄准相比的，村级瞄准覆盖的贫困人口更少，以收入为标准的村级瞄准的错误率更高。而在地区之间，西部地区比东部地区更能有效识别出包括更多贫困人口的贫困村。Linxiu等（2003）认为中国扶贫项目的瞄准存在一定的误差，许多贫困地区未被纳入扶贫计划中。

第二节　贫困问题产生的根源分析

近年来，我国农村贫困状况获得了显著的改善，国家统计局资料显示，2018年底，全国农村贫困人口降至1600万人，贫困发生率仅为1.7%。在2020年全面消除绝对贫困方针的指引下，对剩余的这部分农村贫困人口有针对性地制定脱贫方案是精准扶贫的要求。在制定精准脱贫方案之前，非常关键的内容是了解这些贫困人口具有怎样的特征，也可以将其理解成对贫困人口致贫原因进行分析。已有研究发现，老年、疾病、教育是贫困产生的三个重要原因，居民因为年龄、健康等问题，出现劳动能力下降、劳动生产率较低的情况，同时缺少社会保障，又容易受到冲击而陷入贫困。本节使用2013年中国家庭收入调查数据，从年龄、受教育程度、健康状况等方面对不同分组的中国农村贫困发生率进行测算，通过贫困人口的特征深入挖掘贫困问题产生的原因。

一　产生的原因

贫困问题一直受到学者广泛关注，但贫困问题产生的原因比较复杂，贫困的影响因素不是单一的，更多情况下，多种因素共同导致贫困产生。在已有研究中，大部分学者认为老年贫困、"因病致贫"、"因学致贫"等个人或家庭因素，及不同地区的资源和环境差异、社会保障制度、基本公共服务、收入分配制度等社会因素均会导致贫困产生。本书认为老年、因病、因学导致的贫困较为关键，尤其是因病致贫问题，汪三贵等（2007）发现我国的建档立卡贫困人口中至少有一半是由患病导致的。

一是老年贫困问题。陈银娥和何雅菲（2013）研究发现，老年贫困（Agedness of Poverty）是一种趋势，中年人的收入水平最高，贫困发生率最低，大于60岁的老年群体贫困发生率最高。也有学者把这种年龄与贫困的变化关系认为是一种"倒U"形关系。主要原因是老年人劳动能力下降，收入水平较低，更容易受到疾病等冲击而陷入贫困。

二是由教育导致贫困产生。随着居民受教育程度提高，贫困状况逐渐减少。教育作为一种人力资本，是增加劳动者收入、缓解收入不平等的重要因素，受教育程度较高的劳动者可以不断提升劳动生产率和资源配置效率，提高自身收入水平。同时，教育对阻断贫困代际传递效果显著，贫困人口缺少基础教育，收入水平比较低，容易受到冲击而陷入贫困。蒋选和韩林芝（2009）发现，农户的受教育程度对贫困存在显著影响，加大基础教育投入力度对减缓贫困意义重大。

三是由健康状况导致贫困产生。农村贫困人口的疾病治疗是导致贫困产生的一个重要因素，尤其是医疗保障水平较低的农村家庭，非常容易因为家庭成员疾病问题而陷入贫困的境地，因病致贫的现象在中国农村非常普遍。健康作为一种人力资本是影响贫困的重要因素，Fogel（1994）认为居民健康水平的提高避免了由长期营养不良导致的各种疾病，增加了劳动时间，并提高了劳动生产率，最后，收入能力提升又减少了贫困的发生。农村家庭在受到疾病冲击时更容易陷入贫困，主要原因是农村居民收入水平较低并且不稳定，获得医疗服务的能力低，社会保障制度不完善，受到疾病打击时更容易贫困。Bloom等（2001）认为疾病与贫困是相伴而生的，健康投资往往表现为向低收入者提供医疗、保健、公共卫生服务，从而改善收入结构，降低低收入患者陷入贫困的可能性。

二　不同特征组贫困发生率的测算

贫困发生率也就是贫困人口占总人口的比重，通常也被称为人头指数（或 FGT 指数）。通过比较不同特征分组的贫困发生率，可以了解我国贫困人口的基本特征，最终找到贫困问题的根源。本书使用 2013 年中国家庭收入调查数据。样本覆盖全国 14 个省份，主要调查住户个人和家庭基本信息，包含性别、年龄、家庭人口数、健康状况、受教育程度等指标。在剔除主要缺失变量之后，最终获得有效农村住户样本 35116 个，对贫困发生率的测算使用地区和人口权重。贫困线标准为 2010 年 2300 元不变价，换算到 2013 年为 2736 元。整体来看，不加权的贫困发生率约为6.7%，按照地区人口权重加权后的贫困发生率为 8.90%，对比 2013 年国家统计局公布的农村贫困发生率 8.50%，说明加权后的计算结果更加接近全国实际水平。对分组贫困发生率的计算类似，其代表各组别中贫困人口占该组总人口的比重。可以发现，贫困发生率在不同人口特征分组中具有较大差异，按年龄分组的结果显示，农村老人（尤其是年龄大于 70 岁的老人）和 0～15 岁学生的贫困发生率显著更高；按受教育程度分组的贫困发生率结果显示，贫困发生率随着受教育程度的提升而逐渐下降；按健康状况分组的贫困发生率结果显示，身体不健康人群的贫困发生率显著更高。以下是各分组贫困发生率详细结果和对应的分析。

（一）　按年龄分组的贫困发生率

对学生和老年人贫困问题的关注是本书的核心，原因在于这部分人由于上学和体力等原因通常无法通过劳动和就业来获取收入，同时往往还伴随着大额的教育支出和医疗健康支出，保障这部分农村群体的基本生活，对降低农村整体贫困发生率至关重要。本书对不同年龄组的贫困发生率进行测算，结果如表 10 - 4 所示。

表 10 - 4　按年龄分组的贫困发生率

单位：%

年龄区间	贫困发生率
0 ~ 5 岁	12.01
6 ~ 15 岁	10.42
16 ~ 44 岁	9.31
45 ~ 59 岁	7.16
60 ~ 64 岁	7.58
65 ~ 69 岁	8.78
70 ~ 74 岁	10.92
75 ~ 79 岁	12.23
80 岁及以上	12.31

资料来源：2013 年中国家庭收入调查数据。

表 10 - 4 按年龄分组的贫困发生率呈现正 U 形分布，学生组（0 ~ 15 岁）和老年组（60 岁及以上），尤其是 70 岁及以上年龄的老年人的贫困发生率显著高于其他组别，而 45 ~ 59 岁农村人口的贫困发生率最低。另外，虽然学生和老年群体的贫困发生率显著较高，但整体样本的贫困发生率为 8.9%，因此可以合理地推测学生和老年人在整个农村住户样本的占比并不大。

（二）按受教育程度分组的贫困发生率

"因学致贫"是我国农村贫困现状中一个值得关注的现象，虽然当前农村基础教育的学费和营养餐支出已经完全由财政补贴，但部分贫困家庭仍然由于其他种种原因难以保障孩子的基础教育，比如撤点并校之后增加的交通和住宿成本，高等教育的支出压力更大。除了观测到受教育程度与贫困发生率之间的线性关系外，研究按受教育程度分组的贫困发生率还有更加深远的意义，原因在于教育是当前中国社会阶层流动，尤其是低收入阶层向中等和高收入阶层流动的最关键影响因素，与代际贫困之间有着循环往复的关系。如果贫困家庭的适龄儿童因上学负担高、路途较远等因素无法保障初等教育，接受高等教育的机会就更渺茫，那么本人和下一代都极其容易陷入代际贫困的恶性循环中，因此，对农村学生的教育扶贫补贴除了作为人力资本投入以外，还可以作为家庭收入增长的长期保障。同时，对农村贫困家庭的教育补贴还可以被用于改善儿童营养健康状况，研究表明，儿童时期的营养水平在很大程度上决定成年之后的智力水平。无论如何，都需要对农村贫困家庭的适龄学生给予足够的资金扶持。

表 10 – 5 中按受教育程度分组的贫困发生率结果显示，农村地区居民受教育程度的提高对降低贫困发生率是极为有效的，当受教育程度在大专及以上时，贫困发生率仅为 1.29%，这时基本可以认为不存在贫困人口了。即使是在接受了初中和高中/中专等教育之后，他们的贫困发生率也显著低于未上过学和只接受小学教育的人群。将农户按受教育程度进行分组，主要的目的还是在于观测受教育程度与贫困之间的关系。

表 10 – 5　按受教育程度分组的贫困发生率

单位：%

受教育程度	贫困发生率
未上过学	13.81
小学	10.93
初中	7.48
高中/中专	6.86
大专及以上	1.29

资料来源：2013 年中国家庭收入调查数据。

（三）　按健康状况分组的贫困发生率

农村贫困人口的疾病治疗是导致贫困的另一个重要因素，因病致贫的现象在中国农村非常普遍。通常来讲，健康状况不好和非常不好的家庭由于医疗需求水平较高而支出规模较大，加之这些人通常没有办法通过劳动获取收入，部分人还需要家庭成员的照顾导致整个家庭的劳动时间下降，家庭收入减少而支出增加，这导致贫困的程度更严重。从这个角度来看，财政扶贫资金需要对健康状况不太好的群体给予长期关注，无论是提高医疗报销比例，还是直接给予这部分人现金补贴以保障他们的基本生活都具有非常重要的意义。另一个需要明确的问题就是，按年龄分组和按健康状况分组的贫困发生率或许存在较大的重叠部分，原因在于老年人的身体健康状况往往也不太好，因此对老年人或身体健康状况欠佳者的补贴都将保障这部分人的基本生活。

按健康状况分组的农村居民贫困发生率结果见表 10-6。当家庭成员的健康水平提升以后，贫困发生率会显著下降。随着受访者自评健康状况从"非常好"到"非常不好"的变化，各分组的贫困发生率基本上呈现上升趋势。其中，健康状况"非常好"群体的贫困发生率最低，仅为7.87%；而健康状况"不好"的群体的贫困发生率最高，达到11.38%，两者相差3.51个百分点。"非常不好"的群体的贫困发生率有所下降，主要原因是"非常不好"的群体得到了国家在医疗保险、低保等社会保障支出方面的支持，居民获得了一定的收入，贫困发生率略有下降。

表 10-6　按健康状况分组的贫困发生率

单位：%

健康状况	贫困发生率
非常好	7.87
好	9.24
一般	8.79
不好	11.38
非常不好	10.72

注：健康状况指受访者的自评身体健康程度。

三　小结

以上通过不同特征分组测算了农村贫困发生率，结果表明，我国农村贫困问题与家庭成员年龄（学生和老年人）、受教育程度和健康状况息息相关，这三个指标的变化对贫困的影响较大。主要表现为：年龄变化与受教育程度和健康状况变化存在明显的规律，年轻人的学历普遍高于老年人，年轻人的健康状况普遍好于老年人；受教育程度在高中及以上后，贫困发生率显著下降；当家庭成员的健康水平提高后，贫困发生率也发生明显的下降。

对此，我们还需要思考以下几方面。

第一，降低农村贫困发生率是解决农村贫困问题的重要指标，但这只是减少了贫困人口的数量，在缓解农村贫困中，还要注意农村居民的收入差距、贫困程度等。贫困人口中也存在接近贫困线和远离贫困线的情况，当贫困人口收入水平位于贫困线附近时，应适当增加这部分贫困人口的收入，解决贫困问题即可；当贫困人口收入水平远离贫困线时，这部分贫困人口极有可能存在能力贫困，需要长期给予扶持。能力贫困比收入或者消费贫困更加需要关注。

第二，分析致贫原因时要着重考虑三种情况。一是老年贫困。老年人劳动能力下降和农村社会保障机制不健全，导致农村老年人收入不稳定，老年人又存在健康隐患，导致贫困可能性增加。二是教育贫困。随着教育投入的差距扩大，产生贫困人口的人力资本水平较低和收入不多的恶性循环，导致贫困可能性增加。三是因病致贫。健康与疾病是相对的，健康状况非常不好时，农村家庭面临的是医疗支出的增加、照料时间的增加、家庭劳动力的减少等，这导致贫困可能性增加。

第三节　财政支持机制设计

完善财政支持机制，最重要的是解决财政资金的规模、结构、投向领域、瞄准性等问题，其中，财政扶贫资金的规模尤为重要。无论是低保、退耕还林等直接到户的财政扶贫资金，还是"整村推进"过程中以村为单位开展的农村基础设施扶贫项目都对农村贫困人口的减少和贫困发生率的下降起着非常重要的作用，可以说，政府补贴是中国农村居民可支配收入的重要来源，对其减贫效应进行研究是核心。首先，本节分析农村居民可支配收入构成中各类政府补贴收入的规模和占比，以及各类政府补贴收入对农村居民贫困发生率下降的贡献程度，重点分析我国农村不同类型政府补贴的减贫效应。其次，通过研究扩大不同财政补贴规模的减贫效应，提出财政支持方向。最后，以养老金为例，测算出增加养老金需要财政提供的资金规模。总结发现，针对我国贫困人口老、弱、病等特征，扶贫开发项目的减贫效应减弱，保障性扶贫政策的作用凸显，我国应进一步增加养老、医疗、教育等保障性财政支出。同时，也要加强对贫困人口的监控，建立贫困人口的退出机制；提升扶贫资金的瞄准性，真正瞄准贫困群体，提高扶贫绩效和进行精准扶贫。

一　不同类型政府补贴的减贫效应

（一）　政府补贴收入的描述性统计分析

在进行政府补贴收入减贫效果的测算之前，首先对样本农户可支配收入的各构成部分进行描述性统计分析，比较整体样本、贫困组和非贫困组可支配收入构成的差异。农村居民可支配收入的构成包括政府补贴前收入（以下简称补贴前收入）和来自政府的转移性补贴收入（以下简称政府补贴收入）。在2013年中国家庭收入调查样本中，政府补贴收入类型主要包括：养老金收入或离退休金①、社会救济和补助收入（最低生活保障费）、政策性生活补贴、医疗报销收入和惠农补贴等。按照2010年不变价2300元的贫困线标准将样本分为贫困组和非贫困组，分组的描述性统计分析结果见表10-7。

表 10-7　不同类型收入变量的描述性统计

单位：元，%

收入变量（人均）	整体样本		非贫困组		贫困组	
	规模	占比	规模	占比	规模	占比
一、补贴前收入	9302	92.56	10096	92.70	1174	81.30
二、政府补贴收入	748	7.44	794	7.29	270	18.70
（一）养老金收入	440	4.38	475	4.36	83	5.74
1. 新农保收入	112	1.11	118	1.08	56	4.84
（二）低保收入	31	0.31	30	0.28	42	3.74
（三）医疗报销收入	85	0.85	92	0.84	16	1.28
（四）惠农补贴	111	1.10	113	1.04	91	8.30
（五）其他政府补贴收入	80	0.80	85	0.78	37	2.55
三、可支配收入	10050	100	10891	100	1444	100
观测值个数	35116	100	32054	93.33	3062	6.67

注：补贴前收入指工资性收入、经营净收入、财产净收入和家庭外出从业人员寄回带回收入等来自非政府转移性收入；新农保收入指家庭来自新型农村社会养老保险养老金收入；养老金收入指离退休金（含城镇职工基本养老保险养老金）、城镇居民社会养老保险养老金、新型农村社会养老保险养老金和其他养老金；低保收入指家庭人均最低生活保障收入；惠农补贴指退耕还林还草补贴和粮食直接补贴；占比表示各组中分项收入占该组可支配收入的比重。

---

① 由于存在乡村教师和乡镇企业人员等就业情况，按照现行养老保险制度的相关规定，乡村退休教师领取离退休金，乡镇企业退休人员领取城镇职工基本养老保险养老金，因此中国农村存在多种形式的养老金收入。

表10-7的结果显示，2013年，农村居民人均可支配收入为10050元，人均政府补贴收入为748元，占人均可支配收入的比重为7.44%。分组来看，非贫困组的农村居民人均可支配收入为10891元，人均政府补贴收入为794元，占该组人均可支配收入的比重为7.29%，贫困组农村居民人均可支配收入为1444元，人均政府补贴收入为270元，占该组人均可支配收入的比重为18.70%。对于农户收入中政府补贴收入占比，贫困组显著高于非贫困组。

分政府补贴收入类型来看，养老金收入占居民可支配收入的比重最大，为4.38%，接着是惠农补贴和医疗报销收入，分别占1.10%和0.85%。不同分组中政府补贴收入的构成情况也存在显著差异，其中，非贫困组中的政府补贴收入的主要来源是新农保收入，而贫困组中的政府补贴收入主要来源是惠农补贴、低保收入和新农保收入。可以说，增加对农村居民退耕还林还草补贴和粮食直接补贴等惠农补贴，提高农村低保收入水平和新农保养老金标准对于农村贫困人口具有非常重要的意义。此处重点突出新农保收入的效果，新农保收入占农村居民可支配收入的比重为1.11%，非贫困组为1.08%，贫困组为4.84%，从这个角度讲，新农保收入对贫困家庭老年人的影响更大。当前中国农村老年贫困问题突出，提高新农保收入水平对农村老年人口的减贫效果不可忽视，因此下文模拟测算了增加新农保养老金的减贫效果。

（二）　不同类型政府补贴收入的减贫效果

政府补贴收入的减贫效果可以通过比较不同收入构成的农村贫困发生率来度量。对农村居民可支配收入构成的分析结果显示，贫困组中政府补贴收入的占比更高，并且贫困组严重依赖惠农补贴、低保收入和新农保收入。与补贴前收入的农村贫困发生率相比，各类政府补贴收入在多大程度上改善了农村贫困发生率？为此，本部分分别从单加和累加两个维度测算不同类型政府补贴收入的减贫效果。单加是将补贴前收入分别与每一项政府补贴收入相加，意在比较单个类型政府补贴收入的减贫效应；累加是在补贴前收入的基础上依次加入各类政府补贴收入，累加的最终项为居民可支配收入（见表10-8）。

表 10 - 8　不同类型政府补贴收入的减贫效果

单位：%，个百分点

	收入分项	贫困发生率	下降幅度（与补贴前收入相比）
单加	补贴前收入	12.90	—
	补贴前收入 + 新农保收入	12.09	0.81
	补贴前收入 + 养老金（新农保收入 + 其他农村养老金）	10.85	2.05
	补贴前收入 + 低保收入	12.43	0.47
	补贴前收入 + 医疗报销收入	12.52	0.38
	补贴前收入 + 惠农补贴	12.02	0.88
	补贴前收入 + 其他政府补贴收入	12.28	0.62
累加	补贴前收入 + 新农保收入	12.09	0.81
	补贴前收入 + 养老金（新农保收入 + 其他农村养老金）	10.85	2.05
	补贴前收入 + 养老金 + 低保收入	10.50	2.40
	补贴前收入 + 养老金 + 低保收入 + 医疗报销收入	10.20	2.70
	补贴前收入 + 养老金 + 低保收入 + 医疗报销收入 + 惠农补贴	9.39	3.51
	可支配收入	8.90	4.00

注：养老金包含离退休金（含城镇职工基本养老保险养老金）、城镇居民社会养老保险养老金、新型农村社会养老保险养老金和其他养老金；可支配收入 = 补贴前收入 + 养老金 + 低保收入 + 医疗报销收入 + 惠农补贴 + 其他政府补贴收入。

表 10 - 8 展示了不同类型政府补贴收入的减贫效果。在政府介入之前，按补贴前收入计算的贫困发生率为 12.90%，经过养老金、低保收入、医疗报销收入、惠农补贴和其他政府补贴收入等不同类型政府补贴的累加之后，按可支配收入计算的贫困发生率为 8.90%，表明政府补贴收入使贫困发生率降低 4 个百分点。其中，不同类型政府转移支付工具的减贫力度呈现明显差异，养老金对减贫的贡献最大，使贫困发生率下降 2.05 个百分点，养老金中的新农保收入使贫困发生率下降 0.81 个百分点；低保收入使贫困发生率下降 0.47 个百分点；医疗报销收入使贫困发生率下降 0.38 个百分点；惠农补贴使贫困发生率下降 0.88 个百分点；其他政府补贴收入使贫困发生率下降 0.62 个百分点。农村有效减贫是各类政府补贴收入共同作用的结果，并且农村养老金是减贫的重要影响因素。

（三）小结

通过对不同类型政府补贴收入减贫效果的计算，证实了政府补贴对贫困人口减少和贫困发生率下降的重要作用，可以使农村贫困发生率从12.90%降至8.90%。一个需要重点关注的内容就是农村养老金的减贫效应，对于非贫困家庭而言，离退休金等养老金是老年人收入的重要来源，而新农保收入是贫困家庭老年人收入的主要来源。整体来看，养老金使农村贫困发生率下降2.05个百分点，贡献了政府补贴收入减贫效果的51.25%，而养老金中的新农保收入使贫困发生率下降0.81个百分点，贡献了政府补贴收入减贫效果的20.25%。农村老年贫困问题日渐突出，新农保收入是老年人最重要的收入，提高老年人新农保收入的领取标准具有非常重要的意义。

二 增加政府补贴收入的模拟减贫效应

本书对我国农村地区致贫原因的分析结果显示，农村贫困状况中有两类指标（年龄和健康状况）和三类人群（老年人、学生和身体健康状况欠佳者）值得关注。其中，按年龄分组的结果表明，农村学生和老年人的贫困发生率明显高于其他组别；按身体健康状况分组的结果显示，农村居民中身体不健康组的贫困发生率显著高于健康组。2020年后扶贫资金的主要帮助对象应为农村老年人、学生和身体健康状况欠佳者。本书测算了农村居民可支配收入中各类政府补贴收入（养老金、低保收入、医疗报销收入、惠农补贴等）的减贫效果，其中，农村养老金的减贫效果最大，贡献了减贫效果的51.25%，新农保收入贡献了减贫效果的20.25%。

本书试图从完善农村基本公共服务的角度对2020年后财政扶贫资金的使用情况进行探索性研究，主要的目标在于解决农村地区老年人、学生以及身体健康状况欠佳者的脱贫问题。对上述三类农村居民（老年人、学生和身体健康状况欠佳者）增加政府扶贫补贴收入可以显著降低贫困发生率，减贫效果在很大程度上取决于政府补贴的规模，然而现实情况往往表明财政扶贫资金的规模是有限的，因此，在一定的补贴标准下增加新农保养老金补贴、教育补贴和医疗补贴可能实现减贫效果，这些是本节进行模拟测算需要回答的问题。

（一）新农保养老金补贴的减贫效果

表10-4的结果表明，农村老年人，尤其是70岁以上老年人的贫困发

生率更高，因此模拟减贫方案一是新农保养老金补贴①。以 2013 年中国家庭收入调查中新农保养老金的收入为初始标准，然后分别扩大不同倍数（1.2、1.5、2.0、2.5 和 3.0 倍），以观测农村老年人贫困发生率的变化。符合新农保养老金领取条件的人群是年龄达到 60 岁的农村老年人，但是由于新农保养老金的覆盖面等原因，在我国农村地区仍然存在部分年满 60 岁但未获得新农保养老金的情况，这种情况在 2013 年中国家庭收入调查中确实也存在②。在进行新农保养老金补贴减贫效果的测试之前，一个关键的问题是对现阶段符合新农保养老金领取条件但未领取新农保养老金的老年人按一定标准进行补齐。考虑到各省份新农保养老金的领取标准差异较大，因此最终确定使用所在省份年满 60 岁且实际领取的新农保养老金的人均收入作为补齐标准。

在新农保养老金补齐标准确定的基础上，另一个需要确定的内容就是以家庭为单位补齐还是以个体为单位补齐？2013 年中国家庭收入调查样本中针对养老金有两个维度可利用的收入指标：其一是养老金的个人收入；其二是养老金的家庭收入。由于样本中收入和支出数据全部来自国家统计局的过录数据，而人口基本信息来源于项目组的实地收集，因此在数据匹配时存在部分家庭成员个人信息与收入数据无法完全对应的状况，导致样本中存在年龄未满 60 岁（0～59 岁各个年龄阶段都有）就已经领取新农保养老金个人收入的情况。对贫困发生率进行计算时使用了家庭人均可支配收入，因此对养老金的补齐人数也以家庭为单位进行，补齐人数为家庭中应领取新农保养老金的人数减去实际领取新农保养老金的人数之差。家庭中应领取新农保养老金的老年人数为年满 60 岁但未领取离退休金和城镇居民社会养老保险养老金的人数之和，而家庭中实际领取新农保养老金的人数为该家庭中有新农保个人收入的成员数量之和，补

---

① 虽然乡村教师、村干部等退休人员领取城镇职工基本养老保险或城镇居民基本养老保险养老金，但大多数农村老年人以新农保养老金为最基本的收入来源，因此，养老金补贴扩大倍数的减贫效果测试只关注新农保养老金。

② 样本数据的时间是 2013 年，近年来，新农保养老金覆盖面不断扩大，或已接近 100%。在 2013 年中国家庭收入调查数据中，农村老年人口（以年满 60 岁计）为 5736 人，而实际领取养老金的农村老年人口为 4886 人，有 850 名农村老年人口没有任何形式的养老金收入。

齐人数为两者之差①。在补齐标准和补齐人数确定的基础上，对新农保养老金扩大不同倍数进行模拟减贫测试，增加的养老金收入将作为家庭可支配收入的增项，并据此计算贫困发生率。

表10-9的结果表明，随着新农保养老金扩大倍数增加，按农村家庭人均可支配收入计算的贫困发生率逐步下降。其中，与期初可支配收入相比，新农保养老金补齐仅使农村贫困发生率下降0.11个百分点，扩大1.2倍后农村贫困发生率下降0.23个百分点，扩大1.5倍后农村贫困发生率下降0.38个百分点，扩大2倍后农村贫困发生率下降0.59个百分点，扩大2.5倍后农村贫困发生率下降0.74个百分点，扩大3倍后农村贫困发生率下降0.88个百分点。

表10-9　新农保扩大不同倍数贫困发生率

单位：%，个百分点

收入变量	贫困发生率	变化幅度（与期初相比）
期初可支配收入	8.90	—
新农保补齐	8.79	-0.11
新农保1.2	8.67	-0.23
新农保1.5	8.52	-0.38
新农保2.0	8.31	-0.59
新农保2.5	8.16	-0.74
新农保3.0	8.02	-0.88

注：本表中期初可支配收入指2013年中国家庭收入调查样本中的人均可支配收入，下同。

整体来看，提高农村新农保养老金收入标准对整体贫困发生率的下降作用有限，即使是在新农保扩大为现行标准的3倍时，农村贫困发生率也只能从8.90%下降至8.02%，降幅为0.88个百分点。究其原因，一方面是农村致贫因素复杂；另一方面是新农保养老金收入的领取标准偏低，即使是在新农保养老金扩大为初始的3倍时，约等于每人每年2985元，也只是略高于国家贫困线。个人领取的新农保养老金包含两个部分：其一是养

① 样本中应领取新农保养老金的人数与实际领取新农保养老金的人数之差有一部分为负数，表明家庭实际领取新农保养老金的人数超过应领取的人数，考虑到进行问卷调查时部分农户对养老金收入的界定存在认识上的偏差，因此将实际领取新农保养老金人数超过应领取人数家庭的补齐人数统一替换为0。

老金的财政补贴，中央制定的基础养老金为每人每月 55 元①（从 2018 年开始已经提高到每人每月 88 元），地方政府根据实际财政情况制定补贴标准，差异明显；其二是个人账户，按照个人账户新农保缴费总额除以固定月数为每月个人账户的领取资金。考虑到提高新农保养老金补贴标准意在解决农村 60 岁及以上老年人口的贫困问题，故对样本进行分年龄组贫困发生率的计算，结果见表 10 - 10。

表 10 - 10　新农保养老金补贴后分年龄组的贫困发生率

单位：%

年龄组别	期初可支配收入	新农保补齐	新农保 1.2	新农保 1.5	新农保 2.0	新农保 2.5	新农保 3.0
0～5 岁	12.01	12.01	11.90	11.64	11.64	11.41	11.12
6～15 岁	10.42	10.42	10.37	10.34	10.25	10.07	9.99
16～44 岁	9.31	9.31	9.25	9.19	9.08	8.99	8.91
45～59 岁	7.16	7.16	7.14	7.13	7.05	7.02	7.00
60～64 岁	7.58	7.06	6.57	6.05	5.78	5.08	4.67
65～69 岁	8.78	8.03	7.78	7.11	6.28	6.02	5.50
70～74 岁	10.92	10.16	9.28	8.46	7.52	6.90	6.23
75～79 岁	12.23	11.48	10.23	9.56	8.68	7.94	7.46
80 岁及以上	12.31	11.17	10.96	9.70	8.16	7.39	6.53
合计	8.90	8.79	8.67	8.52	8.31	8.16	8.02

观察表 10 - 10 新农保养老金扩大不同倍数后分年龄组的贫困发生率可以发现，虽然整体效果有限，但是随着养老金扩大倍数的增加，农村老年人口的贫困发生率显著下降，尤其是 70 岁及以上人口。当扩大倍数为 3 时，70～74 岁老年人口的贫困发生率从 10.92% 降至 6.23%，降幅为 4.69 个百分点；75～79 岁老年人口的贫困发生率从 12.23% 降至 7.46%，降幅为 4.77 个百分点；80 岁及以上老年人口的贫困发生率从 12.31% 降至 6.53%，降幅为 5.78 个百分点。可以说，提高新农保养老金标准对农村老年人口的减

① 2014 年 7 月 1 日前，新农保基础养老金为 55 元/（人·月），根据《人力资源和社会保障部　财政部关于提高全国城乡居民基本养老保险基础养老金最低标准的通知》（人社部发〔2015〕5 号）的规定，从 2014 年 7 月 1 日起，全国城乡居民基本养老保险基础养老金最低标准提高至每人每月 70 元。

贫效果是非常显著的。

此外，新农保养老金的领取条件是年满60岁的农村老年人口，但是60～69岁老年人口的贫困发生率从数据上看并不高，可能的解释是这部分人口一方面符合新农保养老金的领取条件因而每月固定领取养老金收入；另一方面仍然具有一定的劳动能力，可以依靠种植农作物等获取部分其他收入。但是年满70岁及以上老年人已经基本丧失劳动能力而没有其他收入来源，提高新农保养老金标准可以显著降低这部分人的贫困发生率。

（二）　教育补贴的减贫效果

表10－4按年龄分组的贫困发生率结果显示，老年人和学生的贫困发生率显著高于其他组别，在养老金补贴的方案中对新农保养老金扩大不同倍数进行了模拟减贫测试，结果发现，提高新农保养老金标准可以显著降低农村老年人口的贫困发生率。本部分关注年龄在0～15岁的学生群体，这部分人的贫困发生率较高的原因：一是无法通过正常劳动获取收入；二是教育消费支出需求较大，甚至一些适龄学生因为家庭难以负担最基本的教育费用而辍学（如撤点并校之后带来的住宿和交通成本上升）。按受教育程度分组的贫困发生率表明，受教育程度越高，则该个体越不可能贫困，因此，对于这部分人，需要把教育投资作为最基本的投资。教育补贴以家庭为单位，给予0～15岁的学生每人每年1000元的教育补贴，增加的教育补贴将作为家庭可支配收入的增项进而可以观测贫困发生率的变化。

在进行减贫效果分析时，采取在新农保养老金扩大不同倍数的基础上累加教育补贴的方法计算贫困发生率。整体来看，新农保补齐加教育补贴可以使贫困发生率下降0.38个百分点，新农保扩大1.2倍加教育补贴可以使贫困发生率下降0.50个百分点，新农保扩大1.5倍加教育补贴可以使贫困发生率下降0.66个百分点，新农保扩大2倍加教育补贴可以使贫困发生率下降0.87个百分点，新农保扩大2.5倍加教育补贴可以使贫困发生率下降1.02个百分点，新农保扩大3倍加教育补贴可以使贫困发生率下降1.15个百分点。在新农保扩大不同倍数的基础上，加入教育补贴同样显著降低了贫困发生率（见表10－11）。

表 10-11　新农保养老金补贴 + 教育补贴的贫困发生率

单位：% ，个百分点

收入变量	贫困发生率	变化幅度（与期初相比）
期初可支配收入	8.90	—
新农保补齐 + 教育补贴	8.52	- 0.38
新农保 1.2 倍 + 教育补贴	8.40	- 0.50
新农保 1.5 倍 + 教育补贴	8.24	- 0.66
新农保 2.0 倍 + 教育补贴	8.03	- 0.87
新农保 2.5 倍 + 教育补贴	7.88	- 1.02
新农保 3.0 倍 + 教育补贴	7.75	- 1.15

　　虽然这两个扶贫方案的叠加对农村整体贫困发生率下降的贡献作用仍然有限（农村贫困发生率从 8.90% 下降至 7.75% ，降幅为 1.15 个百分点），但分年龄组贫困发生率的变化非常明显，表 10-12 展示了新农保养老金补贴加教育补贴分年龄组贫困发生率。在新农保扩大不同倍数的基础上增加教育补贴后，各年龄组的贫困发生率均有不同程度的下降，尤其是对于年龄为 0~15 岁的学生群体。其中，0~5 岁年龄组的贫困发生率从最初的 12.01% 降至 8.80% ，降幅为 3.21 个百分点；6~15 岁年龄组的贫困发生率从最初的 10.42% 降至 7.72% ，降幅为 2.70 个百分点。

表 10-12　新农保养老金补贴 + 教育补贴分年龄组贫困发生率

单位：%

年龄组别	期初可支配收入	新农保补齐 + 教育补贴	新农保 1.2 + 教育补贴	新农保 1.5 + 教育补贴	新农保 2.0 + 教育补贴	新农保 2.5 + 教育补贴	新农保 3.0 + 教育补贴
0~5 岁	12.01	9.19	9.19	9.08	8.95	8.80	8.80
6~15 岁	10.42	8.27	8.24	8.09	7.94	7.76	7.72
16~44 岁	9.31	9.33	9.25	9.19	9.08	8.99	8.91
45~59 岁	7.16	7.16	7.14	7.13	7.05	7.02	7.00
60~64 岁	7.58	7.06	6.57	6.05	5.58	5.08	4.67
65~69 岁	8.78	8.03	7.78	7.11	6.28	6.02	5.50
70~74 岁	10.92	10.16	9.28	8.46	7.52	6.90	6.23

续表

年龄组别	期初可支配收入	新农保补齐 + 教育补贴	新农保1.2 + 教育补贴	新农保1.5 + 教育补贴	新农保2.0 + 教育补贴	新农保2.5 + 教育补贴	新农保3.0 + 教育补贴
75~79岁	12.23	11.48	10.23	9.56	8.68	7.94	7.46
80岁及以上	12.31	11.17	10.96	9.70	8.16	7.39	6.53
合计	8.90	8.52	8.40	8.24	8.03	7.88	7.75

注：原则上养老金扩大倍数只会对大于60岁的年龄组的贫困发生率有影响，而教育补贴只会对低于16岁的年龄组的贫困发生率有影响，但是在计算分组贫困发生率时使用的收入变量是家庭人均收入，因此增加的养老金收入和教育补贴收入都作为家庭可支配收入的增项进行计算，增加这些收入将对各年龄段家庭成员的贫困发生率产生影响。

（三）医疗补贴的减贫效果

本书关注的第三个农村贫困对象是身体健康状况欠佳者。表10-6的结果表明，随着受访者自评身体健康状况从"非常好"到"非常不好"变化，贫困发生率基本呈现上升趋势。健康状况欠佳的人群难以从事正常强度的工作，收入难以保障，同时需要负担健康类医疗支出。当家庭中存在生大病、重病和慢性疾病的成员时，其他家庭成员还需要承担起照料的责任，因而家庭有效劳动供给减少，"因病致贫"情况在中国农村普遍存在。医疗补贴方案的对象正是身体健康状况欠佳者，以家庭为单位，给予身体健康状况"不好"和"非常不好"者每人每年1000元的医疗补贴。增加的医疗补贴将作为家庭可支配收入的增项进而可以观测贫困发生率的变化（见表10-13）。

表10-13 新农保养老金补贴 + 教育补贴 + 医疗补贴的贫困发生率

单位：%，个百分点

收入变量	贫困发生率	变化幅度（与期初相比）
期初可支配收入	8.90	—
新农保补齐 + 教育补贴 + 医疗补贴	8.28	-0.62
新农保1.2 + 教育补贴 + 医疗补贴	8.16	-0.74
新农保1.5 + 教育补贴 + 医疗补贴	8.03	-0.87
新农保2.0 + 教育补贴 + 医疗补贴	7.84	-1.06
新农保2.5 + 教育补贴 + 医疗补贴	7.66	-1.24
新农保3.0 + 教育补贴 + 医疗补贴	7.54	-1.36

在新农保养老金补贴和教育补贴的基础上，增加医疗补贴后，农村贫困发生率同样有所下降。当新农保扩大3倍加教育补贴和医疗补贴后，贫困发生率从8.90%降至7.54%，降幅为1.36个百分点。可以合理推测，如果继续提高上述三种政府补贴的标准，对农村贫困发生率的改善效果就将更大。这样对身体健康状况欠佳者的减贫效果是非常显著的（见表10-14）。

表10-14　新农保养老金补贴＋教育补贴＋医疗补贴按健康状况分组的贫困发生率

单位：%

健康状况	期初可支配收入	新农保补齐＋教育补贴＋医疗补贴	新农保1.2＋教育补贴＋医疗补贴	新农保1.5＋教育补贴＋医疗补贴	新农保2.0＋教育补贴＋医疗补贴	新农保2.5＋教育补贴＋医疗补贴	新农保3.0＋教育补贴＋医疗补贴
非常好	7.87	7.46	7.4	7.26	7.09	6.96	6.94
好	9.23	8.87	8.79	8.72	8.58	8.47	8.35
一般	8.77	8.38	8.14	7.84	7.56	7.36	7.15
不好	11.40	7.85	7.51	7.43	7.1	6.46	6.27
非常不好	10.70	6.82	6.4	6.24	6.01	4.75	4.13
合计	8.90	8.28	8.16	8.03	7.84	7.66	7.54

表10-14展示了新农保扩大不同倍数加教育补贴和医疗补贴按健康状况分组的贫困发生率，从中可以发现，在三种基本公共服务类扶贫补贴的共同作用下，农村整体贫困发生率可以从8.90%降至7.54%，更重要的是，健康状况"不好"和"非常不好"组别的贫困发生率明显下降。当新农保扩大为期初的3倍，辅以教育补贴和医疗补贴，健康状况"不好"人群的贫困发生率从11.40%降至6.27%，降幅为5.13个百分点；健康状况"非常不好"人群的贫困发生率从10.70%降至4.13%，降幅为6.57个百分点。可以发现，模拟减贫分析中的三类政府扶贫补贴都显著改善了目标人群（老年人、学生和身体健康状况欠佳者）的贫困发生率。

（四）　小结

本节模拟了新农保养老金补贴、教育补贴和医疗补贴的减贫效果，考察了政府保障类扶贫补贴对农村整体以及老年人、学生和身体健康状况欠佳者的贫困改善程度。结果发现，即使是按照方案中最高的标准（即新农保养老金扩大为初始的 3 倍加教育补贴和医疗补贴），农村贫困发生率也只能从 8.90% 降至 7.54%，降幅为 1.36 个百分点，但农村老年人、学生和身体健康状况欠佳者的贫困发生率显著下降。在全面精准扶贫的要求下，随着扶贫重点由贫困村到贫困户转变，2020 年后，财政扶贫有必要给予农村老年人、学生和身体健康状况欠佳者等容易贫困的群体更多的关注，建立和完善以养老、教育、医疗为核心的保障性扶贫体系从而保障低收入人群的基本生活。对农村贫困发生率的改善力度完全取决于这三类扶贫补贴的标准和扶贫资金的规模，但即使是在标准相对较低的情况下，其对目标群体的贫困发生率也有着显著的改善。

从现实角度来看，提高新农保养老金标准可以增加农村老年人的可支配收入，而向学生和身体健康状况欠佳者提供补贴则更多的是减少家庭对教育和医疗的消费支出（自费部分）。作为部分人的主要收入来源，新农保养老金的减贫贡献率低主要在于标准偏低，提高新农保养老金的发放标准可以显著降低老年人的贫困发生率。对于农村地区年龄在 0～15 岁学生群体而言，教育补贴主要通过增加农村教育经费等途径减少家庭教育支出。比如，撤点并校后年幼子女陪读和住宿支出、偏僻地区的交通支出以及周末学生的接送支出、大学生的学费和其他开支等，仍然是贫困家庭子女上学的沉重负担，如何解决这些问题是解决因学致贫问题的关键。同样地，对于大病患者、慢性病患者和其他有健康问题的个人而言，可以适当提高农村医疗保险的报销比例，减少对报销药品和治疗范围的限制，从而减少农民在医疗消费中的自费支出。在减贫模拟测试的分析中，统一采取增加目标群体收入的形式，但无论是增加家庭可支配收入，还是减轻家庭消费支出负担，对贫困地区农户的脱贫都具有同等的效果。

此外，使用年龄（老年人和学生）以及身体健康状况等指标作为扶贫资金的识别变量，在一定程度上规避了当前把收入作为贫困指标识别出现的不精准问题，至少扶贫资金的瞄准性有所提高。从扶贫资金支付手段来看，无论是提高农村老年人新农保养老金的领取标准、针对学校增加教育补贴经费，还是提高医疗报销比例，都可以基于现有的公共服务体系进行，并不需要新设和增加额外的管理机构和管理费用。

三 财政资金支持规模测算——以新农保为例

在之前的分析中，模拟测算新农保养老金、教育补贴和医疗补贴三类政府转移性补贴对农村老年人、学生和身体健康状况欠佳者的减贫效果，结果表明，对农村地区居民的扶贫补贴可以显著改善目标群体的贫困状况，降低贫困发生率，现实情况也表明对农村地区贫困居民的政府补贴正在逐年增加。但是财政扶贫资金是有限度的，因此需要在有限的扶贫资金下尽可能为上述三类人群（老年人、学生和身体健康状况欠佳者）提供收入保障。本部分结合中国农村60岁及以上老年人口规模测算养老金扩大不同倍数所需的资金规模，也即对应的财政负担①。

对新农保养老金财政负担的测算需要明确两个因素：其一是领取标准；其二是符合养老金领取条件的老年人口规模。这两个因素对新农保养老金财政负担的测算至关重要，直接关系到对财政压力大小的判断，本部分将对此进行详细阐释。

（一）新农保养老金的领取标准

首先是新农保养老金的领取标准。虽然我们试图从各类统计资料中查找现行标准下新农保养老金的领取标准，但自新型农村社会养老保险和城镇居民社会养老保险合并为城乡居民基本养老保险，在基金的收入和支出中无法区分农村和城镇的情况②。《中国人力资源和社会保障年鉴（2012）》中表23-41展示了2011年分省份新型农村社会养老保险试点的情况，相关数据显示，2011年底，全国新农保参保人数为32643.5万人，达到领取待遇年龄的参保人数为8921.8万人，基金收入为1069.7亿元，基金支出为587.7亿元，但此后几年未发布相关数据。《中国人力资源和社会保障年鉴（2017）》显示，2016年，城乡居民社会养老保险实际领取人数为15270.3万人，基金支出为2550.5亿元，据此推算，城乡居民基本养老保险养老金平均约为每人每年1670元，新农保养老金的领取水平显然

---

① 对学生群体教育补贴和身体健康状况欠佳者医疗补贴的规模测算与养老金补贴相比需要更多的信息，并不是简单的提高补贴标准，因此，本书暂不进行计算。

② 《中国人力资源和社会保障年鉴（2017）》显示，2016年，城乡居民基本养老保险参保人数为50847.1万人，实际领取待遇人数为15270.3万人，基金收入为2933亿元，基金支出为2550.5亿元。

要低于这个数。考虑到2011年以后农村和城镇居民社会养老保险的参加状况和基金收支难以区分，加之新农保养老金分省份的水平存在显著差异，因此，无论是基于全国还是分省份公开统计数据计算新型农村社会养老保险的领取标准均难以实现。

　　一个替代方法就是假定住户调查数据中农村居民的实际新农保养老金收入等于社保部门的发放标准。有鉴于此，使用2013年中国家庭收入调查中分省份的实际新农保养老金收入计算全国养老金的人均标准。在进行分省份计算时，对年满60岁符合新农保养老金领取条件但实际未领取的农村老年人口先使用所在省份新农保养老金的人均水平补齐，进而计算全国人均水平，最终计算得到2013年新农保养老金全国水平为995元每人每年。表10-15展示了2013年中国家庭收入调查中分省份新农保养老金领取标准。

表 10 - 15　分省份新农保养老金领取标准

单位：元／（人・年）

地区	新农保养老金收入
北京市	3731
山西省	655
辽宁省	634
江苏省	1494
安徽省	611
山东省	941
河南省	673
湖北省	902
湖南省	613
广东省	2054
重庆市	584
四川省	769
云南省	642
甘肃省	772
全国	995

资料来源：笔者根据2013年中国家庭收入调查样本计算。

表 10 - 15 的结果显示，2013 年，分省份新农保养老金领取标准存在显著差异。其中，广东省人均新农保养老金每年为 2054 元，而安徽省人均每年为 611 元，差距较大。在进行新农保养老金扩大不同倍数的财政负担测算时，使用全国平均水平（即 995 元每人每年）作为基准，养老金的地区差异暂不考虑。

（二） 农村老年人口规模

在确定新农保养老金领取标准的基础上，下一步是估算农村年满 60 岁的老年人口规模。估算的第一个来源是 2010 年第六次全国人口普查数据。根据 2010 年第六次全国人口普查数据中当年末农村分年龄组的人口数和死亡数分别计算分年龄段的死亡率，进而推算 2017 年末年满 60 岁的农村老年人口总数[1]，最终推算得到 2017 年底全国农村年满 60 岁的老年人口约为 13625.4 万人。表 10 - 16 是基于 2010 年第六次全国人口普查数据对 2017 年全国农村 60 岁及以上人口分年龄段的预测结果。

关于农村老年人口规模估算的第二个来源是《中国统计年鉴 2017》，数据显示，2016 年末，全国 60 岁及以上人口数占比为 16.7%，当年末，全国农村总人口数为 58973 万人，据此推算，2017 年底，全国农村 60 岁及以上人口规模约为 9845.9 万人。农村实际老年人口规模可能为 9845.9 万~13625.4 万人，在进行养老金财政负担的测算时，使用按照全国人口普查数据预测的老年人口规模（13625.4 万人），由此得到的财政负担估计是最大值。

表 10 - 16　2017 年全国农村 60 岁及以上人口分年龄段的分布情况 （预测）

单位：万人

年龄区间	人口规模
60 ~ 61 岁	1523.64
62 ~ 66 岁	4165.72
67 ~ 71 岁	2999.39

---

[1]　在 2010 年第六次全国人口普查数据中，50 ~ 54 岁存活人口在 2017 年的正常年龄应该是 57 ~ 61 岁，为了得到 60 岁及以上人口的规模，将 57 ~ 61 岁存活人口中的 2/5 认定为年满 60 岁（即假定 57 ~ 61 岁每个年龄的人口数完全相等，则 60 岁和 61 岁的人口占比都为 2/5）。

续表

年龄区间	人口规模
72~76 岁	2015.95
77~81 岁	1409.41
82~86 岁	889.83
87~91 岁	389.15
92~96 岁	209.22
97~101 岁	19.89
101 岁及以上	3.19
合计	13625.4

资料来源：根据 2010 年第六次全国人口普查数据推算得到。

（三） 新农保养老金的支出规模

以下是对新农保养老金扩大不同倍数财政负担的估算结果，财政负担等于养老金领取水平乘以全国农村老年人口总数。用全国新农保养老金的人均领取标准测算财政总负担（见表 10-17），但是在具体到各省份时，采用全国人均标准均存在高估或低估的情况，因此并未细化到各省份进行财政负担分析。

表 10-17 新农保养老金的财政总负担

单位：亿元

农村养老金水平	财政总负担
基准水平	1355.6
新农保 1.2	1626.7
新农保 1.5	2033.4
新农保 2.0	2711.2
新农保 2.5	3388.9
新农保 3.0	4067.2

表 10-17 的测算结果显示，如果按照新农保养老金的基准标准（也即用 2013 年中国家庭收入调查样本计算的每人每年 995 元），那么 2017 年底新农保养老金的财政总负担为 1355.6 亿元；将新农保养老金领取标准扩大为期初的 1.2 倍时，财政总负担为 1626.7 亿元；扩大 1.5 倍时，财政总

负担为2033.4亿元；扩大2倍时，财政总负担为2711.2亿元；扩大2.5倍时，财政总负担为3388.9亿元；扩大3倍时，财政总负担增加到4067.2亿元。可以发现，即使是将新农保养老金的领取标准扩大为期初的3倍，相当于每人每年2985元，财政总负担也仅接近4000亿元，相比2017年的企业养老保险基金支出2.86万亿元[①]，提高新农保养老金面临的财政负担是比较小的。

　　总之，以上测算提供了中国新型农村居民社会养老保险养老金支出的基本规模，更精确的计算依赖后续能获取到的关于新农保养老金收支的官方数据以及最新的住户调查数据。此外，2016年，城乡居民基本养老保险基金的支出规模为2550.5亿元，按照2013年中国家庭收入调查样本规模测算的2017年农村养老金在基准标准下的财政负担约占一半（1355.6亿元/2550.5亿元），显然，使用2013年中国家庭收入调查样本中新农保养老金的领取标准［995元/（人·年）］作为全国人均领取标准仍然存在高估的可能，在现实中，新农保养老金的全国平均水平可能远低于样本测算的995元/（人·年）。从这个角度来讲，提高现行农村居民养老金的领取标准是非常有意义的，不仅体现在降低农村老年人口的贫困发生率，而且对于促进构建社会公平的收入分配格局、保障国民享受均等化的基本公共服务都具有非常重要的作用。

四　小　结

　　财政支持机制主要是扩大和完善我国财政扶贫资金（财政补贴）的规模和结构。研究发现，针对我国的贫困状况，养老、医疗和教育等保障性补贴的减贫效果显著，尤其是扩大不同倍数后的新农保养老金补贴的减贫效果更明显。增加针对新农保的财政支出可以促进农村贫困人口脱贫。合理的财政支持机制还需要关注以下几点：建立财政资金的动态调节机制，减少对已经脱贫地区的扶持，加大对"三区三州"等极度贫困地区的财政支持力度；提高扶贫资金的瞄准性，使贫困人口得到扶贫资金，增加他们的收入，保障他们的基本生活；开发式扶贫方式和保障

---

①　资料来源：《人社部：2017年五项社保基金累计结余7.6万亿》，中国网，http：//finance.china.com.cn/news/20180226/4550969.shtml。

性扶贫方式互为补充，如向有劳动能力的贫困人口提供项目支持，向老弱病残群体提供保障性补贴；完善农村基础设施，增加农村基本公共服务支出，实现基本公共服务均等化。

第四节 政策和行动建议

长期关注中国农村贫困问题使我们认识到，分析农户致贫原因时要着重考虑三种情况。一是老年贫困。老年人劳动能力下降和农村社会保障机制不健全，导致农村老年人收入不稳定；老年人面临健康隐患，导致贫困可能性增加。二是因学贫困。教育投入差距扩大，产生贫困人口人力资本和收入水平低下的恶性循环，导致贫困可能性增加。三是因病致贫。健康与疾病是互为因果的，健康状况非常不好时，农村家庭面临的是医疗支出的增加、照料时间的增加、家庭劳动力的减少等，导致贫困可能性增加。这三类人群将成为未来扶贫的主要关注对象。在2020年之后，随着减贫事业进入关注相对贫困阶段，对财政投入力度和结构需要做出全面筹划。为了解决扶贫项目的瞄准性问题和提高扶贫类财政资金的使用效率，本书从完善保障类扶贫机制的角度进行讨论，尤其是要完善涉及农村养老、治病和就学类基本公共服务的保障扶贫体系以缓解农村老年人、学生和身体健康状况欠佳者的贫困问题。

以2020年后保障性财政扶贫资金使用创新问题研究为主题，首先使用2013年中国家庭收入调查数据，从年龄、受教育程度和健康状况等指标角度分组测算中国农村人口的贫困状况，这涉及需要考察的第一个问题，其中，农村老年人、年龄为0～15岁的学生以及身体健康状况欠佳者的贫困发生率较高。为了保障上述贫困群体的基本生活，财政扶贫资金的作用不可忽视，但现阶段政府补贴收入对农村贫困发生率的影响如何，是需要考察的第二个问题。通过对农村居民可支配收入进行政府补贴收入和补贴前收入的构成划分，测算各类政府补贴收入的减贫效果，结果发现，政府补贴收入使农村贫困发生率从12.90%降至8.90%，其中，养老金的作用最大，贡献了政府补贴收入减贫效果的51.25%，新农保收入贡献了政府补贴收入减贫效果的20.25%。

政府补贴收入可以显著改善农村贫困发生率，无论是从实践还是数据中都获得了证实，但继续增加政府补贴收入对目标群体的减贫效果如何是需要考察的第三个问题。对新农保养老金补贴、教育补贴和医疗补贴的减贫效果进行模拟测算，重点关注增加政府补贴对农村老年人、0～15岁学生和身体健康状况欠佳者贫困发生率下降的贡献程度。结果发现，当新农保养老金补贴为现有水平3倍时，辅以教育和医疗补贴虽然对农村整体贫困发生率的下降作用有限（仅使农村贫困发生率从8.90%降至7.54%，降幅为1.36个百分点），但可以显著改善三类目标群体的贫困发生率。最后，以2013年中国家庭收入调查样本中新农保养老金领取标准为基准（每人每年995元），结合2017年底农村60岁及以上老年人口的预测规模，测算了当新农保养老金维持基准水平以及扩大不同倍数时的财政负担。结果表明，当新农保养老金扩大为基准水平3倍时，财政总负担为4067.2亿元。

本章对2020年后保障性财政扶贫资金的使用结构提出全新构想，倡导建立以农村老年人、学生和身体健康状况欠佳者为导向的保障性扶贫体系。尤其是第三节和第四节论证了政府扶贫补贴对农村居民贫困发生率的改善作用，以及增加对农村老年人口的新农保养老金补贴、学生群体的教育补贴和身体健康状况欠佳者的医疗补贴对降低农村整体贫困发生率的重要作用。虽然最终目的在于增加上述人群的可支配收入或者降低对应的自费消费支出，但是具体到扶贫资金的支付途径时是存在差异的。比如，对于农村地区老年人而言，新农保养老金收入是主要的收入来源，需要适当提高新农保养老金的领取标准；对于农村地区学生群体而言，教育扶贫应主要通过提供交通或住宿补贴的方式解决偏远地区适龄儿童的上学问题等；对于农村地区身体健康状况欠佳者而言，扶贫模式主要是提高医疗报销比例，扩大医疗报销范围。更重要的是，三类政府补贴都可以基于现有的公共服务体系来进行，并不需要新设和增加额外的管理机构和管理费用。

当扶贫发展进入2020年的全新阶段，以2010年2300元不变价为标准的绝对贫困已经不复存在，但对农村低收入群体的关注不能就此止步。现阶段，农村扶贫资金的减贫效应在很大程度上取决于扶贫的瞄准程度，本书的第二个贡献是提出把年龄及健康状况等个人特征作为贫困人口的识别指标，不仅在于上述群体的贫困发生率更高，而且更重要的是基于年龄和健康状况等个人特征的扶贫瞄准规避了对可支配收入的测量等问题，对贫困人群的瞄准性更高。

除此以外，还需要思考的是，降低农村贫困发生率是解决农村贫困问题的重要方面，但这只减少了贫困人口的数量，在缓解农村贫困过程中，还要注意农村居民的收入差距、贫困程度等。能力贫困比收入或者消费贫困更加需要关注，财政扶贫资金可以解决低收入群体的贫困问题，对学生群体的教育补贴是有效解决能力贫困的重要途径。

第十一章
金融扶贫的历史经验、未解难题
与2020年后重点

金融扶贫是指政府和金融机构通过一定的制度安排和业务操作，以市场化的运作方式为贫困地区及贫困人口提供金融服务，满足其金融资源需求，帮助其实现脱贫致富的过程。在过去多年时间里，国家在信贷扶贫、保险扶贫、证券扶贫等领域做了大量工作，先后出台多个金融扶贫政策。各级政府和金融机构投入大量人力、物力和财力，在不断总结经验与教训的基础上对金融产品、扶贫方式和资金管理等进行探索与革新。

目前，我国金融扶贫仍有几个未解难题，如政府与市场的边界问题、资金价格问题、市场细分问题等。2020年后，中国的扶贫工作将进入新阶段，在新问题和新矛盾的背景下，势必要重新认识扶贫对象和扶贫目标，从而制定更有效的金融扶贫策略。

第一节　中国金融扶贫政策演变与实践经验

综观中国金融扶贫的政策演变与实践历程，经历诸多转变：一是扶贫理念，经历了从救济式扶贫向开发式扶贫的转变历程；二是扶贫主体，经历了从由政府主导向多元主体并存的转变历程，如金融机构、非营利性小额贷款组织等；三是服务内容，经历了单一的信贷扶贫服务向多元金融扶贫服务的转变历程，如保险扶贫、证券扶贫等。

一　信贷扶贫的政策与实践

信贷扶贫是20世纪80年代我国进行有组织、有计划、大规模农村扶贫开发①工作以来最早开始尝试的金融扶贫模式。从 1983 年开始，各级政府、金融机构和社团组织等在全国各地开展了不少的小额信贷扶贫实践，如中央财政贴息支持的银行专项扶贫贷款、社团组织开展的小额信贷试点、扶贫系统利用财政资金支持的贫困村村级互助资金、央行扶贫再贷款等，为国家扶贫工作做出了不可磨灭的贡献。

（一）　扶贫专项贷款：低息贷款与贴息贷款

在分析低息贷款与贴息贷款的相关政策之前，本书首先回顾一下中央财政专项扶贫资金的设计与发放情况，这样可以更好地了解财政资金借助金融工具开展扶贫工作的逻辑起点。改革开放初期，我国政府最早以"专项扶贫资金"的形式开展农村扶贫工作，主要资金源自中央财政系统的专项扶贫资金。最初，专项扶贫资金还没有通过信贷形式来使用，而是采用专项规划、统一预算、无偿下发的方式，以达到扶贫的目标。如表 11 - 1 所示，1980 年，国务院提出，为帮助边远地区、少数民族自治地方、老革命根据地和经济基础比较差的地区加快发展生产，中央财政设立"支援经济不发达地区发展资金"②，并规定此项资金占国家财政支出总额的比例应当逐步达到 2%。1982 年，"六五"计划明确指出，支援少数民族地区和经济不发达地区资金为 25 亿元③。同年，中央财经领导小组召开专题会议讨论"三西"地区发展问题，用 10 ~ 20 年的时间，每年拨出专项资金 2 亿元，对"三西"地区进行扶贫攻坚④。到 2009 年，国务院决定延长"三西"农业专项建设补助资金使用期限，从 2009 年起延续至 2015 年，资金总量为 3 亿元/年。

---

① 《中国农村扶贫开发的新进展》，中华人民共和国国务院新闻办公室网站，http://www. scio. gov. cn/zfbps/ndhf/2011/Document/1048123/1048123. htm。
② 1980 年 2 月 1 日，国务院发布《关于实行"划分收支、分级包干"财政管理体制的暂行规定》。
③ 1982 年 12 月 10 日第五届全国人民代表大会第五次会议批准《中华人民共和国国民经济和社会发展第六个五年计划（1981—1985）》。
④ 《告别苦瘠　迎来新生——"三西"扶贫开发 30 年成就综述》，人民网，http://politics. people. com. cn/n/2012/0625/c70731_18376609. html。

表 11 - 1   与中央财政专项扶贫资金相关的政策及项目与资金安排

时间段	政策及项目	相关政策与款项	财政系统资金	金融系统资金
1980 年	《关于实行"划分收支、分级包干"财政管理体制的暂行规定》	"支援经济不发达地区发展资金"：此项资金占国家财政支出总额的比例应当逐步达到 2%	—	—
1976～1980 年的"五五"时期、1981～1985 年的"六五"时期	《中华人民共和国国民经济和社会发展第六个五年计划（1981—1985）》	"支援少数民族地区和经济不发达地区资金"："六五"时期为 25 亿元，比"五五"时期的 3 亿元增加 22 亿元	28 亿元	—
从 1983 年开始	"三西"农业专项建设	1982 年 12 月，中央财经领导小组召开专题会议研究"三西"地区农业建设发展问题，计划用 10～20 年的时间，每年拨出专项资金 2 亿元，对"三西"地区进行扶贫攻坚	2 亿元/年	—
1994～2000 年	《国家八七扶贫攻坚计划》	以工代赈资金和"三西"专项建设资金在规定期限内保持不变；从 1994 年起，再增加 10 亿元以工代赈资金，执行到 2000 年	10 亿元/年	—
2009～2015 年	"三西"农业专项建设的延续	2009 年，国务院决定再次延长"三西"农业专项建设补助资金使用期限，即从 2009 年起延续至 2015 年，并将资金总量从每年 2 亿元增至 3 亿元	3 亿元/年	—

如图 11 - 1 所示，自 1980 年以来，中央财政在几个重要的扶贫工作阶段共安排专项扶贫资金超过 7500 亿元，表明中央财政资金对贫困地区的倾斜。不过，相对于中国的扶贫任务之艰巨和贫困人口之众多，财政扶贫资金显得捉襟见肘，因此需要寻找更多元的资金来源、更有效的资金管理方式，以及更好的贫困瞄准方法。

有鉴于此，中央财政系统开始尝试联合金融系统安排扶贫专项贷款，如表 11 - 2 所示，这便是金融系统在扶贫领域对信贷服务方式的运用。扶贫专项贷款有两类：一类是低息贷款，另一类是贴息贷款。这两类贷款方式的差别在于：前一类资金来源较依赖政府财政资金安排；后一类资金来源比较多元化，利用贴息的方式来调动各类金融机构的资金。

低息贷款的运用其实就是对财政资金无偿使用的一种改进，利率优惠与税收减免、专项投资、运费补贴、专项商品和物资供应等同属于"优惠政策"（青觉、金炳镐、朱振军，2018）。中国人民银行从1983年开始、中国农业银行从1984年开始，向老少边穷地区发放低息贷款，每年为3亿元（星焱，2018）。

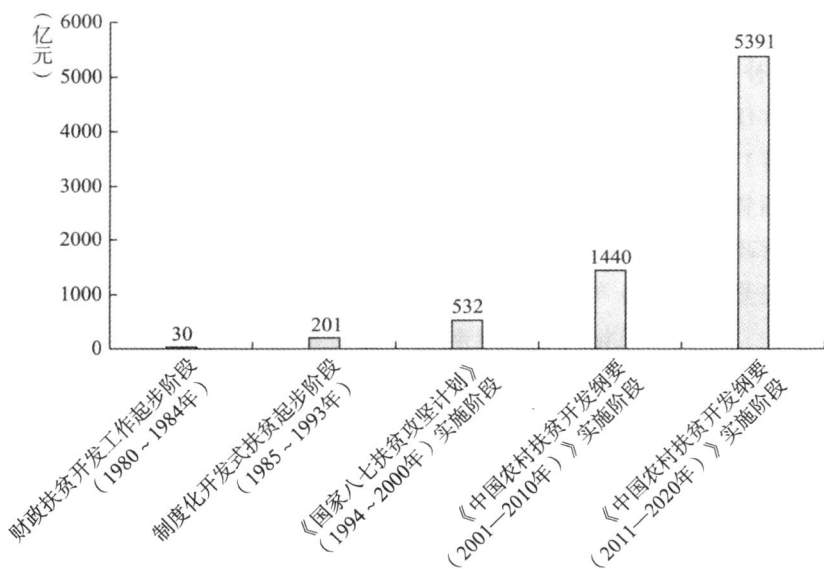

图11-1　中央财政各阶段安排的专项扶贫资金

注：《中国农村扶贫开发纲要（2011—2020年）》实施阶段的5391亿元是2011～2019年的资金总额。

资料来源：《财政部副部长解读中央财政专项扶贫资金》，中国经济网，http://tuopin. ce. cn/news/201608/27/t20160827_15302531. shtml；赵志君、兰克林《落实精准扶贫政策与建立扶贫攻坚的长效机制》，中国发展观察杂志社网站，http://www. chinado. cn/？ p = 6826&from = groupmessage。

很快地，贴息贷款取代低息贷款，更加强调贷款"有偿有息"的性质，要求不得将其用于赈灾救济和无偿还能力的经营项目，执行统一的年优惠利率，中国农业银行也可以"中央财政补贴大部分利息"形式引导更多借款人将自有资金用于贫困地区的生产项目。从1986年起，连续5年，国务院决定每年发放10亿元专项贴息贷款，信贷资金由中国人民银行每年专项安排，由中国农业银行进行专项管理①。从 1994 年起，国务院提出，再增加 10 亿元扶贫贴息贷款，执行到 2000 年，原来由中国人民银行和专业银行办理的国家扶贫贷款，从 1994 年起全部划归中国农业发展银行统一办理②。1998 年，扶贫贷款、康复扶贫贷款、边境贫困国营农牧场扶贫贷款、农业综合开发贷款、林业治沙贷款、专项基本建设贷款、专项技术改造贷款等各类"扶贫、开发性专项贷款"全部划归中国农业银行管理，其中，扶贫贷款分扶贫贴息贷款和一般扶贫贷款两种③。2001 年之后，国务院指出要继续安排并增加扶贫贷款④。

"奖补资金"是贴息贷款的另一种形式，目的在于激发更多愿意承担扶贫贷款任务的金融机构的积极性，以及引导其筹集更多的贷款资金（如社会储蓄）并将其注入贫困地区。2005 年，《关于开展建立"奖补资金"推进小额贷款到户试点工作的通知》选择 4 个省份 8 个县进行试点，将部分中央财政扶贫资金作为"奖补资金"，用于贫困户贷款的利息补贴、亏损补贴或奖励；2006 年，又增补河北、湖南、云南、广西四省份相继开展试点工作（中国人民银行农村金融服务研究小组，2008）。2006 年，国务院扶贫办进一步明确，扶贫贷款改成"到户贷款"和"项目贷款"两部分来运作，到户贷款贴息资金全部下放到 592 个国家扶贫开发工作重点县，由县选择金融机构发放并与其直接结算贴息，在河北、黑龙江、江西、湖北、重庆、云南、陕西、甘肃八省份开展项目贷款贴息资金下放到省份的试点，由省份选择愿意承担扶贫贷款任务的金融机构发放并与其直接结算贴息⑤。2008 年，国务院扶贫办、财政部、中国人民银行、银监会决定全面改革扶贫贴息贷款的管理体制⑥，将扶贫贷款管理权限和贴息资金全部下放到各省份，其中，到户贷款的管理权限和贴息资金全部下放到县，扶贫贷款的发放由任何愿意参与扶贫工作的银行业金融机构承接，中央继续保留扶贫贷款财政贴息预算资金规模（每年安排 5.3 亿元）。

---

① 1986 年 11 月 7 日，《中国人民银行、中国农业银行扶持贫困地区专项贴息贷款管理暂行办法》发布。

② 1994 年 4 月 15 日，《国务院关于印发国家八七扶贫攻坚计划的通知》印发。

③ 1998 年 6 月 16 日，《中国农业银行关于印发扶贫、开发性专项贷款管理办法的通知》印发。

④ 2001 年 6 月 13 日，国务院印发《中国农村扶贫开发纲要（2001—2010 年）》。

⑤ 2006 年，《国务院扶贫开发领导小组办公室关于深化扶贫贴息贷款管理体制改革的通知》印发。

⑥ 2008 年 4 月 23 日，《关于全面改革扶贫贴息贷款管理体制的通知》印发。

表 11 – 2　与扶贫专项贷款相关的政策与资金安排

时间段	政策	相关政策与款项	财政系统资金	金融系统资金
1983 年、1984 年	—	"发展少数民族地区经济贷款"：中国人民银行从 1983 年开始、中国农业银行从 1984 年开始，向老少边穷地区发放低息贷款，每年为 3 亿元	—	3 亿元/年
从 1986 年起，连续 5 年	《中国人民银行、中国农业银行扶持贫困地区专项贴息贷款管理暂行办法》	"扶持贫困地区专项贴息贷款"：从 1986 年起，连续 5 年，每年发放 10 亿元专项贴息贷款	—	10 亿元/年
1994 ~ 2000 年	《国家八七扶贫攻坚计划》	从 1994 年起，再增加 10 亿元扶贫贴息贷款，执行到 2000 年；原来由中国人民银行和专业银行办理的国家扶贫贷款，从 1994 年起全部划归中国农业发展银行统一办理	—	10 亿元/年
1998 年	《中国农业银行关于印发扶贫、开发性专项贷款管理办法的通知》	扶贫贷款分为扶贫贴息贷款和一般扶贫贷款两种；扶贫贷款贴息方式有三种：中央财政贴息、地方财政贴息和部门贴息	—	—
2001 ~ 2010 年	《中国农村扶贫开发纲要（2001—2010 年）》	进一步增加财政扶贫资金；继续安排并增加扶贫贷款	—	—
2005 年 7 月	《关于开展建立"奖补资金"推进小额贷款到户试点工作的通知》	在 4 个省份中选择 8 个县开展建立"奖补资金"，推进小额贷款到户的试点，将部分中央财政扶贫资金作为"奖补资金"，用于贫困户贷款的利息补贴、亏损补贴或奖励	—	—
2006 年	《国务院扶贫开发领导小组办公室关于深化扶贫贴息贷款管理体制改革的通知》	"到户贷款"方面：中央财政按每个国家扶贫开发工作重点县 50 万元规模，将到户贷款贴息资金分配到各省份（共 592 个国家扶贫开发工作重点县）	50 万元/县	—
		"项目贷款"试点：河北、黑龙江的贴息资金各为 500 万元，江西、湖北、重庆、云南、陕西、甘肃的贴息资金各为 1000 万元	共 7000 万元	—

时间段	政策	相关政策与款项	财政系统资金	金融系统资金
2008年	《关于全面改革扶贫贴息贷款管理体制的通知》	中央保留扶贫贷款财政贴息预算资金规模（每年安排5.3亿元），于年初下达到各省份，各省（区、市）安排到户的贷款贴息资金不低于贴息资金总额的50%	5.3亿元/年	—

从"专项扶贫资金"到"扶贫专项贷款"，说明国家政府部门、金融机构逐渐形成"开发式扶贫"理念及替代"救济式扶贫"的做法。这也是提升资金使用效率、调动更多社会资源的必然要求。如图11-2所示，1997~2016年，中央扶贫贴息贷款累计发放额超过2600亿元。不过，扶贫贴息贷款存在两个问题：第一，扶贫贴息贷款政策产生的经济利益，相当多一部分流向非贫困人口；第二，扶贫贴息贷款的到期还款率很低（吴国宝，1997b），始终限制该政策的扶贫效果。在明确社会主义市场经济体制建设[①]、第二轮金融体制改革（《中国金融体制改革跟踪研究》课题组，1997）的基础上，扶贫工作也开始探索市场机制的作用。

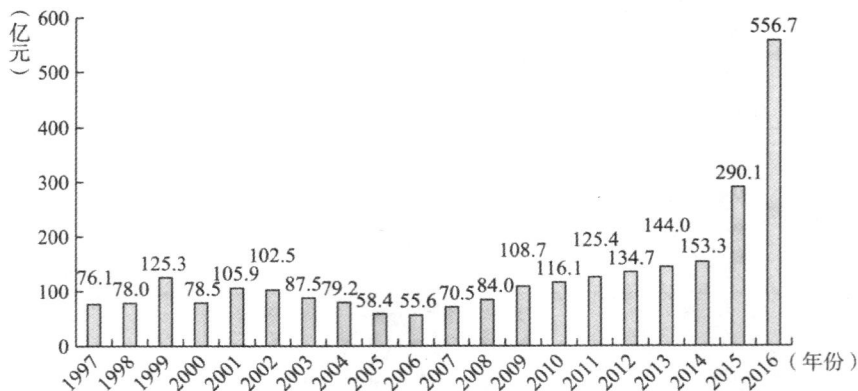

图11-2 1997~2016年中央扶贫贴息贷款发放额

资料来源：《强化资金支持，决胜扶贫攻坚——改革开放四十周年专题（三）》，东兴证券，2018。

---

① 1993年11月14日，《中共中央关于建立社会主义市场经济体制若干问题的决定》印发。

（二）　小额贷款：公益性小额信贷、农户小额贷款、扶贫小额信贷与"530信用贷款"

20世纪80年代，国际农业发展基金，香港世界宣明会、乐施会等国际组织在中国开展的扶贫项目就包含了小额信贷的内容。这为中国将小额贷款作为扶贫工具运用到扶贫领域提供了具有参考价值的经验和教训。实际上，在中国，对于具有明确扶贫目标或与扶贫事业密切相关的小额信贷实践，有三类主体积极参与其中：第一类是非营利组织，第二类是金融机构，第三类是政府部门（政策资金）。

无论是国际非营利组织，还是国内非营利组织，抑或是由非营利项目转变而成的非营利性的小额信贷机构，都有相对明确的扶贫目标，小额信贷用来帮助贫困人群改变贫困状况。中国最早的相对独立的小额信贷实验，要从1993年中国社会科学院农村发展研究所引入孟加拉国乡村银行模式成立的"扶贫经济合作社"说起，即大家熟知的"公益性小额信贷"。到2008年底，"最保守的估计是现在中国有55家以上专门从事小额信贷业务的非政府小额信贷机构，服务的客户人数在八万四千人以上，贷款余额超过二亿六千万人民币"（程恩江，2010）。时至今日，非营利组织专门提供小额信贷服务相继退出或转型，可实现良好财务绩效的机构少之又少。

以农信社为代表的金融机构，在政府与金融监管部门的主导下，通过发放小额信贷向贫困人群和农户提供金融支持（如表11-3所示）。1997年、1999年、2001年、2002年，中国人民银行多次下发政策文件，鼓励并规范农信社的农户小额贷款业务①。2004年、2006年，为了提高农信社的信贷服务水平，银监会下发相关政策文件，对农信社的农户贷款和小企业信用贷款进行业务规范②。2007年，以农信社为代表的金融机构通过农村小额贷款服务贫困人群和"三农"有超过10年的时间了，政府与金融

---

① 1997年10月14日，中国人民银行、中国农业发展银行、中国农业银行印发《农村信用社改进和加强支农服务十条意见》；1999年7月21日，中国人民银行印发《农村信用社农户小额信用贷款管理暂行办法》；2001年12月7日，中国人民银行印发《农村信用合作社农户小额信用贷款管理指导意见》；2002年4月22日，《中国人民银行关于进一步做好农户小额信用贷款发放和改进支农服务工作的通知》发布。

② 2004年10月10日，中国银行业监督管理委员会印发《农村信用合作社农户联保贷款指引》；2006年1月20日，中国银行业监督管理委员会印发《农村信用社小企业信用贷款和联保贷款指引》。

监管部门也认识到农村小额贷款在建设新农村、促进农村经济发展方面的作用，因此，《中国银监会关于银行业金融机构大力发展农村小额贷款业务的指导意见》要求政策性银行、国有商业银行、股份制商业银行、中国邮政储蓄银行、信用社等各类金融机构的小额贷款业务要放宽对象、拓展用途、提高额度、合理确定期限、科学确定利率、简化手续等。此外，小额贷款公司在中国也经历了多年的发展：从 2005 年中国人民银行牵头的试点到 2008 年中国人民银行和银监会发布《关于小额贷款公司试点的指导意见》。2018 年底，相关机构达到 8133 家，其中不乏坚持"小额、分散"原则以为贫困人群、农户、微型企业提供信贷服务的机构，如中国扶贫基金会发起成立的中和农信公司。

政府部门一直都是国家扶贫工作的主导者，积极探索与尝试有效的方法以完成扶贫目标，扶贫小额信贷就是其中一种中央财政扶贫资金管理的新机制。1998 年，《中共中央关于农业和农村工作若干重大问题的决定》明确提出，"总结推广小额信贷等扶贫资金到户的有效做法"。2005 年，在《关于开展建立"奖补资金"推进小额贷款到户试点工作的通知》推进的试点工作中，将部分中央财政扶贫资金用作贫困户贷款的利息补贴、亏损补贴或奖励，意在激发相关利益主体参与信贷扶贫的积极性。2014 年，国务院扶贫办、财政部、中国人民银行、银监会、保监会下发的《关于创新发展扶贫小额信贷的指导意见》提出，"对符合贷款条件的建档立卡贫困户提供 5 万元以下、期限 3 年以内的信用贷款"，"各地可统筹安排财政扶贫资金，对符合条件的贷款户给予贴息支持"。2017 年，中国银监会、财政部、中国人民银行、保监会、国务院扶贫办发布的《关于促进扶贫小额信贷健康发展的通知》肯定了扶贫小额信贷在帮助贫困户发展生产、增收脱贫方面的成效，认为扶贫小额信贷已成为精准扶贫、精准脱贫的金融服务品牌，并进一步明确扶贫小额信贷是为建档立卡贫困户量身定制的金融精准扶贫产品，政策要点是"5 万元以下、3 年期以内、免担保免抵押、基准利率放贷、财政贴息、县建风险补偿金"。此外，"530 信用贷款"工程出现在 2016 年中国人民银行印发的《青海省普惠金融综合示范区试点方案》中，向被评定为信用户、有生产经营能力、有金融服务需求、有劳动能力的建档立卡贫困户提供 5 万元、3 年期、全额贴息、免抵押、免担保贷款。截至 2018 年 11 月 1 日，1300 万贫困户累计获得 5200 亿元的扶贫小额信贷。

表 11 - 3　金融机构小额贷款业务相关政策

时间段	政策	相关政策与款项
1997 年	《农村信用社改进和加强支农服务十条意见》	农村信用社对农户发放小额农业贷款可放宽条件，特别是对信誉良好、无拖欠贷款记录的农户可采取信用贷款的方式，不必担保抵押
1999 年	《农村信用社农户小额信用贷款管理暂行办法》	农户小额信用贷款是信用社以农户的信誉为保证，在核定的额度和期限内发放的小额信用贷款
2001 年	《农村信用合作社农户小额信用贷款管理指导意见》	对于农户一般性种植和养殖业生产的资金需求，信用社原则上应采取小额信用贷款的方式解决，不需要抵押担保
2002 年	《中国人民银行关于进一步做好农户小额信用贷款发放和改进支农服务工作的通知》	发放农户小额信用贷款要结合当地经济发展实际和农村信用社资金实力，量力而行
2002 年	《下岗失业人员小额担保贷款管理办法》	小额担保贷款金额一般掌握在 2 万元左右。从事微利项目的小额担保贷款由中央财政据实全额贴息，展期不贴息。各省份以及地级以上市都要建立下岗失业人员小额贷款担保基金
2005 年	《银行开展小企业贷款业务指导意见》	银行应对小企业市场进行必要的细分，制定符合小企业客户特点的市场策略，积极进行产品创新，推出符合小企业不同需求的贷款产品和金融服务，包括固定资产贷款和周转资金贷款
2006 年	《农村信用社小企业信用贷款和联保贷款指引》	小企业是指经工商行政管理机关核准登记、应税年销售收入低于 1000 万元的企业法人和其他经济组织。信用贷款是指基于小企业信誉发放的贷款。联保贷款包括一般联保贷款和特殊联保贷款
2007 年	《关于银行业金融机构大力发展农村小额贷款业务的指导意见》	原则上，对于农村小额信用贷款额度，发达地区可提高到 10 万～30 万元，欠发达地区可提高到 1 万～5 万元，其他地区在此范围内视情况而定；联保贷款额度视借款人实际风险状况而定，可在信用贷款额度基础上适度提高

续表

时间段	政策	相关政策与款项
2008 年	《中国银行业监督管理委员会　中国人民银行关于小额贷款公司试点的指导意见》	小额贷款公司在坚持为农民、农业和农村经济发展服务的原则下自主选择贷款对象。小额贷款公司发放贷款，应坚持"小额、分散"原则，鼓励小额贷款公司面向农户和微型企业提供信贷服务，着力增加和扩大客户数量和服务覆盖面
2010 年	《中国人民银行　中国银行业监督管理委员会　中国证券监督管理委员会　中国保险监督管理委员会关于全面推进农村金融产品和服务方式创新的指导意见》	大力发展农户小额信用贷款和农村微型金融
2011～2020 年	《中国农村扶贫开发纲要（2011—2020 年）》	中央和地方财政逐步增加扶贫开发投入；继续完善国家扶贫贴息贷款政策；鼓励开展小额信用贷款业务；引导民间借贷规范发展；鼓励和支持贫困地区县域法人金融机构将新增可贷资金70%以上留在当地使用等
2013 年	《关于创新机制扎实推进农村扶贫开发工作的意见》	进一步推广小额信用贷款，推进农村青年创业小额贷款和妇女小额担保贷款工作
2014 年	《关于全面做好扶贫开发金融服务工作的指导意见》	强化中国邮政储蓄银行在贫困地区县以下机构网点功能建设，积极拓展小额贷款业务。加快推进农村信用体系建设，推广农村小额贷款。积极探索多元化贷款担保方式和专属信贷产品，大力推进农村青年创业小额贷款和妇女小额担保贷款工作
2014 年	《关于创新发展扶贫小额信贷的指导意见》	向符合贷款条件的建档立卡贫困户提供5万元以下、期限在3年以内的信用贷款
2015 年	《中共中央 国务院关于打赢脱贫攻坚战的决定》	设立扶贫再贷款，实行比支农再贷款更优惠的利率
2017 年	《关于促进扶贫小额信贷健康发展的通知》	扶贫小额信贷是为建档立卡贫困户量身定制的金融精准扶贫产品，政策要点是"5万元以下、3年期以内、免担保免抵押、基准利率放贷、财政贴息、县建风险补偿金"
2018 年	《中共中央 国务院关于打赢脱贫攻坚战三年行动的指导意见》	加强扶贫再贷款使用管理，优化运用扶贫再贷款发放定价机制

如果从1993年开始算起，那么在政府部门、金融机构、非营利组织在将小额贷款运用于扶贫领域的整个过程中，虽然已经明确小额贷款的扶贫成效，但还有一些突出问题未能妥善解决，如政府角色转变的问题、政府

贴息或无息扶贫小额贷款对商业性金融机构小额贷款冲击的问题、市场主导金融扶贫可能性的问题等。

（三）　贫困村村级互助资金

除扶贫小额信贷外，贫困村村级互助资金也是财政扶贫资金使用管理机制的又一探索。从 2006 年开始，国务院扶贫办、财政部联合在全国 14 个省份的 140 个村开展贫困村村级互助资金试点，按照平均每个试点村 15 万元的额度，用于补助试点村建立"互助资金"[①]。2009 年，国务院扶贫办、财政部进一步明确互助资金的性质，互助资金是指在贫困村建立的民有、民用、民管、民享、周转使用、滚动发展的生产发展资金[②]，强调应充分认识开展互助资金试点工作的重要性和必要性，将其作为扶贫开发重点工作来抓[③]。截至 2014 年底，全国累计 1284 个县、2.17 万个行政村开展贫困村村级互助资金试点（汪小亚等，2016）。

虽然贫困村村级互助资金取得一定扶贫成效，但时至今日，法律监管、机构的可持续发展等问题依然存在。2015 年以来，国务院扶贫办不再推广贫困村村级互助资金项目，既有项目基本处于自生自灭状态，发展状况堪忧。

（四）　扶贫再贷款

扶贫再贷款是中国人民银行利用杠杆撬动作用，有针对性地围绕连片特困地区、国家扶贫开发工作重点县，以及未被纳入上述范围的省级扶贫开发工作重点县，为农村商业银行、农村合作银行、农村信用社和村镇银行四类地方法人金融机构提供流动性支持，以引导它们扩大贫困地区涉农信贷投放范围，降低贫困地区的融资成本。

早在 2001 年发布的《扶贫贴息贷款管理实施办法》中，就允许统一调度扶贫贴息贷款资金的中国农业银行，在遇到资金困难时，可向中国人民银行申请再贷款。2015 年，为了"重点支持贫困地区发展特色产业和贫

---

① 2006 年 5 月 18 日，《国务院扶贫办 财政部关于开展建立"贫困村村级发展互助资金"试点工作的通知》发布。

② 2009 年 9 月 17 日，《国务院扶贫办 财政部关于进一步做好贫困村互助资金试点工作的指导意见》发布。

③ 2009 年 9 月 17 日，《国务院扶贫办 财政部关于进一步做好贫困村互助资金试点工作的指导意见》发布。

困人口就业创业"① 设立扶贫再贷款。2016 年，中国人民银行正式设立扶贫再贷款业务，在《中国人民银行关于开办扶贫再贷款业务的通知》中明确发放对象、投向用途、使用期限、利率水平、操作管理等。截至 2018 年3 月 7 日，扶贫再贷款发放 1600 多亿元，支持帮助带动贫困人口脱贫的龙头企业②。

二 保险扶贫的政策与实践

自国务院于 1979 年批转恢复国内保险业务以来，保险的扶贫功能越来越获得认同，"保险能兜住贫困人口生产生活风险，防止因病、因灾、因意外事故致贫返贫""保险能撬动并整合政府和其他金融机构的扶贫资源，破解金融进农村风险大、成本高以及农户贷款难、贷款贵的问题"（《保险扶贫的理论与实践：中国案例》，2018）。理论上，保险可以为贫困人口提供风险保障、融资增信等服务，可以提高贫困人口和家庭抵抗风险的能力，解决贫困人口和家庭因缺乏抵押物而无法有效获得金融机构信贷服务的问题。

（一） 农业保险

农业保险在中国经历了比较长时间的实践过程，最早有文字记载的进行农业保险试验的乌江耕牛保险协会（黄英君，2011）可追溯至 1933 年。农业保险一直被认为是农村金融、扶贫金融的重要组成部分。如表 11 - 4所示，我国在 1982 年恢复农业保险业务③，经历了 1982 ~ 1992 年的蓬勃发展阶段、1993 ~ 2003 年的市场化导向与萎缩徘徊阶段、2004 年以后的政府主导与恢复发展阶段。2012 年，《农业保险条例》正式颁布，对农业保险的监督管理、保险费补贴、税收优惠、合同、经营规则、法律责任等进行规定。2014 年发布的《关于创新机制扎实推进农村扶贫开发工作的意见》、2014 年发布的《关于全面做好扶贫开发金融服务工作的指导意见》、2015年发布的《中共中央　国务院关于打赢脱贫攻坚战的决定》、2016 年发布

---

① 2015 年 11 月 29 日，《中共中央　国务院关于打赢脱贫攻坚战的决定》发布。
② 《扶贫办主任刘永富：小额扶贫信贷建档 1100 多万贫困户，3 年累计放贷 4300 亿》，凤凰网，https://news.ifeng.com/c/7fZrfrl4N3d。
③ 1982 年 2 月 11 日，《国务院批转中国人民银行关于国内保险业务恢复情况和今后发展意见的报告的通知》提出，要"逐步试办农村财产保险、牲畜保险等业务"。

的《中国人民银行　国家发展改革委　财政部　银监会　证监会　保监会　国务院扶贫办关于金融助推脱贫攻坚的实施意见》等文件，肯定了农业保险对扶贫的作用，并明确鼓励发展农业保险，进一步扩大农业保险的覆盖面。2018年，财政部、农业农村部、银保监会决定用3年时间，在6个省份选择4个产粮大县，面向规模经营农户和小农户，开展完全成本保险和收入保险的试点工作[①]。而今，中国农业保险市场已经成为"全球第二大农业保险市场""在这十年间中国农业保险为农户提供的风险保障金额达到2.16万亿元""农业保险开办区域已覆盖全国所有省份，基本覆盖农、林、牧、渔各个领域"[②]。

表11-4　农业保险相关政策

时间	政策	相关内容
1982年	《关于国内保险业务恢复情况和今后发展意见的报告》	为了适应农村经济发展的新形势，保险工作如何为八亿农民服务，是必须予以重视的一个新课题
1985年	《保险企业管理暂行条例》	国家鼓励保险企业发展农村业务，为农民提供保险服务。保险企业应支持农民在自愿的基础上集股设立农村互助保险合作社，业务范围的管理办法另行制定
2012年	《农业保险条例》	农业保险是指保险机构根据农业保险合同，对被保险人在种植业、林业、畜牧业和渔业生产中因保险标的遭受约定的自然灾害、意外事故、疫病、疾病等保险事故所造成的财产损失，承担赔偿保险金责任的保险活动
2013年	《国务院办公厅关于金融支持经济结构调整和转型升级的指导意见》	试点推广小额信贷保证保险
2014年	《关于创新机制扎实推进农村扶贫开发工作的意见》	扩大农业保险覆盖面
2014年	《关于全面做好扶贫开发金融服务工作的指导意见》	鼓励保险机构在贫困地区设立基层服务网点，进一步提高贫困地区保险密度和深度。鼓励发展特色农业保险、扶贫小额保险，扩大特色种养业险种。积极探索发展涉农信贷保证保险，提高金融机构放贷积极性

---

① 2018年8月20日，财政部、农业农村部、银保监会印发《关于开展三大粮食作物完全成本保险和收入保险试点工作的通知》。

② 《中国农业保险业务规模全球第二，保费收入10年增7倍》，中国经济网，http://m.ce.cn/cj/gd/201706/20/t20170620_23727291.shtml。

续表

时间	政策	相关内容
2014 年	《国务院关于加快发展现代保险服务业的若干意见》	健全农业保险服务体系，鼓励开展多种形式的互助合作保险
2015 年	《相互保险组织监管试行办法》	相互保险组织是指在平等自愿、民主管理的基础上，由全体会员持有并以互助合作方式为会员提供保险服务的组织，包括一般相互保险组织，专业性、区域性相互保险组织等
2015 年	《中共中央 国务院关于打赢脱贫攻坚战的决定》	积极发展扶贫小额贷款保证保险，对贫困户保证保险保费予以补助。扩大农业保险覆盖面，通过中央财政"以奖代补"等支持贫困地区特色农产品保险发展。支持贫困地区开展特色农产品价格保险，有条件的地方可给予一定保费补贴
2016 年	《中国人民银行 国家发展改革委 财政部 银监会 证监会 保监会 国务院扶贫办关于金融助推脱贫攻坚的实施意见》	提升农业保险密度和深度，通过财政以奖代补等方式支持贫困地区发展特色农产品保险。支持贫困地区开展特色农产品价格保险，有条件的地方可给予一定保费补贴。改进和推广小额贷款保证保险，为贫困户融资提供增信支持。鼓励保险机构建立健全针对贫困农户的保险保障体系，全面推进贫困地区人身和财产安全保险业务，缓解贫困群众因病致贫、因灾返贫问题
2016 年	《中国保监会、国务院扶贫办关于做好保险业助推脱贫攻坚工作的意见》	精准对接农业保险服务需求；精准对接健康保险服务需求；精准对接民生保险服务需求；精准对接产业脱贫保险服务需求；精准对接教育脱贫保险服务需求
2016 年	《关于加快贫困地区保险市场体系建设 提升保险业保障服务能力的指导意见》	支持在贫困地区开展相互保险试点，鼓励贫困地区设立农村保险互助社等成本低廉的涉农保险组织
2016 年	《中央财政农业保险保险费补贴管理办法》	中央财政农业保险保险费补贴是指财政部对省级政府引导有关农业保险经营机构（以下简称经办机构）开展的符合条件的农业保险业务，按照保险费的一定比例，为投保农户、农业生产经营组织等提供补贴；经办机构是指保险公司以及依法设立并开展农业保险业务的农业互助保险等保险组织
2017 年	《中共中央办公厅 国务院办公厅关于支持深度贫困地区脱贫攻坚的实施意见》	提高"三区三州"保险服务水平，加快发展多种形式的农业保险，适当降低贫困户保险费率
2018 年	《关于开展三大粮食作物完全成本保险和收入保险试点工作的通知》	从 2018 年开始，用 3 年时间，在 6 个省份选择 4 个产粮大县，面向规模经营农户和小农户，开展创新和完善农业保险政策试点，推动农业保险覆盖全部农业生产成本，或开展收入保险试点

（二）　基本医疗保障制度

基本医疗保障制度为因病致贫者、因病返贫者提供了最基础的保障，是我国金融扶贫体系的重要组成部分。如表 11 - 5 所示，我国现行城乡居民医疗保障制度包括新型农村合作医疗制度和城镇居民基本医疗保险制度。新型农村合作医疗制度自 2003 年《国务院办公厅转发卫生部等部门关于建立新型农村合作医疗制度意见的通知》颁布后开始试点，2008 年全面推开；城镇居民基本医疗保险制度自 2007 年《国务院关于开展城镇居民基本医疗保险试点的指导意见》颁布后开始试点，2009 年全面推开（乌日图，2003）。此外，为了减轻人们的大病医疗费用负担，从 2012 年开始，从城镇居民医保基金、新农合基金中划出一定比例或额度作为大病保险资金[1]，在城镇居民医保、新农合的参保（合）人在患大病发生高额医疗费用的情况下，给予城镇居民医保、新农合补偿后需个人负担的合规医疗费用保障[2]。

目前，我国城镇职工基本医疗保险制度、新型农村合作医疗制度、城镇居民基本医疗保险制度的"参保人数超过 13.5 亿人，参保率稳固在 97% 以上"[3]。

表 11 - 5　基本医保相关政策

时间	政策	相关内容
2003 年	《国务院办公厅转发卫生部等部门关于建立新型农村合作医疗制度意见的通知》	新型农村合作医疗制度是由政府组织、引导、支持，农民自愿参加，个人、集体和政府多方筹资，以大病统筹为主的农民医疗互助共济制度。从 2003 年起，各省、自治区、直辖市至少要选择 2～3 个县（市）先行试点，取得经验后逐步推开。到 2010 年，实现在全国建立基本覆盖农村居民的新型农村合作医疗制度的目标，减轻农民因疾病带来的经济负担，提高农民健康水平

---

[1]　2012 年 8 月 24 日，国家发展改革委、卫生部、财政部、人力资源和社会保障部、民政部、保监会印发《关于开展城乡居民大病保险工作的指导意见》。

[2]　2012 年 8 月 24 日，国家发展改革委、卫生部、财政部、人力资源和社会保障部、民政部、保监会印发《关于开展城乡居民大病保险工作的指导意见》。

[3]　《全国基本医疗保险参保人数超过 13.5 亿人》，人民网，http://ah. people. com. cn/n2/2020/0117/c358445 - 33724043. html。

续表

时间	政策	相关内容
2003 年	《关于进一步做好新型农村合作医疗试点工作的指导意见》	要积极探索以大额医疗费用统筹补助为主、兼顾小额费用补助的方式，在建立大病统筹基金的同时，可建立家庭账户
2007 年	《国务院关于开展城镇居民基本医疗保险试点的指导意见》	2007 年，在有条件的省份选择 2～3 个城市启动试点，2008 年扩大试点范围，争取 2009 年试点城市占比在 80％ 以上，2010 年在全国全面推开，逐步覆盖全体城镇非从业居民。要通过试点，探索和完善城镇居民基本医疗保险的政策体系，形成合理的筹资机制、健全的管理体制和规范的运行机制，逐步建立以大病统筹为主的城镇居民基本医疗保险制度
2012 年	《关于开展城乡居民大病保险工作的指导意见》	从城镇居民医保基金、新农合基金中划出一定比例或额度作为大病保险资金 大病保险保障对象为城镇居民医保、新农合的参保（合）人 大病保险的保障范围要与城镇居民医保、新农合衔接

（三） 小额人身保险

小额人身保险是我国较早借鉴国际经验，服务低收入人群的保险产品，当时被认为是"一种有效的金融扶贫手段"[1]。如表 11－6 所示，2008年，保监会选择了 9 个省份，包括山西、黑龙江、江西、河南、湖北、广西、四川、甘肃、青海，以及 4 家保险公司，包括中国人寿、太平洋保险、新华人寿和泰康人寿，开展农村小额人身保险试点工作。2009 年，试点范围进一步扩大，增加河北、内蒙古、安徽、山东、海南、重庆、贵州、云南、陕西、宁夏等省份[2]，平安养老险、中邮人寿和人保寿险也相继获批试点[3]。经过 4 年的探索，保监会在总结试点经验的基础上在全国范围内推广小额人身保险业务。

---

[1] 2008 年 6 月 17 日，保监会印发《农村小额人身保险试点方案》。

[2] 2019 年 4 月 21 日，保监会印发《关于进一步扩大农村小额人身保险试点的通知》。

[3] 《人保寿险获批试点农村小额人身险》，第一财经网站，https://www.yicai.com/news/362437.html。

表 11 - 6　小额人身保险相关政策

时间	政策	相关内容
2008 年	《农村小额人身保险试点方案》	鼓励符合试点条件的保险公司，以农村低收入群体为主要目标市场，通过提供保费低廉、保障适度、保单通俗、核保理赔简单的保险产品，使保险真正惠及广大低收入群体，大力发展农村地区小额人身保险业务
2009 年	《保监会关于进一步扩大农村小额人身保险试点的通知》	在首批试点产品的基础上，参与试点的保险公司可根据试点区域农村家庭的需求，结合自身风险管控能力，根据保监发〔2008〕47 号文确定的小额保险产品特点，开发和推广贴近农民需求、核保理赔简便的健康保险、养老保险等各类农村小额人身保险产品
2012 年	《全面推广小额人身保险方案》	小额人身保险是一类面向低收入人群提供的人身保险产品的总称，具有保费低廉、保障适度、保单通俗、核保理赔简单等特点

（四）　小额贷款保证保险

小额贷款保证保险作为增信手段，用于解决贫困人口因缺乏抵押物而无法有效获得金融机构信贷服务的问题，属于银保合作业务范围。小额贷款保证保险的试点最早由地方政府主导开始，如宁波、上海、安徽等地。2013 年，国务院提出，试点推广小额贷款保证保险[1]。截至 2015 年 9 月，小额贷款保证保险的试点范围扩大到全国 25 个省份、73 个地级市（区），上半年承保金额为 1804.6 亿元，服务小微企业 30.4 万家[2]，地方政府把风险补偿基金、贷款贴息、利率优惠等作为鼓励政策。2014 年，中国人民银行等多部门提出，积极探索发展涉农信贷保证保险，提高金融机构放贷积极性[3]。2015 年，中央政府明确要求，积极发展扶贫小额贷款保证保险，给予贫困户保证保险保费补助[4]。2016 年，为全面改进和提升扶贫金融服务，增强金融扶贫的精准性与有效性，中国人民银行等多个部门进一步要

---

[1]　2013 年 7 月 5 日，《国务院办公厅关于金融支持经济结构调整和转型升级的指导意见》发布。

[2]　《小额贷款保证保险试点扩至 25 省市》，人民网，http://finance.people.com.cn/n/2015/0908/c42877 - 27554955.html。

[3]　2014 年 3 月 6 日，中国人民银行、财政部、银监会、证监会、保监会、国务院扶贫办、共青团中央印发《关于全面做好扶贫开发金融服务工作的指导意见》。

[4]　2015 年 11 月 29 日，《中共中央　国务院关于打赢脱贫攻坚战的决定》发布。

求，改进和推广小额贷款保证保险，为贫困户融资提供增信支持①。

（五）相互保险

相互保险在国外很活跃，经过多年探索与发展，是国外保险市场的重要组成部分，但在国内，相互保险的发展时间短、机构主体少、保费规模小。相互保险针对的是同质风险保障需求，面向单位或个人，会员通过订立合同缴纳保费以形成互助基金，基金按照合同约定承担赔偿责任或承担给付保险金责任②。相互保险被应用于扶贫领域的优势在于保费低、门槛低，贴合贫困人口的保险服务需求。1985年，《保险企业管理暂行条例》提出，"保险企业应支持农民在自愿的基础上集股设立农村互助保险合作社"③。2005年之前，相互保险的试验在民政部的主持下开展，中国船东互保协会、中国职工保险互助会、中国渔业互保协会等是在民政部注册的非营利性社会组织。2005年设立的阳光农业互助保险公司是由保监会批准、进行工商注册的首家互助保险公司。2014年，《国务院关于加快发展现代保险服务业的若干意见》指出，要"健全农业保险服务体系，鼓励开展多种形式的互助合作保险"④。2015年，《相互保险组织监管试行办法》颁布，对机构设立、会员、业务规则、监督管理等做了细致规定。2016年，《关于加快贫困地区保险市场体系建设 提升保险业保障服务能力的指导意见》提出，"支持在贫困地区开展相互保险试点，鼓励贫困地区设立农村保险互助社等成本低廉的涉农保险组织"⑤。相互保险机构包括2005年设立的阳光农业互助保险公司、2011年设立的慈溪市龙山镇伏龙农村保险互助社、2013年设立的慈溪市龙山农村保险互助联社、2015年设立的瑞安市兴民农村保险互助社，以及2017年设立的信美人寿相互保险社、众惠财产相互保险社、汇友建工财产相互保险社等。

---

① 2016年3月16日，《中国人民银行 国家发展改革委 财政部 银监会 证监会 保监会 国务院扶贫办关于金融助推脱贫攻坚的实施意见》发布。

② 2015年1月23日，保监会印发《相互保险组织监管试行办法》。

③ 1985年3月3日，国务院发布《保险企业管理暂行条例》。

④ 2014年8月10日，《国务院关于加快发展现代保险服务业的若干意见》发布。

⑤ 2016年12月19日，保监会发布《关于加快贫困地区保险市场体系建设 提升保险业保障服务能力的指导意见》。

三　证券扶贫的政策与实践

相对于信贷扶贫和保险扶贫，我国将股票、债券、期货等证券工具应用于扶贫领域的实践比较有限。2016年，《中国证监会关于发挥资本市场作用服务国家脱贫攻坚战略的意见》指出，"支持贫困地区企业利用多层次资本市场融资"[1]，证券基金经营机构、期货经营机构、上市公司等参与到扶贫工作中。目前，证券行业在扶贫领域的创新尝试包括，贫困地区企业发行股票融资，发放易地扶贫搬迁项目收益债券、扶贫专项金融债、扶贫票据、扶贫专项公司债，推动扶贫资产证券化，进行"保险+期货"试点、"订单农业+保险+期货（权）"试点等。截至2018年9月，"过去两年，证券公司利用多层次资本市场帮助贫困地区企业融资超过1600亿元""通过各期货交易所大力支持下的'保险+期货'模式、场外期权等专业扶贫方式和传统公益方式开展扶贫工作，累计投入金额超过1.1亿元"[2]；截至2018年6月末，"我国累计发行各类扶贫债券已超过2918亿元"[3]。

第二节　中国金融扶贫的未解难题

通过对我国扶贫政策的梳理，以及对实践经验的总结可知，我国金融扶贫仍有几个未解难题，如政府与市场的边界问题、资金价格问题、市场细分问题等。不可否认的是，中国8亿人摆脱贫困，"减贫人数占到全球减贫人数的四分之三，为全球减贫事业做出巨大贡献"[4]。不过，2020年后，中国的扶贫工作进入新的阶段，解决好政府与市场边界问题、资金价格问题、市场细分问题等未解难题，有利于更好地实现新的扶贫目标。

---

[1]　2016年9月8日，《中国证监会关于发挥资本市场作用服务国家脱贫攻坚战略的意见》发布。

[2]　《李超副主席在2018中国证券期货业扶贫工作交流大会上的致辞》，中国证券业协会网站，https://www.sac.net.cn/hyfw/hydt/201810/t20181022_136791.html。

[3]　《我国累计发行扶贫债券已超2918亿元》，中国金融新闻网，https://www.financialnews.com.cn/sc/zq/201808/t20180803_143393.html。

[4]　《扶贫：五年的成绩单》，今日中国，http://www.chinatoday.com.cn/spc/2017-06/13/content_742261.htm。

一　政府与市场的边界问题：是政府主导，还是市场主导？

要确定扶贫主体（如政府、金融机构等）的角色，就必须先确定扶贫服务的性质，究竟是严格的公共物品，还是准公共物品，又或者是可以由市场提供的商品或服务，接着再确定提供扶贫服务的政府与市场的边界。传统公共行政学认为，如果是"纯公共服务，一般都是由政府保证供给的，而不能随意推向市场"（楚迤斐、陈建华，2009）；如果是准公共物品，则"可以提供市场机制引入"准公共服务；如果是"共同资源，如公共牧场、公共绿地等，适合使用合同出租的方式交给私营部门或者非营利性组织提供"；如果是"俱乐部产品，如游泳馆、电影院等，宜采用产权多元化或定向购买等方式，实现投资主体的多元化，提高政府对资金的利用率和公共服务质量"。当然，无论是公共物品，还是准公共物品，应该明确的是，"围绕维护和实现公共利益探索完善基本公共服务体系，以及加快政府自身改革和建设，是不可逾越的环节"（丁元竹，2013），这有助于扶贫服务更好地实现贫困人口的公共利益。

从金融扶贫的角度来看，目前，政府和金融机构为贫困地区和贫困人口提供的金融服务包括信贷扶贫服务、保险扶贫服务，以及证券融资扶贫服务等。从全球市场发展情况来看，相对于教育扶贫、医疗扶贫、社会保障扶贫等，信贷扶贫服务、保险扶贫服务和证券融资扶贫服务的商品属性强于公益属性，也有相对成熟的市场机制与案例。政府扶贫资金利用政府购买公共服务的形式，它是"充分发挥市场在公共服务资源配置中的作用、转变政府职能和创新经济社会治理体系、推进政社合作良性互动的重要途径"（财政部科研所课题组，2014），更好地服务于贫困地区与贫困人口。考虑到金融扶贫服务涉及贫困人口的公共利益，因此，"中央政府把权利和责任交给地方政府，虽然在服务方面的投入减少了，但是在监管方面的投入不能随之减少，而且必须增加"，这样才能保证更好地实现市场扶贫的公共利益目标。

2020年以后，"长期困扰中国农村的原发性绝对贫困将基本终结，农村贫困将进入一个以转型性的次生贫困为特点的新阶段……转型贫困群体和潜在贫困群体将成为新的扶贫工作的目标群体"（李小云、许汉泽，2018），金融扶贫工作如何划分政府与市场的边界将变得越来越重要。目前，在普惠金融战略的基础上，我国传统金融机构、新型农村金融机构、互联网金融企业、非银行业金融机构与其他行业龙头企业等都积极分设普惠金融板块业务，进入全金融行业协力发展普惠金融事业的时代（《鼎新克艰：数字普惠金融的扶贫实践》，2018）。金融机构如何为新的扶贫工作的目标群体提供金融服务，是一个需要明确新的解决方案的新问题。

二　资金价格问题：是贴息、免息，还是利率市场化？

贫困人口金融服务不足一直是一个世界性难题。在我国，扶贫工作由政府主导，而贴息或免息是使用政策性扶贫资金的主要方式之一，这意味着"在一个地区（贫困地区）形成至少两种不同的资金价格并存的格局"（吴国宝，1997a）。

在政府主导下，我国的金融扶贫路径可总结为：贫困人口缺乏合格的抵押或担保→金融机构对贫困人口的信贷排斥→扶贫贷款供给不足→政策性贴息或扶贫资金免息→引导扩大扶贫贷款供给。不过，增加扶贫贷款的供给依旧没有解决贫困人口"贷款难"问题，其逻辑在于：政策性贴息或扶贫资金免息→价格（利率）补贴的竞争→富人寻租/贫困人口还款意愿低且有偿使用资金意识不足/金融机构提高扶贫贷款管理能力刺激不足→扶贫贷款违约率高、质量差→扶贫贷款可持续性低→金融机构贫困瞄准目标偏离。显而易见，因贫困人口"贷款难"问题进一步延伸出来的问题是：扶贫资金是贴息、免息，还是遵从贷款利率市场化？

支持扶贫资金以贴息或免息形式进行价格控制的主要观点集中在道德层面，如穷人支付不起高利息，金融机构通过高利率来赚穷人的钱不符合道德准则，不能把扶贫当成生意来做等。而不支持人为控制扶贫资金价格①的观点也不胜枚举，如精英攫取问题，"低利率将大量的补贴转移给了享有特权的借款人"（Claudio，1977），"大部分贷款流向工业企业"（朱玲，1992），"在市场机制作用的条件下，价格（利率）补贴必然导致寻租现象出现，使价格（利率）补贴所带来的好处主要流向能支付更高租金的利益群体，而穷人很少能在支付租金争取价格（利率）补贴的竞争中胜

---

①　国外对资金价格的研究多集中于捐赠资金、补贴资金等对微型金融机构可持续发展的影响等方面。

出"（吴国宝，1997a）；又如金融机构可持续问题，低利率使正规银行需通过获得必要的补贴确保生存，进而为边缘客户提供服务（Claudio，1977），贴息反而影响资本的市场价格（吴国宝，1997a），如果依靠开放的资本市场获得信贷资金（即没有补贴的资金），那么格莱珉银行的无亏损运营是不足够的，要么牺牲投资者的回报，要么提高借款人的年化利率（Jonathan，1999），扶贫贷款商业化经营与政策性目标的矛盾突出①；还有贷款质量问题，"专项贴息贷款沉淀率逐年提高，贷款难以收回"（李继生、胡广华，1991），贴息养成的"等靠要"思想严重影响农户的还款能力（吴国宝，1997a）等。

对于"是贴息、免息，还是利率市场化"的讨论此起彼伏，但并未找到一劳永逸的解决方案。改革开放以来，我国大量政策性扶贫资金被投入贫困地区，以确保促进贫困地区的经济发展，帮助贫困人口解决温饱问题，加快减贫速度，重点关注扶贫的覆盖率和精准度，在一定程度上牺牲了可持续性。不过，我国扶贫政策的整体走向是从救济式扶贫转变为开发式扶贫，从以政策性资金为主转变为尽可能调动社会资金。怎么既能用好政策性扶贫资金，又能最大限度调动社会资本，是2020年后中国金融扶贫需要面对的又一重要问题。

三　市场细分问题：客群及其需求对金融机构双重目标管理的影响？

结合本课题"社会救助制度的发展现状、存在问题与优化方向——面向2035年基于权利的社会救助制度设计""教育与营养健康扶贫和阻断贫困代际传递机制"的研究结论来看，财政势必要向社会救助、公共教育等领域倾斜。政府主导的政策性金融扶贫服务，如城乡医疗保障制度，更偏向于社会安全网和金融基础设施的建设，与其他公共服务相结合，可进一步提升社会保障体系的兜底强度，进一步扩大金融服务的覆盖面，更加关注贫困人口的基本生存需求。

金融机构提供的扶贫服务，需要尊重市场行为的决策逻辑，强调兼顾

---

① 《扶贫贴息贷款改革势在必行》，中国财经新闻网，http://www.prcfe.com/web/meyw/2004-06/08/content_113004.htm。

对财务可持续目标和社会扶贫目标的双重管理，更加关注贫困人口的发展需求。对照扶贫目标，贫困人口、低收入人口、小微企业客群，以及贫困地区基建项目等有着不同的特性与需求，当金融扶贫服务进入时，在不同的市场环境下，金融机构对政治任务与市场行为的决策是不同的。目前，国内外不乏实现双重目标的微型金融机构，并受到国际社会的认可与推崇。对于金融机构来说，为细分市场提供专业的金融服务可以更好地实现业务营利与机构可持续发展，而业务营利与机构可持续发展又是为贫困人口提供金融服务的必要条件。

2020 年后，金融扶贫的目标群体必然会随着经济环境、人口结构、收入支出等因素的变化而变化。除此之外，譬如金融科技、金融健康、社会影响力投资等新议题，也会为金融机构的扶贫服务创造新的空间，带来挑战。金融机构立足目标群体及其需求进行分析，在 2020 年后做出可持续金融扶贫服务的决策，具有重要参考意义。

第三节　金融扶贫的国际经验

在国际上，金融与扶贫的结合可以追溯到 15 世纪发达国家运行的非正式储蓄与信贷团体。微型金融最初的存在形式是小额信贷，如 1462 年意大利的第一家当铺、1720 年爱尔兰的贷款基金（Loan Funds）、18 世纪以来德国的社区储蓄基金（Community-based Saving Funds）和储蓄与信贷合作社（Saving and Credit Cooperatives）、20 世纪初期到中叶的农业信贷（Agricultural Credit），以及 20 世纪 70 年代以来发源于孟加拉国的现代小额信贷（Modern Microcredit）。

小额保险是微型金融服务于贫困与低收入人口的另一种重要产品，如 19 世纪中后期美国的人寿保险（Life Insurance）、工业人寿保险（Industrial Life Insurance）和互助人寿保险（Fraternal Life Insurance）。此外，许多发达国家政府积极介入公共健康保险（Public Health Insurance）的制度安排，商业健康保险（Private Health Insurance）则作为补充。世界银行扶贫协商小组（CGAP）的小额保险工作小组认为，通过政治程序建立，对所有相关群体强制执行的保险称为社会保险（Social Insurance）（联合国开发计划署，2009）。其中，全部或大部分保费由政府承担，由保险公司担保或承担的保险，被称为社会性小额保险（Social Microinsurance）[①]。

在小额信贷和小额保险得到一定发展的基础上，微型金融的产业雏形逐渐形成，对微型金融机构（Microfinance Institution）的研究贯穿 20 世纪八九十年代，是扶贫领域的一个亮点。微型金融向贫困和低收入人口提供小额金融服务，包括小额贷款、小额储蓄、小额保险、小额汇兑等。2005年，联合国提出普惠金融部门（Inclusive Financial Sector）这一概念，2006年，世界银行扶贫协商小组提出普惠金融体系（Inclusive Financial System）的定义。全球有超过 55 个国家做出了普惠金融的承诺，从国家层面建立普惠金融体系已逐渐成为全球共识。

一 微型金融：从减贫目标到更全面的社会目标

20 世纪 90 年代至今，国际上不乏对微型金融（包括小额信贷）减贫效果的研究成果（Ficawoyi，Kevin，2016）。譬如提高贫困人口收入水平方面，代理商提供金融服务的参与成本成为穷人利用金融领域机会的阻碍，还扩大了低收入人群和高收入人群的收入差距（Greenwood，Jovanovic，1990），而提升金融服务对穷人的可得性，可以提高穷人的收入水平，进而可以减少贫困人口（Jalilian，Kirkpatrick，2002）；微型金融服务对贫困人口的消费与收入、住房条件、村级工资和农业投资、储蓄、健康与粮食安全等方面有正面影响（Khandker，2005；Kondo et al.，2008；Berhane，2009；Collins et al.，2009；Dupas，Robinson，2009；Stewart et al.，2010；Imai，Azam，2012；Berhane，Gardebroek，2011；Kaboski，Townsend，2012），为微型金融机构帮助低收入家庭提高生活水平提供了佐证。又如，在通过宏观经济发展间接产生扶贫效果方面，Morduch 和 Haley（2002）、Jalilian 和 Kirkpatrick（2002）、Beck 等（2008）、Jeanneney 和 Kpodar（2011）认为，在发展中国家，金融服务通过促进经济增长间接影响减贫；Buera 等（2012）的研究发现，微型金融服务不仅影响产出、全要素生产率、工资等，还缩小贫富差距，这可以被认为是宏观经济的溢出效应，尤其是消费或投资增加刺激产生额外的就业岗位；Ahlin 和 Jiang（2008）及

---

① *The Landscape of Microinsurance in Asia and Oceania 2013*（Published by Muniche Re Foundation from Knowledge to Action，Supported by Micro Insurance Network）.

Yusupov（2012）也发现微型金融服务可促进实现发展规模化。当然，仍然有一些研究（Chowdhury，2009；Copestake，Williams，2011）对微型金融作为扶贫工具的有效性持保留态度。

2000 年前后，除了对微型金融减贫效应进行讨论外，学术界和微型金融机构本身对更全面的社会目标（即社会绩效）的研究与实践越发受到关注，即不再单独讨论微型金融服务于贫困人口的原发目标，而是逐步建立一揽子社会目标，如减贫、家庭的生计管理、社区发展、赋能等。一方面，微型金融机构受捐赠导向（Donor-led）的影响，需要具有较好的社会影响力绩效；另一方面，微型金融机构面临越来越多的竞争，对提升产品品质和服务有迫切需求，以客户为中心的理念越来越被认可（Client-led 或 Demand-driven）。目前，学术界和微型金融机构本身已达成比较广泛的共识，微型金融服务是兼顾财务绩效和社会绩效的金融服务，重点服务人群是贫困人口。

2020 年后，在新的金融扶贫目标下，微型金融依旧可以为贫困人口、低收入人口、小微企业客群等提供更多元化、更优质的服务。

二　普惠金融：从贫困群体到受排斥群体

2005 年，联合国明确提出"普惠金融体系"，这是微型金融的进一步发展。一方面，面对包括"三农"、中小微企业、个体工商户、社会低收入人群、创业和失业人群、特殊群体（如残疾人）等在内的"中小微弱"群体的金融需求，普惠金融体系可以提供全方位的、差别化的、可持续的金融服务；另一方面，坚持金融服务的公益属性，要求金融服务符合金融利益公平性、服务对象包容性、服务群体可变性、服务产品全面性等特征，以实现金融资源供求平衡，缩小贫富差距，从而推动社会和谐发展（贝多广，2016）。可见，在普惠金融体系下，金融服务的目标客户群体规模扩大了，受益群体规模必然随之扩大。

自 2015 年提出普惠金融国家战略以来，中国普惠金融发展迅速。物理可得性方面，"中国与二十国集团高收入国家的中位数大致相当，明显高于二十国集团中等收入国家及两个大型中等收入国家组的中位数"；个人账户和支付工具方面，"中国成年人账户拥有率已超过 90%""比其他 G20 国家远胜一筹"；个人存款和借款方面，"大约有 72% 的人在过去一年中有储蓄或存钱行为，明显高于二十国集团高收入国家和中等收入国家，与东亚及太平洋大型中等收入国家大致相当"；企业融资方面，"与二十国集团中等收入国家相比，中国企业在账户拥有率上居于领先地位""中国企业获得贷款的平均水平与二十国集团中等收入国家大致相当，且高于其他大型中等收入国家的水平"（世界银行、中国人民银行，2018）。

这对中国的启示在于，2020年后，中国的金融扶贫工作还会在普惠金融的框架下继续开展，目标是使数量更多、范围更广的人群受益，提供服务的原则不再把"是否贫困"作为单一标准，而是结合"是否受到排斥"来进行综合判断。此外，中国普惠金融研究院在《诊断疫情对微弱经济体金融健康的影响与政策建议报告》中提出，建议监管部门将"金融健康"指标纳入国家普惠金融指标体系。那么，2020年后金融扶贫工作的原则还有可能吸收"是否健康"作为更高的评估标准。

第四节 2020年前后金融扶贫的差异

结合上述分析，从供给与需求两个角度来看，2020年前后金融扶贫的差异主要体现在市场条件和服务对象两个方面。

一 市场条件的差异

如前文所述，中国已经进入全行业协力发展普惠金融事业的时代，这就意味着提供普惠金融服务和金融扶贫服务的供应商会越来越多，竞争也将越来越激烈。从供应商角度来说，其必然要面对不进则退、大浪淘沙的更加严峻的局面；从服务方式角度来说，对于数字普惠金融的运用和发展，各类市场主体从线下到线上的转移路径已渐明朗，尤其新冠肺炎疫情引发行业思考，向线上转型成为众多供应商的迫切之选。

需要指出的是，市场条件的差异并不是严格以2020年为时间界限的，实际上已在21世纪第一个十年后期显露迹象，只是2020年之后，市场条件的差异对各类市场参与主体的影响更明显、更直接。

二 服务对象的差异

结合本书"2020年后贫困标准和瞄准机制""中国人口预测"的研究

结论来看，2020年后，中国金融扶贫的服务情况发生变化：第一，相对贫困标准发生变化；第二，收入水平发生变化；第三，城乡或地区贫困格局发生变化；第四，重点服务对象发生变化。

2020年后，中国将进入没有绝对贫困的时代，那么，金融扶贫服务就需要聚焦相对贫困人口，即刚脱贫但仍处于脆弱状态的低收入人口，以及走出贫困而谋求进一步改善生活状况的人口。以上这些人与2020年之前绝对贫困人口的金融需求存在明显差别，具体表现为：①通过政府或社会救助，他们已经积累了维持生产生活的必要资料，并非处于"一穷二白"的状态，有效金融需求将不断增加；②对于通过生产经营改变贫困状态的人来说，他们需要的金融服务更多的是生产经营类的贷款、保险等，而不是支付、汇兑等基础金融服务；③对于通过就业获得薪酬而改变贫困状态的人来说，他们需要的金融服务更多的是保障性和增值性保险、理财等。

只有深刻理解2020年后金融扶贫的重点服务对象及其金融需求，才能提供合适的金融服务，这也是巩固扶贫成果的必然要求。

第五节　2020年后金融扶贫的政策建议

2020年之后，中国将进入没有绝对贫困的时代，扶贫策略应转向综合救助和防止贫困（李小云，2018），即要为"中小微弱"群体建立全方位的防护体系和支持体系。防护体系是对应于社会安全网而言的，支持体系是对应于贫困发展与致富而言的。金融扶贫的着力点恰恰是支持体系，而建立可持续的普惠金融体系是至关重要的一环。

一　明确2020年后金融扶贫的目标群体和主要方向

2020年以后，金融扶贫的主要目标群体是相对贫困人口或中低收入群体。2016年，国务院印发《推进普惠金融发展规划（2016—2020年）》，把发展普惠金融定为国家战略，我国的普惠金融得以稳步发展，金融服务可得性、使用情况、质量等方面得到进一步改善，传统金融产品和服务已广泛普及，信息技术深刻改变我国普惠金融的发展方式。不过，我国普惠金融体系的薄弱环节始终还是为"中小微弱"群体提供微型金融服务（主要是信贷、保险和理财服务等）。因此，将金融扶贫纳入普惠金融体系既可以满足相对贫困人口的金融需求，又完善了我国的普惠金融体系，可谓一举两得。

按照贫困人口的金融需求来分，包括以储蓄、支付、汇兑等为主的基础金融服务（符合广大贫困人口的最基本的金融需求）；以信贷为主的生产金融与消费金融服务（符合贫困人口在脱贫致富的生产活动、生活消费中对丰富生产资本、降低生产成本、提高生产效率、平滑消费、改善财务状况等的金融需求）；以保险为主的保障性金融服务（符合贫困人口在生产、生活中面对不确定因素时，合理规避与缓解风险、减少损失的金融需求）；以理财为主的增值性金融服务（符合贫困人口或初步脱贫人口对增加家庭收入，进一步提高生产、生活质量等的金融需求）（《鼎新克艰：数字普惠金融的扶贫实践》，2018）。

信贷支持主要包括三个方面。一是要加大为中小微企业提供信贷支持的力度，因为这些企业是解决贫困人口就业的主要载体。二是要支持农业产业链金融，着力解决产业链中各环节经营主体的融资难题，从而促进当地产业发展，解决农村劳动力就业和初级农产品的销售出路等问题。三是要为中低收入人群提供小额信贷服务，支持他们发展产业，增加收入。保险服务则要在强化和完善农业保险的基础上，鼓励保险机构开发适合中低收入群体的小额保险产品，特别是小规模经济作物保险、重大疾病保险和人身意外伤害保险等方面的特色险种，以减少他们在遭受自然灾害、重大疾病或突发意外时的财产损失。

二 明确政府与市场的边界

2020年以后，政府和金融机构不可能继续采取财政兜底并直接贴息的信贷扶持政策，因此要进一步明确政府与市场的边界，将社会安全网的建设交给政府，将金融扶贫服务交给市场。政府部门应该鼓励金融机构加大对于普惠金融业务的支持力度，并为此出台相应的财政和税收优惠政策。金融机构在开展普惠金融业务的时候，应该贯彻普惠金融的基本理念，通过机制和工具创新，开发适合中低收入群体或相对贫困人口的金融产品与服务，并坚持保本、微利、可持续发展的基本原则。

国际经验反复验证，人为干预资金价格反而不利于微型金融机构可持续发展。因此，在我国普惠金融体系建设的基础上，政府应当鼓励普惠金融服务供应商，尤其是微型金融机构，探索可持续业务模式，充分利用好社会资金，持续满足贫困人口谋求发展与致富的需求。政府则为普惠金融服务供应商营造有序、规范、竞争的市场环境，利用市场机制刺激普惠金融服务供应商降低成本、提高效率。

三　倡导进行普惠金融的双重目标管理

在全球范围内，对普惠金融（包括微型金融、农村金融、扶贫金融等）服务双重目标管理的认识越来越深刻，财务绩效与社会绩效同样重要。

经过国际经验的反复验证，应当重视微型金融的减贫效应，利用小额贷款、小额保险等金融工具，着力满足贫困地区与贫困人口的资金融通与风险保障需求。以小额贷款为例，个人与家庭方面，按国际通行小额信贷单笔额度标准（即小于本国人均国民生产总值的2.5倍）计算，国内金融机构对底层弱势人群（包括中低收入人口与贫困人口）的单笔贷款小于14.8万元（《鼎新克艰：数字普惠金融的扶贫实践》，2018）。就金融扶贫服务而言，财务绩效要求为贫困人口提供更广、更深、更高效的金融服务，社会绩效则要求为贫困人口提供减贫、家庭的生计管理、社区发展、赋能等一揽子服务。

2020年3月27日，中国人民银行和银保监会就《金融机构服务乡村振兴考核评估办法（征求意见稿）》公开征求意见，其中就包括贷款总量、贷款结构、贷款比重、金融服务和资产质量五类定量指标，以及政策实施、制度建设、金融创新、金融环境、外部评价五类定性指标。由此可以推断出，借助此类考核评估办法，假如进一步引入财务绩效与社会绩效相关指标，则有助于监管部门引导金融机构进行双重目标管理。

四　建立多层次、广覆盖的普惠金融供给体系

目前，中国城市里的金融供给体系比较完善，甚至有点供给过剩。对于城市的相对贫困人群来说，只要改进现有的城市金融机构的产品与服务就可以很好地满足金融扶贫需求。随着城市数字化生活方式的推广与普及，金融机构可以充分利用大数据评估和人工智能风控等数字化金融工具，也可以考虑与互联网机构合作，为城市居民（包括城市里的相对贫困

人口）提供方便快捷、经济实惠的数字金融服务。

相对来说，我国的农村金融供给体系相对不足，难以满足农村相对贫困人口的金融需求。因此，完善农村金融供给体系是构建中国普惠金融体系的重点和难点。目前，我国农村金融体系的主力军是中国农业银行（农行）、中国农业发展银行（农发行）、农村信用合作社（农信社）、农村商业银行（农商行）和中国邮政储蓄银行（邮储银行）等组成的"国家队"。由于这些机构的设立初衷、经营特点和发展阶段各不相同，应明确不同的政策导向和经营策略，以使之更好地满足农村客户的多样化金融需求。

中国农业发展银行作为支持农村发展的政策性银行，直接开展对农户个人的信贷业务不具备优势。农发行应该归位于重点支持农村基本建设，为农村的小型农田水利建设、农村企业的重大设备购置和农民住房建设等提供中长期贷款支持。

对于中国农业银行和中国邮政储蓄银行来说，由于它们已经完全商业化且已上市，非农贷款规模很大，现在要求它们只做农村业务不太现实。农村信用合作社和农村商业银行等一直是为农村提供金融服务的主力军。由于农信社的改革是朝着农村商业银行转型，农信社的业务逐渐脱离农户，大部分资金被用于支持当地基础设施建设和促进工商业发展，甚至离开农村进入城市。建议除考核这些银行直接开展的涉农贷款余额外，鼓励它们为从事农村小贷业务的非银行类金融机构（如小贷公司）提供批发贷款，并将此业务纳入涉农贷款考核范畴。

此外，应鼓励建立适合农村特点、专为中低收入农户服务的农村小额贷款机构。国内外的实践表明，必须建立一些专门服务中低收入农户的小额贷款机构，并为它们持续提供定制化的信贷产品和服务，如由中国扶贫基金会最先发起、世界银行和蚂蚁金服参股成立的中和农信公司，就是这类小贷机构的典型代表。中和农信公司专门以中低收入农户为服务对象，采取市场化的运作机制和创新服务模式，真正实现"支农支小"的初衷。截至2019年底，该公司的小贷业务已成功运营24年，累计发放农户贷款342万笔、572亿元。中和农信公司覆盖全国20个省份的345个县（大多为中西部地区贫困县），贷款余额为112亿元，存量贷款农户为42万多户（户均贷款余额约为2.7万元），整体还款率在99%以上。但类似中和农信公司这类小贷机构不能吸储，如何解决融资来源是其能否扩大推广范围的关键。有几种可能的途径：一是支持这类机构从大型商业银行获取批发贷款；二是为商业银行做助贷，帮助商业银行服务农村的中低收入群体；三是支持这类机构通过发行 ABS 到资本市场直接融资；四是完善支农再贷款管理办法，以为这类确实服务农户的放贷机构提供资金支持。

第十二章
城乡统筹的贫困治理体系

减贫是各国现代化进程中永恒的主题。在 70 年的扶贫开发进程中，中国创造了有效的、极具中国特色的减贫模式，进行了大量系统性的理论和实践创新，逐渐从"短缺"走向"充裕"，从"贫困"走向"小康"。到 2020 年，我国现行贫困标准下贫困人口全面脱贫，中国进入相对贫困治理的新阶段，并呈现新的特征。城乡统筹扶贫成为我国扶贫开发工作的战略选择，这是我国经济社会发展与扶贫开发的必然趋势，也是实现"两个一百年"奋斗目标的内在要求。为此，需要加快推进城乡一体化和扶贫开发与社会公共服务一体化改革，着力构建和完善以社会保障为基础的城乡统筹的贫困治理体系。

第一节 构建城乡统筹的贫困治理体系的背景

我国于 2020 年实现现行标准下农村贫困人口脱贫，历史性地整体消除绝对贫困现象。客观看待这一历史性成就，对我国减贫历程进行回顾，是研究城乡统筹的贫困治理体系的前提。

一 中国贫困治理的历史回顾

消除贫困、改善民生、逐步实现共同富裕是社会主义的本质要求，是中国共产党的重要使命。根据不同时期的不同国情和不同贫困状况，中国共产党不断创新扶贫理论，从毛泽东的扶贫思想到中国特色社会主义扶贫理论，再到习近平新时代扶贫思想，我国的扶贫开发战略经历了漫长而艰难的探索过程。

（一）中国农村贫困治理的演变

长期以来，我国绝对贫困人口主要集中在农村地区，扶贫开发主要围绕农村地区开展。新中国成立后至改革开放前，中国农村扶贫政策以救济式扶贫为主，形式单一。改革开放后，中国农村减贫成效显著，在很大程度上得益于经济的快速发展与政府主导的大规模减贫工作，重点逐渐由以改善贫困地区发展条件、提升贫困人口能力的区域性开发扶贫转向精准扶贫。改革开放后的扶贫政策演变可以划分为以下6个阶段：1978～1985年体制改革推动农村减贫阶段、1986～1993年农村专项反贫困计划阶段、1994～2000年"八七扶贫攻坚计划"阶段、2001～2010年综合扶贫开发阶段、2011～2013年完善综合开发阶段、2014年以来精准扶贫和精准脱贫新阶段。整体来看，党和政府一直适时调整扶贫开发的目标和手段：由生存转向发展，由效率转向公平，由单一转向多维，由整体化、区域化走向集中化、精准化，逐渐形成具有中国特色的扶贫模式。

（二）　中国城镇贫困治理的演变

与农村扶贫不同，中国没有系统的城镇扶贫体系与政策。中国城镇贫困问题大规模显现是在20世纪90年代国有企业改制之后。20世纪90年代中期以后尤其是2000年以后，随着国有企业体制改革的深入，大批国有企业破产，大量企业职工下岗失业，迫使中国政府放弃原来以临时性救济为主的城镇扶贫方式，开始探索建立适应市场化条件的新的城镇扶贫体系，包括就业、再就业支持以及社会保障两部分。在城镇登记失业人员救助和再就业援助方面的主要措施包括领取失业保险金、享受就业服务和提供创业支持。城镇就业困难人员可享受城镇登记失业人员所得到的上述支持。政府还要求公共就业服务机构建立就业困难人员帮扶制度，对他们进行优先扶持和重点帮助。

（三）　中国农民工扶贫治理的演变

中国针对农民工的扶贫工作处于相对空白的状态。从20世纪90年代开始的农村劳动力转移，在解决了农村剩余劳动力就业问题的同时，也为国家经济发展做出了重要贡献。但是，在2014年之前，农村进城人口的贫困问题一直没有得到充分重视。2013年6月14日，为进一步加强对农民工工作的组织领导，国务院决定成立国务院农民工工作领导小组，组织推动农民工工作，督促检查各地区、各部门相关政策落实情况和任务完成情况，统筹协调解决政策落实中的重点、难点问题。2014年《国务院关于进一步做好为农民工服务工作的意见》和2016年《国务院关于实施支持农业转移人口市民化若干财政政策的通知》发布之后，中央和地方相关部门都出台了相关政策改善农民工的生计状况，并提供相关社会服务。政策重点是就业培训和就业援助、子女教育、医疗和住房保障，在一定程度上关注和解决农民工贫困问题。

二 中国贫困治理成就为构建城乡统筹的贫困治理体系奠定基础

新中国成立以来，基于自身体制和制度优势，我国探索出了富有中国特色的扶贫理论体系和扶贫路径，解决了7亿多人面临的赤贫问题，为构建城乡统筹的贫困治理体系奠定了基础。

（一） 绝对贫困治理为构建城乡统筹的贫困治理体系提供了前提

据世界银行统计，中国贫困发生率从1981年末的88.3%降至2013年末的1.85%，对全球减贫的贡献率超过70%，中国成为世界上减贫人口最多的国家，也是世界上率先完成联合国千年发展目标中减贫目标的国家。进行精准扶贫以来，中国每年减少贫困人口1000万人以上。截至2019年末，全国农村贫困人口从2012年末的9899万人减少至551万人，累计减少9348万人；贫困发生率从2012年的10.2%降至0.6%，累计下降9.6个百分点。2020年现行标准下农村贫困人口全部实现脱贫，贫困县全部摘帽，区域性整体贫困问题得以解决。这是开展治理相对贫困、构建城乡统筹的贫困治理体系的前提条件。

（二） 绝对贫困治理为构建城乡统筹的贫困治理体系提供了良好的基础设施和基本公共服务条件

良好的基础设施和基本公共服务条件是发展的前提。新中国成立以来，尤其是通过脱贫攻坚的大量投入，长期困扰农民群众的行路难、吃水难、用电难、通信难、上学难、就医难和住房危等问题得到较好解决，贫困地区的公共服务水平得到大幅提升，到2020年，贫困地区基本公共服务主要领域指标实现接近全国平均水平的目标。基础设施和公共服务水平的提升不仅有助于增强贫困地区和贫困人口的发展能力，同时也能为解决城乡贫困问题营造良好的外部环境。

（三） 绝对贫困治理为构建城乡统筹的贫困治理体系提供了良好的体制机制

我国取得举世瞩目的减贫成就，最根本的原因是发挥了党的领导政治优势和社会主义制度优势，探索出中国特色扶贫开发道路，不断改革和创新国家治理体系，尤其是在完善乡村治理体系方面：一是将国家治理重心下移，通过干部驻村促使帮扶措施更加精准；二是初步形成了多层级、跨部门的贫困治理网络，统筹整合涉农资金；三是实现了扶贫的多元主体参与，构建了大扶贫格局，事业单位、企业主体、社区组织、第三方机构和合作社积极参与，多元主体的协同推进实现了减贫效应的最大化。良好的乡村治理体系为构建城乡统筹的贫困治理体系提供了重要保证。

第二节　中国贫困治理的特点、趋势与挑战

我国扶贫不仅表现在贫困人口数量的减少和贫困地区经济社会的全面发展上，而且更重要的是探索出了一条符合中国国情的扶贫开发道路，形成了具有鲜明中国特色的贫困治理特点。未来，中国贫困治理将由农村向城市转移，要树立统筹城乡贫困治理的理念，建立城乡一体化的反贫困体系。

一　中国贫困治理的特点

第一，政府主导是中国扶贫的鲜明特点。中国政府始终强调，实现全体人民的共同富裕是政府的目标，扶贫始终是政府的责任。政府有强烈的扶贫意愿和持续的动力，因此，从20世纪80年代开始形成并不断完善有机构、有规划、有组织、有政策的贫困治理体系。在精准脱贫攻坚战中，"中央统筹、省负总责、市县抓落实"和"五级书记一起抓扶贫"就是这种政治意愿落实的最好体现。政府主导下的扶贫的另一个优势就是对资源的集中投入和使用。多年来，实现了规划指导下的资源集中，西部大开发中的大型基础设施建设，专项扶贫资金和涉农资金的逐步增加，贫困地区专项教育、卫生、生态保护、整村推进、精准扶贫的"五个一"工程等，都是在规划指导下集中资源解决重点问题的方法。这种体制的优势在2015年以来的"精准扶贫、精准脱贫"战略实施过程中发挥了重要作用。

第二，开发式扶贫是中国扶贫的主要特征。与救济相对应，通过政府引导、自力更生、开发资源与能力建设等综合措施实现减贫。鼓励有劳动能力的贫困人口通过政府的扶持，采取多种措施解决贫困问题。与此同

时，坚持区域发展与扶贫开发相结合以释放扶贫的乘数效应。我国在 70 年间先后实施了东部地区率先发展、西部大开发、振兴东北老工业基地和中部崛起等区域性发展战略，并通过划定 14 个全国集中连片特困地区进行有针对性的扶贫攻坚。

第三，多元主体参与是中国扶贫的重要特色。单纯依靠政府投入和政府推动，力量毕竟有限，为释放各类企事业单位、金融机构、贫困人口以及发达区域等主体的扶贫力量，我国在中央政府主导的自上而下的扶贫模式的基础上，建立了体系完整的社会动员机制和政府、市场与社会共同参与的多元扶贫治理格局。既有中央机关等有关部门开展的"定点扶贫"、东西部地区间的扶贫协作以及国有企业参与的"老三样"社会扶贫，也有民营企业、社会组织和公民个人"新三样"社会扶贫力量。特别是"互联网＋扶贫行动"的出台以及中国社会扶贫网的建立，借助移动互联网技术，可以实现更加便捷的"众筹扶贫""电商扶贫"。在阿里巴巴、京东等电子商务平台上，已经形成了"购买贫困地区和贫困人口的商品和服务就是扶贫"的新理念。基于移动互联网，各类社会主体通过手机就可精准扶贫。这是中国贫困治理的又一特色（王小林，2018）。

二 中国贫困治理的趋势

2020 年后，中国贫困治理将由农村贫困延伸到城市贫困、由集中性减贫治理转向常规性减贫治理、由以开发式扶贫为主转向以保障式扶贫为主、由解决物质贫困转向人的全面发展。

第一，贫困治理区域由农村延伸到城市。随着绝对贫困的消除，我国的扶贫目标将由农村延伸到城市。过去，农村贫困作为长期重城市轻农村制度安排下的城乡二元结构的客观产物，始终是国家关注的重点。在国家"超常规"扶贫政策的大力支持下，农村扶贫成效显著，到 2020 年，现行标准下的农村贫困人口全面脱贫，"两不愁、三保障"的目标基本实现。与此同时，与人口流动相伴的贫困从农村向城市转移的趋势增强，以城镇传统的"三无"人群、下岗和失业工人以及进城农民工为主体的城市贫困问题日益凸显。全面建成小康社会后，需要重塑减贫政策体系，建立城乡贫困治理的长效机制。

第二，贫困治理政策重点将由集中性治理转向常规性治理。就扶贫开发政策设计而言，由多种应急式政策集中叠加向专项长效性发展政策转变，更为注重低收入者能力的持续提升。党的十八大以来，以习近平同志为核心的党中央高度重视扶贫工作，形成了完整的精准扶贫、精准脱贫方略，脱贫攻坚的政策体系、政策内容不断完善。中央和地方为打赢脱贫攻坚战出台的政策文件相当丰富，是多种应急式政策的集中叠加，短期内集中了大量资源和社会力量，充分发挥了中国特色社会主义的政治和制度优势。2020 年后的扶贫工作内容不仅在于保障相对贫困群体和低收入群体的生产生活，而且在于保障贫困人口平等的发展机会和权利。因此，在政策设计上，将由"运动式"向"常规性"贫困治理转变。

第三，贫困治理战略由以开发式扶贫为主转向以保障式扶贫为主。2020 年之后，随着农村温饱问题最终解决，贫困问题呈现新特征，相对贫困问题被提上议事日程，健康社会保障等问题对贫困人口的冲击日益显著，社会性致贫因素正在延伸和强化，减贫从以农村为重点转向城乡融合一体化。因此，继续巩固已有扶贫攻坚成果、减少相对贫困、重视特殊贫困群体脆弱性和返贫问题、增加人力资本积累、建立长效脱贫机制成为未来关注的重点，这需要政府继续转变战略思维，实现由以开发式扶贫为主转向以保障式扶贫为主的综合性长效扶贫机制转变。

第四，贫困治理目标由解决物质贫困问题转向实现人的全面发展。根据党的十九大报告提出的要求，我国要消除农村贫困，实现农村人口全部脱贫，这主要体现在由收入主导的贫困识别标准方面。习近平总书记在党的十九大报告中强调，中国特色社会主义进入新时代，我国社会主要矛盾已经转化为人民日益增长的美好生活需要和不平衡不充分的发展之间的矛盾。2020 年后，我国的减贫与发展任务重点应围绕人的全面发展目标，针对特殊地区、特殊群体的多维发展需求提供及时、有针对性的帮扶或救助，有效保障人的全面发展权利，由消除贫困人口经济物质脱贫向实现贫困人口多维生活质量提升转变。

三　构建城乡统筹的贫困治理体系面临的问题和挑战

随着社会经济环境变化、贫困群体特征和需求变化，现有贫困治理中的问题逐渐显现，构建城乡统筹的贫困治理体系面临较大挑战。

第一，脱贫存在"不充分""不平衡"的现象。我国的农村扶贫开发取得了决定性进展，但由于我国的贫困程度较深，难以在短时间的扶贫过程中实现充分均衡脱贫。一方面，2020年打赢脱贫攻坚战后，依然不可避免地存在很多短板。在"三保障"方面，贫困地区，特别是一些深度贫困地区、边远地区，公共卫生、医疗服务和教育水平还很低，局部地区依旧存在很多脱贫后返贫隐患，这无疑会降低脱贫的稳定性。在基础设施和公共服务方面，尚未实现全面均等化，尤其是一些深度贫困地区的基础设施和公共服务还较为落后，难以满足农村人口日益增长的需要，成为制约经济社会协调发展的重大障碍。另一方面，受国家政策、资源环境、地理条件等因素的影响，我国农村区域经济发展不平衡、城乡发展不平衡的问题长期存在，这种不平衡阻碍城乡经济整体水平提升，势必对城乡统筹的贫困治理造成一定冲击。

第二，城乡分割造成中国贫困状况复杂。受城乡二元体制和城乡间发展差异的影响，中国迄今为止一直实行城乡分割的碎片化的扶贫体制。中央扶贫政策和资源向农村倾斜，在农村建立了包括开发式扶贫、社会保障和惠农政策在内的比较完备的扶贫治理和干预体系；对于城镇户籍人口的扶贫，主要通过提供公共就业支持和社会保障实现。以户籍为基础的城乡扶贫体制各自独立，对户籍在农村、生活在城镇的进城农民工的扶贫存在制度性缺失，特别是在教育、卫生健康、住房等基本公共服务方面仍然缺乏清晰的顶层政策设计，受制于个人能力和公共服务等体制因素，农民工落入低收入群体的概率更高（叶兴庆、殷浩栋，2020）。而在实施层面，由于对农村转移人口的社会保障制度设计中的成本如何在中央政府、地方政府、企业和个人之间分担并不明确，执行相关政策时困难重重。

第三，现有机构设置、部门协调有待进一步整合，效率有待提高。目前，城乡两套扶贫政策体系在标准、对象、目标、手段等方面存在较大差距（叶兴庆、殷浩栋，2020）。农村扶贫开发领导小组作为宏观协调部门负责顶层设计，在执行层面还存在各部门政策与减贫不同步、部门规划和地方发展不同步的情况。在农村扶贫中，问题比较突出的是资金使用、扶贫项目管理方面，中央部门各种资金使用、项目管理要求与各地实际需要不匹配是普遍存在的问题，使政策发挥的综合作用不足。而对于城市扶贫和农民工的贫困问题，由于分散在不同部门进行管理，政策的统筹性、协调性以及长期性都还有很大的提高空间。

第四，多主体参与的责权利不清晰。政府强、市场和社会组织弱、贫困群体作为主体的参与积极性不足。近年来，在政府集中进行大规模投入的同时，市场和社会力量参与的空间被进一步压缩，特别是在打通扶贫"最后一公里"的服务方面不能发挥有效作用，广大社会组织、志愿者力量没有被有效地整合到扶贫系统中。在农村，劳动力流出和基层治理的薄弱导致部分贫困人口的自力更生意愿下降。驻村工作队和"第一书记"主要是完成当前的脱贫攻坚任务，而在帮助基层提高治理能力方面发挥的作用并不突出。

第五，贫困治理缺乏法律保障。《中国农村扶贫开发纲要（2011—2020年）》提出"加快扶贫立法，使扶贫工作尽快走上法制化轨道"的要求，但至今国家扶贫立法工作尚未取得实质性进展。当前，贫困治理领域的专门法规相对匮乏，这就造成贫困治理的目标、规划、权责归属等方面具有不确定性（李广文、王志刚，2017）。扶贫工作基本上通过政府文件做出规定，这种主要通过行政手段开展的"运动式"扶贫，对涉及的各种参与主体的责权利的界定不够清晰。除政府明确用于扶贫的预算外，其他许多资金、人力投入以及对扶贫的监督、评估无法可依。各级政府主观意愿和客观情况不符。

第三节　构建城乡统筹的贫困治理体系的关键内容和战略重点

在2020年全面建成小康社会以后，城乡统筹扶贫应成为迈向"第二个一百年"奋斗目标新征程中国家扶贫开发工作的新任务，在更大范围直至全国范围进行城乡统筹扶贫将成为走向共同富裕的必然选择。顺应减贫新趋势，应调整减贫战略思路，准确把握2020年后构建城乡统筹的贫困治理体系的关键和重点。

一　制定科学合理的城乡贫困新标准

贫困标准是2020年后扶贫战略需要明确的首要方面。新的贫困标准有两种选择：一种是城乡制定统一的贫困标准，这样的话，城市贫困问题就有可能被化解；另一种是一开始使用不同的城乡标准，之后逐渐缩小差距。未来理想和公平的贫困标准应当是城乡统一、全国统一的，至少也是省级范围内统一的。目前，由于各地发展水平不同，筹资能力是不一样的。同时，考虑到当前城乡生活成本、社会保障水平和覆盖面的差异，今后至少十年都可能处于农村和城市分别使用不同指标的状态，然后逐渐过渡到预定的理想状态。与此同时，在具体标准设定上，应客观、科学地考虑特殊群体的生活需求，如农民工在城市生活面临更高的住房及教育成本等。

二　重点关注深度贫困地区和特殊困难群体

一方面，2020年后，随着绝对贫困在农村社会逐步消失，贫困治理的重点应该转向预防贫困户返贫，加快建立贫困治理返贫预防体系。对于一些深度贫困地区（如三州三区）及特殊人群，通过发展教育、技能培训、健康扶贫促进人力资本积累，针对不同的贫困对象提供不同的社会保障项目，提升贫困治理可持续发展的能力。另一方面，2020年后的贫困问题主要集中表现为特殊社会群体的相对贫困，贫困主要表征为老人、妇女、儿童、残疾人等社会弱势人群的相对贫困，老、病、学、残等是主要致贫原因，要通过普遍性的福利供给和完善的社会保障，构建起弱势贫困人群的正式和非正式社会支持网络，最终通过进行全面有效的社会保护实现对贫困的根本性治理。

三　重视保障式扶贫，兼顾开发式扶贫

未来的贫困治理应该是社会保障与开发式扶贫相结合，并以社会保障为主。一方面，保障式扶贫仍处在补缺型的生存福利阶段，要向达不到基本生存水平的贫困人口提供公共服务。随着贫困人口生活水平不断提高，长期目标应当是从特惠弱者扩展至普惠全民，实现提供全民平等受惠、满足美好生活需要的发展型社会福利。近期应重点致力于实现基本公共服务东西区域间的均等化、城乡间的均等化和贫富群体间的均等化，加大对底层群体社会福利的投入力度，提高底层群体对公共福利的获得感，减少社会分化带来的潜在风险。另一方面，重视保障式扶贫并不是摒弃开发式扶贫，鉴于贫困具有波动性、长期性和复杂性等特点，今后仍然需要进行开发式扶贫以发挥长期作用，特别是在稳定增加贫困群体收入方面。主次兼顾、综合治

理，实施以保障式扶贫为主、以开发式扶贫为辅的综合性扶贫战略。

四　分阶段有序推进贫困治理的现代化

以相对贫困治理为核心的未来扶贫工作意味着对以农村为中心的传统扶贫工作的超越，解决城市贫困尤其是城市相对贫困、进城务工人员的贫困问题将成为未来我国贫困治理的重要内容。基于当前城乡、东西部发展差距仍然比较大的现实，2020 年后的贫困治理应该坚持分阶段有序推进的原则，分阶段制定未来贫困治理的工作策略，梯度推进贫困治理现代化。城乡贫困治理需要由城乡分治走向城乡扶贫开发协同，进而进行城乡融合基础上的贫困治理，具体可以分为三个阶段。①巩固发展阶段（2020 ~ 2025 年），一方面，健全城镇贫困人口扶贫体制与机制，推进城镇困难群体的社会保障、扶贫开发保障两大体系的"并行"发展；另一方面，对农村脱贫成果进行巩固提升，通过进一步完善社会保障体系、促进增加收入和提升能力等措施巩固已经取得的成果，防止返贫。②并轨阶段（2025 ~ 2035 年），有效衔接城乡扶贫开发体系，实现城乡贫困治理协同并轨，逐步推进城乡低保与扶贫标准统一、公共服务标准和质量统一、工作体系统一。③融合阶段（2035 年至今），统筹协调，逐步实现贫困治理现代化。

第四节　构建城乡统筹的贫困治理体系的建议

基于对贫困现象存在的长期性、复杂性认识，全面建成小康社会后，城镇化进程进一步加快，城乡间人口流动更为频繁，但区域间、城乡间、群体间的发展差距仍然长期存在，城乡统筹扶贫是国家实现减贫的根本出路。因此，应该在继续发挥现有体制机制优势基础上完善贫困治理体系，构建由政策体系、组织体系、财政体系、金融体系、法律体系和监督评估体系组成的新型城乡统筹贫困治理体系，进一步明确政府、市场、社会组织、公民个人在反贫困中的责任、权利、义务，推动贫困治理现代化。

一　建立和完善以基本权利公平为基础的社会保障体系

城乡统筹的贫困治理需要构建利贫性的社会保障体系，这不仅是未来扶贫战略的核心内容，也是实现农民工市民化、深层次城市化亟待解决的重点问题。随着绝对贫困的消除及后贫困时代的到来，贫困治理需要依托社会保障体系的建设，进而实现政府兜底，保障基本权利公平。党的十九大报告明确提出全面建设社会保障体系，社会保障事业将成为未来主要的发展方面。建设和完善城乡社会保障体系，一是推动城乡基本公共服务均等化，加大力度推进我国乡村公益事业"一事一议"奖补试点工作，有效改善农民群众的生产生活环境。二是积极探索城乡养老保障制度的有效衔接。大力发展老龄产业和家政服务行业，建立健全养老服务体系，支持有条件的乡镇建设养老院。三是统筹城乡社会救助体系，全面实施特困人员救助供养制度，健全社会福利制度，支持发展慈善事业，保障农村留守儿童和妇女、老年人的合法权益。四是实施农村危房改造和城镇保障性安居工程，全面落实卫生惠民政策。五是加强乡村卫生基础设施建设和医疗改革，健全基层卫生服务网络，加快推进县、乡（镇）、村三级医药卫生部门标准化建设，积极引入社会资本助推我国贫困地区医疗卫生服务体系建设。六是扩大社会保障覆盖面，建立农民工社会保障制度，包括建立符合农民工需求特点的社会福利与救助体系，提高农民工参与社会保险的能力，提高养老保险保障水平等，重点解决农民工的就业、住房和子女教育问题，促进社会保障全民覆盖和共享。

通过有步骤、分阶段推动城乡基本公共服务内容和标准统一衔接，不断提高基本公共服务的供给水平，逐步实现城乡就业、基本养老保险制度、最低生活保障制度、基本医疗卫生制度统筹，使实现共同富裕的短板得以补齐，城乡居民的"获得感"不断提升。

二 建立和完善城乡统筹多部门协调参与的贫困治理组织体系

新的扶贫战略需要确定未来城乡统筹的贫困治理部门以及探讨如何在国家层面建立城乡统筹、部门协调的贫困治理体系。构建跨部门领导小组是中国扶贫开发成功的重要经验之一，实践证明也是有效的，在2020年后有必要继续保留。根据2020年后相对贫困的特点，可考虑取消现在的农村扶贫开发领导小组、农民工工作领导小组，成立新的领导小组以统筹城乡扶贫工作，解决进城农民工问题等。这样有利于加强国家层面的反贫困战略和政策协调，将乡村发展战略等国家战略，西部大开发、中部崛起和振兴东北老工业基地等区域发展规划与针对贫困群体的具体政策进行有效衔接，避免管理工作碎片化。可能的构想包括由国务院扶贫办或社会保障部门等牵头统筹城乡扶贫工作，其他部门协同参与，也可以由国家发展和改革委牵头，其他部门协同参与。建议国务院扶贫开发领导小组升级为国务院城乡统筹贫困治理领导小组，这样的机构设置不仅能够统合城乡融合发展工作，推动城乡基本公共服务均等化并缩小发展差距，而且有助于降低新时代扶贫工作的协调成本。领导小组负责制定全国城乡扶贫标准、规划，进行资源动员、数据平台建设和监督评估、贫困监测工作。具体资金、项目分配和管理工作按照职责划分，并有机结合各部门的常规工作。

在国家领导小组协调下，各部门把解决相对贫困问题与制定部门发展规划相结合，并根据规划实施，如农村产业发展规划与乡镇振兴战略相结合，教育发展规划考虑对欠发达地区的专门支持等。考虑到各省份发展不均衡的现实，相对贫困标准和低保标准可以以省份为单位制定，并视各省份情况从分省份城乡统筹逐步过渡到全国统筹。对中西部地区，也可以从地市级城乡统筹开始，逐步完善城乡统筹的各项社会保障政策。

建立大数据平台，整合低保、扶贫、农民工、养老、留守儿童等方面数据，实现相关信息共享共用，由国家统计局进行贫困监测工作，并进一步完善第三方评估制度。

三　建立和完善多元主体参与及社会创新的贫困治理体系

多元协同是国家治理现代化的重要内容，扶贫并不是一方主体的责任，而需要政府、企业、社会组织等多方主体共同参与。构建城乡统筹的贫困治理体系，需要进一步明确政府、市场、社会组织和公民个人扮演的角色和发挥的作用。

第一，政府不再把短期、集中地进行行政动员的方式作为扶贫的主要手段，其主要作用是在法律框架下，促进经济、社会等全面发展；通过财政、金融手段和各项改革措施，缩小区域发展差距；实施面向全民的教育、卫生健康、养老等普惠性社会政策；构建完善的支持市场和社会力量参与扶贫的政策体系和环境，以鼓励、动员社会资源参与扶贫工作，包括通过购买服务方式向市场主体采购服务，向市场主体参与扶贫提供补贴、税收优惠等政策；有针对性地向特定弱势群体提供保障性社会服务和社会救助；对相关资金项目进行监督、评估和效果评价并建立定期向社会公开的机制。

第二，要总结脱贫攻坚中社会扶贫的有效经验，继续完善东西协作机制。鼓励国营、民营企业等市场主体以符合市场规律的互利共赢方式参与扶贫工作，特别是参与产业发展，向欠发达地区和弱势群体提供相关服务。拓宽市场主体参与渠道，推进市场主体的贫困治理绩效和税负水平挂钩，进一步激发其参与热情（李广文、王志刚，2017）。通过分类监管和政策倡导，鼓励各类金融机构为不同群体提供灵活有效的服务。

第三，大力发展扶贫领域的社会组织和志愿服务，包括生产性服务、社会性服务。在登记注册、采购服务、税收、能力建设等方面为社会组织和志愿者提供全面支持，解决好扶贫"最后一公里"问题。同时，鼓励公民个人发挥所长和优势，开展扶贫工作，落实对公益捐赠的税收减免和个税抵扣政策。

第四，充分发挥城乡基层党组织、村民委员会（居民委员会）的作用。创新社区治理机制，深化基层治理体系改革，确保各项扶贫政策执行到位（吕方、冯静，2017）。

第五，鼓励因各种困难陷入困境的贫困人口弘扬中华民族"自力更生、艰苦奋斗"精神，在外界帮助和扶持下，通过自身努力摆脱贫困。对确实没有劳动能力的贫困人口，通过全覆盖的社会保障体系解决其生活困难问题。对有劳动能力的困难群体，不提倡使用无偿援助，改为采用有条件的支持方式，如设置公益工作岗位、对贫困家庭的支持与支持子女完成义务教育、加强妇幼保健、赡养老人、参加公益劳动相结合。

四 建立和完善统筹城乡贫困治理的财政和金融投入体系

新的扶贫战略实施需要国家推进财政体系改革和进行金融机制创新。在财政体系改革方面，首先，城乡统筹的贫困治理体系要求进行全国统筹，在国家层面打破城乡分割、部门分割的财政分配格局。在中央层面加大资金统筹力度，将具有普惠性的财政专项资金合并至一般性转移支付之中，给予基层政府更多自主权（叶兴庆、殷浩栋，2020）。其次，改革财政支出方式，使其与贫困人口的需求由生产向生活和社会保障领域转变这一状况相适应。最后，优化财政支出结构，改变目前财政扶贫支出中科教文卫、养老、医疗等基本公共服务支出不足的状况，并提高贫困地区尤其是农村贫困地区的公共服务水平，实现公共服务均等化。

在金融机制创新方面，中国政府长期以来在鼓励金融机构服务城乡弱势群体和小微企业方面制定了很多政策，政策性金融、开发性金融、商业金融和合作金融近年来在精准扶贫实践中发挥各自优势，大大提升了金融服务的可及性和效率。但是，对于欠发达地区、城乡弱势群体和小微企业来说，打通金融服务"最后一公里"的任务仍然没有完成，特别是主要服务中低收入群体和贫困群体创业就业的小微金融，它们的发展仍然需要更具包容性的政策支持。

五　实施有利于包容性发展的区域政策和产业政策

在区域政策上，以西部大开发、中部崛起和振兴东北老工业基地战略为指导，继续制定和实施以欠发达地区为主的发展规划，加大区域基础设施互联互通和产业链建设力度，完善生态补偿机制。在产业政策上，一方面要大力发展和继续扶持能够创造就业岗位的产业，如新型农业、生态产业、小微企业，通过财税政策扶持实现稳定就业；另一方面要继续加强对低收入群体的技能培训，使之适应新技术革命对劳动力素质的要求。加大清洁、安全维护等公益性岗位设置力度，吸纳无业劳动力并提高待遇水平（叶兴庆、殷浩栋，2020）。

六　建立和完善城乡贫困治理的考核、监督和评估机制

从2013年开始实施的精准扶贫、精准脱贫政策的一大亮点就是进一步明确了地方政府、行业部门的扶贫责任，建立了扶贫考核评估机制和在此基础上的问责制。考核从政府履行扶贫责任、财政扶贫资金绩效、贫困县脱贫摘帽等几个方面进行，同时建立了督查、巡视制度，在常规审计基础上，增加了专项审计、专项巡视和委托监督等措施。在新的扶贫战略中，需要在总结这些经验的基础上，进一步明确和规范考核、评估、监督机制，使之具有可操作性和可持续性。此项工作应该是领导小组的主要职责之一，但是在实施中可以通过购买服务方式，由第三方特别是社会组织、专业机构完成。

参考文献

白晨、顾昕:《中国农村医疗救助的目标定位与覆盖率研究》,《中国行政管理》2015 年第 9 期,第 111 ~ 116 页。

《保险扶贫的理论与实践:中国案例》,瑞再研究院、北京大学"保险与扶贫"项目组,2018。

《白重恩:未来 15 年中国经济应该保持怎样的增速?》,2020,新华网,http://www. xinhuanet. com/finance/ 2020 – 12/08/c_1126834317. htm。

贝多广主编《好金融 好社会:中国普惠金融发展报告 (2015)》,经济管理出版社,2016。

贝多广主编《中国普惠金融发展报告 (2018)》,中国金融出版社,2018。

边恕、张铭志、孙雅娜:《农村贫困补助的瞄准精度、瞄准成本与减贫方案分析》,《人口与经济》2020 年第 4 期。

财政部科研所课题组:《政府购买公共服务的理论与边界分析》,《财政研究》2014 年第 3 期,第 2 ~ 11 页。

蔡昉:《中国人口与劳动问题报告》,《中国人力资源开发》2012 年第 8 期。

蔡仁华主编《中国医疗保障制度改革实用全书》,中国人事出版社,1997。

曹军:《完善农村医疗保障体系的路径研究》,云南大学硕士学位论文,2011。

陈楚、潘杰:《健康扶贫机制与政策探讨》,《卫生经济研究》2018 年第 4 期,第 23 ~ 25、30 页。

陈华、曾昊、杨柳:《"新农合"缓解了农村居民的贫困程度吗?》,《科学决策》2017 年第 10 期,第 1 ~ 21 页。

陈明文:《完善城乡低保制度推进城乡低保统筹》,《湖南行政学院学报》2014 年第 2 期,第 55 ~ 60、123 页。

陈锡文：《当前我国农村改革发展面临的几个重大问题》，《农业经济问题》
　　2013 年第 1 期，第 4～6、110 页。

陈银娥、何雅菲：《人口结构与贫困：来自中国的经验证据》，《福建论坛》
　　（人文社会科学版）2013 年第 7 期，第 17～22 页。

陈志钢、毕洁颖、吴国宝、何晓军、王子妹一：《中国扶贫现状与演进以
　　及 2020 年后的扶贫愿景和战略重点》，《中国农村经济》2019 年第 1
　　期，第 2～16 页。

陈志钢等：《从乡村到城乡统筹：2020 年后中国扶贫愿景和战略重点》，社
　　会科学文献出版社，2019。

程恩江：《中国非政府组织扶贫：小额信贷案例分析》，《中国国际扶贫中
　　心研究报告》2010 年第 3 期。

程令国、张晔：《"新农合"：经济绩效还是健康绩效?》，《经济研究》
　　2012 年第 1 期，第 120～133 页。

程毅、刘军：《城乡居民医疗保险新型模式：核心理念与策略选择——基
　　于上海城乡居民医疗保险整合实践的反思》，《华东理工大学学报》
　　（社会科学版）2017 年第 1 期，第 108～116 页。

仇雨临、吴伟：《城乡医疗保险制度整合发展：现状、问题与展望》，《东
　　岳论丛》2016 年第 10 期，第 30～36 页。

仇雨临、张鹏飞：《从"全民医保"到"公平医保"：中国城乡居民医保
　　制度整合的现状评估与路径分析》，《河北大学学报》（哲学社会科学
　　版）2019 年第 2 期，第 128～138 页。

楚逸斐、陈建华：《论交易成本视角下的公共服务市场化边界》，《中州学
　　刊》2009 年第 6 期，第 60～62 页。

丁元竹：《如何明晰政府与市场社会的边界?》，《中国发展观察》2013 年
　　第 10 期，第 6～8 页。

《鼎新克艰：数字普惠金融的扶贫实践》，中国人民大学中国普惠金融研究
　　院，2018。

都阳、Albert Park：《中国的城市贫困：社会救助及其效应》，《经济研究》
　　2007 年第 12 期。

范寒英：《中、美、俄、澳四国医疗保险制度比较研究》，《对外经贸》
　　2016 年第 1 期。

方黎明：《新型农村合作医疗和农村医疗救助制度对农村贫困居民就医经济负担的影响》，《中国农村观察》2013年第2期。

辜胜阻：《我的人口迁移与城镇化观》，《经济评论》1994年第6期，第74~81页。

顾昕、白晨：《中国医疗救助筹资的不公平性——基于财政纵向失衡的分析》，《国家行政学院学报》2015年第2期。

关信平：《朝向更加积极的社会救助制度——论新形势下我国社会救助制度的改革方向》，《中国行政管理》2014年第7期。

《关于印发健康扶贫工程"三个一批"行动计划的通知》，2017，中华人民共和国国家卫生健康委员会网站，http://www.nhc.gov.cn/cms-search/xxgk/getManuscriptXxgk.htm? id=4eed42903abd44f99380969824a07923。

郭菲、张展新：《农民工新政下的流动人口社会保险：来自中国四大城市的证据》，《人口研究》2013年第3期，第29~42页。

国家统计局农村社会经济调查司编《中国农村贫困监测报告—2010》，中国统计出版社，2011。

国家统计局农村社会经济调查总队编《中国农村贫困监测报告—2000》，中国统计出版社，2000。

国家统计局住户调查办公室编《2011中国农村贫困监测报告》，中国统计出版社，2012。

国家统计局住户调查办公室编《中国住户调查年鉴—2014》，中国统计出版社，2014。

国家统计局住户调查办公室编《中国农村贫困监测报告—2015》，中国统计出版社，2015。

国家统计局住户调查办公室编《中国农村贫困监测报告—2016》，中国统计出版社，2016。

《国家卫生计生委和全国妇联联合实施贫困地区儿童营养改善项目》，2013，中华人民共和国中央人民政府网，http://www.nhc.gov.cn/fys/s3586/201311/b7da1c18b1f641d3953df1fa1fe5af43.shtml。

《国务院办公厅关于印发乡村教师支持计划（2015—2020年）的通知》，2015，中华人民共和国中央人民政府网，http://www.gov.cn/zhengce/content/2015-06/08/content_9833.htm。

国务院发展研究中心课题组、侯云春、韩俊、蒋省三、何宇鹏、金三林：《农民工市民化进程的总体态势与战略取向》，《改革》2011 年第 5 期，第 5～29 页。

韩华为、高琴：《中国农村低保制度的保护效果研究——来自中国家庭追踪调查（CFPS）的经验证据》，《公共管理学报》2017 年第 2 期。

韩华为、徐月宾：《中国农村低保制度的反贫困效应研究——来自中西部五省的经验证据》，《经济评论》2014 年第 6 期。

韩俊：《解决农民工住房应将其纳入保障房体系》，《农村工作通讯》2012 年第 16 期，第 28 页。

郝娟、邱长溶：《2000 年以来中国城乡生育水平的比较分析》，《南方人口》2011 年第 5 期，第 27～33 页。

何文炯、洪蕾：《高龄津贴：制度定位与财务可行性》，《学术研究》2012 年第 7 期。

何文炯：《健全多层次社会保障体系》，《中国社会科学报》2021 年 5 月 13 日。

何文炯：《老有所养：更加平衡、更加充分》，《国家行政学院学报》2017 年第 6 期。

何文炯、徐林荣、傅可昂、刘晓婷、杨一心：《基本医疗保险"系统老龄化"及其对策研究》，《中国人口科学》2009 年第 2 期，第 74～83、112 页。

何文炯：《中国社会保障：从快速扩展到高质量发展》，《中国人口科学》2019 年第 1 期。

胡宏伟、杜涵蕾：《现状、挑战与趋势：新户改对低保城乡统筹的冲击与回应》，《中国民政》2015 年第 11 期，第 49～51、54 页。

胡旭昌、朱丽敏：《城乡低保一体化有哪些制约因素》，《人民论坛》2016 年第 26 期，第 56～57 页。

胡祎：《巩固脱贫攻坚成果　衔接乡村振兴战略——＜中国农村经济＞＜中国农村观察＞第四届"三农论坛"征文研讨会综述》，《中国农村经济》2020 年第 12 期，第 130～138 页。

黄森慰、姜畅、郑逸芳：《妇女多维贫困测量、分解与精准扶贫——基于福建省"巾帼扶贫"五年攻坚计划调研数据》，《中国农业大学学报》

2019 年第 4 期，第 211～218 页。

黄薇：《医保政策精准扶贫效果研究——基于 URBMI 试点评估入户调查数据》，《经济研究》2017 年第 9 期，第 117～132 页。

黄英君：《中国农业保险发展的历史演进：政府职责与制度变迁的视角》，《经济社会体制比较》2011 年第 6 期，第 174～181 页。

黄玉君、吕博、邓大松：《我国最低生活保障制度统筹发展的问题及对策研究》，《社会保障研究》2015 年第 6 期，第 45～51 页。

黄祖辉：《推进浙江乡村振兴 提供全国示范样本》，《决策咨询》2019 年第 1 期，第 15～16、19 页。

江治强：《经济新常态下社会救助政策的改革思路》，《西部论坛》2015 年第 4 期。

江治强：《新时代社会救助制度改革的方向与思路》，《中国民政》2019 年第 5 期。

姜爱华：《政府开发式扶贫资金绩效研究》，中国财政经济出版社，2008。

姜正君：《脱贫攻坚与乡村振兴的衔接贯通：逻辑、难题与路径》，《西南民族大学学报》（人文社会科学版）2020 年第 12 期，第 107～113 页。

蒋选、韩林芝：《教育与消除贫困：研究动态与中国农村的实证研究》，《中央财经大学学报》2009 年第 3 期，第 66～70 页。

蒋云赟：《我国农民工养老保险方案的再研究——基于财政负担视角的代际核算模拟》，《财经研究》2013 年第 10 期，第 4～18 页。

解垩：《医疗保险与城乡反贫困：1989－2006》，《财经研究》2008 年第 12 期，第 68～83 页。

解垩：《中国农村最低生活保障：瞄准效率及消费效应》，《经济管理》2016 年第 9 期。

赖力：《精准扶贫与妇女反贫困：政策实践及其困境——基于贵州省的分析》，《华中农业大学学报》（社会科学版）2017 年第 6 期，第 20～26、148～149 页。

李广文、王志刚：《大扶贫体制下多元主体贫困治理功能探析》，《中共南京市委党校学报》2017 年第 6 期，第 64～69 页。

李华、高健：《城乡居民大病保险治理"因病致贫"的效果差异分析》，《社会科学辑刊》2018 年第 6 期，第 124～141 页。

李继生、胡广华：《扶贫贴息贷款沉淀的成因及对策》，《老区建设》1991年第9期，第28~30页。

李培林、魏后凯主编《中国扶贫开发报告（2016）》，社会科学文献出版社，2017。

李实等：《中国收入分配格局的最新变化——中国居民收入分配研究Ⅴ》，中国财政经济出版社，2018，第190~217页。

李实、〔日〕佐藤宏、〔加拿大〕史泰丽：《中国收入差距变动分析——中国居民收入分配研究Ⅳ》，人民出版社，2013。

李实、詹鹏、杨灿：《中国农村公共转移收入的减贫效果》，《中国农业大学学报》（社会科学版）2016年第5期，第71~80页。

李实：《中国农村老年贫困：挑战与机遇》，《社会治理》2019年第6期。

李小云：《全面推进乡村振兴战略，构建新型城乡关系》，《贵州社会科学》2021年第1期，第143页。

李小云、唐丽霞、许汉泽：《论我国的扶贫治理：基于扶贫资源瞄准和传递的分析》，《吉林大学社会科学学报》2015年第4期，第90~98、250~251页。

李小云：《脱贫摘帽重在不返贫》，《人民日报》2018年8月26日。

李小云、许汉泽：《2020年后扶贫工作的若干思考》，《国家行政学院学报》2018年第1期，第62~66、149~150页。

李莹、于学霆、李帆：《中国相对贫困标准界定与规模测算》，《中国农村经济》2021年第1期。

李小云、张雪梅、唐丽霞：《我国中央财政扶贫资金的瞄准分析》，《中国农业大学学报》（社会科学版）2005年第3期，第1~6页。

李兴江：《中国农村扶贫开发的伟大实践与创新》，中国社会科学出版社，2005。

李玉姣：《住房公积金、住房性质与农民工市民化意愿的实证研究——基于2016年中国流动人口动态监测调查》，《中南财经政法大学研究生学报》2019年第1期，第86~93页。

联合国开发计划署组编《建设普惠金融体系》，焦瑾璞、白澄宇等译，2009。

梁土坤：《健康保障托底：医疗救助制度建设的地方实践及未来展望》，《中国卫生政策研究》2017年第3期。

梁晓敏、汪三贵：《农村低保对农户家庭支出的影响分析》，《农业技术经济》2015年第11期。

林闽钢：《我国社会救助体系发展四十年：回顾与前瞻》，《北京行政学院学报》2018年第5期。

刘元春：《2035和"十四五"经济增长目标如何量化》，2020，第一财经网站，https://www.yicai.com/news/100840371.html。

刘二鹏、张奇林：《社会养老保险缓解农村老年贫困的效果评估——基于CLHLS（2011）数据的实证分析》，《农业技术经济》2018年第1期。

刘洪银：《新生代农民工内生性市民化与公共成本估算》，《云南财经大学学报》2013年第4期。

刘欢、钱宇：《城镇化进程中河北省统筹城乡基本医疗保险制度路径探析》，《经济论坛》2017年第5期，第10~12页。

刘慧：《我国扶贫政策演变及其实施效果》，《地理科学进展》1998年第4期，第79~87页。

刘坚主编《新阶段扶贫开发的成就与挑战——〈中国农村扶贫开发纲要（2001—2010年）〉中期评估报告》，中国财政经济出版社，2006。

刘林平、雍昕、舒玢玢：《劳动权益的地区差异——基于对珠三角和长三角地区外来工的问卷调查》，《中国社会科学》2011年第2期。

刘伟、陈彦斌：《2020—2035年中国经济增长与基本实现社会主义现代化》，《中国人民大学学报》2020年第4期，第54~68页。

刘喜堂：《加快构建新时代兜底民生保障体系》，《学习时报》2018年9月3日第004版。

刘永富：《以精准发力提高脱贫攻坚成效》，《人民日报》2016年1月11日第07版。

吕方、冯静：《国家贫困治理体系的供给侧结构性改革》，《党政研究》2017年第5期，第45~52页。

罗超烈、曾福生：《基于政府财政支出视角的农民工市民化实证分析》，《科技与经济》2015年第4期，第56~60页。

〔美〕加里·贝克尔：《歧视经济学》，于占杰译，商务印书馆，2014。

〔美〕理查德·塞勒、卡斯·桑斯坦：《助推：如何做出有关健康、财富与幸福的最佳决策》，刘宁译，中信出版社，2015。

〔美〕约翰·罗尔斯：《正义论》，何怀宏、何包钢、廖申白译，中国社会
　　科学出版社，1988。

孟庆国、胡鞍钢：《消除健康贫困应成为农村卫生改革与发展的优先战
　　略》，《中国卫生资源》2000 年第 6 期，第 245～249 页。

牛玉堃、陈飞：《论公平视域下城乡居民医疗保险制度的整合》，《中国卫
　　生产业》2017 年第 17 期，第 16～18 页。

《农民工监测调查报告》，中华人民共和国国家统计局，1984～2019。

潘文轩：《医疗保障的反贫困作用与机制设计》，《西北人口》2018 年第 4
　　期，第 51～59、72 页。

潘泽泉：《国家调整农民工社会政策研究》，中国人民大学出版社，2013。

庞晓鹏、龙文进、董晓媛、曾俊霞：《农村小学生家长租房陪读与家庭经
　　济条件——学校布局调整后农村小学教育不公平的新特征》，《中国农
　　村观察》2017 年第 1 期，第 97～112、143 页。

戚伟、刘盛和、金浩然：《中国户籍人口城镇化率的核算方法与分布格
　　局》，《地理研究》2017 年第 4 期，第 616～632 页。

齐良书：《新型农村合作医疗的减贫、增收和再分配效果研究》，《数量经
　　济技术经济研究》2011 年第 8 期，第 35～52 页。

秦立建、杨倩、黄奕祥：《农民工基本医疗保险异地转接研究述评》，《中
　　国卫生经济》2015 年第 2 期，第 17～20 页。

青觉、金炳镐、朱振军：《中国共产党少数民族经济政策的形成和发展》，
　　2018，中国社会科学网，http://www.cssn.cn/zzx/xsdj_zzx/qj/201806/
　　t20180626_4444462.shtml。

《全面加强两类学校建设　促进乡村教育大发展》，2018，中华人民共和国
　　教育部网站，http://www.moe.gov.cn/jyb_xwfb/moe_2082/zl_2018n/
　　2018_zl31/201805/t2018050 2_334810.html。

任志江、苏瑞珍：《农村医疗保障制度反贫困的传导机理、当前困境与对
　　策创新》，《理论探索》2019 年第 1 期，第 116～123 页。

邵蓉、葛其南、谢金平：《典型地区医保特药谈判制度研究及对医保药品
　　目录谈判的启示》，《广东药科大学学报》2017 年第 4 期。

申海羡：《统筹城乡居民最低生活保障制度建设研究》，山东农业大学硕士
　　学位论文，2007。

申秋：《中国农村扶贫政策的历史演变和扶贫实践研究反思》，《江西财经大学学报》2017年第1期，第91～100页。

申曙光：《全民基本医疗保险制度整合的理论思考与路径构想》，《学海》2014年第1期。

沈政：《新农合对农户因病致贫的缓解效果研究——基于生存分析视角》，《西部经济管理论坛》2018年第1期。

石光、邹君：《发展中国家儿童营养政策的比较研究》，卫生部卫生经济研究所，2008。

世界银行、中国人民银行编著《全球视野下的中国普惠金融：实践、经验与挑战》，中国金融出版社，2018。

苏谋东：《中国农民工医疗保障制度研究》，复旦大学硕士学位论文，2008。

孙菊、秦瑶：《医疗救助制度的救助效果及其横向公平性分析》，《中国卫生经济》2014年第11期。

谭笑等：《医保整合与未整合地区灾难性卫生支出及因病致贫情况比较研究》，《医学与社会》2019年第10期。

檀学文：《走向共同富裕的解决相对贫困思路研究》，《中国农村经济》2020年第6期，第21～36页。

《特困地区学生中央每天补助3元营养费》，2011，搜狐网，http://roll.sohu.com/20111027/n323572220.shtml。

万向东、刘林平、张永宏：《工资福利、权益保障与外部环境——珠三角与长三角外来工的比较研究》，《管理世界》2006年第6期。

汪三贵等：《中国新时期农村扶贫与村级贫困瞄准》，《管理世界》2007年第1期，第56～64页。

汪三贵、李文、李芸：《我国扶贫资金投向及效果分析》，《农业技术经济》2004年第5期，第45～49页。

汪小亚等：《新型农村合作金融组织案例研究》，中国金融出版社，2016。

王超群、刘小青、刘晓红、顾雪非：《大病保险制度对城乡居民家庭灾难性卫生支出的影响——基于某市调查数据的分析》，《中国卫生事业管理》2014年第6期，第433～436、456页。

王广州：《中国人口预测方法及未来人口政策》，《财经智库》2018年第3期。

王红兵：《我国城乡最低生活保障制度统筹发展研究》，华中科技大学博士学位论文，2012。

王美艳：《中国最低生活保障制度的设计与实施》，《劳动经济研究》2015年第3期。

王明月、张联社：《农民工市民化困境解读——基于制度贫困、权利贫困》，《农村经济与科技》2017年第9期，第199~200页。

王萍萍：《中国农村贫困标准与国际贫困标准的比较》，《调研世界》2007年第1期。

王青、刘烁：《进城农民工多维贫困测度及不平等程度分析——基于社会融合视角》，《数量经济技术经济研究》2020年第1期，第83~101页。

王三秀、刘亚孔：《论我国农村健康扶贫策略之重构》，《苏州大学学报》（哲学社会科学版）2018年第6期，第105~109页。

王绍光：《学习机制与适应能力：中国农村合作医疗体制变迁的启示》，《中国社会科学》2008年第6期，第111~133、207页。

王伟进：《老年贫困问题与我国养老保障政策作用评估》，《老龄科学研究》2018年第12期。

王小林：《改革开放40年：全球贫困治理视角下的中国实践》，《社会科学战线》2018年第5期，第17~26页。

王亚楠、向晶、钟甫宁：《劳动力回流、老龄化与"刘易斯转折点"》，《农业经济问题》2020年第12期，第4~16页。

王延中：《建立农村基本医疗保障制度》，《经济与管理研究》2001年第3期，第15~19页。

王延中、王俊霞：《更好发挥社会救助制度反贫困兜底作用》，《国家行政学院学报》2015年第6期。

王有捐：《对城市居民最低生活保障政策执行情况的评价》，《统计研究》2006年第10期。

韦艳、张力：《"数字乱象"或"行政分工"：对中国流动人口多元统计口径的认识》，《人口研究》2013年第4期。

魏来、唐文熙、孙晓伟、张亮：《医保支付和经济激励：整合的医疗服务系统形成的"引擎"》，《中国卫生经济》2013年第5期，第35~38页。

魏玥：《医保城乡统筹背景下患者就医行为的现状、问题及对策研究》，西北大学硕士学位论文，2018。

乌日图：《医疗保障制度国际比较研究及政策选择》，中国社会科学院硕士学位论文，2003。

吴波：《农业转移人口市民化成本研究综述：分省测度》，《山东财经大学学报》2018年第1期，第113～120页。

吴国宝：《扶贫贴息贷款政策的影响》，《经济研究参考》1997（a）年第85期，第35～36页。

吴国宝：《扶贫贴息贷款政策讨论》，《中国农村观察》1997（b）年第4期，第7～13页。

吴国宝：《改革开放40年中国农村扶贫开发的成就及经验》，《南京农业大学学报》（社会科学版）2018年第6期，第17～30、157～158页。

《西部地区按照"两基"攻坚责任书要求认真制定中小学公用经费标准和"两免一补"政策措施》，2015，中华人民共和国教育部网站，http://www.moe.edu.cn/srcsite/A05/s7052/200505/t20050512_181420.html。

向国春等：《健康扶贫与医疗救助衔接的挑战及探索》，《卫生经济研究》2019年第4期，第12～14页。

向国春等：《精准健康扶贫对完善全民医保政策的启示》，《中国卫生经济》2017年第8期，第16～19页。

向运华、罗家琪：《大病保险助推精准扶贫的现状、问题与对策》，《决策与信息》2019年第12期，第38～49页。

谢勇才、丁建定：《从生存型救助到发展型救助：我国社会救助制度的发展困境与完善路径》，《中国软科学》2015年第11期。

谢远涛、杨娟：《医疗保险全覆盖对抑制因病致贫返贫的政策效应》，《北京师范大学学报》（社会科学版）2018年第4期，第141～156页。

星焱：《改革开放40年中国金融扶贫工具的演化》，《四川师范大学学报》（社会科学版）2018年第6期，第36～44页。

邢念莉、陈文：《浙江省大病保险特药政策研究》，《医学与社会》2018年第2期，第31～34页。

徐超、李林木：《城乡低保是否有助于未来减贫——基于贫困脆弱性的实证分析》，《财贸经济》2017年第5期。

徐珺玉：《论我国城乡居民最低生活保障制度的整合》，云南师范大学硕士学位论文，2016。

杨舸：《新中国成立以来的人口政策与人口转变》，《北京工业大学学报》（社会科学版）2019 年第 1 期。

杨立雄：《中国老年贫困人口规模研究》，《人口学刊》2011 年第 4 期。

杨穗、高琴、李实：《中国城市低保政策的瞄准有效性和反贫困效果》，《劳动经济研究》2015 年第 3 期。

杨一心、何文炯：《社会保险治理碎片化：问题与出路》，《中国社会科学内部文稿》2018 年第 1 期。

杨宜勇、魏义方：《农民工融入城市社会的政策机制研究》，《人民论坛·学术前沿》2017 年第 3 期，第 70～81 页。

杨云彦：《中国人口迁移的规模测算与强度分析》，《中国社会科学》2003 年第 6 期。

姚先国、赖普清：《中国劳资关系的城乡户籍差异》，《经济研究》2004 年第 7 期，第 82～90 页。

叶俊：《我国基本医疗卫生制度改革研究》，苏州大学博士学位论文，2016。

叶兴庆、殷浩栋：《2020 年后的减贫战略》，《经济研究参考》2020 年第 4 期，第 117～122 页。

殷浩栋、汪三贵、郭子豪：《精准扶贫与基层治理理性——对于 A 省 D 县扶贫项目库建设的解构》，《社会学研究》2017 年第 6 期，第 70～93、243～244 页。

〔印度〕阿马蒂亚·森：《什么样的平等?》，闲云译，《世界哲学》2002 年第 2 期，第 54～65 页。

岳希明、李实：《真假基尼系数》，《南风窗》2013 年第 5 期，第 65～67 页。

岳希明、种聪：《我国社会保障支出的收入分配和减贫效应研究——基于全面建成小康社会的视角》，《中国经济学人》（英文版）2020 年第 4 期。

曾福生、曾志红、范永忠：《克贫攻坚：中国农村扶贫资金效率研究》，中央编译出版社，2015。

曾光主编《中国公共卫生与健康新思维》，人民出版社，2006。

翟继辉：《中国城乡社会保障均等化问题研究》，东北农业大学博士学位论文，2016。

翟绍果：《健康贫困的协同治理：逻辑、经验与路径》，《治理研究》2018
年第 5 期，第 53 ~ 60 页。

张磊：《中国扶贫开发政策演变（1949—2005 年）》，中国财政经济出版
社，2007。

张伟宾、汪三贵：《扶贫政策、收入分配与中国农村减贫》，《农业经济问
题》2013 年第 2 期，第 66 ~ 75 页。

张颖莉、游士兵：《贫困脆弱性是否更加女性化？——基于 CHNS 九省区
2009 年和 2011 年两轮农村样本数据》，《妇女研究论丛》2018 年第 4
期，第 33 ~ 43、121 页。

张玉梅、陈志钢：《惠农政策对贫困地区农村居民收入流动的影响——基
于贵州 3 个行政村农户的追踪调查分析》，《中国农村经济》2015 年第
7 期，第 70 ~ 81 页。

张玉梅、陈志钢主编《惠农政策和贵州农村贫困研究》，中国农业科学技
术出版社，2017。

章莉：《农民工参加城镇职工养老保险的影响因素——基于 2008 ~ 2010 年面
板数据的分析》，《中南财经政法大学学报》2016 年第 4 期，第 149 ~
156 页。

赵国强、孙晓杰、邵雨辰：《我国慈善组织参与医疗救助的现状及困境分
析》，《卫生经济研究》2019 年第 2 期，第 16 ~ 19 页。

郑功成：《中国社会保障 70 年发展（1949—2019）：回顾与展望》，《中国
人民大学学报》2019 年第 5 期。

郑思齐、曹洋：《农民工的住房问题：从经济增长与社会融合角度的研
究》，《广东社会科学》2009 年第 5 期，第 41 ~ 43 页。

郑思齐、廖俊平、任荣荣、曹洋：《农民工住房政策与经济增长》，《经济
研究》2011 年第 2 期，第 73 ~ 86 页。

《中国金融体制改革跟踪研究》课题组：《中国金融体制改革跟踪研究
（上）》，《改革》1997 年第 3 期。

《中国农民工战略问题研究》课题组等：《中国农民工现状及其发展趋势总
报告》，《改革》2009 年第 2 期，第 5 ~ 27 页。

中国人民银行农村金融服务研究小组编《中国农村金融服务报告
（2008）》，中国金融出版社，2008。

《中华人民共和国国民经济和社会发展第七个五年计划（1986—1990）》，人民出版社，1986。

《中央财政拨 9.4 亿元提高农村义务教育学生营养补助》，2014，中华人民共和国中央人民政府网，http://www.gov.cn/xinwen/2014 – 10/31/content_ 2773762. htm。

钟甫宁、向晶：《我国农村人口年龄结构的地区比较及政策涵义——基于江苏、安徽、河南、湖南和四川的调查》，《现代经济探讨》2013 年第 3 期，第 49~55 页。

钟一涵：《最低生活保障制度城乡统筹发展调研报告》，《中国民政》2016 年第 10 期，第 32~34、39 页。

周坚、周志凯、何敏：《基本医疗保险减轻了农村老年人口贫困吗——从新农合到城乡居民医保》，《社会保障研究》2019 年第 3 期，第 33~45 页。

周其仁：《城乡中国》，中信出版集团，2017。

周毅：《国际医疗体制改革比较研究》，新华出版社，2015。

朱玲：《中国扶贫理论和政策研究评述》，《管理世界》1992 年第 4 期，第 196~203 页。

朱梦冰、李实：《精准扶贫重在精准识别贫困人口——农村低保政策的瞄准效果分析》，《中国社会科学》（英文版）2017 年第 9 期。

朱铭来、胡祁：《中国医疗救助的对象认定与资金需求测算》，《社会保障评论》2019 年第 3 期，第 132~146 页。

祝建华：《最低生活保障制度城乡统筹发展：目标驱动、制度原则与路径构建》，《苏州大学学报》（哲学社会科学版）2016 年第 4 期，第 26~33、191 页。

祝仲坤：《住房公积金与新生代农民工留城意愿——基于流动人口动态监测调查的实证分析》，《中国农村经济》2017 年第 12 期，第 33~48 页。

庄众显：《乡村振兴战略背景下城乡融合发展探究——以苏北地区为例》，《中国集体经济》2018 年第 32 期，第 1~3 页。

左停：《反贫困的政策重点与发展型社会救助》，《改革》2016 年第 8 期。

左停、徐小言：《农村"贫困－疾病"恶性循环与精准扶贫中链式健康保障体系建设》，《西南民族大学学报》（人文社会科学版）2017 年第 1

期，第 1～8 页。

《中华人民共和国 2019 年国民经济和社会发展统计公报》，2020，中华人民共和国国家统计局网站，http://www. stats. gov. cn/tjsj/zxfb/202002/t20200228_1728913. html。

《2013 年民政事业发展统计公报》，2014，中华人民共和国民政部网站，http://www. mca. gov. cn/article/sj/tjgb/201406/201406156561679. shtml。

《2018 年度人力资源和社会保障事业发展统计公报》，2019，中华人民共和国人力资源和社会保障部网站，http://www. mohrss. gov. cn/SYrlzyhsh-bzb/zwgk/szrs/tjgb/201906/W020190611539807339450. pdf。

《2018 年民政事业发展统计公报》，2019，中华人民共和国民政部网站，http://images3. mca. gov. cn/www2017/file/201908/1565920301578. pdf。

《2019 年度人力资源和社会保障事业发展统计公报》，2020，中华人民共和国人力资源和社会保障部网站，http://www. mohrss. gov. cn/xxgk2020/fdzdgknr/tj/ndtj/202009/W020200911140182205853 2. pdf。

《2019 年 2 季度全国社会服务统计数据》，2019，中华人民共和国民政部网站，http://www. mca. gov. cn/article/sj/tjjb/qgsj/201908/201908050818. html。

《2019 年 2 季度各省社会服务统计数据》，2019，中华人民共和国民政部网站，http://www. mca. gov. cn/article/sj/tjjb/sjsj/201908/201908050821. html。

《民政部办公厅关于开展社会救助综合改革试点的通知》，2018，中华人民共和国民政部网站，http://zyzx. mca. gov. cn/article/zyzx/shjz/202001/20200100023310. shtml。

Ahlin, C., Jiang, N., "Can Micro-credit Bring Development?" *Journal of Development Economics*, 2008, 86 (1), pp. 1–21.

Alkire, S., Foster, J., "Counting and Multidimensional Poverty Measurement," *Journal of Public Economics*, 2008, 95 (7), pp. 476–487.

Anton, S., "Microfinance, Poverty and Social Performance: Overview," *Ids Bulletin*, 2003, 34 (4), pp. 1–9.

Becker, G. S., "Human Capital Revisited," *National Bureau of Economic Research*, 1994, pp. 15–28.

Beck, T., Demirguc – Kunt, A., Laeven, L. et al., "Finance, Firm Size, and Growth," *Journal of Money, Credit and Banking*, 2008, 40 (7), pp. 1379–1405.

Berhane, G. , "Econometric Analysis of Microfinance Group Formation, Contractual Risks and Welfare Impacts in Northern Ethiopia," Wageningen University, 2009.

Berhane, G. , Gardebroek, C. , "Does Microfinance Reduce Rural Poverty? Evidence Based on Household Panel Data from Northern Ethiopia," *American Journal of Agricultural Economics*, 2011, 93 (1), pp. 43 – 55.

Bloom, D. , Canning, D. , Sevilla, J. , "Effect of Health on Economic Growth: The Theory and Evidence," *NBER Working Paper*, No. 8587, Cambridge MA. , 2001.

Brandt, L. , Holz, C. A. , "Spatial Price Differences in China: Estimates and Implications," *Economic Development and Cultural Change*, 2006, 55 (1), pp. 43 – 86.

Buera, F. J. , Kaboski, J. P. , Shin, Y. , "The Macroeconomics of Microfinance (No. w17905)," *National Bureau of Economic Research*, 2012.

Cheng, Xiao-yu, Wang, Jian-ying, Kevin, Z. Chen, "Elite Capture, the 'Follow-up Checks' Policy, and the Targeted Poverty Alleviation Program: Evidence from Rural Western China," *Journal of Integrative Agriculture*, 2021, 20 (4), pp. 880 – 890.

Chowdhury, A. , "Microfinance as a Poverty Reduction Tool: A Critical Assessment," *UN Working Papers*, 2009.

Claudio, Gonzalez-Vega, "Interest Rate Restrictions and Income Distribution," *American Journal of Agricultural Economics*, 1977, 59 (5), pp. 973 – 976.

Collins, D. , Morduch, J. , Rutherford, S. et al. , *Portfolios of the Poor* (Princeton: Princeton University Press, 2009).

Copestake, J. , Williams, R. , "What Is the Impact of Microfinance, and What Does This Imply for Microfinance Policy and for Future Impact Studies?" *Oxford Policy Management*, 2011.

Dollar, D. , Kraay, A. , "Growth Is Good for Poor," *Journal of Economic Growth*, 2002, 3, pp. 1 – 43.

Dupas, R. , Robinson, J. , "Savings Constraints and Microenterprise Development: Evidence from a Field Experiment," *NBER Working Paper Series*, 2009, 14 (6), p. 93.

Ficawoyi, Donou-Adonsou, Kevin, Sylwester, "Financial Development and Poverty Reduction in Developing Countries: New Evidence from Banks and Microfinance Institutions," *Review of Development Finance*, 2016, 6, pp. 82 – 90.

Fogel, Robert W. , "Economic Growth, Population Theory, and Physiology: The Bearing of Long-term Processes on the Making of Economic Policy," *American Economic Review*, 1994, 84 (3), pp. 369 – 395.

Foster, J. , Greer, J. , Thorbecke, E. , "A Class of Decomposable Poverty Measures," *Econometrica*, 1984, 52 (3), pp. 761 – 766.

Gao, Q. , Zhai, F. , Garfinkel, I. , "How Does Public Assistance Affect Family Expenditures? The Case of Urban China," *World Development*, 2010, 38 (7), pp. 989 – 1000.

Gao, Q. , Zhai, F. , Yang, S. , Li, S. , "Does Welfare Enable Family Expenditures on Human Capital? Evidence from China," *World Development*, 2014, 64, pp. 219 – 231.

Golan, J. , Sicular, T. , Umapathi, N. , "Unconditional Cash Transfers in China: Who Benefits from the Rural Minimum Living Standard Guarantee (Dibao) Program," *World Development*, 2017, 93, pp. 316 – 336.

Gomanee, K. , Morrissey, O. , "Evaluating Aid Effectiveness against a Poverty-reduction Criterion," *Working Paper*, 2002.

Greenwood, J. , Jovanovic, B. , "Financial Development, Growth, and the Distribution of Income," *Journal of Political Economy*, 1990, 98 (5), pp. 1076 – 1107.

Han, H. , Gao, Q. , Xu, Y. , "Welfare Participation and Family Consumption Choices in Rural China," *Global Social Welfare*, 2016, 3, pp. 223 – 241.

Hidalgo, M. E. M. N. , Vidyattama, Y. , Tanton, R. , "A Comparison of the GREGWT and IPF Methods for the Re-weighting of Surveys: Its Application on Spatial Microsimulation Models and the Roll of Initial Weights," 5th World Congress of the International Microsimulation Association (IMA), 2015.

Imai, K. S. , Azam, M. S. , "Does Microfinance Reduce Poverty in Bangladesh? New Evidence from Household Panel Data," *Journal of Development Studies*, 2012, 48 (5), pp. 633 – 653.

Jalilian, H. , Kirkpatrick, C. , "Financial Development and Poverty Reduction in Developing Countries," *International Journal of Finance & Economics*, 2002, 7 (2), pp. 97 – 108.

Jeanneney, S. G. , Kpodar, K. , "Financial Development and Poverty Reduction: Can There Be a Benefit without a Cost?" *The Journal of Development Studies*, 2011, 47 (1), pp. 143 – 163.

Jonathan, Morduch, "The Role of Subsidies in Microfinance: Evidence from the Grameen Bank," *Journal of Development Economics*, 1999, 60, pp. 229 – 248.

Kaboski, J. P. , Townsend, R. M. , "The Impact of Credit on Village Economies," *American Economic Journal: Applied Economics*, 2012, 4 (2), pp. 98 – 133.

Khandker, S. R. , "Microfinance and Poverty: Evidence Using Panel Data from Bangladesh," *The World Bank Economic Review*, 2005, 19 (2), pp. 263 – 286.

Kondo, T. , Orbeta, Jr. A. , Dingcong, C. et al. , "Impact of Microfinance on Rural Households in the Philippines," *IDS Bulletin*, 2008, 39 (1), pp. 51 – 70.

Linxiu, Zhang, Jikun, Huang, Scott, Rozelle, "China's War on Poverty: Assessing Targeting and the Growth Impacts of Poverty Programs," *Journal of Chinese Economic and Business Studies*, 2003, 1 (3), pp. 301 – 317.

Liu, H. , Fang, H. , Zhao, Z. , "Urban-rural Disparities of Child Health and Nutritional Status in China from 1989 to 2006," *Economics & Human Biology*, 2013, 11 (3), pp. 294 – 309.

Ljungqvist, L. , "Economic Underdevelopment: The Case of a Missing Market for Human Capital," *Journal of Development Economics*, 1993, 40 (2), pp. 219 – 239.

Meng, Q. , Mills, A. , Wang, L. , Han, Q. , "What Can We Learn from China's Health System Reform?" *BMJ*, 2019, (3), p. 65.

Morduch, J. , Haley, B. , "Analysis of the Effects of Microfinance on Poverty

Reduction," *New York: NYU Wagner Working Paper*, 2002.

Mukherjee et al. , *The Landscape of Microinsurance in Asia and Oceania 2013* (Published by Muniche Re Foundation from Knowledge to Action, Supported by Micro-Insurance Network, 2013).

Schultz, T. W. , "Investment in Human Capital," *Economic Journal*, 1990, 82 (326), p. 787.

Sen, Amartya, *Choice, Welfare, and Measurement* (Cambridge, Massachusetts: Harvard University Press, 1999).

Sen, Amartya, *Commodities and Capabilities (1st ed.)* (North-Holland Sole Distributors for the USA and Canada, Elsevier Science Publishing Co. , 1985).

Sen, Amartya, Williams, Bernard, *Utilitarianism and beyond* (Cambridge: Cambridge University Press, 1982).

Smeeding, T. , Thévenot, C. , "Addressing Child Poverty: How Does the United States Compare with Other Nations?" *Academic Pediatrics*, 2016, 16 (3), pp. S67 – S75.

Song, Z. , Storesletten, K. , Wang, Y. , Zilibotti, F. , "Sharing High Growth across Generations: Pensions and Demographic Transition in China," *American Economic Journal: Macroeconomics*, 2015, 7, pp. 1 – 39.

Stewart, R. , Rooyen, C. V. , Dickson, K. et al. , "What Is the Impact of Microfinance on Poor People? A Systematic Review of Evidence from Sub-Saharan Africa," EPPI-Centre, Social Science Research Unit, University of London, 2010.

Tamar Manuelyan Atinc et al. , "Sharing Rising Income," *China 2020*, 1997.

UNDP, *Human Development Report: The Real Wealth of Nations: Pathways to Human Development* (New York: Oxford University Press, 2010).

Whitfield, L. , "Pro-Poor Growth: A Review of Contemporary Debates," Copenhagen: Danish Institute of International Studies, Elites, Production and Poverty Research Program (DIIS), 2008.

World Bank, "China Overcoming Rural Poverty," *A World Bank Country Study*, 2001.

World Bank, "The State of Social Safety Nets 2018," 2018, http://documents.

worldbank. org/curated/en/427871521040513398/The-state-of-social-safe-ty-nets – 2018.

World Bank, *Word Development Report* (*2000/2001*): *Attacking Poverty* (New York: Oxford University Press, 2000).

World Bank, *World Development Report 2009*: *Reshaping Economic Geography*, 2009.

Yip, W., Fu, H., Chen, A. T., Zhai, T., Jian, W., Xu, R., Mao, "10 Years of Healthcare Reform in China: Progress and Gaps in Universal Health Coverage," *The Lancet*, 2019, 394 (10204).

Yusupov, N., "Microcredit and Development in an Occupational Choice Model," *Economics Letters*, 2012, 117 (3), pp. 820 – 823.

Zhang, Yumei, Mateusz, Filipski, Kevin, Chen, "Health Insurance and Medical Impoverishment in Rural China: Evidence from Guizhou Province," *The Singapore Economic Review*, 2016, doi: 10. 1142/S021759081650017X.

图书在版编目（CIP）数据

迈向 2035：共同富裕与城乡统筹贫困治理体系 / 陈
志钢等著. —— 北京：社会科学文献出版社，2022.3
ISBN 978 - 7 - 5201 - 9776 - 2

Ⅰ.①迈…　Ⅱ.①陈…　Ⅲ.①扶贫 - 研究 - 中国
Ⅳ.①F126

中国版本图书馆 CIP 数据核字（2022）第 027857 号

迈向2035：共同富裕与城乡统筹贫困治理体系

著　　者 / 陈志钢　毕洁颖 等

出 版 人 / 王利民
组稿编辑 / 高　雁
责任编辑 / 颜林柯
责任印制 / 王京美

出　　版 / 社会科学文献出版社·经济与管理分社（010）59367226
　　　　　地址：北京市北三环中路甲 29 号院华龙大厦　邮编：100029
　　　　　网址：www. ssap. com. cn
发　　行 / 社会科学文献出版社（010）59367028
印　　装 / 三河市龙林印务有限公司

规　　格 / 开　本：787mm × 1092mm　1/16
　　　　　印　张：23.75　字　数：387 千字
版　　次 / 2022 年 3 月第 1 版　2022 年 3 月第 1 次印刷
书　　号 / ISBN 978 - 7 - 5201 - 9776 - 2
定　　价 / 128.00 元

读者服务电话：4008918866